Wiederholen

Jedes Kapitel beginnt mit einer Doppelseite **Wiederholung**.
Dort übst du, was du für die folgenden Seiten brauchst.
Die Lösungen findest du hinten im Buch.

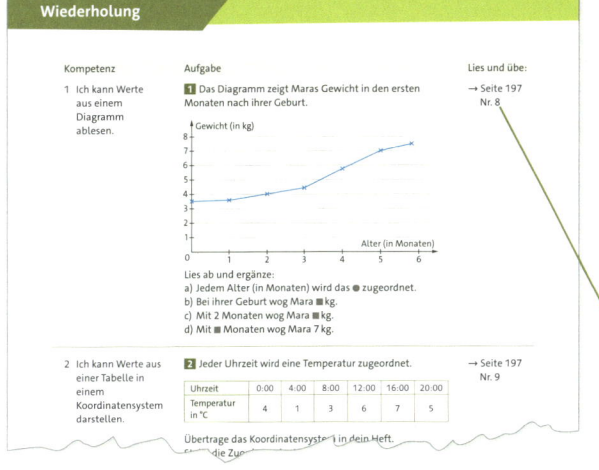

Hast du noch Schwierigkeiten? An jeder Aufgabe
steht, wo du im **Grundwissen** oder
in den Kapiteln nachlesen und üben kannst.

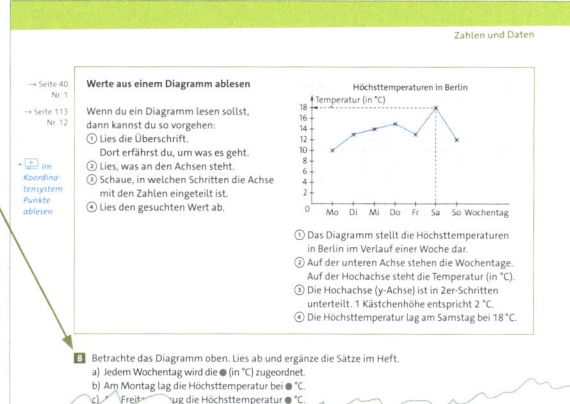

Testen

Nach den Übungsseiten findest du einen **Zwischentest**. Dort kannst du ausprobieren, ob du das
Wesentliche verstanden hast. Die Aufgaben kannst du auch digital bearbeiten.

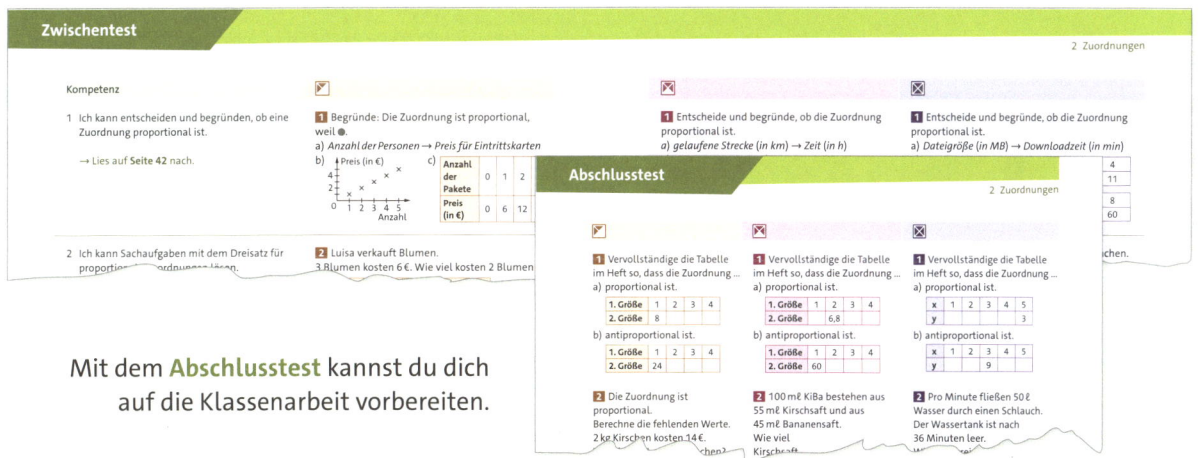

Mit dem **Abschlusstest** kannst du dich
auf die Klassenarbeit vorbereiten.

Medien, Themen, Methoden und weiteres Üben

Auf einer **Medienseite** lernst du, wie du eigene Regelhefte, Bücher, Internetseiten, Apps und andere
Medien in der Mathematik einsetzt.
Auf einer **Themenseite** kannst du die gelernten Inhalte des Kapitels einmal ganz anders anwenden.
Auf einer **Methodenseite** lernst du verschiedene Arbeitsweisen kennen.
In den **Vermischten Übungen** werden Aufgaben zu den Lerneinheiten des gesamten Kapitels gestellt.
Eine ganz besondere Seite heißt **Tieftauchen**. Hier kannst du selbst Aufgaben auswählen und bestimmen,
wie tief du in die Mathematik „eintauchst". Sei dabei gerne auch mal etwas mutig!

Diese Zeichen stehen neben den Aufgaben.

🖳 Medienkompetenz   👥 Partnerarbeit   👪 Gruppenarbeit

Dreifach Mathe

7

Baden-Württemberg

Dein Schulbuch findest du auch in der **Cornelsen Lernen App**.

Siehst du eines dieser Symbole, findest du in der App:

- Erklärfilme
- Worterklärungen
- Hilfen und Lösungen zu den Aufgaben
- interaktive Übungen zum Üben und Wiederholen
- weitere Ergänzungen

Impressum

Dreifach
Mathe

Herausgeber: Udo Wennekers

Erarbeitet von: André Bopp, Anja Buchmann, Ute Egan, Klaus Heckner, Hannes Klein, Andrea Kräh, Jana Neumann, Carmen Otte, Ariane Simon, Godehard Stein, Jacqueline Weecks, Udo Wennekers

Unter Beratung von: Gabriele Biela, Peter Braun, Christine Fink, Daniela Kasche, Hannes Klein, Alexander Lauer, Eva Mödinger, Harry Nusser, Isabel Polzin, Thilo Schmid

Redaktion: Dr. Anna Engel, Matthias Felsch, Tobias Fenster, Martin Karliczek, Heike Schulz, Christina Schwalm
Illustration: Tobias Dahmen, Utrecht/www.tobidahmen.de
Grafik: Christian Böhning
Umschlaggestaltung und Layoutkonzept: ROSENDAHL BERLIN – Agentur für Markendesign
Layout und technische Umsetzung: Compuscript Ireland and Chennai

Begleitmaterialien zum Lehrwerk

Schulbuch als E-Book mit Medien	1100033878
Lösungen zum Schulbuch	978-3-06-004449-8
Handreichungen	978-3-06-004450-4
Arbeitsheft Basis	978-3-06-004400-9
Arbeitsheft	978-3-06-004448-1
Unterrichtsmanager Plus mit E-Book und Begleitmaterialien	1100033880
Arbeitsheft für Lernende mit erhöhtem Förderbedarf für den inklusiven Unterricht	978-3-06-043896-9
Interaktive Übungen	1100038275
Diagnose und Fördern online	
Cornelsen Lernen App	

www.cornelsen.de

1. Auflage, 1. Druck 2025

Alle Drucke dieser Auflage sind inhaltlich unverändert und können im Unterricht nebeneinander verwendet werden.

Die **Cornelsen Lernen App** ist eine fakultative Ergänzung zu *Dreifach Mathe*, die die inhaltliche Arbeit begleitet und unterstützt.

© 2025 Cornelsen Verlag GmbH, Mecklenburgische Str. 53, 14197 Berlin,
E-Mail: service@cornelsen.de

Druck und Bindung: Mohn Media Mohndruck, Gütersloh

ISBN 978-3-06-004446-7 (Schulbuch)
ISBN 1100033875 (E-Book)

PEFC-zertifiziert
Dieses Produkt stammt aus nachhaltig bewirtschafteten Wäldern und kontrollierten Quellen

PEFC
PEFC/04-31-1033   www.pefc.de

Inhaltsverzeichnis

📟 Medienkompetenz
⊕ zusätzlicher Inhalt
Ⓔ Inhalte ausschließlich für das E-Niveau

Kopfübungen

In der Cornelsen Lernen App kannst du interaktive Aufgaben zum Wiederholen bearbeiten.

Kopfübungen Nr. 1
Kopfübungen Nr. 2
Kopfübungen Nr. 3
Kopfübungen Nr. 4
Kopfübungen Nr. 5
Kopfübungen Nr. 6
Kopfübungen Nr. 7

Rationale Zahlen

▶ Im Winter können die Temperaturen kleiner als 0 °C werden.
Dann gibt es negative Temperaturen.

Stefan und sein Vater, Herr Berger,
schauen am Morgen auf das digitale Thermometer.
Draußen sind es −9,7 °C und drinnen 18,4 °C.
Wie viel Grad Celsius ist es drinnen wärmer als draußen?

Wo sind dir schon negative Zahlen begegnet?

In diesem Kapitel lernst du ...

- den Begriff rationale Zahlen genauer kennen,

- rationale Zahlen zu vergleichen,

- Punkte auch mit negativen Koordinaten in einem Koordinatensystem darzustellen,

- mit rationalen Zahlen zu rechnen.

Kompetenz	Aufgabe	Lies und übe:
1 Ich kann Zahlen vergleichen.	**1** Vergleiche die Zahlen. Setze im Heft <, > oder = ein. a) 4 ⬤ 9 b) 3,5 ⬤ 2,5 c) 0 ⬤ 0,1 d) $\frac{1}{3}$ ⬤ $\frac{1}{2}$ e) $\frac{3}{4}$ ⬤ $\frac{2}{3}$ f) 0,5 ⬤ $\frac{1}{2}$	→ Seite 196 Nr. 4, 5 → Seite 204 Nr. 36

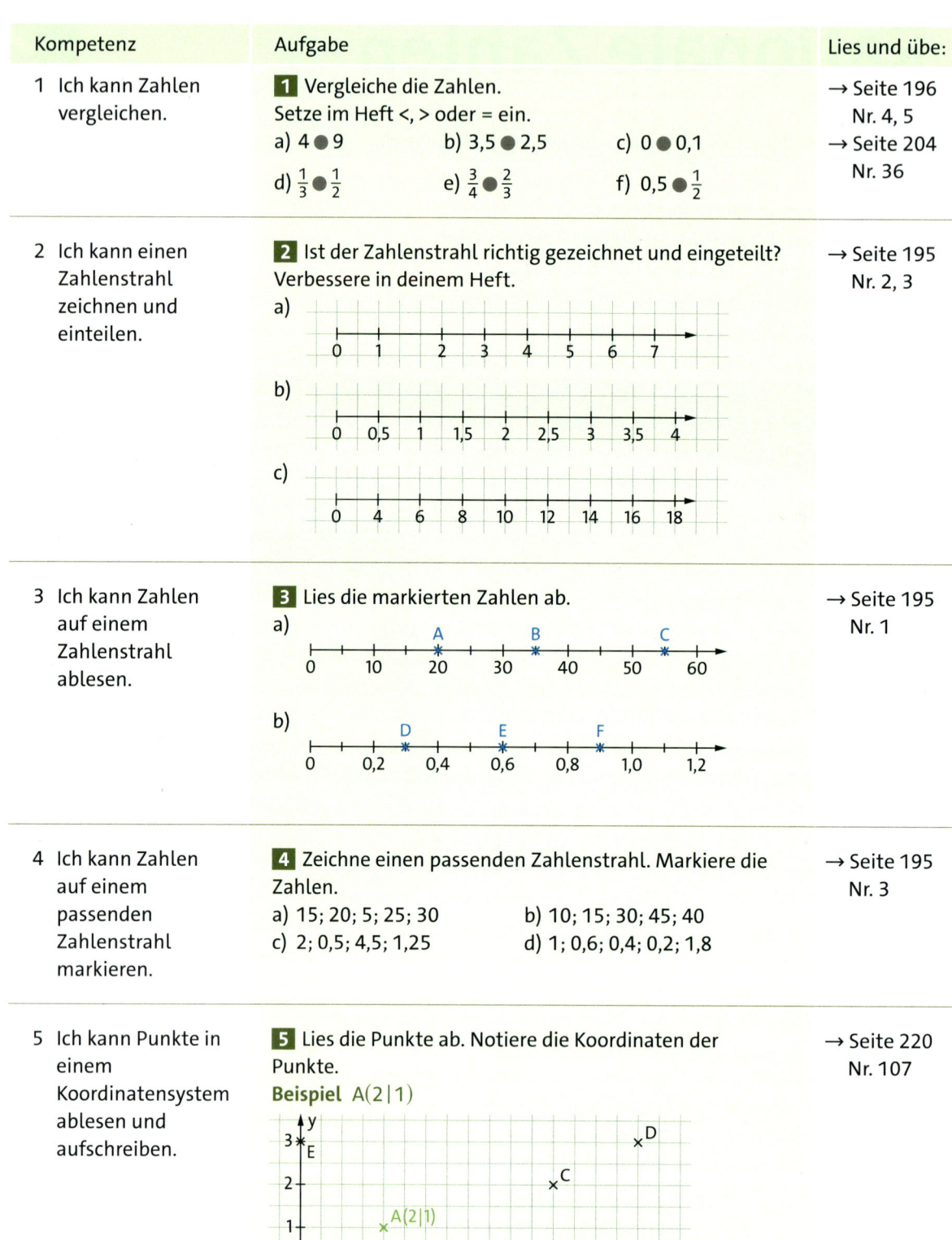

2 Ich kann einen Zahlenstrahl zeichnen und einteilen.	**2** Ist der Zahlenstrahl richtig gezeichnet und eingeteilt? Verbessere in deinem Heft.	→ Seite 195 Nr. 2, 3
3 Ich kann Zahlen auf einem Zahlenstrahl ablesen.	**3** Lies die markierten Zahlen ab.	→ Seite 195 Nr. 1
4 Ich kann Zahlen auf einem passenden Zahlenstrahl markieren.	**4** Zeichne einen passenden Zahlenstrahl. Markiere die Zahlen. a) 15; 20; 5; 25; 30 b) 10; 15; 30; 45; 40 c) 2; 0,5; 4,5; 1,25 d) 1; 0,6; 0,4; 0,2; 1,8	→ Seite 195 Nr. 3
5 Ich kann Punkte in einem Koordinatensystem ablesen und aufschreiben.	**5** Lies die Punkte ab. Notiere die Koordinaten der Punkte. **Beispiel** A(2|1)	→ Seite 220 Nr. 107

Kompetenz	Aufgabe	Lies und übe:
6 Ich kann Punkte in ein Koordinaten-system eintragen.	**6** Zeichne ein Koordinatensystem in dein Heft. Die Achsen sollen beide bis 6 gehen. Trage die Punkte ein. A(1|5); B(5|1); C(5|3); D(0|4); E(4|0); F(3|1,5)	→ Seite 220 Nr. 108
7 Ich kann im Kopf rechnen.	**7** Berechne im Kopf. a) 23 + 45 b) 15 − 8 c) 75 + 35 d) 3,2 − 1,2 e) 8 · 11 f) 32 : 8 g) 4,4 · 2 h) 9,9 : 3	→ Seite 208 Nr. 57–59 → Seite 211 Nr. 71, 72 → Seite 215 Nr. 88, 92
8 Ich kann schriftlich addieren und subtrahieren.	**8** Addiere und subtrahiere schriftlich. a) 230 + 165 b) 583 − 293 c) 345 + 125 d) 644 − 307 e) 409 + 2211 f) 1555 − 297 g) 72,2 + 18,9 h) 153,5 − 83,6 i) 578,4 + 323,7	→ Seite 209 Nr. 60, 61 → Seite 209 Nr. 62, 63
9 Ich kann schriftlich multiplizieren und dividieren.	**9** Multipliziere und dividiere schriftlich. a) 125 · 3 b) 14 652 : 9 c) 235 · 5 d) 13 184 : 8 e) 643 · 21 f) 1440 : 12 g) 21,3 · 1,5 h) 115,05 : 5 i) 15,6 · 7,8	→ Seite 212 Nr. 75, 76 → Seite 212 Nr. 77, 78
10 Ich kann Brüche addieren und subtrahieren.	**10** Addiere und subtrahiere die Brüche. a) $\frac{2}{3} + \frac{1}{6}$ b) $\frac{5}{8} - \frac{1}{4}$ c) $\frac{12}{5} + \frac{1}{10}$ d) $\frac{6}{4} - \frac{1}{3}$ e) $\frac{10}{8} + \frac{1}{2}$ f) $\frac{27}{2} - \frac{5}{6}$	→ Seite 213 Nr. 81–83
11 Ich kann Brüche multiplizieren und dividieren.	**11** Multipliziere und dividiere die Brüche. a) $\frac{2}{3} \cdot \frac{1}{2}$ b) $\frac{3}{8} : \frac{8}{6}$ c) $\frac{12}{8} \cdot \frac{3}{4}$ d) $\frac{32}{3} : \frac{4}{6}$ e) $\frac{20}{21} \cdot \frac{3}{4}$ f) $\frac{8}{20} : \frac{5}{4}$	→ Seite 214 Nr. 84, 85 → Seite 214 Nr. 86, 87
12 Ich kann beim Rechnen die Vorrangregeln beachten.	**12** Berechne. Beachte die Vorrangregeln. **Beispiel** 2 + 5 · (32 − 12) = 2 + 5 · 20 = 2 + 100 = 102 a) 14 + 6 · 3 b) 32 − 10 · 2 c) 8 · (17 − 7) d) 24 + 16 : 2 − 7 e) 10 + 2 · (15 + 5) f) 40 − 4 · (30 − 25)	→ Seite 213 Nr. 79
13 Ich kann Sachaufgaben lösen.	**13** Am Morgen waren es 15 °C. Im Laufe des Tages erhöhte sich die Temperatur um 12 °C. Dann regnete es nachmittags und die Temperatur sank auf 11 °C. Um wie viel °C ist die Temperatur nachmittags gesunken?	→ Seite 217 Nr. 98–100

→ Lösungen auf Seite 227 und 228

Rationale Zahlen darstellen und vergleichen

Luca liest eine Woche lang morgens um 7:00 Uhr Temperaturen an seinem digitalen Thermometer ab. An welchem Tag war es morgens am kältesten und an welchem Tag morgens am wärmsten?

Montag   Dienstag   Mittwoch   Donnerstag
0.5 °C   -0.3 °C   - 1.6 °C   -2.7 °C

Freitag   Samstag   Sonntag
- 1.0 °C   1.3 °C   2.4 °C

Die Zahl 0 ist weder positiv noch negativ.

▶ ▷ Ganze Zahlen darstellen

▶ ▷ Rationale Zahlen auf der Zahlengeraden darstellen

W **Rationale Zahlen auf der Zahlengeraden**
Wenn du den Zahlenstrahl nach links verlängerst, dann entsteht die **Zahlengerade**.

Die Zahlen links von der Null heißen **negative Zahlen**.
Negative Zahlen sind kleiner als Null und haben das Vorzeichen **–**.

Die Zahlen rechts von der Null heißen **positive Zahlen**. Positive Zahlen sind größer als Null und haben das Vorzeichen **+**.
Du darfst das Vorzeichen **+** auch weglassen.

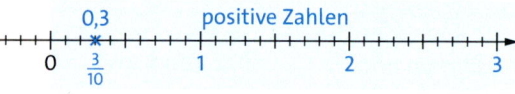

Nach links werden die Zahlen kleiner.

Nach rechts werden die Zahlen größer.

Die Zahlen ...; –2; –1; 0; 1; 2; ... heißen **ganze Zahlen**.

Alle positiven und negativen Brüche und Dezimalzahlen zusammen heißen **rationale Zahlen**. Auf der Zahlengeraden kannst du alle rationalen Zahlen markieren.

Luca markiert seine gemessenen Temperaturen auf einer Zahlengeraden:

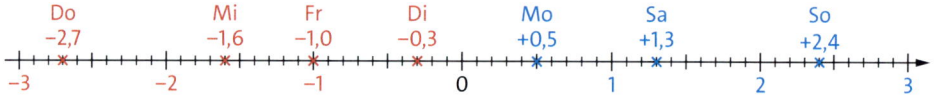

Am Donnerstag war es am kältesten, am Sonntag war es am wärmsten.
Die Zahl **–2,7** steht zwischen **–3** und **–2**. Du kannst auch schreiben: **–3 < –2,7 < –2**
Die Zahl **+1,3** steht zwischen **1** und **2**. Du kannst auch schreiben: **1 < +1,3 < 2**

▶ ▷ Eine Zahlengerade zeichnen und rationale Zahlen eintragen

▶ ▷ Rationale Zahlen vergleichen

▶ **Aufgabe** Notiere die markierten Zahlen. Welche Zahlen sind negativ?

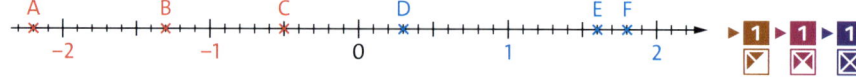

▶ 1 ☒ ▶ 1 ☒ ▶ 1 ☒

*Den **Betrag** einer Zahl a kannst du kurz schreiben als |a|. Beispiel: |–5| = 5 bedeutet „Der Betrag von –5 ist 5."*

W Wenn sich zwei Zahlen nur durch das Vorzeichen unterscheiden, dann heißen sie **Gegenzahlen**.
Sie haben den gleichen Abstand zur Null. Der Abstand einer Zahl zur Null heißt **Betrag**.
Du erhältst den Betrag einer Zahl, wenn du das Vorzeichen weglässt.
Gegenzahlen haben denselben Betrag.

Die Gegenzahl von **+3** ist **–3**.
Die Gegenzahl von **–3** ist **+3**.

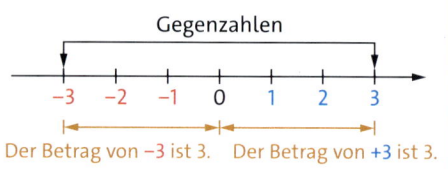

Gegenzahlen

Der Betrag von –3 ist 3.   Der Betrag von +3 ist 3.

▶ **Aufgabe** Nenne die Gegenzahl und den Betrag von +2, –5,2 und +9,17.

▶ 12 ☒ ▶ 10 ☒ ▶ 9 ☒

1 Schreibe die positiven Zahlen blau
und die negativen Zahlen rot in dein Heft.
Beispiel Positiv: +3; +0,7; ... Negativ: −5; ...

+3	−5	+0,7	−1,3	−12,5
$+\frac{2}{3}$	$-\frac{1}{4}$	0,4	$\frac{5}{7}$	$-\frac{9}{10}$

2 Ergänze im Heft.
Welches Vorzeichen passt: + oder −?
Janek lief auf dem zugefrorenen See.
Es waren ●15 °C draußen. Danach trank er
einen heißen Tee, der ●40 °C warm war.

3 Lies die Temperaturen ab und notiere sie.
Welche Temperaturen sind positiv und welche
negativ?

a) `18.5 °C`   b) `-2.7 °C`   c) `-0.2 °C`

d) 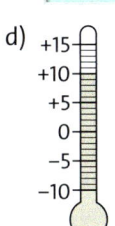   e) 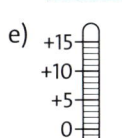   f)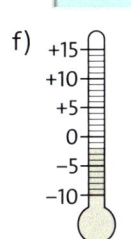

▸ 3 ✉

4 👥 Schreibt auf verschiedene Zettel immer
eine positive oder negative Zahl.
Verteilt dann die Zettel in der Klasse.
Stellt euch nach der Größe eurer Zahlen auf.

5 Notiere zu jedem Buchstaben die passende
Zahl.

+1,1	−1,7	$-\frac{1}{2}$	+0,2	−1,3

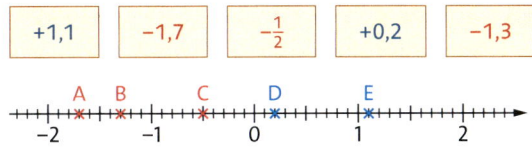

6 Notiere die markierten Zahlen.

a)

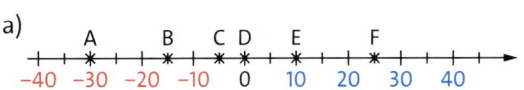

b)

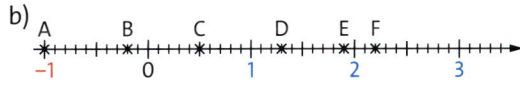

7 Zeichne eine Zahlengerade von −5 bis 5. ▸◁))
Wähle 1 cm für eine Einheit.
Trage die Zahlen ein: 4; −4; 0; 1,5; −3,5 ▸6 ✉

8 Ergänze den Lückentext im Heft. ▸◁))
Die Zahl −4,2 steht auf der Zahlengeraden
zwischen −5 und ■. Damit ist die Zahl −4,2
größer als ■ und kleiner als ■.

9 Vergleiche die Temperaturen.
Welche ist niedriger?
a) +19 °C oder +21 °C   b) +5 °C oder −5 °C
c) −7,9 °C oder −9,7 °C   d) −5,2 °C oder 3,1 °C

10 Vergleiche die beiden Zahlen.
Setze in deinem Heft <, > oder = ein.
a) +8 ● +6   b) −1 ● +1   c) −2,1 ● −2,3
d) +17 ● $-\frac{1}{2}$ e) 7,3 ● +7,3   f) −0,2 ● −0,7

11 Ordne die Zahlen der Größe nach. Beginne mit
der kleinsten. Du erhältst ein Lösungswort.

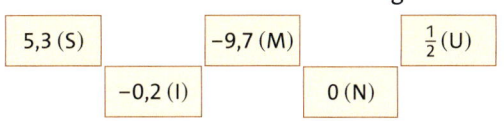

5,3 (S)	−9,7 (M)	$\frac{1}{2}$ (U)
−0,2 (I)	0 (N)	

12 Gib zu jeder Zahl die Gegenzahl an.
Schreibe wie im Beispiel.
Beispiel Die Gegenzahl von +9 ist −9.
a) +3   b) −7   c) +0,2   d) 5,2   e) $-\frac{1}{4}$

13 Gib zu jeder Zahl den Betrag an.
Schreibe wie im Beispiel.
Beispiel Der Betrag von −9 ist 9.
a) +7   b) −4   c) 9   d) −2,5   e) −0,3   f) $\frac{1}{3}$

14 Schreibe ohne Betragsstriche wie im Beispiel.
Beispiel |−9| = 9 |−16| = 16 |7| = 7
a) |−12| b) |−23| c) |14| d) |2,5| e) |−2,5|

15 Herr Groh hat kein Geld mehr auf dem Konto.
▼ Er hebt trotzdem noch 270 € ab.
Sein Kontostand ist jetzt −270 €.
Das bedeutet: Herr Groh hat 270 € Schulden bei
der Bank.
Auch Frau Menzel musste mehr Geld abheben,
als auf ihrem Konto war. Ihr Kontostand ist
jetzt −310 €. Wer hat mehr Schulden?

Sprachhilfe zu **15**: Wenn du dir Geld leihst, dann hast du **Schulden**.

▸ 💡 Tipp zu **5**, **6**, **7**, **8**, **10**

1 Erkläre schriftlich, ob das Vorzeichen – oder +
passt.
Sinan misst an einem Januartag die
Temperatur. Um 8 Uhr misst er 2,5 °C.
Dann wird es wärmer und um 13 Uhr misst er
● 6,8 °C. Nach Sonnenuntergang sinkt
die Temperatur unter 0° C, sodass er um 22 Uhr
● 7,2 °C misst.

2 Lies die Temperaturen ab und notiere sie.
Welche sind positiv und welche negativ?

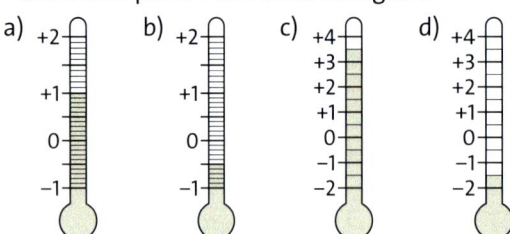

▶ **3**

3 Notiere die markierten Zahlen.

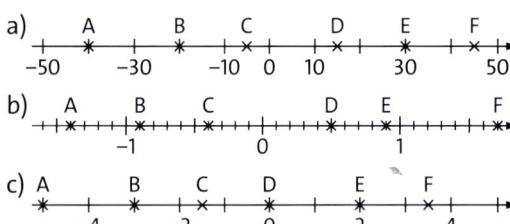

4 Zeichne eine Zahlengerade von −6 bis 6.
Wähle 1 cm für eine Einheit.
Trage die Zahlen ein.
$4{,}7; -\frac{1}{2}; 0; -3{,}9; 0{,}1; 1{,}5$

5 Im Diagramm sind die Temperaturen für jeden
Monat dargestellt.

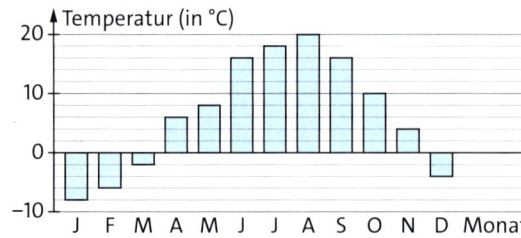

a) Woran erkennst du negative Temperaturen?
b) Lies für jeden Monat die Temperatur ab.
c) Zeichne eine Zahlengerade in dein Heft und
trage die Werte ein.

6 Vergleiche. Setze im Heft <, > oder = ein.
a) +7,2 ● +6,99   b) +0,79 ● 0,79
c) −2,01 ● −2,3   d) $-\frac{3}{4}$ ● −0,75
e) +7,3 ● −73   f) −0,2 ● 0

▶ **6** ⊠

7 Ordne die Zahlen von klein nach groß.

| +1,72 | −0,25 | −3,01 | +17,2 | $-\frac{3}{4}$ | −3,4 |

8 Nenne drei Zahlen zwischen ...
a) −7,2 und −6,8.   b) 4,8 und 5,1.

9 Martin und Can würfeln Dezimalzahlen.
Die höhere Zahl gewinnt. Sie haben eine Münze
mit „+" und „−". Der weiße Würfel in der Mitte
zeigt die Zahl vor dem Komma und der
schwarze Würfel rechts die Zahl nach dem
Komma. Martin wirft zuerst:

Seine Zahl lautet also −1,5.
a) Nenne drei Zahlen, mit denen Can gewinnt.
b) Nenne drei Zahlen, mit denen Can verliert.
c) Welche ist die größte Zahl, die möglich ist?
d) 👥 Spielt selbst. Notiert die Zahlen und wer
gewonnen hat.

10 Gib den Betrag und die Gegenzahl an.
Beispiel −2 Betrag: |−2| = 2 Gegenzahl: 2
          +5 Betrag: |+ 5| = 5 Gegenzahl: −5
a) +5,16   b) −0,07   c) $+\frac{2}{3}$
d) −17,33   e) 1,41   f) −0,001

11 Die Planeten unseres Sonnensystems haben
sehr unterschiedliche Temperaturen.

Planet	höchste Temperatur	niedrigste Temperatur
Merkur	+427 °C	−173 °C
Venus	+497 °C	+437 °C
Erde	+58 °C	−89 °C
Mars	+27 °C	−133 °C

a) Auf welchem Planeten kann es am kältesten
werden und wo am wärmsten?
b) Auf welchen Planeten können es 90 °C sein
und wo −15 °C ?

Sprachhilfe zu **9** : Gib jedes Ergebnis so an: Was zeigen die Münze und die beiden Würfel?

🔊 **1** Vervollständige im Heft. Erkläre schriftlich, welche Temperaturen passen.
Am 1. März waren es morgens um 6 Uhr noch ●°C. Bis um 12 Uhr stiegen die Temperaturen auf +1,3 °C. Bis um 18 Uhr sanken die Temperaturen wieder unter den Gefrierpunkt, es waren dann ●°C.

🔊 **2** An zwei Tagen wurde alle drei Stunden die Temperatur gemessen.

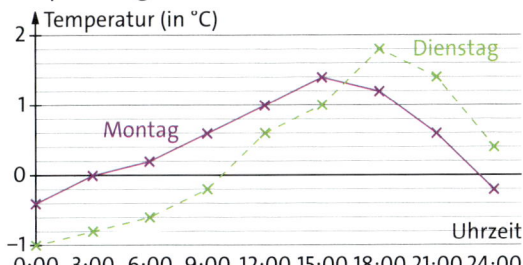

a) Zu welchen Uhrzeiten waren die Temperaturen negativ und zu welchen Uhrzeiten positiv? Erkläre, wie du abliest.
b) Lies für jeden Tag die Temperaturen ab. Ordne sie dann von klein nach groß.

3 Notiere die markierten Zahlen.

a)
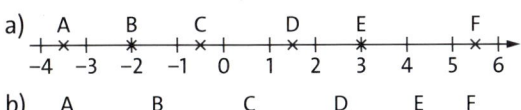

b)
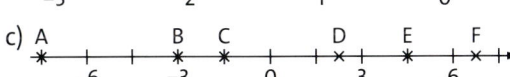

c)
A   B C   D   E   F
  -6   -3   0   3   6

d) 👥 Zeichne zwei verschiedene Zahlengeraden und markiere jeweils fünf Zahlen. Tauscht eure Zahlengeraden, lest ab und überprüft eure Ergebnisse.

4 Zeichne eine Zahlengerade in dein Heft und trage die Zahlen ein. Überlege zuerst, welchen Ausschnitt und welche Einteilung du wählst.

| +5,3 | −0,7 | $+\frac{1}{5}$ | −3,9 | 1,45 | −2,75 |

5 Runde erst die Zahlen sinnvoll. Zeichne dann eine Zahlengerade und trage die gerundeten Werte ein.

| +2,17 | −1,815 | +0,007 | $-\frac{2}{3}$ | 1,444 | −0,996 |

6 Ordne die Zahlen nach der Größe.
+17,25; −29,13; −30,1; 1,637; $-\frac{3}{8}$; −3,8

7 Nenne drei Zahlen zwischen ...
a) −3,5 und +1,7.
b) −0,9 und 0.
c) −1,35 und $-\frac{1}{2}$.
d) −5,78 und −5,77.

8 Erstelle die Kärtchen und lege damit Zahlen. ▸🔊

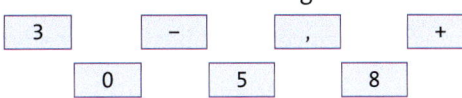

Du darfst in der Aufgabe jedes Kärtchen nur einmal verwenden.
a) Lege mit vier Kärtchen eine Zahl zwischen 0 und +1.
b) Lege mit fünf Kärtchen eine Zahl, die zwischen −0,4 und −0,2 liegt.
c) Lege die kleinste Zahl, die mit fünf Kärtchen möglich ist.
d) Gib die größte negative Zahl an, die du mit sechs Kärtchen legen kannst.
e) 👥 Denkt euch selbst Aufgaben aus. Ihr könnt auch andere Kärtchen erstellen.

9 Begründe deine Antworten. ▸🔊
a) Wie viele Zahlen haben den Betrag 6,2?
b) Gibt es eine Zahl, die keine Gegenzahl hat?
c) Welchen Abstand hat die Zahl −4,75 zu ihrer Gegenzahl?

10 Mia sagt: „Ich denke mir zwei Zahlen A und B. ▸🔊 Die Zahl A ist kleiner als die Zahl B. Der Betrag von A ist aber größer als der Betrag von B." Finde zwei Zahlen A und B, für die Mias Behauptung stimmt. Notiere sie. Begründe, warum deine Zahlen Mias Behauptung erfüllen.

11 In der Tabelle siehst du für einige Städte den heißesten Tag Ⓐ und den kältesten Tag Ⓑ eines Jahres in °C.

	Berlin	Tokio	Moskau	Boston	Kairo
Ⓐ	+36,1	+36,2	+34,4	+35,4	+43,3
Ⓑ	−11,9	−1,7	−23,5	−17,8	+7,7

a) Wo war es am heißesten und wo am kältesten?
b) In welcher Stadt ist ganz sicher kein Schnee gefallen? Begründe.

Das erweiterte Koordinatensystem

Paula steuert den Roboter mithilfe von Koordinaten. Der Roboter soll eine Maschine reparieren. Lies dir zuerst die Anweisungen für den Roboter in den Sprechblasen durch.
Paula möchte den Roboter zur Ladestation schicken. Welche Koordinaten muss Paula eingeben? Kannst du ihr helfen?

Um den Roboter an alle Orte schicken zu können, benötigst du das erweiterte Koordinatensystem. Die Achsen werden um den negativen Bereich erweitert.

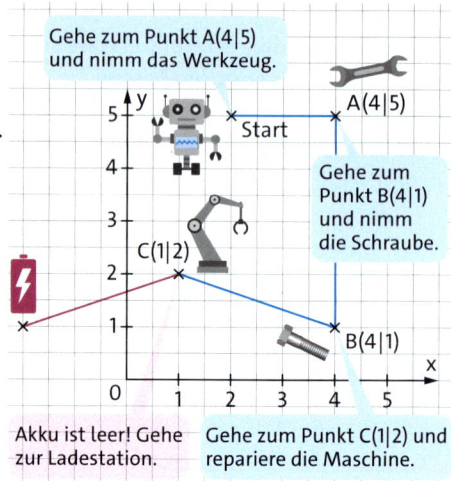

Gehe zum Punkt A(4|5) und nimm das Werkzeug.

Start

A(4|5)

Gehe zum Punkt B(4|1) und nimm die Schraube.

C(1|2)

B(4|1)

Akku ist leer! Gehe zur Ladestation.

Gehe zum Punkt C(1|2) und repariere die Maschine.

*Die **Quadranten** werden gegen den Uhrzeigersinn nummeriert.*

Römische Zahlen:
I: Eins
II: Zwei
III: Drei
IV: Vier

I. Quadrant
Lies: erster Quadrant

W **Das erweiterte Koordinatensystem**
besteht aus zwei Zahlengeraden.
Sie heißen x-Achse und y-Achse.
Du kannst an beiden Achsen auch negative Zahlen eintragen und ablesen.

Durch die zwei Achsen entstehen vier Bereiche. Diese Bereiche heißen **Quadranten**.
Die Quadranten sind nummeriert und helfen dir bei der Orientierung.

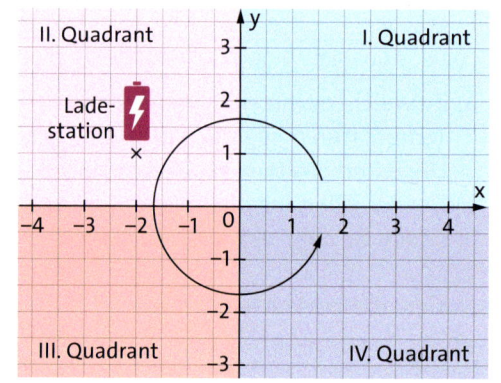

Die Ladestation liegt im zweiten Quadranten.

▶ **Aufgabe** Zeichne ein erweitertes Koordinatensystem mit vier Quadranten. Färbe die Quadranten in unterschiedlichen Farben und nummeriere sie. ▶ **1** ▶ **1** ▶ **1**

W **Punkte im erweiterten Koordinatensystem**
Jeder Punkt im erweiterten Koordinatensystem ist durch zwei Zahlen festgelegt.

▶ Punkte ablesen

Bei jedem Punkt $P(x|y)$ wird zunächst die x-Koordinate und dann die y-Koordinate angegeben.

$$P(2,5|{-3})$$

x-Koordinate   y-Koordinate

▶ Punkte eintragen

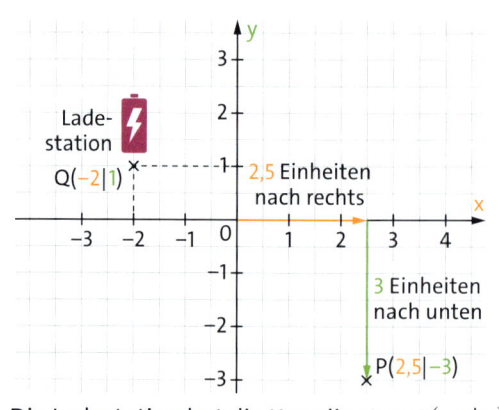

Lade-station
Q(−2|1)

2,5 Einheiten nach rechts

3 Einheiten nach unten

P(2,5|−3)

Die Ladestation hat die Koordinaten Q(−2|1).

▶ **Aufgabe** Übertrage das erweiterte Koordinatensystem in dein Heft.
Trage die Punkte R(−3|2) und S(−1,5|−2) ein. ▶ **2** ▶ **2** ▶ **2**

1 Der Roboter hat viele Gegenstände verloren.

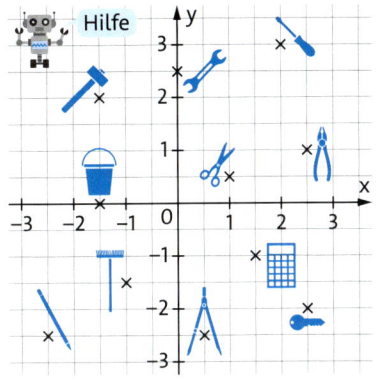

Gegenstände
oben: der Hammer, der Schrauben-schlüssel, der Schrauben-zieher,
Mitte: der Eimer, die Schere, die Zange
unten: der Stift, der Besen, der Zirkel, der Taschen-rechner, der Schlüssel

Gib für jeden Gegenstand an, in welchem Quadranten er liegt.
Beispiel Im I. Quadranten: die Zange, …
Bei welchen zwei Gegenständen kannst du den Quadranten nicht angeben?

2 Ordne die Buchstaben den Koordinaten zu. Finde das Lösungswort.
● (−2|1)   ● (2|−2)   ● (−2|−3)
● (2|3)   ● (−3|−1)   ● (3|−1)

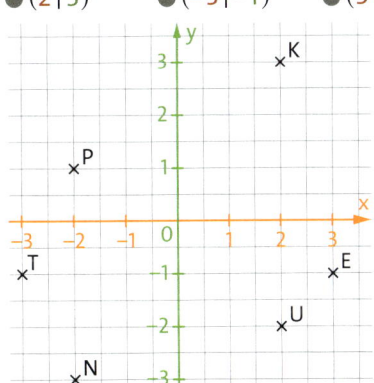

3 Schreibe die x-Koordinaten der Punkte orange und die y-Koordinaten grün.
Beispiel A(2|3)

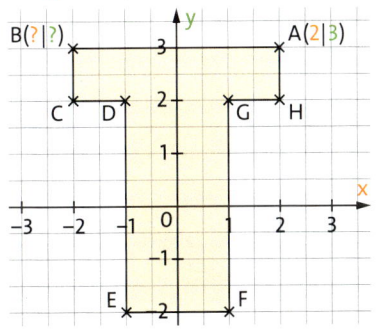

▶ **3**

4 Übertrage die Figur in ein Koordinatensystem. Notiere die Koordinaten der Punkte.
Beispiel A(−1|2,5)

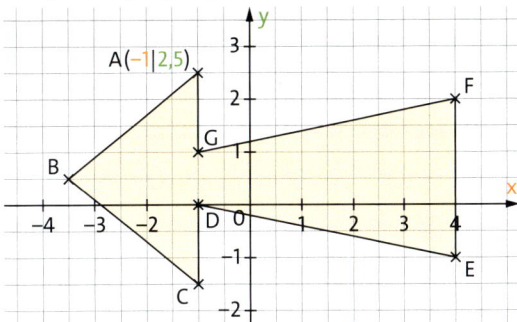

5 Zeichne ein erweitertes Koordinatensystem. 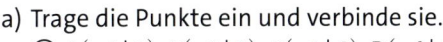 Beide Achsen sollen von −5 bis +5 gehen.
a) Trage die Punkte ein und verbinde sie.
① A(−4|1); B(−1|1); C(−1|4); D(−4|4)
② E(−3,5|−3); F(3|−2); G(3|3); H(−3,5|−2)
b) Wie heißen die geometrischen Figuren, die entstehen? In welchen Quadranten sind die Figuren?
▶ **4**

6 Finde die Fehler. Beschreibe, was falsch gemacht wurde. Zeichne und beschrifte richtig.
a) 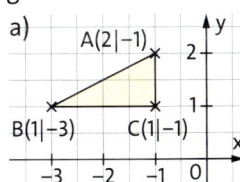   b)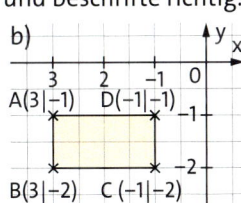

7 Der Roboter möchte zur Ladestation am Ziel. Welche Koordinaten kann er ansteuern, ohne gegen eine Mauer zu stoßen? Versuche, mit möglichst wenigen Schritten zum Ziel zu kommen. Schreibe jeweils die Quadranten und die Koordinaten für den Roboter auf.
👥 Vergleicht eure Lösungen.

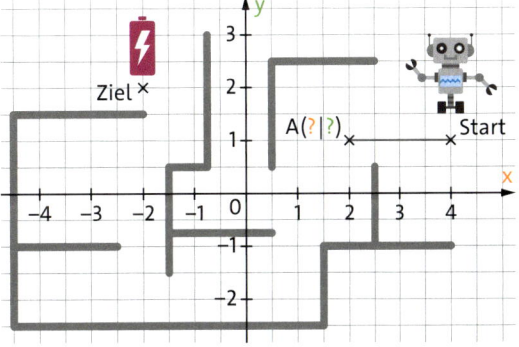

▶ Tipp zu **1**, **6**, **7**

1 Die Skizze zeigt den Weg des Roboters.

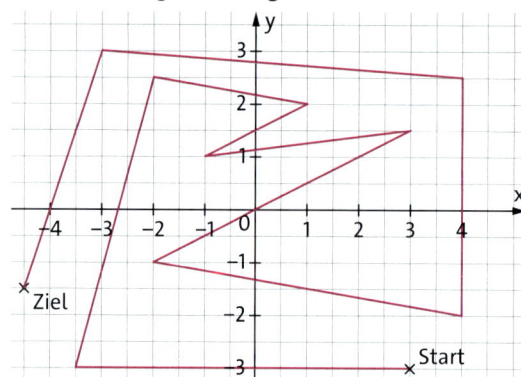

Notiere die Reihenfolge der Quadranten, die der Roboter durchläuft.

Beispiel Start: IV. Quadrant;
dann III. Quadrant; ...

2 Notiere die Koordinaten der Punkte.

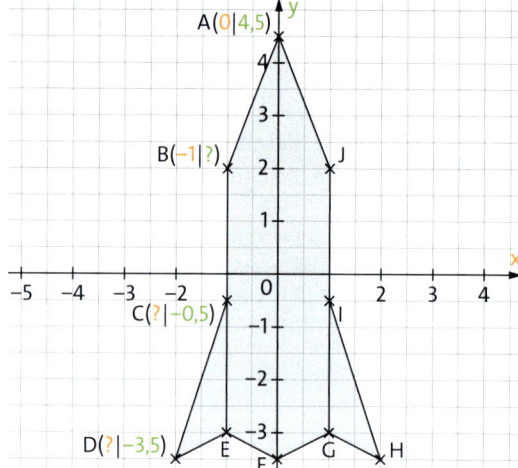

▶ **3**
☒

3 Spiegle im Heft die Figur an der y-Achse.
Gib die Koordinaten der Bildpunkte an.

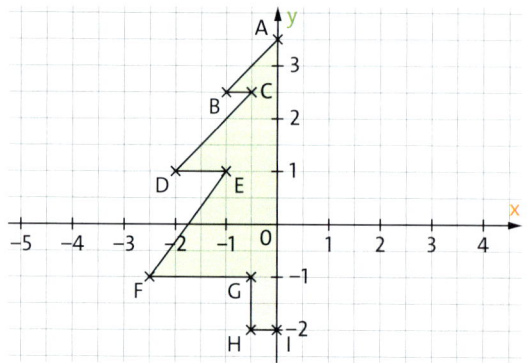

4 Hier gibt es Fehler. Finde und beschreibe sie.
Zeichne und beschrifte richtig.

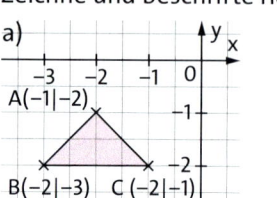
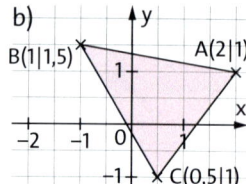

5 Trage die Punkte in ein Koordinatensystem ein
und verbinde sie.
Welcher Buchstabe entsteht?
a) $A(-4|-2)$; $B(-1,5|-2)$; $C(-1,5|-1)$;
    $D(-3|-1)$; $E(-3|2,5)$; $F(-4|2,5)$
b) $G(0,5|-2)$; $H(1,5|-2)$; $I(3|2)$; $J(2|2)$;
    $K(1|-1)$; $L(0|2)$; $M(-1|2)$
c) $N(-2|-4)$; $O(-1|-4)$; $P(-1|-7)$; $Q(0|-7)$;
    $R(0|-4)$; $S(1|-4)$; $T(1|-3)$; $U(-2|-3)$ ▶ **7**
    ☒

6 Nenne den Quadranten, in dem der Punkt liegt.
Begründe ohne zu zeichnen.
$A(1|-3)$ $B(-2|-3)$ $C(-17|-5,5)$
$D(-8|4)$ $E(-12|110)$ $F(-0,2|19)$
$G(-8|8)$ $H(0,1|-1)$ $I(-5|-13)$

7 Ein Schiff soll in den Hafen fahren.
Es besteht die Gefahr, dass das Schiff auf eine
Sandbank fährt. Beschreibe einen Weg, um
sicher im Hafen bei $H(5|-5)$ anzukommen.
Schreibe in einer Liste für die Orte des Schiffs
die Quadranten und die Koordinaten auf.
👥 Vergleicht eure Lösungen.

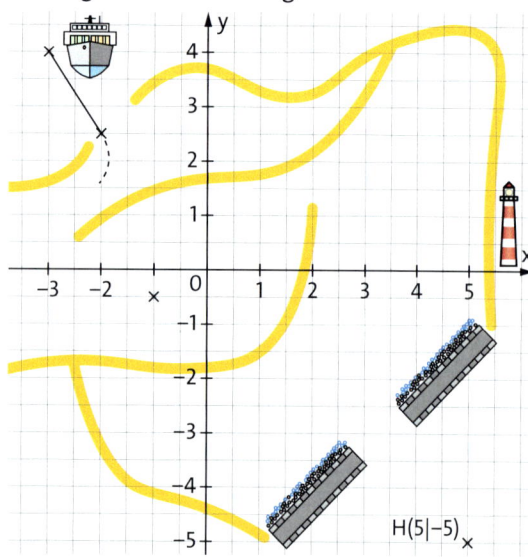

1 Nenne den Quadranten, in dem der Punkt liegt. Begründe ohne zu zeichnen.

$A(-2|4)$ $B(-1|-6)$ $C(34|-7,2)$
$D(5|-3)$ $E(30|-110)$ $F(-0,1|34)$
$G(7|-9)$ $H(1,7|-5)$ $I(-0,01|-1)$

2 Übertrage die Punkte in ein Koordinatensystem. Ergänze die Figur zu einem Smiley. Gib die Koordinaten aller Punkte an.

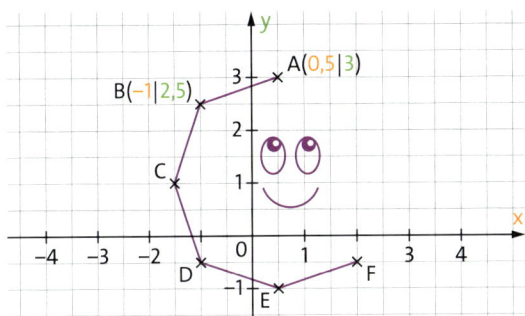

3 Spiegle im Heft die Figur an der roten Geraden g, sodass ein Flugzeug entsteht. Gib die Koordinaten der Bildpunkte an.

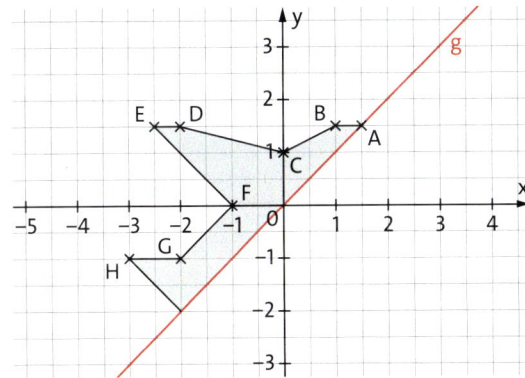

4 Finde und beschreibe den Fehler. Zeichne und beschrifte richtig.

a)
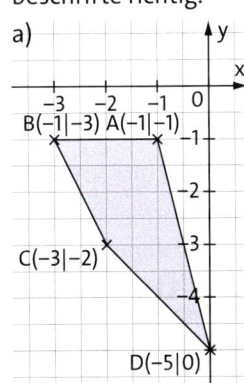

b)
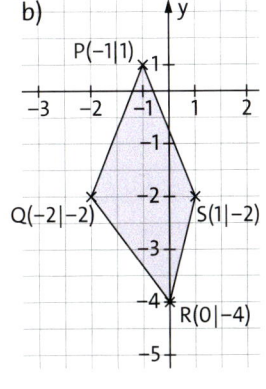

5 Übertrage die Punkte in ein Koordinatensystem und verbinde die braunen Punkte A bis G. Es entsteht eine 1. Ergänze die lila Punkte R, S, T und U mit weiteren Punkten V, W und X so, dass insgesamt die Zahl „11" entsteht.

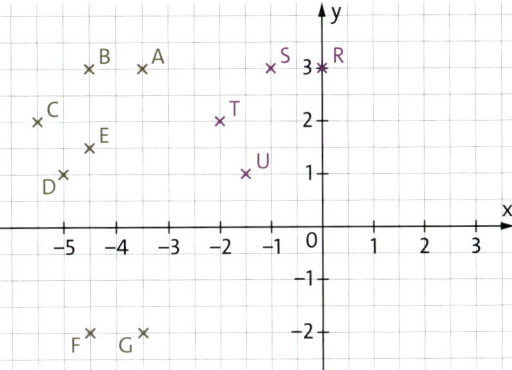

6 Trage die Punkte in ein Koordinatensystem ein und verbinde sie. Es entstehen ein Buchstabe und ein Symbol.
  a) $A(-3|-1,5)$; $B(-0,5|-1,5)$; $C(-0,5|-0,5)$; $D(-2|-0,5)$; $E(-2|3)$; $F(-3|3)$
  b) $A(-3|-4)$; $B(2|-4)$; $C(2|-5)$; $D(3,5|-3,5)$; $E(2|-2)$; $F(2|-3)$; $G(-3|-3)$
  c) 👥 Zeichnet jeder ein Koordinatensystem. Beschreibe deinem Partner, welche Punkte er eintragen soll. Prüft danach gemeinsam, ob die Punkte richtig eingetragen sind. Tauscht dann die Rollen.

7 Verändere die Vorzeichen so, dass die Punkte im angegebenen Quadranten liegen. ▸🔊
  a) Die Punkte sollen im III. Quadranten liegen: $A(3|2,5)$; $B(-4|2)$; $C(3|-6,1)$; $D(-6,8|-8)$
  b) Die Punkte sollen im IV. Quadranten liegen: $E(4,3|8)$; $F(-2,4|6)$; $G(9,6|-2)$; $H(-5,7|-4,9)$

8 Begründe, ob die Aussage stimmt. ▸🔊
  a) Sind die Vorzeichen der beiden Koordinaten negativ, dann liegt der Punkt immer im dritten Quadranten.
  b) Im zweiten und dritten Quadranten sind die Vorzeichen der beiden Koordinaten immer unterschiedlich.

9 Für den Roboter ist das Koordinatensystem mit vier Quadranten sehr hilfreich. Eignet es sich auch, um eine Drohne zu steuern? Begründe.

Mit rationalen Zahlen anschaulich rechnen

Mira und Karl machen Urlaub. Ihr Hotel ist ein Hochhaus mit einem Fahrstuhl. Das Erdgeschoss ist in Etage 0. Der Fahrstuhl fährt nach oben bis in die Etage +10 und nach unten bis in die Etage −5.

Die Kinder lieben den Fahrstuhl und spielen ein Spiel. Mira gibt die Etage an, in der sie starten. Karl sagt eine Zahl. Bei einer positiven Zahl fahren sie nach oben. Bei einer negativen Zahl fahren sie nach unten. Mira: „Wir starten in der Etage −2." Karl: „+5!" Sie fahren mit dem Fahrstuhl 5 Etagen nach oben. In welcher Etage sind sie dann?

Die Fahrt mit dem Fahrstuhl kannst du auch auf der Zahlengeraden darstellen.

Etage	Was gibt es da?
+10	Restaurant
+9	Luxus-Zimmer
+8	Zimmer
+7	Sauna
+6	Fitness-Studio
+5	Zimmer
+4	Friseur
+3	Zimmer
+2	Zimmer
+1	Shopping
0	Erdgeschoss
−1	Schwimmbad
−2	Parken 1
−3	Parken 2
−4	Küche
−5	Lager

W **Rationale Zahlen auf einer Zahlengeraden darstellen**

Nach oben fahren oder nach unten fahren kannst du auf der Zahlengeraden darstellen.

- Wenn du nach rechts gehst, dann nimmt der Wert der Zahl zu.

- Wenn du nach links gehst, dann nimmt der Wert der Zahl ab.

- Wenn du über die 0 gehst, dann ändert sich das Vorzeichen.

Starte in Etage −2. Fahre 5 Etagen nach oben. Zahlengerade: Gehe 5 Schritte nach rechts.

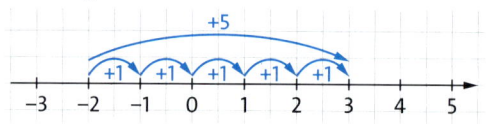

Du bist in Etage +3.

Starte in Etage +6. Fahre 7 Etagen nach unten. Zahlengerade: Gehe 7 Schritte nach links.

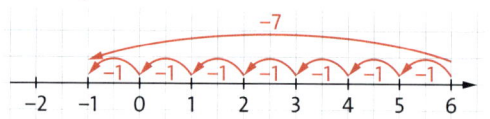

Du bist in Etage −1.

▶ Ganze Zahlen anschaulich addieren

▶ Rationale Zahlen mithilfe der Zahlengerade addieren und subtrahieren

▶ **Aufgabe** Starte in Etage −1. In welcher Etage bist du nach der Fahrt?
a) Fahre 9 Etagen nach oben. b) Fahre 3 Etagen nach unten.

▶ Rationale Zahlen addieren und subtrahieren

Ein Pluszeichen vor der ersten Zahl kannst du weglassen.

+3 + 7 = 3 + 7

+6 − 7 = 6 − 7

Betrag einer Zahl: Denke dir die Zahl ohne Vorzeichen.

W **Mit rationalen Zahlen rechnen**

Achte auf die **Zeichen** vor den Zahlen. Es können **Pluszeichen** oder **Minuszeichen** sein.
Ⓐ Beide Zahlen haben das **gleiche Zeichen** davor: Schreibe das gemeinsame Zeichen vor das Ergebnis. Addiere die Beträge der beiden Zahlen.
Ⓑ Beide Zahlen haben **verschiedene Zeichen** davor: Schreibe das Zeichen von der Zahl mit dem **größeren Betrag** vor das Ergebnis. Subtrahiere vom **größeren Betrag** den kleineren Betrag.

Ⓐ Beide Zahlen mit **+**:
+3 + 7 = 10
Beide Zahlen mit **−**:
−1 − 3 = −4, denn 1 + 3 = 4

Ⓑ Erst **−** und dann **+**:
−2 + 5 = 3, denn 5 − 2 = 3
Erst **+** und dann **−**:
+6 − 7 = −1, denn 7 − 6 = 1

▶ **Aufgabe** Berechne. a) −5 + 7 b) +3 − 6 c) −3 − 4

1 Schreibe die Rechenaufgabe mit Ergebnis auf.
Beispiel Starte bei 6 und gehe 5 Schritte nach links. Das Ergebnis ist +1.

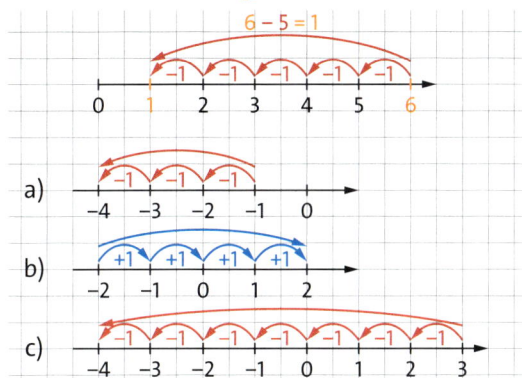

2 Berechne mithilfe der Zahlengeraden.

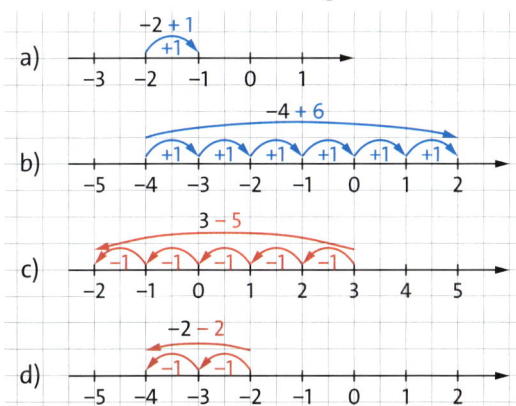

3 Stelle die Aufgabe auf der Zahlengeraden dar. Berechne.
a) −3 + 2   b) −1 − 4
c) −5 + 6   d) 6 − 8

▶ **3**

4 Berechne.
a) 25 + 14   b) 25 − 14   c) 14 − 25
d) −25 + 14   e) −14 + 25   f) −14 − 25

5 Was wählst du: addieren oder subtrahieren?
a) Der Fahrstuhl startet in der Etage −3 und fährt 2 Etagen nach oben.
b) Linda steigt in der zehnten Etage ein und fährt 12 Etagen abwärts.
c) Die Temperatur sinkt von 1 °C um 12 °C.
d) Bei Emre ist es 9 °C wärmer als −11 °C.
e) Max ist 5 cm größer als Mia. Mia ist 1,60 m groß.

6 Kaya fährt in einem Hochhaus mit dem Fahrstuhl aus der Tiefgarage −2 insgesamt 6 Etagen nach oben. In welcher Etage steigt Kaya aus?

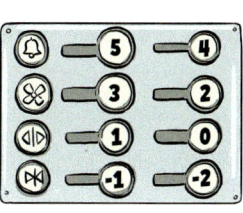

▶ **6**

7 Maike hat auf ihrem Konto −30 €. Von ihrem Geburtstagsgeld zahlt sie 45 € auf ihr Konto ein. Berechne den neuen Kontostand.

8 Finde die passenden Rechnungen zu den Sätzen.
Ein Kärtchen mit Sätzen bleibt übrig.
Schreibe eine passende Rechnung dazu.

① Im Tiefkühlfach sind es −10 °C. In der Kühltruhe ist es sogar noch 15 °C kälter.   Ⓐ −10 − 15 = −25

② Esdin fährt aus der 10. Etage 15 Etagen nach unten.   Ⓑ −10 + 15 = 5

③ Am Morgen sind es −10 °C. Die Temperatur steigt dann um 15 °C.   Ⓒ 15 − 10 = 5

④ Ilja hat 15 € gespart. Er gibt 10 € für ein Buch aus.   Ⓓ ?

9 Andi misst im Januar jeden Tag um 12 Uhr die Temperatur draußen. Er notiert folgendes:
„Am 5. Januar lag die Temperatur bei −9 °C. Dann stieg die Temperatur bis zum 6. Januar um 2 °C an. Bis zum 7. Januar stieg die Temperatur dann noch einmal um 4 °C an."
Welche Temperatur hat Andi am 7. Januar gemessen?

10 👥 Zeichnet gemeinsame eine Zahlengerade und beschriftet sie.
Schreibe dann eine eigene Sachaufgabe, die sich mit der Zahlengeraden lösen lässt.
Dein Partner zeichnet die passende Aufgabe auf der Zahlengeraden ein.
Überprüft gemeinsam die Lösung.
Tauscht dann die Rollen.

Tipp zu **10**: Du kannst zum Beispiel verwenden: mit einem Fahrstuhl fahren, Temperaturen, Geld, Preise.

1 Schreibe die Rechenaufgabe mit Ergebnis auf.

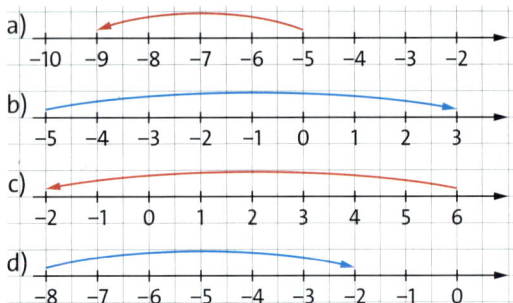

2 Stelle die Aufgabe auf der Zahlengeraden dar.
Berechne.

a) –8 + 9   b) 7 – 3   c) –8 – 3

d) –12 + 8   e) 4 – 12   f) –10 – 2

3 Berechne.

a) 13 – 17   b) –15 + 13   c) 21 – 29

d) –12 + 21   e) –17 – 17   f) –34 + 17

g) 5,5 – 12   h) –10,8 – 6,2 i) –2,4 + 6,34   ▶ **4** ☒

4 Benutze jeweils zwei von diesen Zahlenkarten.

| –6 | –3 | –1,5 | + 1 | + 3,5 | + 6 |

Addiere oder subtrahiere dann.
Stelle die Rechenaufgaben so auf, dass …

a) die Zahlen gleiche Vorzeichen haben.

b) beide Zahlen verschiedene Vorzeichen haben.

c) das Ergebnis negativ ist.

d) das Ergebnis –2,5 ist.

5 Entscheide, welche Wortgruppen zur Addition
und welche zur Subtraktion gehören.
*im Fahrstuhl hochfahren; der Preis sinkt;
es wird kälter; größer sein als etwas anderes;
im Fahrstuhl herunterfahren; es wird wärmer;
etwas wird teurer; der Wasserstand steigt;
kleiner sein als etwas anderes; der
Wasserstand sinkt*

a) Erstelle dazu eine Tabelle.

Addition	Subtraktion
im Fahrstuhl hochfahren	im Fahrstuhl herunterfahren
…	…

b) 👥 Ergänzt die Tabelle mit eigenen
Beispielen.

6 Notiere eine passende Rechnung.
Berechne und schreibe einen Antwortsatz.

a) Die Temperatur steigt von –4 °C um 8,5 °C an.
Wie hoch ist die Temperatur dann?

b) Der Kontostand von Elijah beträgt –45 €.
Er zahlt dann sein Taschengeld von 30 € ein.
Wie hoch ist sein Kontostand dann?

c) Frau Hauser fährt vom dritten Kellergeschoss
7 Etagen nach oben.
In welcher Etage steigt sie aus?   ▶ **6** ☒

7 Erfinde zu jeder Rechnung eine passende   ▶
Geschichte mit einer Frage. Wähle nicht jedes
Mal das Gleiche: nur Temperaturen, Preise …

| a) 28 – 20,5 | b) –17 + 29 | c) –2,5 – 4,5 | d) –30 + 15 |

Berechne dann und schreibe einen
Antwortsatz, der zu deiner Frage passt.

Beispiel –3 – 7
Geschichte: Lisa hat 3 € Schulden und leiht sich
noch einmal 7 €. Wie hoch sind Lisas Schulden?
Rechnung: –3 – 7 = –10
Antwortsatz: Lisa hat jetzt 10 € Schulden.

8 In Montana (USA)
stieg im Winter 1972
die Temperatur
innerhalb eines
Tages von –48 °C
um 57 °C an.

a) Wie hoch war die Temperatur nach diesem
Anstieg?

b) 📱 👥 Recherchiere weitere extreme
Temperaturunterschiede innerhalb eines
Tages oder einer Woche. Stellt euch dann
gegenseitig Aufgaben. Löst die Aufgaben
und kontrolliert euch gegenseitig.

9 Bei einem Bankkonto erkennst du am
▼ Vorzeichen der Zahl, ob Geld hinzukommt oder
abgezogen wird. Gib den neuen Kontostand an.

alter Kontostand	15 €
Supermarkt	–10 €
Geschenk von Oma	+25 €
Bekleidungsladen	–55 €
neuer Kontostand	

Hinweis zu **9**: Geld kommt hinzu, wenn du Geld einzahlst oder dir jemand Geld überweist.
Geld wird abgezogen, wenn du Geld abhebst oder jemandem Geld überweist.

Üben ⊠

1 Welche Aufgabe ist hier dargestellt? Berechne.

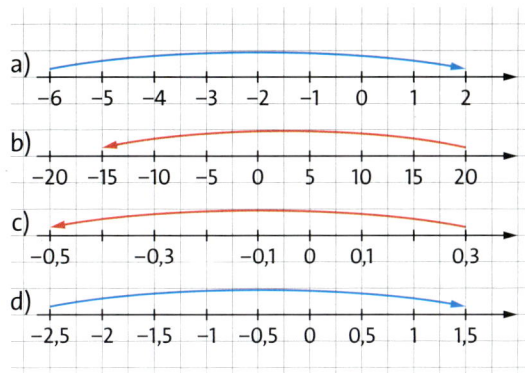

2 Stelle die Aufgabe auf der Zahlengeraden dar.
Berechne.
a) $-7 + 9$ b) $12 - 5$ c) $-7 - 2$
d) $-11 + 7$ e) $0,4 - 0,8$ f) $2,5 - 3,5$

3 Berechne.
a) $-35 + 38$ b) $25 - 30$ c) $-41 + 33$
d) $-13,7 + 11$ e) $9,5 - 11,8$ f) $2,5 - 3,1$
g) $\frac{3}{4} - \frac{5}{6}$ h) $-\frac{1}{2} + \frac{3}{8}$ i) $-\frac{7}{15} - \frac{5}{6}$

4 Benutze immer zwei Zahlenkarten.
Addiere oder subtrahiere jeweils.

$-7,5$	$-5,1$	$-\frac{1}{2}$	$+4,1$	$+5,9$	$+8,7$

Stelle die Rechenaufgaben so auf, dass ...
a) die Zahlen gleiche Zeichen davor haben.
b) vor beiden Zahlen verschiedene Zeichen sind.
c) das Ergebnis negativ ist.
d) das Ergebnis 3,6 ist.

5 Notiere zunächst eine passende Frage.
Berechne dann im Heft.
Schreibe einen Antwortsatz.
a) Ella steigt in der dritten Etage in den
Fahrstuhl und fährt fünf Etagen hinunter.
b) Die Temperatur steigt von $-7\,°C$ um $11,2\,°C$.
c) Emilio misst den Wasserstand des Teiches
vor und nach einem starken Regen. Vorher
war er 1,23 m, danach war er 12 cm höher.
d) Der Kontostand von Jenny beträgt $-52,50\,€$.
Sie zahlt 115 € ein.
e) Bei Moira in Berlin ist es 11 Uhr vormittags.
Bei Kai in Washington D.C. ist es sechs
Stunden früher.
f) In einem Spiel gewinnt Markus 978,5 Punkte
und verliert 1000 Punkte. Dann erhält er
zum Spielende noch 20 Punkte.

6 Ergänze die Tabelle im Heft.

Start	Änderung	Ende
a) $-4\,°C$	$9,5\,°C$ wärmer	
b) Etage 10		Etage -3
c)	9 min schneller	11 min
d) $4\,€$	$7,50\,€$ weniger	
e)	$8,5\,m$ höher	$-1\,m$
f)	$1\frac{3}{4}$ h später	0:30 Uhr

7 Ergänze die Zahl und gib die Rechnung an.
Erfinde eine passende Rechengeschichte.
Beispiel $22 \xrightarrow{-30} -8$ also: $22 - 30 = -8$
Beim Anschalten waren es noch $22\,°C$ in der
Kühltruhe. Die Temperatur sank um $30\,°C$
auf $-8\,°C$.
a) $-9 \xrightarrow{\ \blacksquare\ } 7$ b) $-4,5 \xrightarrow{\ \blacksquare\ } -3,5$
c) $22 \xrightarrow{\ \blacksquare\ } -29$ d) $-12,3 \xrightarrow{\ \blacksquare\ } 2,3$

8 Ergänze die fehlenden Zahlen in deinem Heft.

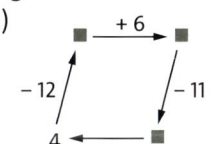

c) 👥 Schreibe auf einen Zettel zwei Aufgaben
wie in a) und b). Tauscht eure Zettel. Löst die
Aufgaben. Kontrolliert gemeinsam.

9 Banken verwenden oft die Begriffe Haben und
Soll. Ein Haben von 5 € bedeutet +5 €.
Ein Soll von 5 € bedeutet $-5\,€$.
Das ist der Stand von Pascals Bankkonto:

alter Kontostand	33,50 € Soll
Internetshop	20 € Soll
Taschengeld	25 € Haben
Poster verkauft	14,20 € Haben
neuer Kontostand	

Gib den neuen Kontostand an.

10 Am Morgen um 6 Uhr zeigte das Thermometer
eine Temperatur von ■ °C an. Bis 12 Uhr stieg
die Temperatur um $4,3\,°C$ und bis 16 Uhr um
weitere $2,4\,°C$. Dann waren es $3,8\,°C$.
a) Bestimme die Temperatur um 6 Uhr.
b) Beschreibe dein Vorgehen.

► 💡 Tipp zu **3**, **5**, **6**

Rationale Zahlen addieren und subtrahieren

Kira und Luna wollen in einem Zahlen-Quiz vier Reihen mit Aufgaben lösen.
Um es deutlicher zu machen, hat der Moderator die zweite Zahl immer in Klammern
geschrieben. Kira und Luna schauen sich nun die Reihen genau an und versuchen,
die fehlenden Ergebnisse herauszubekommen.

Addition:
1. *Summand*

$6 + 3 = 9$

2. *Summand*

Addiere:
$6 + (+3) = 9$
$6 + (+2) = 8$
$6 + (+1) = 7$
$6 + (+0) = 6$
$6 + (-1) = ?$
$6 + (-2) = ?$
$6 + (-3) = ?$

Kira stellt fest:
„Der erste Summand ist
immer 6.
Der zweite Summand
wird immer um 1 kleiner.
Das Ergebnis wird immer
um 1 kleiner."

Subtrahiere:
$6 - (+3) = 3$
$6 - (+2) = 4$
$6 - (+1) = 5$
$6 - (+0) = 6$
$6 - (-1) = ?$
$6 - (-2) = ?$
$6 - (-3) = ?$

Luna sagt:
„Der Minuend ist immer 6.
Der Subtrahend wird
immer um 1 kleiner.
Das Ergebnis wird immer
um 1 größer."

Subtraktion:
Minuend

$6 - 3 = 3$

Subtrahend

Addiere:
$-6 + (+3) = -3$
$-6 + (+2) = -4$
$-6 + (+1) = -5$
$-6 + (+0) = -6$
$-6 + (-1) = ?$
$-6 + (-2) = ?$
$-6 + (-3) = ?$

Kira sagt:
„Hier ist der erste
Summand immer −6.
Der zweite Summand
wird immer um 1 kleiner.
Das Ergebnis wird immer
um 1 kleiner."

Subtrahiere:
$-6 - (+3) = -9$
$-6 - (+2) = -8$
$-6 - (+1) = -7$
$-6 - (+0) = -6$
$-6 - (-1) = ?$
$-6 - (-2) = ?$
$-6 - (-3) = ?$

Luna sagt:
„Hier ist der Minuend
immer −6.
Der Subtrahend wird
immer um 1 kleiner.
Das Ergebnis wird immer
um 1 größer."

Wie lauten die fehlenden Ergebnisse?

W

Rationale Zahlen addieren und subtrahieren
Bei der Addition und der Subtraktion
von rationalen Zahlen treffen Rechenzeichen
und Vorzeichen aufeinander.

Das Rechenzeichen zeigt dir, wie du rechnest.

① Wenn Rechenzeichen und Vorzeichen **gleich**
sind, dann fasse die Zeichen zusammen zu „+".

② Wenn Rechenzeichen und Vorzeichen
verschieden sind, dann fasse die Zeichen
zusammen zu „−".

Das Vorzeichen steht direkt vor einer Zahl. Es zeigt dir, ob die Zahl positiv (+) oder negativ (−) ist.

Rechne weiter, wie du zuvor gelernt hast:

Ⓐ Beide Zahlen haben das **gleiche Zeichen** davor:
Schreibe das gemeinsame Zeichen vor das
Ergebnis. Addiere die Beträge der beiden
Zahlen.

Ⓑ Beide Zahlen haben **verschiedene Zeichen**
davor: Schreibe das Zeichen von der Zahl mit
dem **größeren Betrag** vor das Ergebnis.
Subtrahiere vom **größeren Betrag**
den kleineren Betrag.

Addieren

① $6 \underline{+ (+3)}$
$= 6 \quad + \quad 3$ Ⓐ
$= 9$

$-6 + (+3)$
$= \mathbf{-6} + 3$ Ⓑ
$= -3$

② $6 \underline{+ (-3)}$
$= \mathbf{6} \quad - \quad 3$ Ⓑ
$= 3$

$-6 + (-3)$
$= -6 - 3$ Ⓐ
$= -9$

Subtrahieren

① $6 \underline{- (-3)}$
$= 6 \quad + \quad 3$ Ⓐ
$= 9$

$-6 - (-3)$
$= \mathbf{-6} + 3$ Ⓑ
$= -3$

② $6 \underline{- (+3)}$
$= \mathbf{6} \quad - \quad 3$ Ⓑ
$= 3$

$-6 - (+3)$
$= -6 - 3$ Ⓐ
$= -9$

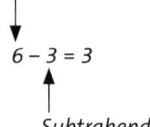
▶ Rationale
Zahlen addieren
und subtrahieren
(Klammerschreib-
weise)

▶ **Aufgabe** Hilf Kira und Luna. Rechne die fehlenden Ergebnisse aus.

▶ 1 ▶ 1 ▶ 1

1 Das Rechenzeichen und das Vorzeichen sind gleich. Fasse zusammen zu +.
Beispiel $6 - (-4) = 6 + 4$
a) $5 + (+3)$ b) $3 - (-4)$
c) $-12 - (-9)$ d) $-7 + (+10)$

2 Das Rechenzeichen und das Vorzeichen sind verschieden. Fasse zusammen zu −.
Beispiel $6 - (+4) = 6 - 4$
a) $13 - (+7)$ b) $20 + (-15)$
c) $-18 - (+19)$ d) $-12 + (-5)$ ▶ **2** ⊠

3 Immer zwei Aufgaben haben dasselbe Ergebnis. Finde die Karten, die zusammengehören. Berechne im Heft.

Ⓐ $-2 - (-4)$	Ⓑ $2 - (+4)$	Ⓒ $2 + (+4)$
Ⓓ $-2 + (-4)$	Ⓔ $2 - (-4)$	Ⓕ $-2 + (+4)$
Ⓖ $2 + (-4)$	Ⓗ $-2 - (+4)$	

4 Ergänze den Lückentext in deinem Heft.
Bei der Rechnung $8 + (-11)$ ist das Rechenzeichen ●. Das Vorzeichen des zweiten Summanden ist ●. Wenn man das Rechenzeichen und das Vorzeichen vertauscht, dann entsteht die Rechnung ●.

5 Fasse zusammen und berechne.
a) $4 - (-15)$ b) $23 - (+13)$ c) $11 + (-9)$
d) $-15 - (-15)$ e) $-30 - (+15)$ f) $-16 + (-7)$

6 👥 Schreibt verschiedene Zahlen mit Vorzeichen auf Zettel. Zieht dann immer zwei Zettel und rechnet einmal Plus und einmal Minus.
Beispiel $(+5) + (-2) = 5 - 2 = 3$
$+5$ -2 $(+5) - (-2) = 5 + 2 = 7$ ▶ **4** ⊠

7 ▼ Schreibe zu jedem Text eine Rechenaufgabe und berechne.

a) Ich bekomme diese Woche 5 € Taschengeld. Für 3 € kaufe ich mir ein Heft.

b) Ich muss meiner Mutter noch 3 € zahlen und leihe mir noch einmal 5 € bei ihr.

c) Ich habe 5 € Schulden bei meinem Bruder. Heute zahle ich ihm 3 € zurück.

8 👥 Überprüft, ob die Rechnung richtig oder falsch ist. Beschreibt und korrigiert die Fehler.
a) $9 - (-7) = 9 - 7 = 2$
b) $-4 - (-8) = -4 + 8 = 4$
c) $7 - (+4) = 7 - 4 = 3$
d) $-2 - (+3) = -2 - 3 = 5$ ▶ **8** ⊠

9 Setze einmal als Vorzeichen Plus und einmal Minus ein. Berechne.
Beispiel $-5 - (+11) = -5 - 11 = -11$
$-5 - (● 11)$ $-5 - (-11) = -5 + 11 = 6$
a) $8 - (● 9)$ b) $-7 - (● 11)$
c) $17 - (● 7)$ d) $-19 - (● 21)$

10 Vervollständige die Additionsmauer im Heft.

a) 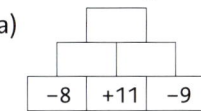   b)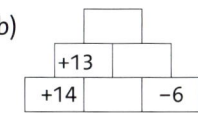

c) 👥 Erstellt und löst weitere Additionsmauern.

11 ▼ Frau Nasra hat 125 € auf ihrem Konto. Sie bezahlt eine Rechnung von 150 € und bekommt dann ihr **Gehalt** von 1250 €.

alter Kontostand	125 €
Rechnung	−150 €
Gehalt	1250 €
neuer Kontostand	

a) Berechne den neuen Kontostand.
b) 👥 Erstellt Aufgaben mit Kontoständen. Tauscht die Aufgaben untereinander und löst sie. Überprüft die Ergebnisse gemeinsam.

12 Der Einstieg in die Höhle ist bei 0 m.

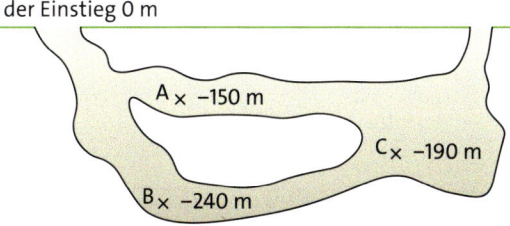

der Einstieg 0 m
A × −150 m
C × −190 m
B × −240 m

a) Maja meint: „Der Punkt B liegt 80 m höher als der Punkt A." Stimmt das?
b) Ergänze im Heft: „Der Punkt B liegt ● m tiefer als der Punkt C."

Tipp zu **7**: Wähle die passende Rechnung aus: Ⓐ $-5 - (-3)$; Ⓑ $-3 + (-5)$; Ⓒ $5 - (+3)$
Sprachhilfe zu **11**: Das **Gehalt** ist das Geld, das eine Person mit ihrer Arbeit verdient.

▶ 💡 Tipp zu **3**, **5**, **10**, **12**

1 Fasse das Rechenzeichen und das Vorzeichen zusammen. Berechne dann das Ergebnis.
a) 8 − (+5)
b) 11 + (+6)
c) −15 − (+4)
d) −12 + (−22)
e) −25 − (+11)
f) 34 − (−7)

2 Setze im Heft ein Rechenzeichen und ein Vorzeichen ein, sodass die Umformung stimmt. Es gibt immer zwei Aufgaben.
Beispiel −5 ● (● 7) = −5 + 7
−5 − (−7) und −5 + (+7) sind die Aufgaben.
a) 5 ● (● 7) = 5 − 7
b) −7 ● (● 5) = −7 + 5
c) −7 ● (● 5) = −7 − 5

3 Rechne.
a) 50 − (+15)
b) −45 − (+25)
c) −49 − (−19)
d) −78 − 26
e) 145 + (−50)
f) −2,5 + 0,8
g) −134,5 − (−87,5)
h) 11,6 + (−13,9) ▸ 4

4 Formuliere eine passende Frage. Stelle dann eine Rechnung auf und berechne. Schreibe einen Antwortsatz.
a) Am Montag waren es mittags −5 °C, bis zum Dienstag sank die Temperatur um 7 °C.
b) Lena hat am Ende des Monats −93 € auf ihrem Konto. Einen Tag später bekommt sie ihr Lehrlingsgehalt von 420 €.
c) Tom hat in einem Online-Spiel in der ersten Runde 250 Punkte gesammelt. Dann begeht er einen Fehler und bekommt für die zweite Runde 400 Minuspunkte.

5 Vervollständige die Additionsmauer im Heft.
a)
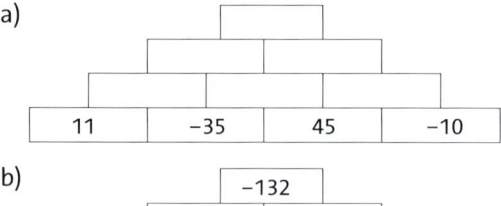

| 11 | −35 | 45 | −10 |

b)
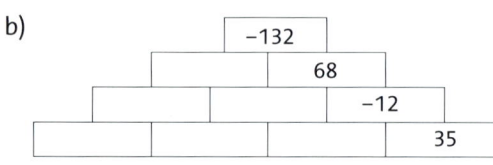

c) 👥 Erstellt eigene Additionsmauern und tauscht sie untereinander. Macht die Zahlen immer schwieriger.

6 Rechne.
a) 12,3 − (−2,6)
b) 6,8 − 9,3
c) −4,3 − (−1,2)
d) −6,9 + (−11,6)
e) −0,26 + 1,61
f) 1,32 − 7,81 ▸ 8

7 Hier sind Fehler passiert. Beschreibe die Fehler und korrigiere sie.
a) 31 − (−17) = 31 − 17 = 14
b) −11 − (+23) = 11 − 23 = −12
c) −2,5 − (−1,6) = −2,5 + 1,6 = 0,9

8 Xavier ist Klippenspringer. Er springt von der Klippe, taucht bis zum Meeresboden hinab und schwimmt dann wieder zur Wasseroberfläche.
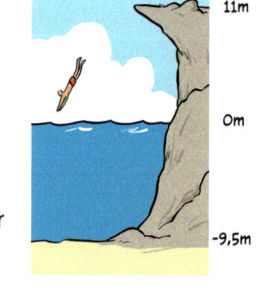
a) Wie viele Höhenmeter hat Xavier insgesamt zurückgelegt?
b) 👥 Bei einer anderen Klippe hat Xavier insgesamt 39 m zurückgelegt. Gebt zwei Möglichkeiten an, wie hoch die Klippe und wie tief der Meeresboden sein kann.
c) 👥 📱 Recherchiert, wie tief das Wasser sein muss, damit man sicher von einer Klippe springen kann. ▸ 10

9 Das ist das Online-Konto von Herrn Orlic.

Kontonummer	Kontostand	Aktion
999xxx999	−270 €	Bitte wählen …

Es gibt folgende Zahlungen:

Gehalt: +1865 €   Miete: −1040 €

Supermarkt: −25 €   Rad-Laden: −249 €

Überschlage erst den neuen Kontostand. Rechne dann genau.

10 Dies sind die Höchsttemperaturen der letzten Tage. Bestimme den Temperaturunterschied immer von einem Tag zum nächsten. Schreibe einen Text dazu.
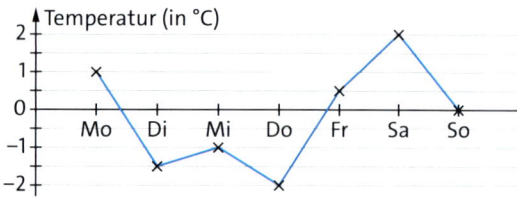

1 Fasse das Rechenzeichen und das Vorzeichen zusammen. Berechne dann das Ergebnis.
a) $27 - (+45)$ b) $-38 + (-53)$
c) $-44 - (-19)$ d) $72 - (+56)$
e) $-114 - (-84)$ f) $173 + (-277)$

2 Ergänze im Heft die richtigen Vorzeichen, sodass die Rechnung stimmt.
a) $-14 - (-7) = \bullet \, 7$ b) $-5 - (-12) = \bullet \, 7$
c) $11 - (\bullet \, 18) = -7$ d) $26 + (\bullet \, 33) = -7$
e) $\bullet \, 9 - (-2) = -7$ f) $\bullet \, 11 - 18 = -7$

3 Vervollständige die Tabelle im Heft.
Beispiel $(-21) + (-17) = -21 - 17 = -38$

+	−17		−55	
−21	−38	11		
36				
−45			54	
			−160	

4 Berechne den Wert …
a) der Summe aus $-5{,}2$ und $-1{,}9$.
b) der Differenz aus $10{,}6$ und $8{,}5$.
c) der Differenz aus $7{,}3$ und $-9{,}6$.
d) der Summe aus $-1{,}7$ und $-2{,}9$.

5 Formuliere eine passende Frage.
Rechne dann und schreibe einen Antwortsatz.
a) Am Morgen waren es $-8{,}5\,°C$. Bis zum Mittag stieg die Temperatur um $5{,}3\,°C$. Dann sank sie bis Mitternacht wieder um $7{,}1\,°C$.
b) Bei einem Fußballmanager-Spiel steht Maron am 32. Spieltag bei -45 Punkten. Am 33. Spieltag sammelt sie 58 Punkte, am 34. Spieltag verliert sie 12 Punkte.

6 Vervollständige die Additionsmauer im Heft.

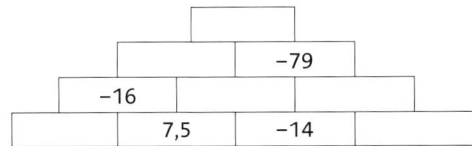

a) Beschreibe dein Vorgehen.
b) 👥 Erstellt eigene Additionsmauern, in denen ganz oben $-11{,}4$ steht.
Tauscht die Additionsmauern untereinander aus und prüft gegenseitig, ob sie stimmen.

7 Berechne.
a) $-11{,}3 - 4{,}3$ b) $5{,}32 - (-1{,}7)$
c) $-15{,}7 + (-3{,}5)$ d) $\frac{5}{12} - \frac{17}{12}$
e) $-\frac{5}{6} + \frac{2}{3}$ f) $\frac{2}{9} - \frac{1}{3}$
g) $-\frac{2}{7} - \left(-\frac{2}{3}\right)$ h) $-0{,}75 + \left(-\frac{3}{8}\right)$

8 Ändere ein Vorzeichen oder ein Rechenzeichen, sodass das Ergebnis stimmt.
a) $-49 - 111 = -62$
b) $-77 + 116 - 43 = 82$
c) $52 - 66 - 105 + 83 = 96$

9 Eine Bohrinsel dient zur Förderung von Erdöl. Die Bohrinsel ist auf dem Meeresboden verankert. Bis zur Mastspitze ist sie $382\,m$ hoch.

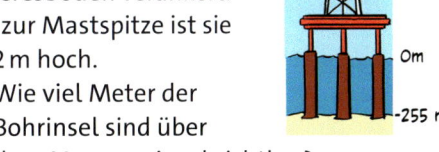

a) Wie viel Meter der Bohrinsel sind über dem Meeresspiegel sichtbar?
b) 👥 Eine andere Bohrinsel ist $316\,m$ hoch. Davon sollen mindestens $\frac{2}{3}$ unter dem Meeresspiegel sein. Gebt zwei Möglichkeiten für die Höhe über und unter dem Meeresspiegel an.

10 Frau Heines Kontostand ist $-724{,}35\,€$.
Es gibt folgende Zahlungen:

Gehalt: +1456,78 €	Miete: −972 €
Supermarkt: −35,67 €	Outlet: −79,99 €

Überschlage erst den neuen Kontostand. Rechne dann genau.

11 Die Schmelztemperatur gibt an, bei welcher Temperatur ein Stoff schmilzt, also von fest zu flüssig wird.

Gold: 1064 °C	Benzin: −40 °C
Zucker: 160 °C	Wasserstoff: −259 °C
Sauerstoff: −218 °C	Salz: 801 °C
Blei: 327 °C	Chlor: −102 °C

a) Berechne die größte Differenz zwischen zwei Schmelztemperaturen.
b) Gib Stoffe an, deren Schmelztemperaturen eine kleinere Differenz als $250\,°C$ haben.

Rationale Zahlen multiplizieren und dividieren

Simon und David sollen untersuchen, wie man negative Zahlen multipliziert.
Sie schauen sich Aufgabenreihen genau an.

Multiplikation:
1. Faktor

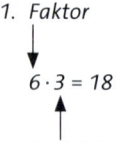

$6 \cdot 3 = 18$

2. Faktor

$6 \cdot (+3) = 18$	Simon stellt fest:
$6 \cdot (+2) = 12$	„Der erste Faktor ist
$6 \cdot (+1) = 6$	immer 6.
$6 \cdot 0 = 0$	Der zweite Faktor wird
$6 \cdot (-1) = ?$	immer um 1 kleiner.
$6 \cdot (-2) = ?$	Das Ergebnis wird immer
$6 \cdot (-3) = ?$	um 6 kleiner."

$-6 \cdot (+3) = -18$	David sagt:
$-6 \cdot (+2) = -12$	„Der erste Faktor ist
$-6 \cdot (+1) = -6$	immer −6.
$-6 \cdot 0 = 0$	Der zweite Faktor wird
$-6 \cdot (-1) = ?$	immer um 1 kleiner.
$-6 \cdot (-2) = ?$	Das Ergebnis wird immer
$-6 \cdot (-3) = ?$	um 6 größer."

Wie lauten die fehlenden Ergebnisse?

▶ 🖥 Rationale
Zahlen
multiplizieren

W **Rationale Zahlen multiplizieren**
① Multipliziere die beiden Zahlen **ohne Vorzeichen**.
② Schreibe dann das richtige Vorzeichen vor das Ergebnis:

   Ⓐ Wenn beide Zahlen das **gleiche** $(+) \cdot (+) = (+)$
      Vorzeichen haben, dann ist das $(-) \cdot (-) = (+)$
      Vorzeichen für das Ergebnis
      positiv (also **+**). Ein Pluszeichen vor einem
      Ergebnis kannst du weglassen.

   Ⓑ Wenn beide Zahlen **verschiedene** $(+) \cdot (-) = (-)$
      Vorzeichen haben, dann ist das $(-) \cdot (+) = (-)$
      Vorzeichen für das Ergebnis
      negativ (also **−**).

① Multipliziere: $6 \cdot 2$

② Ⓐ $(+6) \cdot (+2) = +12$
      $(-6) \cdot (-2) = +12$

   Ⓑ $(+6) \cdot (-2) = -12$
      $(-6) \cdot (+2) = -12$

▶ **Aufgabe**   Multipliziere $(-3) \cdot (+7)$ und $(-3) \cdot (-7)$.   ▶ **1** ▶ **1** ▶ **1**

Beispiel: $5 \cdot 2 = 10$
Umkehraufgaben:
$10 : 2 = 5$
$10 : 5 = 2$

Die Division ist die **Umkehrung** der Multiplikation.
Bei der Division von rationalen Zahlen kannst du genauso wie bei der Multiplikation vorgehen.

Wenn
vor einer Zahl
kein Vorzeichen
steht, dann hat sie
*ein **positives***
Vorzeichen.

W **Rationale Zahlen dividieren**
① Dividiere die beiden Zahlen **ohne Vorzeichen**.
② Schreibe dann das richtige Vorzeichen vor das Ergebnis:

   Ⓐ Wenn beide Zahlen das **gleiche** $(+) : (+) = (+)$
      Vorzeichen haben, dann ist das $(-) : (-) = (+)$
      Vorzeichen für das Ergebnis
      positiv (also **+**).

   Ⓑ Wenn beide Zahlen **verschiedene** $(+) : (-) = (-)$
      Vorzeichen haben, dann ist das $(-) : (+) = (-)$
      Vorzeichen für das Ergebnis
      negativ (also **−**).

① Dividiere: $12 : 2$

② Ⓐ $(+12) : (+2) = 6$
      $(-12) : (-2) = 6$

   Ⓑ $(+12) : (-2) = -6$
      $(-12) : (+2) = -6$

▶ 🖥 Rationale
Zahlen dividieren

▶ **Aufgabe**   Dividiere $(-28) : (+7)$ und $(-28) : (-7)$.   ▶ **7** ▶ **6** ▶ **4**

1 👥 Schreibt verschiedene Zahlen mit dem Vorzeichen Plus oder Minus auf Kärtchen. Zieht dann zwei Karten. Welches Vorzeichen hat der Wert des Produkts der beiden Zahlen?

Beispiel

| +3 | · | −4 |

Das Produkt aus +3 und −4 hat ein Minus als Vorzeichen.

2 Ergänze den Lückentext in deinem Heft.
Verwende die Wörter „positiv" und „negativ".
In der Rechnung $(−6) · (+3)$ hat $(−6)$ ein ● Vorzeichen und $(+3)$ ein ● Vorzeichen.
Das Ergebnis hat also ein ● Vorzeichen.

3 Multipliziere die gegebene Zahl mit $(+5)$ und mit $(−5)$.
Beispiel $(+4) · (+5) = 20$ und
$(+4) · (−5) = −20$
a) $(+3)$ b) $(+7)$ c) $(−10)$ d) $(−12)$

4 Multipliziere.
a) $(+4) · (+9)$ b) $(−7) · (+3)$
c) $(+9) · (−3)$ d) $(−6) · (−6)$
e) $(−8) · (−6)$ f) $(−1) · (+20)$
g) $(−15) · (−2)$ h) $(+100) · (−4)$

5 Multipliziere. Bei den positiven Zahlen wurde das Vorzeichen weggelassen.
Beispiel $7 · (−4) = (+7) · (−4) = −28$
a) $2 · (−9)$ b) $(−13) · 3$ c) $10 · (−5)$
d) $(−20) · 8$ e) $(−19) · 10$ f) $90 · (−5)$ ▶ 4 ✉

6 Bilde fünf Multiplikationsaufgaben und löse sie.
Wähle immer eine graue und eine orange Karte.

| (+12) | (+1,5) | (−2,5) | (−10) |
| (−6) | (−20) | (−137) | (+8) |

7 Bestimme zuerst das Vorzeichen des Ergebnisses. Dividiere dann.
Beispiel $(+45) : (−9)$ $(+) : (−) = (−)$
$(+45) : (−9) = −5$
a) $(+20) : (+4)$ b) $(−25) : (+5)$
c) $(+42) : (−6)$ d) $(−81) : (−9)$
e) $(−49) : (+7)$ f) $(+32) : (−8)$

8 Dividiere die gegebene Zahl durch $(+4)$ und durch $(−4)$.
Beispiel $(+24) : (+4) = 6$ und
$(+24) : (−4) = −6$
a) $(+16)$ b) $(−32)$ c) $(+36)$ d) $(−28)$

9 Dividiere. Rechne dann die Probe.
Beispiel $(+63) : (−9) = −7$
Probe: $(−7) · (−9) = 63$
a) $(+21) : (−3)$ b) $(+120) : (+10)$
c) $(−72) : (−9)$ d) $(−48) : (+6)$
e) $(+4100) : (−100)$ f) $(−250) : (−5)$ ▶ 8 ✉

10 Vervollständige die Multiplikationsmauer im Heft.
a)

| | (−5) | (+2) | (−13) |

b)

| | (−32) | |
| | (−8) | (−5) |

11 Yasmina und ihr kleiner Bruder spielen Karten. Ihr Bruder verliert dreimal hintereinander. Jedes Mal schreibt Yasmina ihrem Bruder 5 Minus-Punkte auf, also −5 Punkte. Wie viele Punkte hat der Bruder nun?

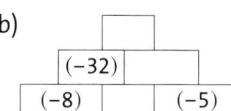

12 Herr Klimow hat Schulden. Auf seinem Konto sind −240 €. Jeden Monat zahlt er gleich viel Geld auf sein Konto ein. Nach 6 Monaten hat er dann 0 € auf seinem Konto und damit keine Schulden mehr. Wie viel Geld hat er jeden Monat eingezahlt?   ▶ 12 ✉

13 Multipliziere mehrere Zahlen.
Beispiel $(+2) · (−4) · (−5)$
$= (−8) · (−5) = 40$
a) $(−3) · (+2) · (−4)$ b) $(+7) · (−2) · (−1)$
c) $(+8) · (+9) · (−2)$ d) $(−6) · (−2) · (−3)$
e) $(+3) · (−2) · (+9)$ f) $(−4) · (+5) · (−6)$

14 Berechne. Beachte die Vorrangregeln.   ▶ 🔊
Beispiel $(6 + 4) · (−9) = 10 · (−9) = − 90$
a) $(−10) · (5 + 3)$ b) $20 : (5 − 4)$
c) $7 · (8 − 11)$ d) $23 + 50 : (−10)$
e) $11 + (−5) · 3$ f) $(−75) − 77 : 11$

Sprachhilfe zu **12**: Wenn der Stand deines Kontos negativ ist, hast du Schulden. Bei 0 € auf dem Konto spricht man von einer schwarzen Null.

▶ 💡 Tipp zu **4**, **6**, **10**, **11**

1 Trage im Heft das passende Vorzeichen ein.
a) $(+4) \cdot (-9) = \bullet\,36$ b) $(-3) \cdot (-12) = \bullet\,36$
c) $(-15) \cdot (+8) = \bullet\,120$ d) $(+50) \cdot (-3) = \bullet\,150$
e) $(\bullet\,8) \cdot (+8) = -64$ f) $(\bullet\,5) \cdot (-9) = 45$
g) $(+25) \cdot (\bullet\,4) = -100$ h) $(-5) \cdot (\bullet\,16) = -80$

2 Bilde mit den Kärtchen Malaufgaben.

+6	−12	+8	−3

Wie viele Aufgaben kannst du bilden,
bei denen das Ergebnis …
a) positiv ist?   b) negativ ist?

3 Multipliziere. Bei den positiven Zahlen ist das Vorzeichen weggelassen.
a) $6 \cdot (-8)$ b) $(-11) \cdot (-9)$ c) $25 \cdot 5$
d) $(-9) \cdot 8$ e) $3{,}1 \cdot (-10)$ f) $125 \cdot (-8)$
g) $8 \cdot (-4{,}5)$ h) $(-16) \cdot (-0{,}5)$ i) $(-2{,}4) \cdot 1{,}5$

4 Überschlage zuerst.
Multipliziere dann schriftlich.
Beispiel $(-115) \cdot 3$
         Überschlag: $(-100) \cdot 3 = -300$
         Ergebnis: $(-115) \cdot 3 = -345$
a) $147 \cdot (-8)$ b) $(-607) \cdot (-41)$
c) $(-73) \cdot 92$ d) $28 \cdot (-109)$ ▸ **3** ⊠

5 Hier sind fünf Ziffern und vier Vorzeichen.

2	9	5	6	3

+	+	−	−

Wähle immer zwei Ziffern und zwei Vorzeichen.
Bilde Multiplikationsaufgaben.
Das Ergebnis soll …
a) $+18$ sein.   b) -18 sein.
c) sehr groß sein.   d) sehr klein sein.
👥 Vergleicht untereinander eure Lösungen.

6 Bestimme erst das Vorzeichen des Ergebnisses.
Dividiere dann.
a) $(+63) : (-9)$ b) $(+3600) : (+36)$
c) $(-175) : (-5)$ d) $(-108) : (+9)$
e) $(+84) : (-12)$ f) $(-75) : (-25)$

7 Dividiere schriftlich. Rechne dann die Probe.
Beispiel $(-2436) : 3 = -812$
  Probe: $(-812) \cdot 3 = -2426$
a) $(-4230) : 9$ b) $(-324) : (-12)$
c) $2672 : (-8)$ d) $(-5520) : 16$ ▸ **5** ⊠

8 Drei Ergebnisse sind falsch.
Finde und korrigiere die Fehler.
a) $(-13{,}5) \cdot 4 = 54$ b) $(-496) : (-8) = -16$
c) $722 : (-2) = -361$ d) $(-24) \cdot 0{,}5 = -120$

9 Vervollständige die Multiplikationsmauer im Heft.
a)
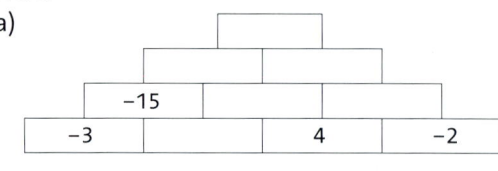

b)
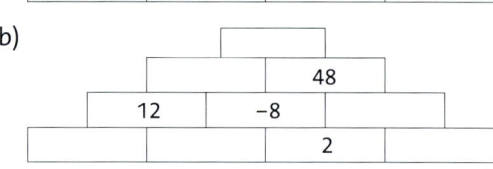

10 Berechne das Ergebnis.
a) Multipliziere die Zahlen 5 und (-7).
b) Dividiere (-56) durch 8.
c) Bilde den Quotienten aus 64 und (-8).
d) Bilde das Produkt aus (-4) und (-9).

11 👥 Bildet zwei Multiplikationsaufgaben und zwei Divisionsaufgaben mit dem Ergebnis.
a) -5 b) $0{,}5$ c) -2 ▸ **7** ⊠

12 Roberts Mutter schließt den neuen Kühlschrank an.
Im Gefrierfach ist es am Anfang 20 °C warm.
Nach 180 Minuten sind es nur noch −4 °C.

a) Berechne, um wie viel Grad die Temperatur in 180 Minuten gesunken ist.
b) Wie viel Grad waren es nach 90 Minuten im Gefrierfach?
c) Nach wie viel Minuten waren es genau 0 °C im Gefrierfach?

13 Multipliziere mehrere Zahlen.
a) $(-2) \cdot (-4) \cdot 15$ b) $7 \cdot (-20) \cdot (-5)$
c) $(-8) \cdot 7 \cdot (-2) \cdot 4$ d) $(-6) \cdot (-2) \cdot (-1) \cdot (-3)$

14 Berechne. Beachte die Vorrangregeln.
a) $12 - 23 \cdot 3$ b) $(-65) + 125 : 5$
c) $(23 + 9) \cdot (12 - 10)$ d) $1000 - (-5) \cdot 20$
e) $35 : (-7) + (-9) \cdot 4$ f) $(5 + (-15)) \cdot 7 - 12$

Üben ⊠

1 Trage im Heft das passende Vorzeichen ein. Bei e) und f) sind mehrere Lösungen möglich.

a) $(-13) \cdot 11 = \bullet\, 143$
b) $22 \cdot (\bullet\, 4) = -88$
c) $(-12) \cdot (-9) = \bullet\, 108$
d) $(\bullet\, 17) \cdot -8 = 136$
e) $\bullet\, 7 \cdot (-15) = \bullet\, 105$
f) $\bullet\, 10 \cdot \bullet\, 5{,}5 = -55$

2 Überschlage zuerst bei den Aufgaben mit Dezimalzahlen. Multipliziere dann.

a) $13 \cdot (-9)$
b) $(-8) \cdot 12$
c) $(-15) \cdot (-15)$
d) $(-0{,}1) \cdot (-738)$
e) $(-624) \cdot 0{,}5$
f) $7{,}2 \cdot (-2{,}8)$
g) $\left(-\frac{5}{11}\right) \cdot \left(-\frac{3}{8}\right)$
h) $\frac{9}{24} : \left(-\frac{16}{27}\right)$

3 Hier sind sechs Ziffern und sechs Vorzeichen.

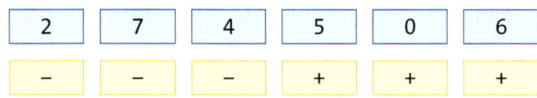

2	7	4	5	0	6
−	−	−	+	+	+

a) Wähle immer drei Ziffern und drei Vorzeichen. Bilde Multiplikationsaufgaben. Das Ergebnis soll ...
  Ⓐ +120 sein.   Ⓑ −270 sein.
  Ⓒ sehr groß sein.   Ⓓ sehr klein sein.

b) Ergänze die Aufgabe. Nutze die Ziffernkarten und die Vorzeichenkarten.
  🟡 ▨ 7, ▨ · 50, ▨ = −1391,04

4 Dividiere. Rechne dann die Probe.

a) $(-119) : 7$
b) $5390 : (-22)$
c) $12 : (-0{,}25)$
d) $(-20) : (-1{,}6)$
e) $4301 : (-11)$
f) $(-1118) : (-13)$
g) $0{,}8 : (-5)$
h) $(-4{,}62) : 2{,}5$
i) $\frac{11}{7} : \frac{17}{42}$
j) $\frac{25}{49} : \left(-\frac{15}{35}\right)$

5 In diesen Rechendreiecken wird multipliziert.

a) Vervollständige die Rechendreiecke im Heft.

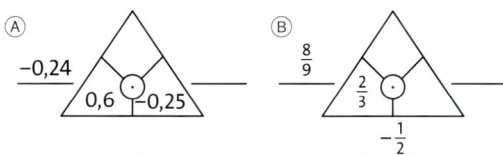

b) Erkläre, warum in irgendeinem Rechendreieck alle Ergebnisse positiv sein können, aber nicht alle Ergebnisse negativ.

6 Vervollständige die Multiplikationsmauer im Heft.

a)

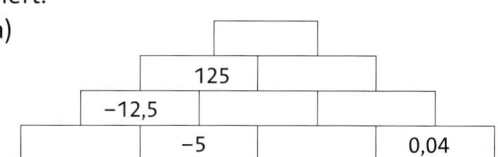

b) Untersuche die Vorzeichen in Multiplikationsmauern mit sechs Steinen. Schreibe alle Multiplikationsmauern mit einem positiven Vorzeichen im obersten Stein in dein Heft.

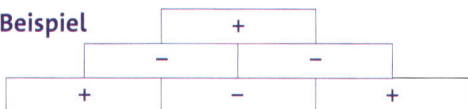

7 Berechne.

a) Multipliziere 1,5 und (-8).
b) Dividiere $(-1{,}21)$ durch $(-1{,}1)$.
c) Bilde den Quotienten aus $(-28{,}35)$ und 6,3.
d) Bilde das Produkt aus $\left(-\frac{2}{7}\right)$ und $\left(-\frac{5}{6}\right)$.

8 Mara taucht. Nach 32 min zeigt ihr Tiefenmesser −20 m an.

a) Wie tief ist Mara pro Minute getaucht?
b) Nach 5 m muss Mara immer 5 min warten, damit sich ihr Körper auf die neuen Druckverhältnisse einstellt. Wie tief ist sie ohne diese Pausen pro Minute getaucht?

9 Multipliziere mehrere Faktoren.

a) $12{,}5 \cdot (-2) \cdot (-4) \cdot (-8{,}5)$
b) $10 \cdot 30 \cdot (-5) \cdot (-11) \cdot (-5)$
c) $(-2) \cdot (-2) \cdot (-5) \cdot (-5) \cdot 4 \cdot 7 \cdot 2$

10 Untersuche die **Potenzen** von −2.

$(-2)^2 = (-2) \cdot (-2) = \blacksquare$
$(-2)^3 = (-2) \cdot (-2) \cdot (-2) = \blacksquare$
$(-2)^4 = (-2) \cdot (-2) \cdot (-2) \cdot (-2) = \blacksquare$

a) Berechne die Ergebnisse.
b) Begründe, welches Vorzeichen $(-2)^{11}$ hat.
c) Formuliere eine Regel für das Vorzeichen der Potenzen von −2.

11 Berechne. Beachte die Vorrangregeln.

a) $-81 + 78 : 3$
b) $36 + 6 \cdot (3 - 12)$
c) $-5 : 2 + 4{,}5 \cdot (-3)$
d) $(3{,}5 + 6) \cdot (-3) + 1{,}12$

Sprachhilfe zu **10**: Eine **Potenz** besteht aus einer Zahl und einer Hochzahl oben rechts daneben. Die untere Zahl heißt Basis, die Hochzahl heißt Exponent.

▶ 💡 Tipp zu **9**, **11**

Vorteilhaft rechnen mit rationalen Zahlen

🔊 Die folgenden Rechengesetze kennst du bereits. Sie gelten auch beim Rechnen mit rationalen Zahlen.

Das Vertauschungs**gesetz** (Kommutativ**gesetz**)	
Beim Addieren darfst du Summanden vertauschen. $a + b = b + a$	Beim Multiplizieren darfst du Faktoren vertauschen. $a \cdot b = b \cdot a$
$65 + 21 + (-15) = 65 + (-15) + 21$ $\qquad\qquad\qquad = 50 + 21$ $\qquad\qquad\qquad = 71$	$25 \cdot 8 \cdot (-4) = 25 \cdot (-4) \cdot 8$ $\qquad\qquad\quad = -100 \cdot 8$ $\qquad\qquad\quad = -800$

1 Vertausche die Summanden. Berechne dann.
- a) $79 + 41 + (-29)$
- b) $82 + (-11) + 18$
- c) $163 + (-47) + (-13)$
- d) $3,8 + (-0,9) + (-1,8)$
- e) $-2,2 + (-5,7) + 7,2$
- f) $\frac{3}{4} + \left(-\frac{1}{2}\right) + \left(-\frac{7}{4}\right)$

2 Vertausche die Faktoren. Berechne dann.
- a) $(+4) \cdot (-12) \cdot (-25)$
- b) $(-5) \cdot (+46) \cdot (-200)$
- c) $(-0,125) \cdot (-6,9) \cdot (+8)$

Das Verbindungs**gesetz** (Assoziativ**gesetz**)	
Beim Addieren darfst du Summanden beliebig mit Klammern zusammenfassen. $a + b + c = a + [b + c]$	Beim Multiplizieren darfst du die Faktoren beliebig mit Klammern zusammenfassen. $a \cdot b \cdot c = a \cdot [b \cdot c]$
$(-28) + 59 + (-11) = (-28) + [59 + (-11)]$ $\qquad\qquad\qquad\quad = (-28) + 48$ $\qquad\qquad\qquad\quad = 20$	$(-14) \cdot (-25) \cdot 4 = (-14) \cdot [(-25) \cdot 4]$ $\qquad\qquad\qquad\quad = (-14) \cdot (-100)$ $\qquad\qquad\qquad\quad = 1400$

3 Fasse die Summanden mit Klammern zusammen. Berechne dann.
- a) $(-37) + (-46) + 96$
- b) $(-35) + 216 + (-66)$
- c) $2,9 + (-11,8) + 21,8$

4 Fasse die Faktoren mit Klammern zusammen. Berechne dann.
- a) $(-31) \cdot (-5) \cdot 20$
- b) $2,7 \cdot (-0,4) \cdot (-25)$
- c) $\left(-\frac{5}{6}\right) \cdot \frac{34}{13} \cdot \left(-\frac{26}{17}\right)$

Das Verteilungs**gesetz** (Distributiv**gesetz**)	
Du kannst einen gemeinsamen Faktor **ausklammern**. $a \cdot c + b \cdot c = [a + b] \cdot c$ $a \cdot c - b \cdot c = [a - b] \cdot c$	Du kannst mit einem gemeinsamen Faktor **ausmultiplizieren**. $[a + b] \cdot c = a \cdot c + b \cdot c$ $[a - b] \cdot c = a \cdot c - b \cdot c$
$17 \cdot (-15) + 3 \cdot (-15) = [17 + 3] \cdot (-15)$ $\qquad\qquad\qquad\qquad = 20 \cdot (-15)$ $\qquad\qquad\qquad\qquad = -300$	$[(-25) - 15] \cdot (-4) = (-25) \cdot (-4) - 15 \cdot (-4)$ $\qquad\qquad\qquad\quad = 100 - (-60)$ $\qquad\qquad\qquad\quad = 160$

5 Klammere aus. Berechne dann.
- a) $(-37) \cdot 5 + (-63) \cdot 5$
- b) $98 \cdot (-13) - (-2) \cdot (-13)$
- c) $0,7 \cdot (-1,6) + 0,7 \cdot (-2,4)$

6 Multipliziere aus. Berechne dann.
- a) $[-20 + 9] \cdot 5$
- b) $[37 - 6] \cdot (-10)$
- c) $5 \cdot [(-0,2) + (-22)]$

7 Vertausche die Zahlen so, dass sie sich gut addieren lassen. Setze Klammern und berechne.

Beispiel $19 + (-188) + 81 + (-12) = 19 + 81 + (-188) + (-12)$
$$= [19 + 81] + [(-188) + (-12)]$$
$$= 100 + (-200)$$
$$= -100 .$$

a) $31 + (-77) + (-23) + 19$

b) $(-165) + (-421) + (-79) + (-35)$

c) $(-5,5) + 7,1 + (-4,5) + 0,9$

d) $(-0,23) + (-0,32) + (-0,27) + (-0,68)$

e) $(-0,1) + (-0,2) + (-0,3) + (-0,7) + (-0,8) + (-0,9)$

f) $\frac{3}{4} + \left(-\frac{7}{8}\right) + \left(-\frac{7}{4}\right) + \frac{3}{8} + \left(-\frac{1}{4}\right) + \frac{5}{8}$

8 Vertausche die Zahlen so, dass sie sich gut multiplizieren lassen. Setze Klammern und berechne.

Beispiel $25 \cdot (-7) \cdot 7 \cdot (-4) = 25 \cdot (-4) \cdot (-7) \cdot 7$
$$= [25 \cdot (-4)] \cdot [(-7) \cdot 7]$$
$$= -100 \cdot (-49)$$
$$= 4900$$

a) $(-20) \cdot 6 \cdot 5 \cdot (-6)$

b) $250 \cdot (-8) \cdot 4 \cdot (-8)$

c) $(-50) \cdot (-3) \cdot (-4) \cdot 0,2$

d) $11 \cdot 0,125 \cdot (-8) \cdot (-6)$

e) $(-0,25) \cdot (-2) \cdot (-0,3) \cdot (-4) \cdot (-0,5)$

f) $\frac{3}{7} \cdot \left(-\frac{16}{5}\right) \cdot \left(-\frac{9}{2}\right) \cdot \frac{3}{16} \cdot \left(-\frac{7}{4}\right) \cdot \frac{5}{9}$

9 👥 Schaut euch die Zahlen an.

−2	0,7	25	−1,9	−0,8	75
−0,1	4	−5	1,3	2,8	−4,2

Findet Zahlen, die sich gut addieren oder multiplizieren lassen.

Erstellt dann schwer aussehende Aufgaben, die aber leichter zu berechnen sind.

Beispiel $[(-4,2) + (-0,8)] \cdot (-2) = (-5) \cdot (-2) = 10$

Denkt euch weitere Aufgaben mit Zahlen aus, die sich gut vereinfachen lassen.

10 Isak möchte auch in einer Subtraktion die Zahlen vertauschen.

Er schreibt: $27 - 35 = 27 + (-35) = (-35) + 27$

a) Erkläre, ob Isak richtig gerechnet hat.

b) Schreibe eine Anleitung, wie man in einer Subtraktion Zahlen vertauschen kann.

11 Die folgenden Aufgaben scheinen sehr schwer zu sein. Allerdings darfst du das Verteilungsgesetz auch bei Divisionsaufgaben benutzen. Wenn du das tust, dann wird es einfacher.

Beispiel $(-34) : 8 + (-30) : 8 = [(-34) + (-30)] : 8$
$$= (-64) : 8$$
$$= -8$$

a) $(-61) : 6 + (-5) : 6$

b) $118 : (-4) - 18 : (-4)$

c) $(-10,6) : (+3) + (-1,4) : (+3)$

12 Auf der Klassenfahrt macht die Sportklasse eine Radtour. Sie sind 5 Tage unterwegs.
Zu jeder Tageszeit nehmen sie sich die gleiche Strecke und Zeit vor.

Tageszeit	Ⓐ geplante Strecke	Ⓑ geplante Fahrzeit	Ⓒ geplante Pausen
morgens	24,5 km	120 min	$\frac{1}{4}$ h
mittags	38 km	200 min	$\frac{3}{4}$ h
abends	27,5 km	180 min	$\frac{1}{2}$ h

Berechne Ⓐ die geplante Strecke, Ⓑ die geplante Fahrzeit und Ⓒ die geplante Pausenzeit insgesamt in den 5 Tagen. Erkläre, wie dir die Rechenregeln geholfen haben.

Kompetenz	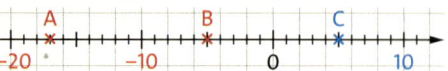

1 Ich kann rationale Zahlen auf der Zahlengeraden ablesen und eintragen.

→ Lies auf **Seite 8** nach.

1 Übertrage die Zahlengerade in dein Heft.

a) Lies die markierten Zahlen ab.
b) Trage die Zahlen D = −15, E = 9 und F = −12 ein.

---

2 Ich kann rationale Zahlen ordnen und vergleichen.
→ Lies auf **Seite 8** nach.

2 Ordne die Zahlen der Größe nach. Beginne mit der kleinsten.
3; −1,5; −0,5; 1,3; 17; −5,1

---

3 Ich kann Punkte im erweiterten Koordinatensystem ablesen und eintragen.

→ Lies auf **Seite 12** nach.

3 Zeichne das Koordinatensystem in dein Heft.

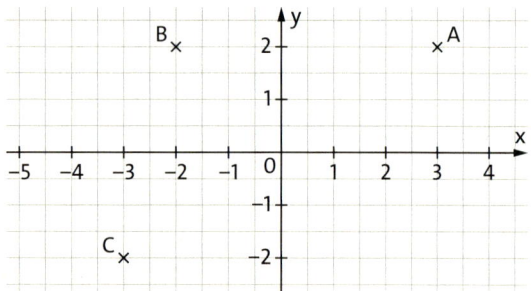

a) Lies die Koordinaten der Punkte A, B und C ab.
b) Trage die Punkte D(4|1), E(−3|2) und F(3|−2) ein.

---

4 Ich kann anschaulich mit rationalen Zahlen rechnen und Sachaufgaben lösen.

→ Lies auf **Seite 16** und **219** nach.

4 Du steigst in der 3. Etage in den Fahrstuhl ein. Dann fährst du 5 Etagen nach unten. In welcher Etage bist du dann?

---

5 Ich kann rationale Zahlen addieren und subtrahieren.

→ Lies auf **Seite 16** und **20** nach.

5 Berechne.
a) $(+5) + (−3)$ b) $(−7) + (+11)$ c) $(−9) − (−15)$

---

6 Ich kann rationale Zahlen multiplizieren.

→ Lies auf **Seite 24** nach.

6 Multipliziere.
a) $5 \cdot (−3)$ b) $(−4) \cdot (−6)$ c) $(−2) \cdot (+13)$

---

7 Ich kann rationale Zahlen dividieren.

→ Lies auf **Seite 24** nach.

7 Dividiere.
a) $(−18) : 3$ b) $(−21) : (−7)$ c) $28 : (−4)$

→ Lösungen auf Seite 228

⊠

1 Übertrage die Zahlengerade in dein Heft.

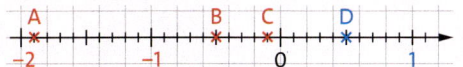

a) Lies die markierten Zahlen ab.
b) Trage die Zahlen E = −0,7; F = −1,2 und
   G = 0,9 ein.

2 Ordne die Zahlen der Größe nach.
Beginne mit der kleinsten Zahl.
0,3; −19; −0,3; −3,0; 19; 0,1

3 Zeichne das Koordinatensystem in dein Heft.

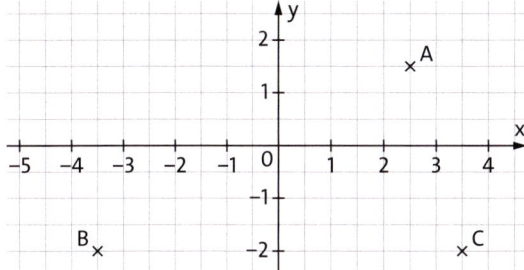

a) Lies die Koordinaten der Punkte A, B und C ab.
   Gib auch den Quadranten an.
b) Trage die Punkte D(1|−3), E(−3|1,5) und
   F(3,5|−1,5) ein.

4 Das Thermometer zeigt am Morgen −1,5 °C
an. Bis zum Mittag wird es 3 °C wärmer. Dann
wird es bis zum Abend wieder 1,2 °C kälter.
Gib die Temperatur am Abend an.

5 Berechne.
a) 0,7 + (−2,9)   b) (−5,2) + 8,9
c) (−1,3) − (+9,7)   d) 8,3 − (−4,4)

6 Multipliziere.
a) 2,5 · (−3)   b) (−4) · 6,5
c) (−1,4) · (−0,8)   d) (−2,2) · 5,3

7 Dividiere.
a) 225 : (−15)   b) (−2,7) : 3
c) (−14,4) : (−1,2)   d) 288 : (−0,4)

⊠

1 Zeichne eine passende Zahlengerade in dein
Heft und trage die Zahlen ein.
a) −1,8; −0,9; $-\frac{1}{2}$; 1,2; 1,9; 2,5
b) −0,15; $\frac{1}{20}$; 0,1; 0,25; 0,5

2 Ordne die Zahlen der Größe nach.
1,72; −1,27; 0,127; $-\frac{17}{2}$; −2,71; 2,17; −7,21

3 Zeichne das Koordinatensystem in dein Heft.

a) Lies die Koordinaten der Punkte ab.
b) Trage die Punkte D(−0,5|0,75),
   E(−1,75|−0,25) und F(0,75|−1,25) ein.
   Gib für jeden Punkt den Quadranten an.

4 Herr Cakir hat 75,50 € auf seinem Konto.
Er muss 115,50 € überweisen.
Wie lautet sein neuer Kontostand?

5 Berechne.
a) 0,5 − 3,1   b) (−1,75) − 1,5
c) $\left(-\frac{9}{10}\right) + \frac{13}{20}$ d) $\left(\frac{3}{4}\right) - \left(-\frac{3}{16}\right)$

6 Multipliziere.
a) 1,5 · (−0,3)   b) (−17,6) · (−0,2)
c) $\left(-\frac{1}{2}\right) \cdot \frac{8}{11}$ d) $\left(-\frac{1}{4}\right) \cdot 1,3$

7 Dividiere.
a) (−1107) : 9   b) (−2,01) : (−3)
c) (−0,18) : 0,03   d) $\frac{9}{16} : \left(-\frac{3}{8}\right)$

→ Lösungen auf Seite 228 und 229

Die Aufgaben kannst du auch digital machen. ▶ 🖫

Zahlenbereiche

Sandkörner kannst du zählen.

Du zählst 1, 2, 3, 4, 5, 6, ... Wenn kein Sandkorn da ist, dann zählst du 0.

Diese Zahlen heißen **natürliche Zahlen**.

Die Menge der natürlichen Zahlen kannst du mit **N** abkürzen.

$$N = \{0, 1, 2, 3, 4, 5, 6, ...\}$$

Die Menge ist unendlich groß. Denn zu jeder beliebigen Zahl kannst du noch 1 dazuzählen.

Wenn du alle Sandkörner an einem Strand gezählt hast, dann findest du am nächsten Strand noch mehr.

Natürliche Zahlen kannst du immer addieren und multiplizieren.

Aber: Du kannst keine größere natürliche Zahl von einer kleineren natürlichen Zahl subtrahieren.

Zum Beispiel: Was ist das Ergebnis von 5 − 8?

Das Ergebnis ist keine natürliche Zahl. Du brauchst weitere Zahlen.

Wenn du vor eine natürliche Zahl ein Minus stellst, dann erhältst du die Gegenzahl.

Aus 3 wird −3. Alle natürlichen Zahlen und ihre Gegenzahlen heißen zusammen

ganze Zahlen. Die Menge der ganzen Zahlen kannst du mit **Z** abkürzen.

$$Z = \{...,-4, -3, -2, -1, 0, 1, 2, 3, 4, ...\}$$

Ganze Zahlen kannst du immer subtrahieren. **Beispiel** $5 - 8 = -3$

Aber: Ganze Zahlen kannst du nicht immer dividieren. Zum Beispiel: Was ist das Ergebnis von 1 : 2? Das ist keine ganze Zahl. Du brauchst weitere Zahlen.

Du kannst Brüche mit ganzen Zahlen als Zähler und Nenner schreiben. **Beispiel** $\frac{3}{4}$

Brüche kannst du auch in Dezimalzahlen umrechnen. **Beispiel** $\frac{3}{4} = 3 : 4 = 0,75$

Alle positiven und negativen Dezimalzahlen zusammen heißen **rationale Zahlen**

Die Menge der rationalen Zahlen kannst du mit **Q** abkürzen.

Auch die ganzen Zahlen sind rationale Zahlen. Du kannst nämlich jede ganze Zahl als

Bruch oder als Dezimalzahl schreiben. **Beispiele** $5 = \frac{5}{1} = 5,0; \quad -7 = -\frac{7}{1} = -7,0$

Rationale Zahlen kannst du immer dividieren. **Beispiel** $6 : 5 = \frac{6}{5} = \frac{12}{10} = 1,2$

Das Diagramm zeigt, wie die drei Zahlenbereiche **Q**, **Z** und **N** als Mengen zusammenhängen: Die rationalen Zahlen **Q** enthalten die ganzen Zahlen **Z**. Die ganzen Zahlen **Z** enthalten die natürlichen Zahlen **N**.

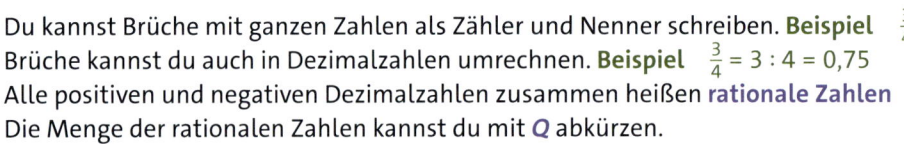

1 Übertrage das Diagramm der Zahlenbereiche vergrößert in dein Heft.
Trage die folgenden Zahlen richtig ein.
$-4; \ 12,5; \ 77; \ -\frac{2}{3}; \ 2,64; \ -12; \ 800; \ -8,006$

2 Nenne ...
a) drei rationale Zahlen, die kleiner als −9 sind.   b) drei rationale Zahlen zwischen −1 und 1.
c) zwei rationale Zahlen, die positiv sind.   d) zwei ganze Zahlen, die positiv sind.
e) zwei rationale Zahlen, die keine ganzen Zahlen sind.

3 Ordne jedem Zahlenbereich die passende Zahlengerade zu. Übertrage in dein Heft.
① die natürlichen Zahlen   ② die ganzen Zahlen   ③ die rationalen Zahlen

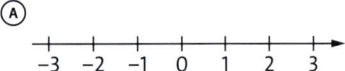
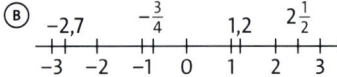
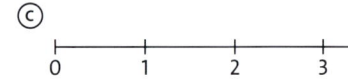

4 Welchen Zahlenbereich würdest du verwenden? Begründe.
a) Anzahl von Buchseiten   b) Temperaturen in einem Kühlschrank mit Gefrierfach
c) Tiefe beim Tauchen   d) Längen von Bilderrahmen

1 Zeichne eine Zahlengerade, die von −6 bis 5 geht.
  a) Trage die Zahlen −2; 4; 3 und −1 ein.
  b) Bestimme die Gegenzahlen für die Zahlen aus a). Stelle sie auf der Zahlengeraden dar.
  c) Sortiere alle Zahlen von klein nach groß.

2 Schreibe die Zahl aus dem Satz mit Vorzeichen auf.
  Ändere dann das Vorzeichen und schreibe einen passenden Satz dazu.
  Beispiel Das Heft kostet 2 € mehr.
  　　　　Zahl: +2
  　　　　Vorzeichen ändern: −2
  　　　　Das Heft kostet 2 € weniger.
  a) Es sind 10 °C über Null.
  b) Boris rennt 4 km mehr.
  c) Ranja kommt 20 Minuten früher. ▶ **3** 🔲

3 Übertrage das Koordinatensystem mit den Punkten in dein Heft.

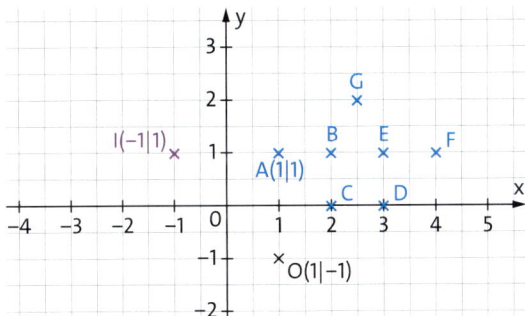

  a) Schreibe die Koordinaten der blauen Punkte A bis G auf.
    Beispiel A(1|1)
    Verbinde die Punkte. Es entsteht ein Pfeil.
  b) Ändere die Vorzeichen der x-Koordinaten der blauen Punkte A bis G in ein Minus.
    Schreibe die neuen Punkte H bis N lila.
    Beispiel Aus A(1|1) wird I(−1|1).
    Zeichne die Punkte ein und verbinde sie.
  c) Ändere die Vorzeichen der y-Koordinaten der blauen Punkte A bis G in ein Minus.
    Schreibe die neuen Punkte O bis U schwarz.
    Beispiel Aus A(1|1) wird O(1|−1).
    Zeichne die Punkte ein und verbinde sie.

4 Berechne.
  a) $(−12) + 4$　　　b) $(−12) \cdot 4$
  c) $(−12) : 4$　　　d) $(−12) − 4$

5 Trage im Heft das passende Vorzeichen für das Ergebnis ein.
  a) $4 \cdot (−8) = ⬤\,32$　　b) $10 \cdot (−12) = ⬤\,120$
  c) $(−42) : (−7) = ⬤\,6$　　d) $(−19) − 25 = ⬤\,44$

6 Verwende diese acht Zahlen.

6	−4	10	−8
1	18	−1	24

  Schreibe jeweils eine Aufgabe mit +, −, · und :.
  Du musst alle acht Zahlen benutzen. Wähle die Zahlen so, dass du einfach rechnen kannst.

7 Berechne. Beachte: Punkt vor Strich.
  a) $(−12) + (−56) : 7$　　b) $11 \cdot (−3) + 67$
  c) $29 − (−8) \cdot (−2)$　　d) $(−24) : (−3) − 78$ ▶ **6**

8 👥 Diese Rechnung hat einen Platzhalter.
  　　　　$(−8) + ▪$
  Für den Platzhalter sollt ihr Zahlen einsetzen.
  Beispiel 4 einsetzen: $(−8) + 4 = −4$
  a) Setzt 6 ein und berechnet das Ergebnis.
  b) Setzt verschiedene Zahlen ein.
    Bei welchen Zahlen ist das Ergebnis positiv?

9 Ergänze den Text in deinem Heft.
  a) Am Morgen sind es −5 °C. Bis zum Abend fällt das Thermometer um 8 °C.
    Am Abend sind es daher ▪ °C.
  b) Amal hat im Spiel 560 Punkte geholt.
    Sarah hat 680 Punkte geholt.
    Das waren ▪ Punkte mehr als Amal.
  c) Nico steigt in Etage ▪ in den Fahrstuhl.
    Er fährt 7 Etagen nach unten.
    In Etage −2 steigt er aus.
  d) 👥 Schreibt eigene Texte. Diktiert dann den anderen den Text und nennt eine Zahl nicht.
    Diese Zahl müssen die anderen herausfinden.

10 Herr Luck besucht ein Casino.
  a) Er parkt in der Tiefgarage in der Etage −3.
    Dann fährt er 28 Etagen nach oben.
    In welcher Etage ist das Casino?
  b) Herr Luck spielt im Casino Poker.
    Er hat 2500 € dabei. In der ersten Spielrunde verliert er 3200 €. Er hat also Schulden.
    Diese Schulden verdreifachen sich in den nächsten Spielrunden sogar noch.
    Wie hoch sind seine Schulden am Ende? ▶ 🔊

▶ 💡 Tipp zu **5**, **10**

1 Gib die gesuchte Zahl an.
a) die Gegenzahl von 4,5
b) die Gegenzahl von −1,3
c) die Zahlen mit dem Betrag 5,6

2 Starte mit den Zahlen −5,5; 4; 2,5 und −3.
a) Gib alle Gegenzahlen an. Ordne dann alle acht Zahlen nach ihrer Größe.
b) Zeichne eine passende Zahlengerade und trage alle acht Zahlen ein.
c) Trage zwei Zahlen ein, deren Differenz 3,5 ist. Begründe mit einer Rechnung.

3 Zeichne ein Koordinatensystem. Teile die x-Achse von −4 bis 5 und die y-Achse von −3 bis 3 ein. Trage die blauen Punkte A bis G ein.

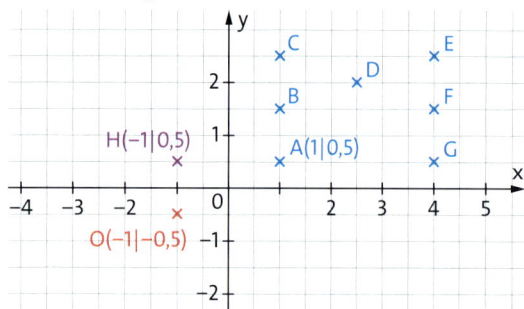

a) Verbinde die blauen Punkte A bis G zu einem M.
b) Gib die Koordinaten der Punkte an.
c) Benutze verschiedene Farben.
Ändere die Vorzeichen der blauen Punkte so:
lila: Ändere das Vorzeichen der x-Koordinate.
So entstehen die neuen Punkte H bis N.
rot: Ändere die Vorzeichen beider Koordinaten.
So entstehen die neuen Punkte O bis U.
Trage die Punkte in das Koordiantensystem ein.
d) Verbinde jeweils die lila Punkte und die roten Punkte. Welche Buchstaben entstehen? ▶ **4**

4 Trage im Heft das richtige Vorzeichen ein.
a) $100 : (−10) = \bullet\, 10$
b) $(−1,5) \cdot (−6) = \bullet\, 9$
c) $(−34) + (\bullet\, 16) = −50$
d) $(\bullet\, 1,2) − 1,8 = −0,6$
e) $18 − (\bullet\, 22) = 40$
f) $(−1,1) \cdot (\bullet\, 1,1) = 1,21$

5 Setze im Heft nacheinander +, −, · und : ein.
Berechne die vier Ergebnisse.
Sortiere die Ergebnisse nach der Größe.
a) $2,3 \bullet (−4)$
b) $(−3,5) \bullet (−7)$

6 Du hast diese Zahlen: 2,5; 7; (−8,5); 1,7
Setze im Heft in jedes graue Kästchen eine Zahl ein, sodass du ganz leicht rechnen kannst.
Erkläre dein Vorgehen.
$(−1,5) + \blacksquare + 40 \cdot \blacksquare + 63 : \blacksquare + \blacksquare − (−8,3)$ ▶ **7**

7 Ergänze die fehlenden Zahlen im Heft.
a)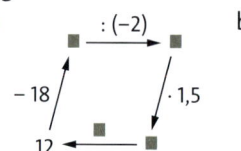
b)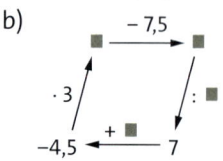

8 Berechne. Beachte die Vorrangregeln.
a) $(−12) + (−51) : (−3)$
b) $12 \cdot (−11) − (−1,8) \cdot (−5)$
c) $12 : (−4) + (−11,1) \cdot (−6)$ ▶ **8**

9 👥 Diese Rechnung hat ein graues Feld.
$$(−6) − \bullet$$
In das graue Feld sollt ihr Zahlen einsetzen.
a) Setzt in das graue Feld die Zahlen ein und berechnet das Ergebnis.
Ⓐ 11 Ⓑ 9,5 Ⓒ −14
b) Probiert verschiedene Zahlen aus. Setzt sie immer in das graue Feld ein.
Bei welchen Zahlen ist das Ergebnis …
Ⓓ positiv? Ⓔ negativ? Ⓕ −4,5?

10 Ergänze den Text im Heft.
a) Am Morgen sind es −4,5 °C. Bis zum Mittag steigt das Thermometer um 3 °C und sinkt danach bis zum Abend um 5,5 °C.
Am Abend sind es daher ■ °C.
b) Ein Bungee-Springer springt von einer 80 m hohen Brücke 64 m nach unten. Dann schwingt das Seil wieder 16 m nach oben.
Der Springer ist danach ■ m unterhalb der Brücke.

11 Sandra spielt ein Onlinespiel. Sie schafft das erste Level in 72 s und bekommt 1300 Punkte dafür. Im zweiten Level ist sie 30 s langsamer und erhält 800 Minuspunkte. Im dritten Level ist sie 8 s schneller als im ersten Level. Sie bekommt 1500 Punkte. Danach wird ihre Gesamtpunktzahl verdoppelt.
a) Wie lange braucht Sandra insgesamt?
b) Welche Punktzahl hat sie am Ende?

1 Ergänze den Satz in deinem Heft.
a) Die Zahl 8,6 hat denselben Betrag wie ●.
b) Genau in der Mitte zwischen einer Zahl und ihrer Gegenzahl liegt ●.
c) 6,2 ist größer als –7,1. Aber |6,2| ● |–7,1|.
d) Wenn ich von einer Zahl die Gegenzahl subtrahiere, dann erhalte ich ●.

2 Schreibe die Zahlen in dein Heft.

3,5	–0,8	–0,2	1,1	1,4
0,2	0,05	0,7	–0,6	–6,8

Streiche alle Zahlen, …
① deren Betrag größer als 2,5 ist.
② die zwischen –0,3 und 0,1 liegen.
③ die zu 0,9 einen Abstand von 0,2 haben.
Stelle die nicht gestrichenen Zahlen auf einer Zahlengeraden dar.

3 Zeichne ein Koordinatensystem.
Die Achsen sollen von –5 bis 5 gehen.
a) Trage die Punkte ein:
$A(0|1)$; $B(2|-1)$; $C(2|0,5)$; $D(4,5|0,5)$;
$E(4,5|1,5)$; $F(2|1,5)$; $G(2|3)$
Verbinde sie. Es entsteht ein Pfeil.
b) Der Pfeil schneidet die x-Achse zweimal. Gib die Koordinaten der Schnittpunkte an.
c) Ändere für alle Punkte die Vorzeichen …
Ⓐ der x-Koordinaten, Ⓑ der y-Koordinaten, Ⓒ beider Koordinaten.
Beschreibe, was mit dem Pfeil passiert.

4 Setze im Heft nacheinander +, –, · und : ein.
Berechne die vier Ergebnisse.
Sortiere die Ergebnisse nach der Größe.
a) $(-1,6) ● (-1,4)$ b) $\frac{7}{8} ● \left(-\frac{5}{6}\right)$

5 Vervollständige die Rechendreiecke im Heft.

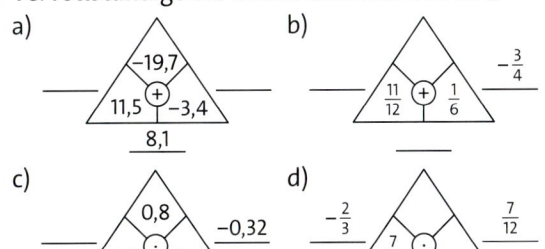

6 Setze im Heft in jedes graue Kästchen eine Zahl ein, sodass du ganz leicht und schnell rechnen kannst. Erkläre dein Vorgehen.
$(-1,25) + ■ + \frac{3}{4} · ■ + 8,1 : ■ + ■ - \left(-\frac{3}{5}\right)$

7 Berechne. Beachte die Vorrangregeln.
a) $2,1 : (-7) + (-12,3) · (-3)$
b) $\left(-\frac{5}{7}\right) · \frac{14}{16} + \frac{3}{8}$
c) $[(-2,3) - 7,1] · 6 - [2,8 : 0,7]$

8 👥 Diese Rechnungen haben jeweils ein Feld, in das man Zahlen einsetzen kann.
① $(-4,5) - ■$ ② $■ - 4,5$
Beispiel –2 einsetzen: ① $(-4,5) - (-2) = -2,5$
② $(-2) - 4,5 = -6,5$

a) Setzt die Zahlen ein und berechnet die Ergebnisse für ① und ②. Vergleicht.
Ⓐ 3,5   Ⓑ –7,5   Ⓒ –1,1
b) Probiert weitere Zahlen aus.
Bei welchen Zahlen ist das Ergebnis in ① positiv und in ② negativ?

9 Ergänze den Text in deinem Heft.
a) Ein Taucher taucht in eine Tiefe von –24 m. Danach taucht er pro Minute um 2,5 m nach oben. Nach 7 Minuten ist er in einer Tiefe von ■ m.
b) Am Morgen sind es –7,5 °C. Bis zum Mittag steigt das Thermometer um 4,5 °C und sinkt danach bis zum Abend um ■ °C. Am Abend sind es daher –12 °C.
c) Die Schülerfirma hat einen Kontostand von –90 €. 6 Eltern teilen die Schulden unter sich auf. Eine ist Frau Jarow. Sie bezahlt $\frac{2}{3}$ ihres Beitrags mit einem ■-€-Schein.

10 Das hat Nina im Internet gelesen.
▼ *Der Schuldenstand des Top-Klubs explodiert!*

Vor 3 Jahren: –80 Mio €	*Vor 2 Jahren: –67 Mio €*
Letztes Jahr: –126 Mio €	*Aktuell: –225 Mio €*

Ein neuer Investor übernimmt ein Drittel der aktuellen Schulden.
a) Bestimme, wie viel Euro Schulden der neue Investor übernimmt.
b) Stelle die jährliche Änderung der Schulden in einem Text und einem Diagramm dar.

Sprachhilfe zu **10**: Ein **Investor** hilft mit Geld bei Projekten oder Geschäftsideen.

► ☀ Tipp zu **3**

Rund um die Welt

Herr Berger besucht die Klasse 7b. Er berichtet von seiner Weltreise und wie unterschiedlich die Länder sind. Er zeigt Fotos vom eiskalten Sibirien in Russland und vom extrem salzigen Toten Meer in Israel.

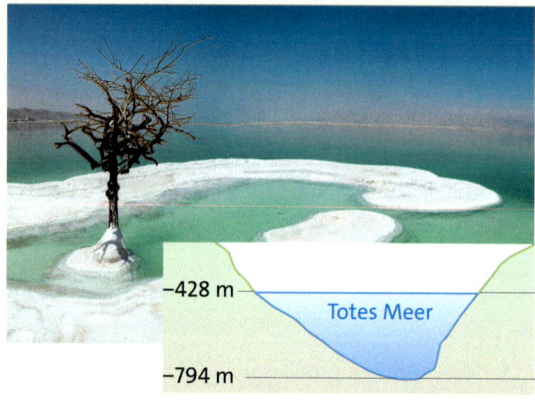

−428 m Totes Meer

−794 m

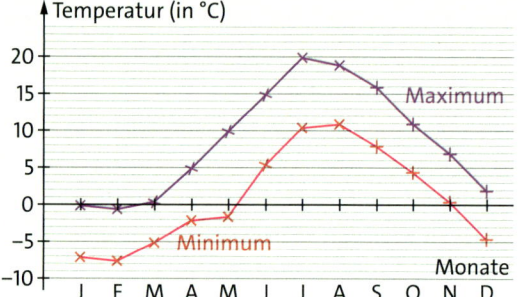

		Start:	−2500,00 €
Mauretanien	1. Rückzahlung		+437,72 €
Südkorea	2. Rückzahlung		+389,50 €
Guatemala	3. Rückzahlung		+711,98 €
Peru	4. Rückzahlung		+960,80 €
	Kontostand:		???

A Herr Berger sagt: „Das Tote Meer liegt unter dem Meeresspiegel. Die Wasseroberfläche ist bei −428 m und die tiefste Stelle ist bei −794 m." Berechne, wie tief das Tote Meer an der tiefsten Stelle ist.

B Im Oman traf Herr Berger auf Perlentaucher. Sie können ohne Ausrüstung besonders tief tauchen. Kenan sagt: „Was heißt denn tief? Ich kann im Schwimmbad bis −1,80 m tauchen!"
Herr Berger antwortet: „Ein Perlentaucher kann 16-mal so tief tauchen!"
Wie tief kann ein Perlentaucher tauchen?

C Herr Berger erzählt von Sibirien: „In der Stadt Jakutsk ist es im Winter sehr kalt. Ich war dort bei −44,9 °C. Sogar der Gefrierschrank in meiner Wohnung war 26,9 °C wärmer!" Welche Temperatur herrschte im Gefrierschrank?

D Herr Berger war auch in Neufundland in Kanada. Das Temperaturdiagramm stellt durchschnittliche Temperaturen in Neufundland dar. Herr Berger sagt: „Ich hatte vor meiner Reise die Temperaturen im Diagramm untersucht, um den besten Reisemonat herauszufinden. Ich wollte bei Temperaturen über 0 °C (Minimum) und unter 15 °C (Maximum) dort sein." In welchen Monaten konnte Herr Berger nach Neufundland reisen?

E Eine Weltreise kostet viel Geld. Herr Berger hat vorher sein Erspartes vom Konto abgehoben. Die Bank hat ihm erlaubt, bis 2500 € ins Minus zu gehen.
Während seiner Reise hat Herr Berger Geld auf sein Konto eingezahlt, wenn er etwas übrig hatte.
Oben siehst du seine Rückzahlungen.
Welchen Kontostand hatte Herr Berger, als er wieder in Deutschland ankam?

1 Schau dir die fünf Zahlen
an: $+3; -1; +2; -4; +6$
a) Ordne die Zahlen von klein
nach groß.
b) Zeichne eine passende
Zahlengerade.
Trage die fünf Zahlen ein.
c) Markiere auf deiner
Zahlengeraden zwei Zahlen
zwischen -1 und $+2$.
Schreibe dazu, welche
Zahlen es sind.

2 Übertrage das Koordinatensystem in dein Heft.

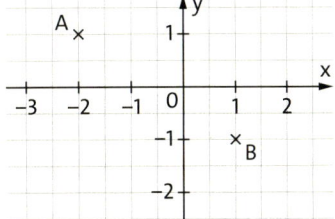

a) Lies die Koordinaten der
Punkte A und B ab.
b) Trage die Punkte $C(-1|-2)$
und $D(2|-2)$ ein.

3 Berechne.
a) $(-5) + (-7)$
b) $(-3) - (-11)$
c) $3 \cdot (-11)$
d) $(-52) : (-4)$

4 Am Montag hat Frau Stein
$-20\,€$ auf ihrem Konto.
a) Am Dienstag hat sie $120\,€$
mehr auf ihrem Konto als am
Montag. Welchen Kontostand
hat Frau Stein am Dienstag?
b) Am Mittwoch hat Frau Stein
$70\,€$ für Kleidung von ihrem
Konto abgehoben.
Welchen Kontostand hat
Frau Stein danach?

1 Schau dir die fünf Zahlen
an: $-1,2; 0,1; -2,1; -0,1; 0,7$
a) Ordne die Zahlen der Größe
nach.
b) Zeichne eine Zahlengerade
und trage die fünf Zahlen
ein.
c) Markiere auf der
Zahlengeraden zwei Zahlen
zwischen $-0,1$ und $+0,1$.
Schreibe dazu, welche
Zahlen es sind.

2 Übertrage das Koordinatensystem in dein Heft.

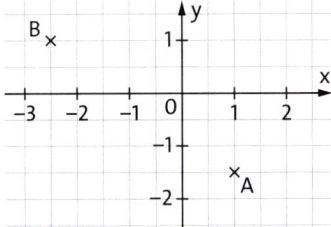

a) Lies die Koordinaten der
Punkte A und B ab.
b) Trage die Punkte $C(2|0,5)$
und $D(-2,5|-1,5)$ ein.

3 Berechne.
a) $1,2 + (-5,3)$
b) $(-3,4) - 2,1 - (-5,9)$
c) $(-2,5) \cdot 0,2$
d) $4,8 : (-12)$

4 Herr Schulte hat noch $65\,€$
auf dem Konto.
a) Er überweist $290\,€$ von
seinem Konto. Gib den
neuen Kontostand an.
b) Sein neuer Kontostand ist
negativ. Er möchte fünfmal
gleich viel Geld überweisen,
sodass er danach bei $0\,€$ ist.
Wie viel Geld muss er
jedes Mal überweisen?

1 Schau dir die fünf Zahlen an:
$1,75; -\frac{3}{4}; 0,25; -1,25; -0,5$
a) Ordne die Zahlen der Größe
nach.
b) Zeichne eine Zahlengerade
und trage die fünf Zahlen
sowie ihre Gegenzahlen ein.
c) Markiere auf der
Zahlengeraden zwei Zahlen
zwischen $-0,25$ und $+0,25$.
Schreibe dazu, welche
Zahlen es sind.

2 Übertrage das Koordinatensystem in dein Heft.

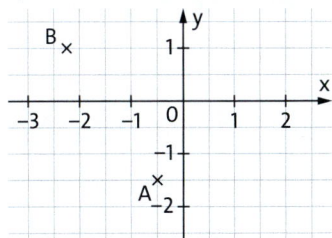

a) Lies die Koordinaten der
Punkte A und B ab.
b) Trage die Punkte $C(1,5|-2)$
und $D(-1,75|-2)$ ein.

3 Berechne.
a) $(-2,25) - 3,35$
b) $0,9 - \left(-\frac{1}{2}\right) - 12$
c) $(-1,25) \cdot 25$
d) $\left(-\frac{1}{4}\right) : \left(-\frac{1}{2}\right)$

4 Niklas bezahlt seinen
Handyvertrag selbst. Jeden
Monat am 15. Tag werden
$6,99\,€$ von seinem Konto
abgebucht. Am 1. Januar hat
Niklas $54,39\,€$ auf dem Konto.
Bestimme den Kontostand am
Ende des Jahres, wenn Niklas
nichts einzahlt.

→ Lösungen auf Seite 229

Rationale Zahlen darstellen und vergleichen → Seite 8

Auf der Zahlengeraden werden die Zahlen
nach links kleiner und nach rechts größer.

Alle positiven und negativen Dezimalzahlen
zusammen heißen **rationale Zahlen**.

Du erhältst den Betrag einer Zahl,
wenn du das Vorzeichen weglässt.

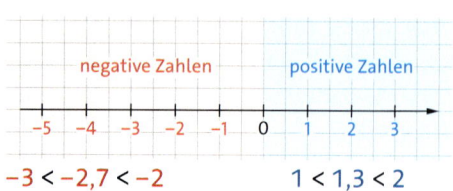

$-3 < -2{,}7 < -2$ $\qquad$ $1 < 1{,}3 < 2$

Das erweiterte Koordinatensystem → Seite 12

Das erweiterte Koordinatensystem
besteht aus zwei Zahlengeraden.
Sie heißen x-Achse und y-Achse.

Bei jedem Punkt P(x|y) wird zunächst die
x-Koordinate und dann die y-Koordinate
angegeben.

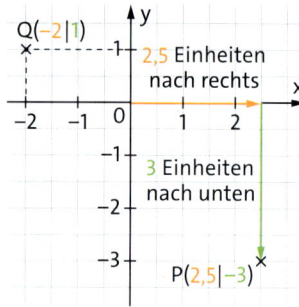

Rationale Zahlen addieren und subtrahieren → Seiten 16 und 20

① Wenn Rechenzeichen und Vorzeichen **gleich**
sind, dann fasse die Zeichen zusammen zu „**+**".
② Wenn Rechenzeichen und Vorzeichen
verschieden sind, dann fasse die Zeichen
zusammen zu „**–**".

Rechne so weiter:
Achte auf die **Zeichen** vor den Zahlen.
Ⓐ Beide Zahlen haben das **gleiche Zeichen** davor:
Schreibe das gemeinsame Zeichen vor das
Ergebnis. Addiere die Beträge der beiden Zahlen.
Ⓑ Beide Zahlen haben **verschiedene Zeichen**
davor: Schreibe das Zeichen von der Zahl mit
dem größeren Betrag vor das Ergebnis.
Subtrahiere vom größeren Betrag den
kleineren Betrag.

Addieren

① $6 + (+3)$
$= 6 \; + \; 3$ Ⓐ
$= 9$

$-6 + (+3)$
$= -6 + 3$ Ⓑ
$= -3$

② $6 + (-3)$
$= 6 \; - \; 3$ Ⓑ
$= 3$

$-6 + (-3)$
$= -6 - 3$ Ⓐ
$= -9$

Subtrahieren

① $6 - (-3)$
$= 6 \; + \; 3$ Ⓐ
$= 9$

$-6 - (-3)$
$= -6 + 3$ Ⓑ
$= -3$

② $6 - (+3)$
$= 6 \; - \; 3$ Ⓑ
$= 3$

$-6 - (+3)$
$= -6 - 3$ Ⓐ
$= -9$

Rationale Zahlen multiplizieren und dividieren → Seite 24

① Multipliziere oder dividiere die beiden
Zahlen **ohne Vorzeichen**.
② Bestimme das Vorzeichen für das Ergebnis:
Ⓐ Wenn beide Zahlen das **gleiche Vorzeichen**
haben, dann ist das Vorzeichen für das
Ergebnis **positiv** (also **+**).
Ⓑ Wenn beide Zahlen **verschiedene**
Vorzeichen haben, dann ist das Vorzeichen
für das Ergebnis **negativ** (also **–**).

① Multipliziere oder dividiere ohne Vorzeichen.

② Ⓐ $(+6) \cdot (+2) = 12$ $\qquad$ $(+18) : (+3) = 6$
$ (-6) \cdot (-3) = 18$ $\qquad$ $(-12) : (-6) = 2$

Ⓑ $(+6) \cdot (-2) = -12$ $\qquad$ $(+18) : (-3) = -6$
$ (-6) \cdot (+3) = -18$ $\qquad$ $(-12) : (+6) = -2$

Zuordnungen

▶ In der Mensa der Schule gibt es Pizza.
Eine ganze Pizza kostet 3,00 €.
Nina holt sich eine halbe Pizza.
Einer halben Pizza wird der Preis 1,50 € zugeordnet.
Jens holt zwei Pizzen, eine für Oskar und eine für sich.
Welchen Preis kannst du den zwei Pizzen zuordnen?

3,00 €

Nach der großen Pause räumen
5 Schülerinnen und Schüler die Mensa auf.
Sie benötigen dafür 20 Minuten.
Der Anzahl 5 Schülerinnen und Schüler wird
die Zeit 20 Minuten zugeordnet.

1,50 €

Am nächsten Tag räumen 4 Schülerinnen und
Schüler die Mensa auf.
Der Anzahl 4 Schülerinnen und Schüler
kannst du auch eine Zeit zuordnen.
Ist diese Zeit länger oder kürzer als bei
5 Schülerinnen und Schülern? Warum?

In diesem Kapitel lernst du ...

• proportionale und **anti**proportionale
Zuordnungen kennen,

• Zuordnungen in Tabellen und Diagrammen darzustellen,

• mit dem Dreisatz zu rechnen.

Kompetenz	Aufgabe	Lies und übe:

1 Ich kann Werte aus einem Diagramm ablesen.

1 Das Diagramm zeigt Maras Gewicht in den ersten Monaten nach ihrer Geburt.

→ Seite 197
Nr. 8

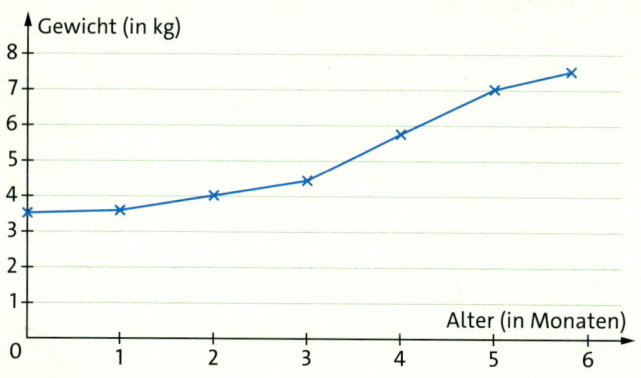

Lies ab und ergänze:
a) Jedem Alter (in Monaten) wird das ● zugeordnet.
b) Bei ihrer Geburt wog Mara ■ kg.
c) Mit 2 Monaten wog Mara ■ kg.
d) Mit ■ Monaten wog Mara 7 kg.

2 Ich kann Werte aus einer Tabelle in einem Koordinatensystem darstellen.

2 Jeder Uhrzeit wird eine Temperatur zugeordnet.

→ Seite 197
Nr. 9

Uhrzeit	0:00	4:00	8:00	12:00	16:00	20:00
Temperatur in °C	4	1	3	6	7	5

Übertrage das Koordinatensystem in dein Heft.
Stelle die Zuordnung im Koordinatensystem dar.

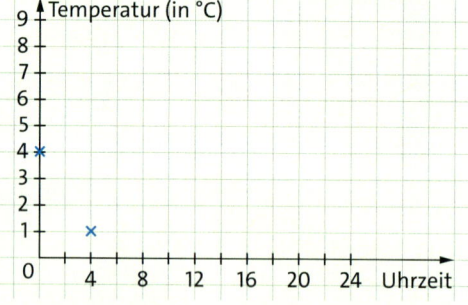

3 Ich kann natürliche Zahlen verdoppeln.

3 Verdopple die Zahlen.
6; 15; 19; 35; 40; 43; 54; 77; 89; 95

→ Seite 211
Nr. 69

4 Ich kann natürliche Zahlen halbieren.

4 Halbiere die Zahlen.
8; 14; 26; 32; 52; 70; 80; 86; 120

→ Seite 211
Nr. 70

Kompetenz	Aufgabe	Lies und übe:
5 Ich kann im Kopf natürliche Zahlen multiplizieren.	**5** Multipliziere im Kopf. a) $4 \cdot 7$ b) $5 \cdot 8$ c) $9 \cdot 7$ d) $8 \cdot 6$ e) $7 \cdot 10$ f) $11 \cdot 3$ g) $12 \cdot 5$ h) $5 \cdot 15$	→ Seite 211 Nr. 71
6 Ich kann im Kopf natürliche Zahlen dividieren.	**6** Dividiere im Kopf. a) $15 : 3$ b) $24 : 4$ c) $45 : 5$ d) $42 : 6$ e) $90 : 9$ f) $48 : 6$ g) $72 : 8$ h) $36 : 6$	→ Seite 211 Nr. 72
7 Ich kann schriftlich multiplizieren.	**7** Multipliziere schriftlich im Heft. a) b) c) a) $3,\ 7\ \cdot\ 6$ b) $4,\ 8\ \cdot\ 3$ c) $5,\ 9\ \cdot\ 3,\ 2$ d) $125 \cdot 0,9$ e) $108 \cdot 2,5$ f) $6,2 \cdot 0,55$	→ Seite 212 Nr. 75, 76
8 Ich kann schriftlich dividieren.	**8** Dividiere schriftlich im Heft. a) $1\ 3,\ 4\ :\ 2\ =$ $-\ 1\ 2$ b) $2\ 0,\ 4\ :\ 6\ =$ c) $3,78 : 9$ d) $129,2 : 4$ e) $0,53 : 5$ f) $2,408 : 4$	→ Seite 212 Nr. 77, 78
9 Ich kann Zeiten in andere Einheiten umrechnen.	**9** Rechne die Zeiten in deinem Heft um. a) 2 Tage = ■ h b) 3 h = ■ min c) 5 min = ■ s d) 4 Jahre = ■ Monate e) 240 s = ■ min f) 72 h = ■ Tage g) 420 min = ■ h h) 24 Monate = ■ Jahre	→ Seite 207 Nr. 54, 55
10 Ich kann im Kopf Dezimalbrüche multiplizieren.	**10** Multipliziere im Kopf. a) $4 \cdot 5$; $4 \cdot 0,5$; $4 \cdot 0,05$ b) $25 \cdot 3$; $2,5 \cdot 3$; $0,25 \cdot 3$ c) $80 \cdot 70$; $8 \cdot 7$; $0,8 \cdot 0,7$ d) $6 \cdot 3$; $0,6 \cdot 0,3$; $0,06 \cdot 0,03$	→ Seite 215 Nr. 92
11 Ich kann im Kopf Dezimalzahlen dividieren.	**11** Dividiere im Kopf. a) $120 : 4$; $12 : 4$; $1,2 : 4$ b) $64 : 8$; $6,4 : 8$; $0,64 : 8$ c) $30 : 6$; $3,0 : 6$; $0,3 : 6$ d) $600 : 50$; $60 : 5$; $6 : 0,5$	→ Seite 216 Nr. 96

→ Lösungen auf Seite 230 und 231

Proportionale Zuordnungen (Wdh.)

Toni, Deniz und Sofia erinnern sich an die Lerninhalte zum Thema proportionale Zuordnungen. Sie betrachten dafür die Preise für den Eintritt in ein Schwimmbad:

- Kinder und Jugendliche: Tageskarte 4 €
- Erwachsene: Tageskarte 6 €

W **Wann ist eine Zuordnung proportional?**

▶ Proportionale Zuordnungen

Eine Zuordnung ist **proportional**, wenn immer …

- zum **Doppelten** der Ausgangsgröße das **Doppelte** der zugeordneten Größe gehört,
- zum **Dreifachen** der Ausgangsgröße das **Dreifache** der zugeordneten Größe gehört,
- zum Vierfachen der Ausgangsgröße …,
- zur **Hälfte** der Ausgangsgröße die **Hälfte** der zugeordneten Größe gehört,
- zum Drittel der Ausgangsgröße …

Ausgangsgröße
zugeordnete Größe

Anzahl der Kinder	1	2	4	6
Eintrittspreis zusammen (in €)	4	8	16	24

: 2   · 2   · 3

: 2   · 2   · 3

das **Doppelte**: · 2 ⟨ 2 Kinder zahlen 8 € / 4 Kinder zahlen 16 € ⟩ · 2

das **Dreifache**: · 3 ⟨ 2 Kinder zahlen 8 € / 6 Kinder zahlen 24 € ⟩ · 3

die **Hälfte**: : 2 ⟨ 2 Kinder zahlen 8 € / 1 Kind zahlt 4 € ⟩ : 2

Wenn du die zugeordnete Größe durch die Ausgangsgröße dividierst, dann ist das Ergebnis immer gleich:

4 : 1 = 4
8 : 2 = 4
16 : 4 = 4
24 : 6 = 4

Das Ergebnis heißt Proportionalitätsfaktor.

▶ Aufgabe   Zeige, dass die Zuordnung proportional ist. Übertrage dazu die Tabelle in dein Heft. Setze Rechenpfeile an die Tabelle.

Anzahl der Erwachsenen	1	2	4	6
Eintrittspreis zusammen (in €)	6	12	24	36

W **Proportionale Zuordnungen grafisch darstellen**

Wenn du die Wertepaare als Punkte in ein Koordinatensystem einträgst und verbindest, dann entsteht der **Graph**. Bei proportionalen Zuordnungen liegen die Punkte auf einer Geraden, die durch den Ursprung (0|0) geht.

das **Werte**paar (2|8)

Anzahl der Kinder	1	2	3	4
Eintrittspreis zusammen (in €)	4	8	12	16

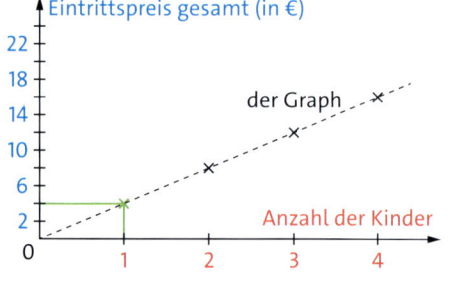

▶ Aufgabe   Betrachte die Tabelle für Erwachsene in der Aufgabe oben. Stelle die Zuordnung in einem Koordinatensystem grafisch dar.

1 Zeige, dass die Zuordnung proportional ist. Vervollständige dazu die Tabelle im Heft. Beschrifte die Rechenpfeile. Ergänze den Satz.

a)
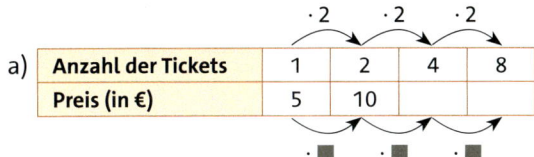

Anzahl der Tickets	1	2	4	8
Preis (in €)	5	10		

Zum Doppelten der Ausgangsgröße gehört immer das ● der zugeordneten Größe.

b)
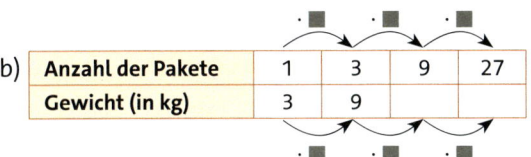

Anzahl der Pakete	1	3	9	27
Gewicht (in kg)	3	9		

Zum ● der Ausgangsgröße gehört immer das ● der zugeordneten Größe.

c)
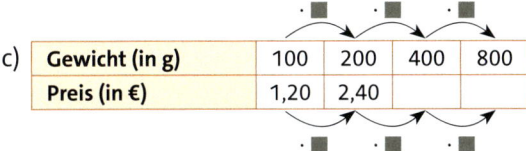

Gewicht (in g)	100	200	400	800
Preis (in €)	1,20	2,40		

Zum ● der Ausgangsgröße gehört immer ●.

2 👥 Die Zuordnung soll proportional sein. Welche Bedingung muss dann erfüllt sein?

Beispiel Die Zuordnung
Anzahl der Eiskugeln → Preis
ist proportional, wenn jede Eiskugel gleich viel kostet.

a) *Anzahl der Hefte → Preis*
b) *Anzahl der Kinder → Anzahl der Kekse*
c) *Anzahl der Stunden → Mietpreis für ein Auto* ► **3** ☒

3 Zeige, dass die Zuordnung proportional ist. Ermittle dann den Proportionalitätsfaktor.

Beispiel

Anzahl der Bücher	1	2	3
Preis (in €)	9	18	27

9 : 1 = 9   18 : 2 = 9   27 : 3 = 9

Der Proportionalitätsfaktor ist 9.

a)

Anzahl der Packungen	1	2	3
Preis (in €)	8	16	24

b)

Anzahl der T-Shirts	1	2	3	4
Preis (in €)	15	30	45	60

4 Entscheide: Gehören die Punkte zu einer proportionalen Zuordnung? Wenn ja, lies den Proportionalitätsfaktor ab. ► 🔊

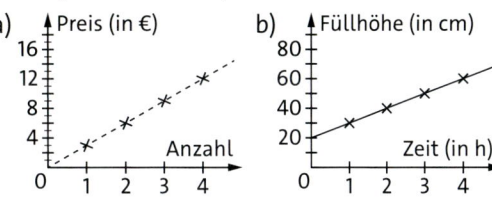

5 Die Zuordnung ist proportional. Fülle die Tabelle in deinem Heft aus. ► **6** ☒

a)
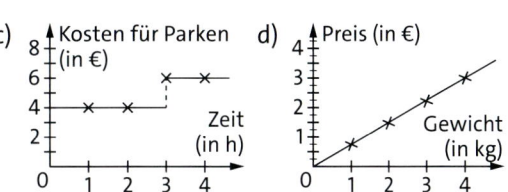

Anzahl der Pakete	1	2	3	4
Preis (in €)	6	12		

b)

Anzahl der Bälle	1	2	3	4
Preis (in €)		25		

c)

Anzahl der Stifte	1	2	3	4
Preis (in €)	1,90			

6 Die Zuordnung ist proportional. Bestimme den Proportionalitätsfaktor.

a)

Anzahl der Pflanzen	2	3	4	5
Preis (in €)	3,00	4,50	6,00	7,50

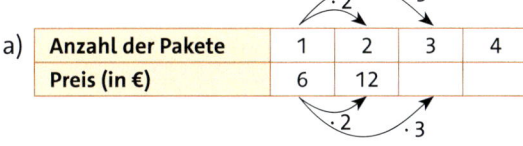

d) Beschreibe zu den Diagrammen b) und c) jeweils eine passende Situation aus dem Alltag.

7 Zeichne den Graphen für die Zuordnung aus Aufgabe 6 a). Wähle auf der x-Achse 1 cm für 1 Pflanze und auf der y-Achse 1 cm für 1 €. Beschrifte die Achsen entsprechend. ► 🔊

1 Prüfe, ob die Zuordnung proportional ist. Vervollständige dazu die Tabelle im Heft und trage Rechenpfeile ein.

a)

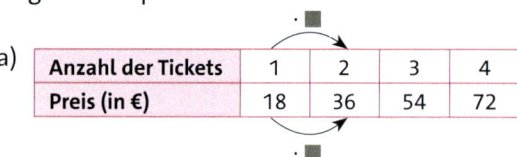

Anzahl der Tickets	1	2	3	4
Preis (in €)	18	36	54	72

b)

Zeit (in h)	1	2	3	4
Weg (in km)	80	160	240	320

c)

Anzahl der Gläser	1	2	3	4	5
Gewicht (in kg)	0,5	1,0	1,5	2,0	2,5

d)

Strecke (in km)	0	1	2	3	4
Preis (in €)	2	4	6	8	10

2 👥 Ist die Zuordnung proportional? Welche Bedingung muss dann erfüllt sein?
a) *Anzahl der Stifte → Preis*
b) *Alter eines Menschen → Körpergröße*
c) *Anzahl der Stockwerke → Höhe des Gebäudes*
d) *Anzahl der Eiskugeln → Preis* ▸ **3** ☒

3 Prüfe, ob die Zuordnung proportional ist. Wenn ja, dann ermittle den Proportionalitätsfaktor.

a)

Gewicht (in kg)	2	3	4	5
Preis (in €)	14	21	28	35

b)

Anzahl der Dosen	2	3	4	5
Gewicht (in kg)	4	6	8	10

c)

Strecke (in km)	2	3	4	5	6
Zeit (in min)	10	15	20	25	25

4 Begründe: Warum handelt es sich **nicht** um die Darstellung einer proportionalen Zuordnung?

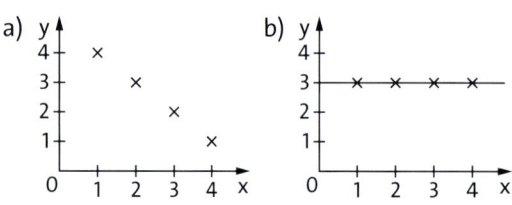

5 Die Zuordnung ist proportional. Fülle die Tabelle im Heft aus.

a)

Anzahl Fahrräder	1	2	3	4	5
Mietpreis (in €)	16	32			

b)

Anzahl der Pakete	1	2	3	4
Gewicht (in kg)	$\frac{1}{4}$			

c)

Anzahl der Leisten	1	2	3	4
Länge (in cm)		90	135	

6 Die Zuordnung ist proportional. Bestimme den Proportionalitätsfaktor. Ergänze dann jeweils: Der Proportionalitätsfaktor gibt an, wie …

a)

Anzahl gleicher Bücher	5	10	15	20
Höhe (in cm)	7,5	15	22,5	30

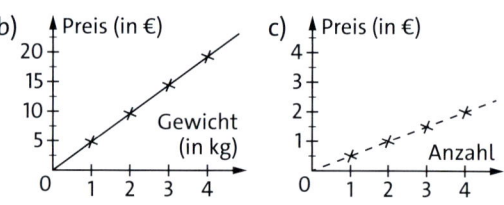

▸ **4** ☒

7 Zeichne den Graphen für die Zuordnung aus Aufgabe 6 a). Wähle auf der x-Achse 1 cm für 2 Bücher, auf der y-Achse 1 cm für 10 cm Höhe.

8 Eine 1-Cent-Münze ist 1,7 mm dick. Wie hoch sind 2, 3, 4, … Münzen, wenn man sie stapelt?
a) Vervollständige die Tabelle im Heft.

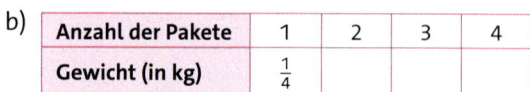

Anzahl der Münzen	1	2	3	…	10
Höhe (in mm)	1,7			…	

b) Stelle die Zuordnung in einem Koordinatensystem dar. ▸ **7** ☒

9 Zeichne ein Quadrat mit der Seitenlänge 2,5 cm und ein Quadrat mit der Seitenlänge 5 cm.
a) Ist die Zuordnung *Seitenlänge → Umfang* proportional? Begründe.
b) Ist die Zuordnung *Seitenlänge → Flächeninhalt* proportional? Begründe.

Sprachhilfe zu **2**: Die Zuordnung ist proportional, wenn jede (oder jedes oder jeder) ● gleich viel ●.

1 Prüfe, ob die Zuordnung proportional ist.

a)

Anzahl der Erwachsenen	1	2	3	4
Preis (in €)	19	38	57	76

b)

Zeit (in h)	1	2	3	4
Eintrittspreis (in €)	4,50	4,50	6,00	6,00

c)

x	0	$\frac{1}{2}$	1	$1\frac{1}{2}$	2
y	0	8	16	24	32

d)

x	5	10	15	30	60
y	9	14	21	42	84

2 Unter welchen Bedingungen ist die Zuordnung proportional?
a) *Anzahl der Brötchen → Gewicht*
b) *Anzahl der Bretter → Höhe des Stapels*
c) *Entfernung vom Start → Fahrzeit seit dem Start*
d) *Anzahl der Dateien → Zeit für den Download*

🔊 **3** Berechne die fehlenden Werte für eine proportionale Zuordnung. Fülle die Tabelle im Heft aus. Nenne den Proportionalitätsfaktor.

a)

Anzahl der Früchte	1	2	3	4	5
Preis (in €)			6		

b)

Gewicht (in kg)	1	2	3	4
Preis (in €)		5,00		

c)

x	1	2	3	4
y		16		

d)

x	1	2	3	4
y			42	

🔊 **4** Für die Zuordnung mit dieser Wertetabelle gilt der Proportionalitätsfaktor 2,5.
a) Fülle die Wertetabelle in deinem Heft aus.

x	0	1	2	3	4	5
y						

b) Wofür könnten hier x und y stehen? Finde eine passende Sachsituation.
c) Zeichne deinen Graphen. Zeichne dafür die x-Achse von 0 bis 5 und die y-Achse von 0 bis 15.

5 Jan und Paul planen, ihr Baumhaus zu streichen. Die Eltern wollen Farbe kaufen. Betrachte die Zuordnungen
Menge an Farbe → Gesamtpreis und
Menge an Farbe → gestrichene Fläche.

Wandfarbe 12, 5 Liter reicht für 75m² nur 31, 25 €

a) Unter welcher Bedingung sind die Zuordnungen proportional?
b) Berechne den Proportionalitätsfaktor für beide Zuordnungen. Was bedeutet er jeweils?

6 Ist die Aussage richtig oder falsch? Begründe. Gib zu den falschen Aussagen ein Gegenbeispiel an.
a) Wenn das Wertepaar (1|2) zu einer proportionalen Zuordnung gehört, so gehört zu dieser auch das Wertepaar (2|4).
b) Wenn der Graph einer proportionalen Zuordnung durch den Punkt (3|17,5) verläuft, so ist der Proportionalitätsfaktor 5,5.
c) Wenn alle Punkte einer Zuordnung auf einer Geraden liegen, aber ein Punkt nicht, dann ist die Zuordnung trotzdem proportional.
d) Wenn der Graph einer Zuordnung durch den Punkt (0|1) verläuft, dann ist der Proportionalitätsfaktor 1.

7 Lina untersucht die Wertetabelle einer proportionalen Zuordnung. Dabei fällt ihr etwas auf.

x	1	2	3	4	5	6	7
y	7,5	15	22,5	30	37,5	45	52,5

a) Beschreibe Linas Beobachtung mit eigenen Worten.
b) Fülle die Tabellen der zwei proportionalen Zuordnungen aus. Nutze Linas Beobachtung.

I

x	1	2	3	5	8
y	9	18			

II

x	1	5	6	10	11
y	30				

8 Zeichne den Graphen für die Zuordnung, die Lina in Aufgabe 7 untersucht.

Hinweis zu **1c** und **1d**: Bei Zuordnungen ohne Sachzusammenhang wird die Ausgangsgröße häufig mit x bezeichnet. Die zugeordnete Größe wird oft y genannt.

Dreisatz bei proportionalen Zuordnungen (Wdh.)

Toni, Deniz und Sofia erinnern sich an die Lerninhalte zum Thema Dreisatz bei proportionalen Zuordnungen. Sie betrachten dafür die Preise für Pizzastücke. Toni hat zwei Stücke. Er bezahlt 4,60 €.

Überlege zuerst:

Welche Größen sind einander zugeordnet? Ist die Zuordnung proportional?

Jeder Anzahl von Pizzastücke wird ein Preis zugeordnet.

Die Zuordnung ist proportional, denn für doppelt so viele Pizzastücke zahlst du doppelt so viel, für dreimal so viele Pizzastücke zahlst du dreimal so viel und so weiter …

W **Werte mit dem Zweisatz berechnen**

① Zeichne und beschrifte eine Tabelle. Trage die drei Werte ein, die du kennst.

② Mit welcher Rechnung kommst du vom oberen Wert zum unteren Wert: mal oder geteilt? Rechne auf der anderen Seite genauso.

▶ ▭ Mit dem Zweisatz bei proportionalen Zuordnungen rechnen

Für 2 Stücke Pizza zahlt Toni 4,60 €. Wie viel zahlt Sofia für 4 Stücke?

Anzahl der Stücke	Preis (in €)
2	4,60
4	9,20

· 2 ⟍ ⟍ · 2

Für 4 Stücke Pizza zahlt Sofia 9,20 €.

▶ **Aufgabe** Berechne mit dem Zweisatz den Preis für 6 Stücke Pizza.   ▶1 ▶1 ▶1

Oft kannst du den gesuchten Wert nicht mit dem Zweisatz berechnen.
Dann hilft dir ein Zwischenschritt.
Du brauchst dann insgesamt drei Schritte. Deshalb heißt das Verfahren **Dreisatz**.

W **Werte mit dem Dreisatz berechnen**

Hier gilt:
Der Preis für 1 Stück Pizza ist der Proportionalitätsfaktor.

① Zeichne und beschrifte eine Tabelle. Trage die drei Werte ein, die du kennst. Trage in der mittleren Zeile eine 1 ein.

② Mit welcher Rechnung kommst du vom oberen Wert zur 1: mal oder geteilt? Rechne auf der anderen Seite genauso.

③ Mit welcher Rechnung kommst du von der 1 zum unteren Wert: mal oder geteilt? Rechne auf der anderen Seite genauso.

▶ ▭ Mit dem Dreisatz bei proportionalen Zuordnungen rechnen

Für 2 Stücke Pizza zahlt Toni 4,60 €. Wie viel zahlt Deniz für 3 Stücke Pizza? 3 ist kein Vielfaches von 2, also brauchst du den Dreisatz.

Anzahl der Stücke	Preis (in €)
2	4,60
1	2,30
3	6,90

: 2 ⟍   : 2
· 3 ⟍   · 3

Für 3 Stücke Pizza zahlt Deniz 6,90 €.

▶ **Aufgabe** Berechne mit dem Dreisatz den Preis für 5 Stücke Pizza.   ▶4 ▶4 ▶3

1 Die Zuordnung ist proportional.
Berechne den fehlenden Wert mit dem
Zweisatz. Fülle die Tabelle im Heft aus.

a)
Anzahl der Pakete	Gewicht (in kg)
2	10
6	

· 3 ↓ ... · ■

b)
Anzahl der Kinder	Eintritt (in €)
3	9
6	

· ■ ↓ ... · ■

c)
Anzahl der CDs	Höhe (in cm)
3	2
15	

d)
Gewicht (in kg)	Preis (in €)
4	6
12	

🔊 **2** Berechne den fehlenden Wert mit dem
Zweisatz. Zeichne eine Tabelle. Trage zuerst
ein, welche Größen einander zugeordnet sind.
Trage dann die drei Werte ein, die du kennst.

Beispiel 2 T-Shirts kosten 18 €.
4 T-Shirts kosten □ €.

Anzahl der T-Shirts	Preis (in €)
2	18
4	36

· 2 ↓ ... · 2

4 T-Shirts kosten 36 €.

a) 5 Paar Socken kosten 14 €.
10 Paar Socken kosten ■ €.
b) 10 Teebeutel kosten 3 €.
30 Teebeutel kosten ■ €.
c) 2 Kiwis kosten 70 ct.
8 Kiwis kosten ■ ct.

▶ **3** ✕

3 Berechne den Preis für 1 Teil. Zeichne dazu eine
Tabelle. Trage die Werte ein, die du kennst.
Beispiel 3 Flaschen Saft kosten 4,50 €.

Anzahl der Flaschen	Preis (in €)
3	4,50
1	1,50

: 3 ↓ ... : 3

Eine Flasche Saft kostet 1,50 €.

a) Für 4 kg Äpfel bezahlt Elifs Vater 16 €.
b) 8 Hefte kosten 12 €.
c) 4 Flaschen Apfelsaft kosten 8,40 €.
d) Amelie bezahlt 5,10 € für drei Kugeln Eis.

4 Die Zuordnung ist proportional. Berechne die
fehlenden Werte mit dem Dreisatz.

a)
Anzahl der Stifte	Preis (in €)
3	9
1	
5	

: 3 ↓ · 5 ↓ ... : 3 · 5

b)
Gewicht (in kg)	Preis (in €)
5	25
1	
8	

: 5 ↓ · 8 ↓ ... : ■ · ■

c)
Anzahl der Tickets	Gesamtpreis (in €)
7	84
1	
6	

: ■ ↓ · ■ ↓ ... : ■ · ■

d)
Zeit (in h)	Strecke (in km)
3	66
1	
4	

e) Schreibe zu Teilaufgabe a) einen Text. ▶ **5** ✕

5 Berechne den fehlenden Wert mit dem
Dreisatz. Zeichne selbst eine Tabelle.
a) Die Miete für zwei Monate kostet 900 €.
Die Miete für drei Monate kostet ■ €.
b) 5 Liter Farbe reichen für 28 m².
12 Liter Farbe reichen für ■ m².
c) Ein Stapel mit 7 Büchern ist 17,5 cm hoch.
Ein Stapel mit 10 Büchern ist ■ cm hoch.

6 Ein Wasserhahn im Bad tropft stark. In
7 Minuten tropfen 140 mℓ Wasser ins Wasch-
becken. 1000 Liter Wasser kosten 5,00 €.
a) Berechne die Menge Wasser, die in einer
Stunde (an einem Tag)
wegfließt.
b) Stell dir vor, der Wasserhahn wird nicht repariert.
Schätze die Kosten für das
wegfließende Wasser in
einem halben Jahr ohne
zu rechnen oder zu über-
schlagen.

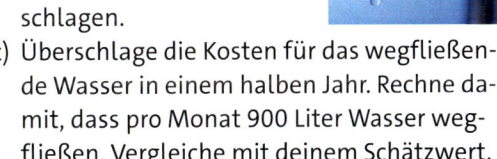

c) Überschlage die Kosten für das wegfließende Wasser in einem halben Jahr. Rechne damit, dass pro Monat 900 Liter Wasser weg-
fließen. Vergleiche mit deinem Schätzwert.

Sprachhilfe zu **4e**: Der Anzahl der Stifte wird der Preis zugeordnet: ■ Stifte kosten ■ €. ■ Stift kostet ■ €.

▶ 💡 Tipp zu **1**, **4**, **5**

Üben ☒

1 Die Zuordnung ist proportional. Berechne den fehlenden Wert mit dem Zweisatz.

a)

Anzahl der Kisten	Gewicht (in kg)
4	8
12	

b)

Gewicht (in kg)	Preis (in €)
4	10
20	

c)

Anzahl der Karten	Preis (in €)
3	27
9	

d)

Anzahl der Kartons	Höhe (in cm)
5	22,5
50	

e)

Anzahl der Bustickets	Preis (in €)
2	10,80
8	

2 Berechne mit dem Zweisatz im Kopf.
a) 4 Brötchen wiegen 320 g.
   Wie viel wiegen 12 Brötchen?
b) 3 Kugeln Eis kosten 4,50 €.
   Wie viel kosten 6 Kugeln Eis?
c) 2 Getränke kosten 2,80 €.
   Wie viel kosten 10 Getränke?
d) 4 Riegel kosten 3,60 €.
   Wie viel kosten 40 Riegel?

3 Im Fernsehturm Berlin fahren die Besucherinnen und Besucher mit Aufzügen zur Aussichtsplattform. Der Aufzug benötigt für 30 m etwa 5 s. Die Aussichtsplattform befindet sich in rund 210 m Höhe.
Wie lange dauert die Fahrt vom Eingangsbereich zur Aussichtsplattform? ▶ **3** ☒

4 Die Zuordnung ist proportional. Berechne den fehlenden Wert mit dem Dreisatz im Heft.

a)

Gewicht (in kg)	Preis (in €)
5	45
1	
6	

: 5, · 6 : ■, · ■

b)

Arbeitszeit (in h)	Lohn (in €)
8	144
1	
20	

: ■, · ■ : ■, · ■

c) Schreibe zu Teilaufgabe a) einen Text:
   5 kg ● kosten 45 €.
   1 kg ● kostet ●.
   6 kg ● kosten ●.

5 Berechne den gesuchten Wert mit dem Dreisatz. Zeichne dafür eine Tabelle und beschrifte sie.
a) 5 gleich dicke Bücher brauchen in einem Regal 20 cm Platz. Wie viel cm Platz brauchen 7 gleich dicke Bücher?
b) Ein Zug legt in 6 Stunden 450 km zurück. Wie viel km legt er in 5 Stunden zurück?
c) Der Eintritt ins Freibad kostet für 4 Kinder 18 €. Wie viel kostet der Eintritt für 7 Kinder?
d) 10 alkoholfreie Cocktails kosten 49 €. Wie viel kosten 8 alkoholfreie Cocktails?
e) 300 g Nüsse kosten 5,97 €. Wie viel kostet ein Kilogramm Nüsse? ▶ **5** ☒

6 Mit 15 m Anlauf springt Markus 2,05 m hoch. Wie hoch springt er mit einem Anlauf von 30 m? Begründe.

7 In 90 min fährt Francesco mit seinem Fahrrad 21 km weit.
a) Unter welcher Bedingung ist die Zuordnung *Fahrzeit (in min) → Strecke (in km)* proportional?
b) Wie weit fährt Francesco in 120 min? Fülle die Tabelle im Heft aus.

Fahrzeit (in min)	Strecke (in km)
90	21
30	
120	

c) Warum ist es günstig, als 2. Schritt die Fahrzeit für 30 min zu berechnen und nicht für 1 min?
d) In 50 min fährt Helena mit ihrem Fahrrad 15 km. Wie weit fährt sie in einer Stunde?

8 Devin lädt ein Update aus dem Internet herunter. Nach 1 min 20 s sind 320 MB vollständig heruntergeladen.
a) Wie lange dauert der Download für eine Datei mit 960 MB?
b) Eine Filmdatei hat eine Größe von 3,6 GB (Gigabyte; 1 GB = 1000 MB). Wie lange dauert der Download für diese Datei?

1 Berechne den fehlenden Wert der proportionalen Zuordnung im Heft. Nutze den Zweisatz.

a)
Anzahl der Bücher	Preis (in €)
2	32
6	

b)
Gewicht (in kg)	Preis (in €)
3	3,60
9	

c)
Anzahl der Personen	Gewicht (in t)
5	$\frac{3}{8}$
20	

d)
Volumen (in ℓ)	Preis (in €)
$\frac{3}{4}$	2,96
1,5	

e)
Anzahl der Kisten	Höhe (in cm)
6	33
42	

f)
Anzahl der Tage	Preis (in €)
8	116
1	

2 Berechne den fehlenden Wert mit dem Zweisatz. Zeichne eine Tabelle.

a) Die Briefmarken für fünf große Briefe kosten 8,00 €.
Wie viel kosten die Briefmarken für 45 solche Briefe?

b) Eine Tankfüllung mit 10 Litern Diesel kostet 18,89 €.
Wie viel kostet eine Tankfüllung mit 60 Litern Diesel?

c) Die Miete für eine Wohnung für ein Jahr kostet 11 400 €. Wie viel kostet die Miete für drei Monate?

3 Die Zuordnung ist proportional. Berechne die fehlenden Werte mit dem Dreisatz im Heft.

a)
Gewicht (in kg)	Preis (in €)
3	22,50
1	
5	

: 3 / · 5 ... : ■ / · ■

b)
Anzahl der Stifte	Preis (in €)
5	4,95
1	
3	

c)
Zeit (in h)	Lohn (in €)
8	180
1	
40	

4 Berechne den fehlenden Wert mit dem Dreisatz. Zeichne dafür eine Tabelle.

a) 6 gleiche Ordner brauchen im Regal 27 cm Platz. Wie viel Platz brauchen 7 solcher Ordner?

b) Ein Flugzeug legt in 3 Stunden 2250 km zurück. Wie viel km legt es in 5 Stunden zurück?

c) 200 g Schokolade kosten 3,96 €. Wie viel kosten 150 g Schokolade?

d) 15 gleiche Maschinen wiegen 5,85 t. Wie viel wiegen neun dieser Maschinen?

5 Eine Mensa kauft 300 Brötchen für 105 €. Wie viel kosten 200 Brötchen?

a) Übertrage die beiden Tabellen in dein Heft und ergänze jeweils die Rechenpfeile.

Anzahl der Brötchen	Preis (in €)
300	105
1	0,35
200	70

: ■ / : ■

Anzahl der Brötchen	Preis (in €)
300	105
100	35
200	70

: ■ / · ■

b) Welcher Rechenweg ist einfacher? Begründe.

c) Die Mitarbeiter der Mensa brauchen 75 Minuten, um 300 Brötchen zu belegen. Wie lange brauchen sie für 200 belegte Brötchen?

6 Familie Petrow zahlt 150 000 € für ein Grundstück, das 15 m breit und 40 m lang ist. Familie Breit kauft im gleichen Baugebiet ein Grundstück, das 20 m breit und 25 m lang ist. Wie viel muss Familie Breit bezahlen?

7 Luis ist 18 Monate alt und 84 cm groß. Wie groß wird er an seinem 10. Geburtstag sein? Begründe.

8 Eine 10-tägige Reise kostet für 3 Personen 4800 €. Betrachte die Zuordnungen *Anzahl der Personen → Reisepreis* und *Reisedauer (in Tagen) → Reisepreis*.

a) Unter welchen Bedingungen sind die Zuordnungen proportional?

b) Berechne den Preis, den 8 Personen für eine 10-tägige Reise zahlen.

c) Berechne den Preis, den 8 Personen für eine 14-tägige Reise zahlen.

▸ 💡 Tipp zu **6** , **7**

Antiproportionale Zuordnungen

Die Eltern wollen den Klassen-
raum streichen.
2 Personen brauchen 6 Stunden.
Wie lange brauchen 4 Personen?
Wie lange brauchen 6 Personen?
Je mehr Personen helfen,
desto weniger Zeit brauchen sie.
Die Zuordnung
Anzahl der Personen → benötigte Zeit ist **anti**proportional.

Wenn du in der Ta-
belle die Ausgangs-
größe mit der zuge-
ordneten Größe
multiplizierst,
dann erhältst du
immer das gleiche
Ergebnis.
1 · 12 = 12
2 · 6 = 12
4 · 3 = 12
6 · 2 = 12

W **Wann ist eine Zuordnung
antiproportional?**

Eine Zuordnung ist **antiproportional**,
wenn immer …
- zum **Doppelten** der Ausgangsgröße
  die **Hälfte** der zugeordneten Größe
  gehört,
- zum **Dreifachen** der Ausgangsgröße
  ein **Drittel** der zugeordneten
  Größe gehört,
- zum **Vierfachen** der Ausgangsgröße …
- zur **Hälfte** der Ausgangsgröße das
  Doppelte der zugeordneten Größe
  gehört,
- zum **Drittel** der Ausgangsgröße …

Ausgangsgröße

: 2   · 2   · 3

Anzahl der Personen	1	2	4	6
benötigte Zeit (in h)	12	6	3	2

zugeordnete Größe

· 2   : 2   : 3

2 Personen brauchen 6 h.
· 2 (**doppelte Anzahl**   **halbe Zeit**) : 2
4 Personen brauchen 3 h.

2 Personen brauchen 6 h.
· 3 (**dreifache Anzahl**   **ein Drittel der Zeit**) : 3
6 Personen brauchen 2 h.

▶ **Aufgabe**   Zeige, dass die Zuordnung antiproportional ist.

Anzahl Erwachsene	1	2	4	8
benötigte Zeit (in h)	8	4	2	1

▶ anti-
proportionale
Zuordnungen

W **Eigenschaften von antiproportionalen
Zuordnungen**
Wenn du die Wertepaare in ein
Koordinatensystem einträgst und
verbindest, dann liegen alle Punkte auf
einer fallenden Kurve.
Diese Kurve heißt **Hyperbel**.

das **Werte**paar (2|6)

Anzahl der Personen	1	2	3	4
benötigte Zeit (in h)	12	6	4	3

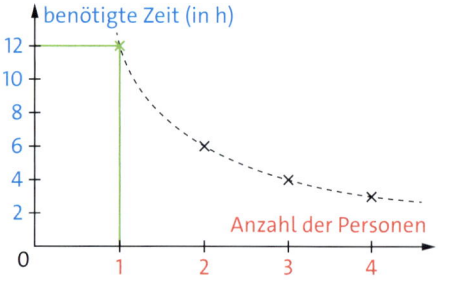

▶ **Aufgabe**   Betrachte die Tabelle für Erwachsene in der Aufgabe oben.
Stelle diese Zuordnung in einem Koordinatensystem grafisch dar.

1 Zeige, dass die Zuordnung antiproportional ist. Vervollständige dazu die Tabelle im Heft. Beschrifte die Rechenpfeile. Ergänze den Satz.

a)

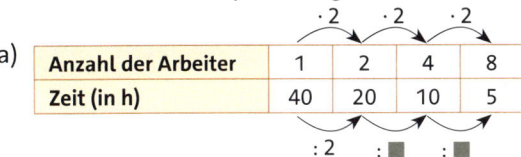

Anzahl der Arbeiter	1	2	4	8
Zeit (in h)	40	20	10	5

Zum Doppelten der Ausgangsgröße gehört immer ● der zugeordneten Größe.

b)

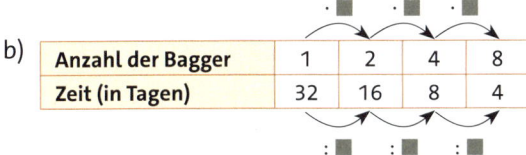

Anzahl der Bagger	1	2	4	8
Zeit (in Tagen)	32	16	8	4

Zum ● der Ausgangsgröße gehört immer ● der zugeordneten Größe.

c)

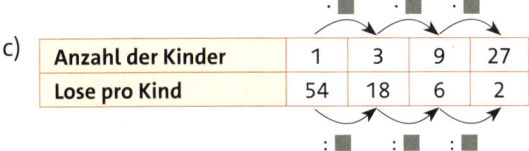

Anzahl der Kinder	1	3	9	27
Lose pro Kind	54	18	6	2

Zum ● der Ausgangsgröße gehört immer …

2 ♛ Die Zuordnung soll antiproportional sein. Welche Bedingung muss dann erfüllt sein?
a) *Anzahl der Personen → Zeit für den Umzug*
b) *Anzahl der Kinder → Zeit fürs Aufräumen*
c) *Anzahl der Rasenmäher → Zeit, um einen Fußballplatz zu mähen* ▶ **3** ⊠

3 Zeige, dass die Zuordnung antiproportional ist.
Beispiel

Anzahl der Helfer	1	2	3
Zeit (in h)	6	3	2

$1 \cdot 6 = 6 \quad 2 \cdot 3 = 6 \quad 3 \cdot 2 = 6$

a)

Anzahl der Lkw	1	2	3
Zeit (in Tagen)	18	9	6

b)

Anzahl der Bagger	1	2	3	4
Zeit (in h)	24	12	8	6

c)

Anzahl der Maschinen	1	2	3	4	5
Zeit (in min)	60	30	20	15	12

4 Nur eine der Zuordnungen ist antiproportional. Welche? Begründe deine Auswahl.

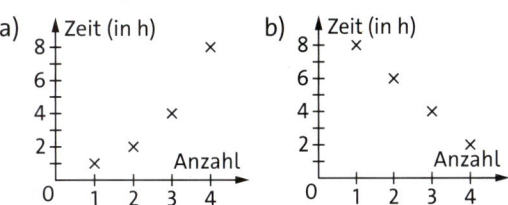

5 Die Zuordnung ist antiproportional. Vervollständige die Tabelle im Heft.

a)

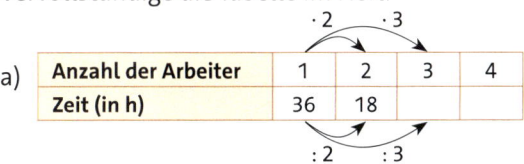

Anzahl der Arbeiter	1	2	3	4
Zeit (in h)	36	18		

b)

Anzahl der Maschinen	1	2	4	5
Zeit (in h)	20			

c)

Anzahl der Lkw	1	2	4	8
Zeit (in Tagen)	80			

▶ **7** ⊠

6 Wie kannst du einen Betrag von 100 Cent mit lauter gleichen Münzen zahlen?

a) Vervollständige die Tabelle im Heft.

Münze	5 ct	10 ct	20 ct	50 ct	1 €
Anzahl der Münzen				2	

b) Ist die Zuordnung *Münze → Anzahl der Münzen* antiproportional? Begründe so: Die Zuordnung ist antiproportional, weil ●.

Sprachhilfe zu **2**: Jeder (oder jede oder jedes) muss ● gleich viel ●.

1 Prüfe, ob die Zuordnung antiproportional ist.

a)
Anzahl der Arbeiter	1	2	3	4
Zeit (in h)	48	24	16	12

b)
Zeit (in h)	1	2	3	4
Höhe der brennenden Kerze (in cm)	40	30	20	10

c)
Anzahl der Bagger	1	2	3	4	5
Zeit (in h)	120	60	40	30	24

d)
Zeit (in Jahren)	1	2	3	4	5
Anzahl der Hasen	2	4	8	16	32

2 👥 Ist die Zuordnung antiproportional?
Welche Bedingung muss dann erfüllt sein?
a) *Download-Geschwindigkeit → Zeit, um eine 1 GB große Datei zu downloaden*
b) *Zeit → Wasserhöhe in einem Eimer mit Loch*
c) *Geschwindigkeit → Zeit, um von Köln nach Berlin zu fahren* ▶ **3** ☒

3 Prüfe, ob die Zuordnung antiproportional ist.

a)
Zeit (in Tagen)	1	2	3	4
benötigte Arbeiter	36	18	12	9

b)
Anzahl der Lkw	1	2	3	4
Ladung (in t)	1	$\frac{1}{2}$	$\frac{1}{3}$	$\frac{1}{4}$

c)
Anzahl der T-Shirts	1	2	3	4
Preis (in €)	9	18	27	36

4 Warum handelt es sich **nicht** um die Darstellung einer antiproportionalen Zuordnung? Begründe.

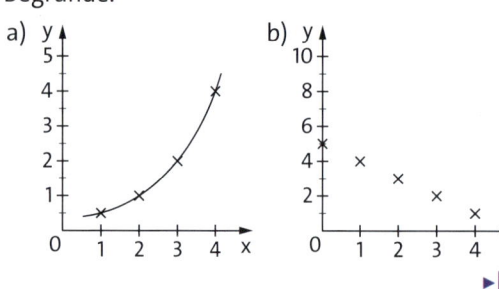

a) b) ▶ **4** ☒

5 Wenn 10 Personen an einer Busreise teilnehmen, so liegen die Kosten pro Person bei 30 €.

a) Vervollständige die Tabelle im Heft so, dass die Zuordnung antiproportional ist.

Anzahl der Personen	10	20	30	50
Kosten pro Person (in €)				

b) Trage die Wertepaare in ein Koordinatensystem ein. Zeichne eine gestrichelte Kurve ein, die alle Punkte verbindet. ▶ **5** ☒

6 Die Zuordnung ist antiproportional:
Vervollständige die Tabelle im Heft.

a)
Anzahl	1	2	3	4	5
Zeit (in h)	60				

b)
Anzahl	1	2	3	4	5
Zeit (in h)		180			

c)
Anzahl	1	2	3	4	5	6
Zeit (in h)		75				

7 Untersuche die Zuordnung *Schriftgröße → Anzahl der Zeilen in einer Tabelle.*

		Schriftgröße			
8	10	16	20	32	40
1	1	1	1		
2	2	2	2	1	1
3	3	3	3		
4	4	3	3		
5	5	4	4	2	
6	6	4	4		2
7	7	5	4		
8	8	5	5	3	
9	9	6	5		
10	10	6	5		3
11	11	7	6	4	
12	12	8	6		
13	13	8	7		
14	14	9	7		4
15	15	10	8	5	
16	16		8		

Ergänze den Text:
Wenn man die Schriftgröße verdoppelt, dann ●
sich die Anzahl der Zeilen in der Tabelle.
Die Zuordnung ist ●.
Wenn man die ● mit der Anzahl der Zeilen
multipliziert, dann erhält man immer das
Ergebnis ●. Die Wertepaare der Zuordnung
Schriftgröße → Anzahl der Zeilen haben also ●.

Sprachhilfe zu **7**: Setze fünf von diesen Begriffen ein: 10, 160, antiproportional, halbiert, das gleiche Produkt, den gleichen Quotienten, Schriftgröße, verdoppelt

1 Prüfe, ob die Zuordnung antiproportional ist.

a)

Anzahl der Bagger	1	2	3	4
Zeit (in h)	300	150	100	75

b)

x	1	2	3	4
y	3	$1\frac{1}{2}$	1	$\frac{3}{4}$

c)

x	1	2	3	4	5
y	0,6	0,3	0,2	0,15	0,12

d)

x	1	2	3	4	5
y	$\frac{1}{2}$	$\frac{1}{3}$	$\frac{1}{4}$	$\frac{1}{5}$	$\frac{1}{6}$

2 Ist die Zuordnung antiproportional? Wenn ja, welche Bedingung muss erfüllt sein?
a) *Geschwindigkeit → Fahrzeit bis zum Ziel*
b) *Entfernung zum Ziel → Fahrzeit*
c) *Anzahl der Arbeiter → Zeit, die die Arbeiter für eine Arbeit brauchen*
d) *Flächeninhalt einer Fliese → Anzahl der Fliesen für den Küchenfußboden*

3 Die Punkte scheinen zu einer antiproportionalen Zuordnung zu gehören.

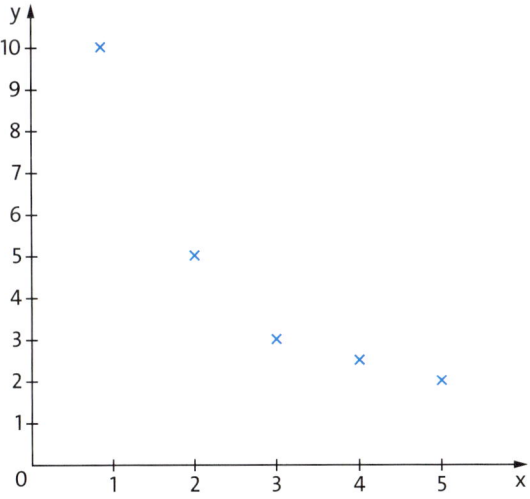

a) Lies die Wertepaare ab.
b) Zeige rechnerisch, dass es sich nicht um eine antiproportionale Zuordnung handelt.
c) Welchen Wert muss man ändern, damit die Zuordnung antiproportional wird?
d) Gib für die antiproportionale Zuordnung einen möglichen Sachzusammenhang an.

4 Ein Bio-Hof möchte 120 ℓ Apfelsaft in gleich große Flaschen abfüllen.
a) Wie viele Flaschen werden gebraucht? Vervollständige die Tabelle im Heft. Erkläre dein Vorgehen.

Größe der Flasche (in ℓ)	0,5	0,75	1	1,5	2
Anzahl der Flaschen			120		

b) Zeichne den Graphen der Zuordnung. Wähle auf der x-Achse 1 cm für 0,5 ℓ. Entscheide begründet, ob du die Punkte miteinander verbinden darfst.

5 Berechne die fehlenden Werte für eine antiproportionale Zuordnung.

a)

x	1	2	3	4
y	18			

b)

x	1	2	4	5	8
y		5			

c)

x	1	2	3	4	5	6
y		7,5				

d)

x	0,5	1	1,5	2	2,5
y	12				

6 Ist die Aussage richtig oder falsch? Begründe oder gib ein Gegenbeispiel an.
a) Bei einer antiproportionalen Zuordnung führt eine Halbierung der ersten Größe zu einer Verdopplung der zweiten Größe.
b) Wenn das Wertepaar (7|8) zu einer antiproportionalen Zuordnung gehört, so gehört auch (8|7) zu dieser Zuordnung.
c) Wenn alle Punkte einer Zuordnung auf einer fallenden Geraden liegen, so ist die Zuordnung antiproportional.

7 Eine 30 cm lange Kerze wird angezündet. Nach 4 Stunden ist die Kerze nur noch halb so hoch. Handelt es sich bei *Zeit (in h) → Höhe der Kerze (in cm)* um eine antiproportionale Zuordnung? Begründe.

Dreisatz bei antiproportionalen Zuordnungen

Die Futterkammer im Stall ist voll.
Wenn 6 Pferde davon fressen,
dann reicht das Futter 10 Tage.
Wie viele Tage reicht das Futter,
wenn 24 Pferde davon fressen?
Wie viele Tage reicht das Futter,
wenn nur 5 Pferde davon fressen?

Überlege zuerst:

Welche Größen sind einander zugeordnet? Ist die Zuordnung antiproportional?
Jeder Anzahl von Pferden wird die Zeit zugeordnet, für die das Futter reicht.
Die Zuordnung ist antiproportional, denn für doppelt so viele Pferde reicht das Futter nur
halb so lang, für dreimal so viele Pferde nur ein Drittel der Zeit …

W **Werte mit dem Zweisatz berechnen**

① Zeichne und beschrifte eine Tabelle. Trage die drei Werte ein, die du kennst.

Für 6 Pferde reicht das Futter 10 Tage. Wie viele Tage reicht das Futter für 24 Pferde?

② Mit welcher Rechnung kommst du vom oberen Wert zum unteren Wert: mal oder geteilt?
Rechne auf der anderen Seite umgekehrt: aus mal wird geteilt, aus geteilt wird mal.

▸ 🖥 Mit dem Zweisatz bei antiproportionalen Zuordnungen rechnen

Anzahl der Pferde	Zeit (in Tagen)
6	10
24	2,5

· 4 (links)   : 4 (rechts)

Für 24 Pferde reicht das Futter 2,5 Tage.

▶ Aufgabe   Berechne, wie lange das Futter für 12 Pferde reicht.   ▸**1** ▸**1** ▸**1**

Oft kannst du den gesuchten Wert nicht mit dem Zweisatz berechnen. Dann
hilft dir ein Zwischenschritt. Du brauchst insgesamt drei Schritte, deshalb heißt das
Verfahren **Dreisatz**.

W **Werte mit dem Dreisatz berechnen**

① Zeichne und beschrifte eine Tabelle. Trage die drei Werte ein, die du kennst. Trage in der mittleren Zeile eine 1 ein.

Für 6 Pferde reicht das Futter 10 Tage. Wie viele Tage reicht das Futter für 5 Pferde?

② Mit welcher Rechnung kommst du vom oberen Wert zur 1: mal oder geteilt? Rechne auf der anderen Seite umgekehrt.

▸ 🖥 Mit dem Dreisatz bei antiproportionalen Zuordnungen rechnen

③ Mit welcher Rechnung kommst du von der 1 zum unteren Wert: mal oder geteilt? Rechne auf der anderen Seite umgekehrt.

Anzahl der Pferde	Zeit (in Tagen)
6	10
1	60
5	12

: 6   · 6
· 5   : 5

Für 5 Pferde reicht das Futter 12 Tage.

▶ Aufgabe   Berechne, wie lange das Futter für 4 Pferde reicht.   ▸**4** ▸**5** ▸**3**

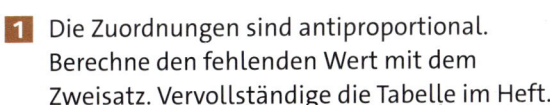
1 Die Zuordnungen sind antiproportional. Berechne den fehlenden Wert mit dem Zweisatz. Vervollständige die Tabelle im Heft.

a)

Anzahl der Tiere	Zeit, für die das Futter reicht (in Tagen)
2	18
4	

· 2 ↓ : ■

b)

Anzahl der Tiere	Zeit, für die das Futter reicht (in Tagen)
2	21
6	

· ■ ↓ : ■

c)

Anzahl der Personen	Zeit (in h)
3	32
12	

d)

Anzahl der Personen	Zeit (in h)
3	40
15	

2 Berechne den fehlenden Wert mit dem Zweisatz. Zeichne eine Tabelle. Trage zuerst ein, welche Größen einander zugeordnet sind. Trage dann die drei Werte ein, die du kennst.

Beispiel 2 Arbeiter brauchen 10 h.
Dann brauchen 4 Arbeiter ■ h.

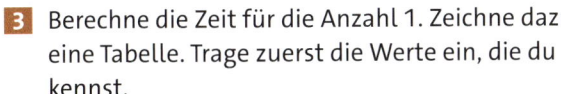

Anzahl der Arbeiter	Zeit (in h)
2	10
4	5

· 2 ↓ : 2

a) Für 3 Hunde reicht das Futter 4 Tage.
Für 6 Hunde reicht das Futter ■ Tage.
b) Mit 2 Freunden dauert ein Umzug 15 h.
Mit 6 Freunden dauert der Umzug ■ h.
c) 3 Pumpen brauchen 12 h, um den Teich zu leeren. 9 Pumpen brauchen ■ h. ▶ **3** ☒

3 Berechne die Zeit für die Anzahl 1. Zeichne dazu eine Tabelle. Trage zuerst die Werte ein, die du kennst.

Beispiel 3 Maler brauchen 8 Stunden, um die Fenster zu streichen.

Anzahl der Maler	Zeit (in h)
3	8
1	24

: 3 ↓ · 3

a) 4 Freunde brauchen 10 h für den Umzug.
b) Für 3 Katzen reicht das Futter 4 Tage.
c) 3 Lkw brauchen 6 h, um den gesamten Sand zur Baustelle zu bringen.
d) Nach 2 h haben 6 Rasenmäher den Rasen im Park gemäht.

4 Die Zuordnung ist antiproportional. Berechne den fehlenden Wert mit dem Dreisatz.

a)

Anzahl der Pumpen	Zeit (in h)
2	6
1	
3	

: 2 ↓ · 2
· 3 ↓ : 3

b)

Anzahl der Arbeiter	Zeit (in h)
4	10
1	
5	

: 4 ↓ · ■
· 5 ↓ : ■

c)

Anzahl der Bagger	Zeit (in h)
3	14
1	
7	

: ■ ↓ · ■
· ■ ↓ : ■

d) Schreibe zur Teilaufgabe a) einen Text:
2 Pumpen brauchen 6 h.
1 Pumpe braucht ●.
3 Pumpen brauchen ●. ▶ **6** ☒

5 Die Zuordnung ist antiproportional. Finde und erkläre den Fehler. Rechne richtig im Heft.

a)

Anzahl	Zeit (in h)
3	4
1	12
2	24

b)

Anzahl	Zeit (in h)
4	10
1	2,5
5	12,5

c)

Anzahl	Zeit (in h)
5	6
1	1,2
3	3,6

d)

Anzahl	Zeit (in h)
7	5
1	1,4
5	7

6 Berechne den fehlenden Wert mit dem Dreisatz. Zeichne eine Tabelle.

a) 3 Schülerinnen und Schüler stellen die Stühle in der Aula in 20 Minuten auf. Wie lange brauchen 5 Schülerinnen und Schüler?
b) Nach der Schuldisco wird aufgeräumt. 5 Schülerinnen und Schüler brauchen 90 Minuten. Wie lange brauchen 15 Schülerinnen und Schüler?
c) 3 Bagger heben einen Graben in 8 Stunden aus. Wie lange brauchen 4 Bagger?

1 Die Zuordnung ist antiproportional. Berechne den fehlenden Wert mit dem Zweisatz.

a)

Anzahl der Tiere	Zeit, für die das Futter reicht (in Tagen)
3	20
12	

· 4 ⟨ ⟩ : ■

b)

Anzahl der Helfer	Zeit (in h)
2	40
10	

c)

Anzahl der Maschinen	Zeit (in h)
5	48
60	

d)

Anzahl der Personen	Zeit (in h)
3	1,5
6	

e)

Inhalt einer Flasche (in ℓ)	Anzahl Flaschen
0,25	24
1	

2 Berechne den fehlenden Wert mit dem Zweisatz. Zeichne eine Tabelle. Trage zuerst ein, welche Größen einander zugeordnet sind. Trage dann die drei Werte ein, die du kennst.
a) Für 4 Pferde reicht das Futter 6 Tage.
Für 8 Pferde reicht das Futter ■ Tage.
b) 2 Lkw müssen je 20 Fahrten machen, um Sand zu liefern. 8 Lkw müssen je ●.
c) 9 Mitarbeiter brauchen für eine Arbeit 2 h.
3 Mitarbeiter brauchen ●.

▶ 3 ☒

3 Mehrere Spieler füllen zusammen einen Lottoschein aus. Sie gewinnen 6000 €. Wie viel Euro bekommt jeder Spieler? Vervollständige die Tabelle im Heft.

Anzahl der Spieler	Gewinn pro Spieler (in €)
1	6000
2	
3	2000
4	
5	
6	

4 Berechne die Zeit für die Anzahl 1.
a) 3 Schülerinnen und Schüler räumen den Schulhof in 15 Minuten auf.
b) 4 Pumpen leeren einen Teich in 2,5 h.
c) 5 Bagger heben eine Baugrube in 12 h aus.
d) 7 Roboter säubern eine Halle in 21 Minuten.

5 Die Zuordnung ist antiproportional. Berechne im Heft den fehlenden Wert mit dem Dreisatz.

▶ 5 ☒

a)

Anzahl der Kinder	Zeit (in h)
3	12
1	
4	

: 3 ⟨ ⟩ · ■
· 4 ⟨ ⟩ : ■

b)

Anzahl der Tiere	Zeit (in Tagen)
5	24
1	
8	

c)

Anzahl der Bagger	Zeit (in h)
3	2,5
1	
5	

6 Ein Schwimmbecken wird nach der Reinigung wieder mit Wasser gefüllt.
Wenn in jeder Stunde 40 m³ Wasser in das Becken laufen, dann ist es nach 10 h gefüllt.
a) Wie viel m³ Wasser passen in das Becken?
b) Das Becken soll nach 8 h gefüllt sein. Wie viel Wasser muss in jeder Stunde einlaufen?

7 👥 Vier Arbeiter tragen einen Sandhaufen in 25 Minuten ab. Wie lange brauchen 100 Arbeiter? Überlegt genau und begründet.

8 Mias Familie fährt mit dem Auto in den Urlaub. Wenn das Auto durchschnittlich 60 $\frac{km}{h}$ fährt, dann brauchen sie 10 h bis zum Urlaubsort. Wie lang brauchen sie, wenn das Auto durchschnittlich 80 $\frac{km}{h}$ fährt?
a) Vervollständige die Tabelle im Heft.

durchschnittliche Geschwindigkeit (in $\frac{km}{h}$)	Zeit (in h)
60	
20	
80	

b) Warum ist es besser, nicht mit dem Zwischenwert 1 $\frac{km}{h}$ zu rechnen?
c) Rechne mit einem passenden Zwischenwert: Wenn ein Auto durchschnittlich 75 $\frac{km}{h}$ fährt, dann braucht es 4 h bis zum Ziel. Wie lange braucht das Auto, wenn es 100 $\frac{km}{h}$ fährt?

1 Berechne den fehlenden Wert der antiproportionalen Zuordnung. Nutze den Zweisatz.

a)
Anzahl der Personen	Zeit (in h)
3	34
6	

b)
Anzahl der Helfer	Zeit (in Tagen)
10	10
40	

c)
Anzahl der Bagger	Zeit (in min)
4	132
48	

d)
Anzahl der Vögel	Zeit (in h)
12	$1\frac{1}{4}$
	$7\frac{1}{2}$

2 Berechne den fehlenden Wert mit dem Zweisatz. Zeichne eine Tabelle.

a) 3 Schülerinnen und Schüler stellen alle Stühle im Klassenraum in 80 Sekunden hoch. 12 Schülerinnen und Schüler brauchen ●.

b) Ein Radfahrer braucht bei einer Geschwindigkeit von 15 $\frac{km}{h}$ für eine Strecke 6 h. Eine Autofahrerin braucht bei einer Geschwindigkeit von 60 $\frac{km}{h}$ für die gleiche Strecke ●.

c) Für 3 Kühe reicht ein Futtervorrat 2 Wochen. Dann reicht der Vorrat für 21 Kühe ●.

3 Die Zuordnung ist antiproportional. Berechne die fehlenden Werte mit dem Dreisatz.

a)
Geschwindigkeit (in $\frac{km}{h}$)	Zeit (in min)
3	20
1	
4	

:3 ⤸ · ■
· 4 ⤸ : ■

b)
Anzahl	Zeit (in h)
7	25
1	
5	

c)
Anzahl	Zeit (in h)
3,5	9
1	
3	

d)
Anzahl	Zeit (in h)
4	$\frac{3}{8}$
1	
3	

e)
Anzahl	Zeit (in h)
$1\frac{1}{2}$	15
1	
5	

4 Bei einer Durchschnittsgeschwindigkeit von 120 $\frac{km}{h}$ kann man mit dem Auto in 5 h von München nach Berlin fahren. Ein Zug könnte die Strecke in etwa 4 h schaffen. Welche Durchschnittsgeschwindigkeit müsste der Zug dazu erreichen?

5 Sechs Schülerinnen und Schüler sollen das Treppenhaus der Schule fegen. Sie brauchen dafür 20 Minuten. Wie lange würde es dauern, wenn alle 500 Schülerinnen und Schüler zusammen fegen? Begründe.

6 Bei einer Durchschnittsgeschwindigkeit von 800 $\frac{km}{h}$ dauert der Flug von Frankfurt nach New York 7,5 Stunden.

a) Wie lange dauert der Flug bei einer Geschwindigkeit von 750 $\frac{km}{h}$? Vergleiche die beiden Rechnungen.

Florian
Geschw. (in $\frac{km}{h}$)	Zeit (in h)
800	7,5
50	120
750	8

Sarah
Geschw. (in $\frac{km}{h}$)	Zeit (in h)
800	7,5
1	6000
750	8

b) Wie lange dauert der Flug bei einer Durchschnittsgeschwindigkeit von 850 $\frac{km}{h}$?

7 Bei einem Verbrauch von 6 ℓ pro 100 km fährt ein Auto mit einer Tankfüllung 1000 km weit. Wie viel Liter sind eine Tankfüllung? Der Fahrer fährt sehr sparsam und braucht nur 5 ℓ pro 100 km. Wie weit kommt er?

8 Ein Landwirt hat 8 Container Futter für seine Schweine. Nach Angaben des Herstellers reicht 1 Container Futter 14 Tage, wenn 20 Schweine davon fressen. Der Landwirt hat 80 Schweine.
a) Wie lange reicht der Vorrat?
b) 👥 Vergleicht eure Lösungswege.

Weg-Zeit-Diagramme

Eine Handball-Mannschaft aus Köln fährt nach Dortmund zu einem Auswärtsspiel. Die Tabelle zeigt, wann der Mannschaftsbus wie weit gefahren ist.

Zeit	0 min	20 min	40 min	60 min	80 min
Weg	0 km	20 km	70 km	70 km	100 km

Jeder Zeit seit der Abfahrt wird der zurückgelegte Weg zugeordnet.
Kurz: *Zeit (in min) → zurückgelegter Weg (in km).*

*Es heißt zwar **Weg-Zeit**-Diagramm, trotzdem steht die **Zeit** auf der x-Achse und der **Weg** auf der y-Achse.*

▸ 💻 Weg-Zeit-Diagramme zeichnen

W **Ein Weg-Zeit-Diagramm zeichnen**
Auf der x-Achse steht die **Zeit**.
Auf der y-Achse steht der **Weg**.
Trage zuerst die Punkte ein.
Die x-Koordinate ist die Zeit.
Die y-Koordinate ist der zurückgelegte Weg.
Verbinde dann die Punkte.
Es entsteht eine Linie.
Die Linie heißt
Graph der Zuordnung.

Die Punkte des Weg-Zeit- Diagramms sind:
(0|0), (20|20), (40|70), (60|70), (80|100).

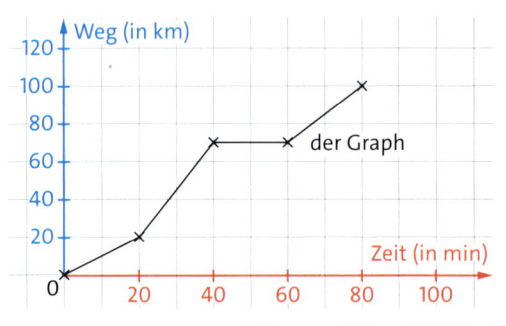

▶ Aufgabe Dies ist die Tabelle für den Heimweg der Kölner Mannschaft.
Zeichne das Weg-Zeit-Diagramm.

Zeit (in min)	0	20	40	60
Weg (in km)	0	30	70	100

▸ 1 ▸ 1 ▸ 1

Ava schaut sich das Weg-Zeit-Diagramm an und sagt: „Auf der Hinfahrt hat die Mannschaft aber eine lange Pause gemacht." Woher weiß Ava das?

W **Ein Weg-Zeit-Diagramm lesen**
Der Punkt (60|70) heißt:
Nach 60 Minuten ist der Bus 70 km weit gefahren.
Wenn der Graph flach verläuft, dann ist der Bus langsam gefahren.
Wenn der Graph steil verläuft, dann ist der Bus schnell gefahren.
Wenn der Graph parallel zur x-Achse verläuft, dann ist der Bus nicht gefahren.

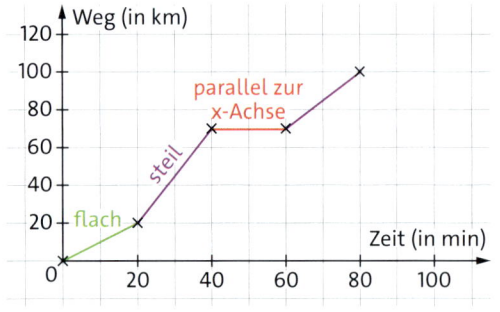

0 min bis 20 min: langsam in der Stadt
20 min bis 40 min: schnell auf der Autobahn
40 min bis 60 min: Pause

▶ Aufgabe Immer zwei Sätze gehören zusammen. Welche sind es?   ▸ 3 ▸ 2 ▸ 2
a) Das Fahrrad hat einen Platten.   Ⓐ Der Graph verläuft steil.
b) Das Fahrrad fährt langsam bergauf.   Ⓑ Der Graph verläuft flach.
c) Das Fahrrad fährt schnell bergab.   Ⓒ Der Graph ist parallel zur x-Achse.

1 Lisa geht zu ihrer Freundin.
a) Übertrage das Weg-Zeit-Diagramm in dein Heft. Trage die Punkte ein und verbinde sie.
b) Nach welcher Zeit hat Lisa kurz angehalten?

Zeit in min	0	2	3	5	7
Weg in m	0	100	100	350	400

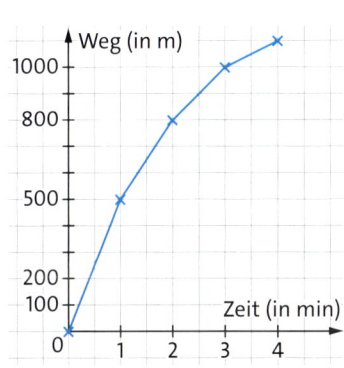

2 Igor muss in 4 Minuten zu Hause sein. Aber er ist spät dran und muss rennen. Übertrage die Tabelle in dein Heft. Lies die Werte aus dem Diagramm ab. Fülle damit die Tabelle aus.

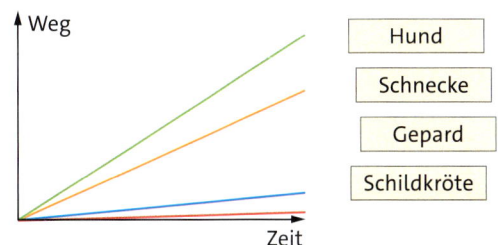

Zeit in min	0	1	2	3	4
Weg in m	0				

3 Wer läuft langsam? Wer läuft schnell?
a) Finde zu jedem Graphen das passende Tier.

Hund
Schnecke
Gepard
Schildkröte

b) Zeichne ein Diagramm für Hase, Huhn, Maus und Katze. Erkläre die Graphen. ▶ **2**

4 Rudi ist eine Rennmaus. Sie läuft ein Rennen. Hier siehst du das Weg-Zeit-Diagramm.

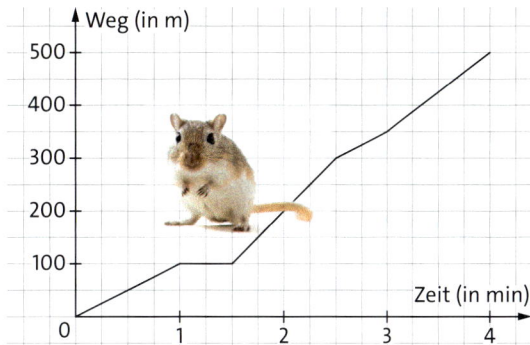

Sind die Aussagen wahr oder falsch? Korrigiere falsche Aussagen in deinem Heft.
a) Am Anfang läuft Rudi am schnellsten.
b) Nach 1 Minute ist Rudi 100 m weit gelaufen.
c) Nach 2 Minuten macht Rudi eine Pause.
d) Nach der Pause läuft Rudi schnell.
e) Das Rennen dauert 3 Minuten. ▶ **5**

5 Das Weg-Zeit-Diagramm zeigt, wie ein Auto bei einem Rennen gefahren ist. Bringe die Sätze in die richtige Reihenfolge.

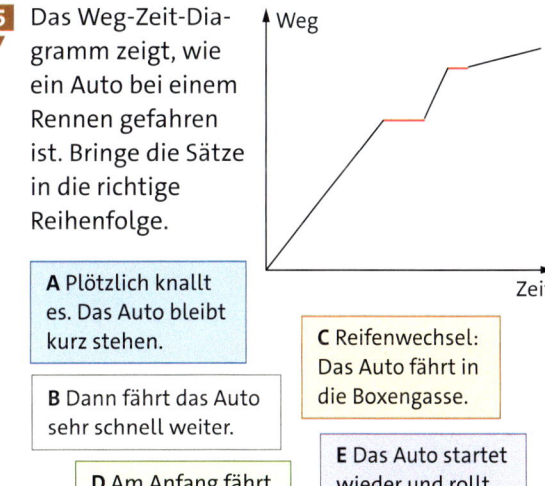

A Plötzlich knallt es. Das Auto bleibt kurz stehen.

C Reifenwechsel: Das Auto fährt in die Boxengasse.

B Dann fährt das Auto sehr schnell weiter.

E Das Auto startet wieder und rollt langsam ins Ziel.

D Am Anfang fährt das Auto schnell.

6 Schreibe eine Geschichte zu dem Weg-Zeit-Diagramm.

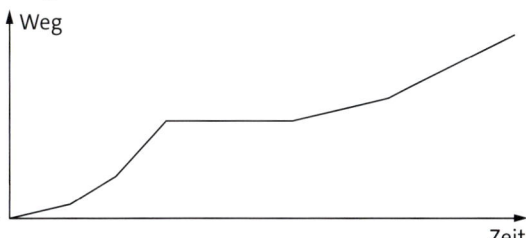

Sprachhilfe zu **5**: In der **Boxengasse** haben die Teams ihre Werkstatt.
Tipp zu **6**: Du kannst eine Wanderung beschreiben oder ein Autorennen oder ●.

1 Elias fährt mit dem Fahrrad zum Training.

Zeit (in min)	0	3	6	7	9
Weg (in m)	0	800	1400	1400	1900

a) Zeichne ein Weg-Zeit-Diagramm in dein Heft. Wähle auf der x-Achse 1 cm für 1 Minute. Wähle auf der y-Achse 1 cm für 400 m. Trage die Punkte ein und verbinde sie.

b) Nach welcher Zeit hat Elias kurz angehalten?

2 Till macht einen Ausritt.
▼
a) Finde für jeden Abschnitt des Graphen den passenden Ausdruck:
Galopp – Trab – Schritt – Pause

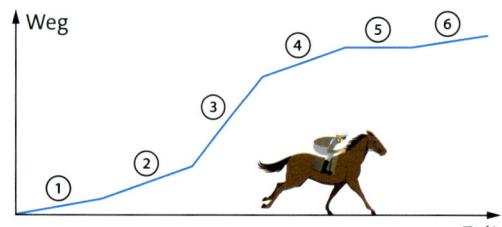

b) Skizziere ein Diagramm für diesen Ausritt:
Trab – Galopp – Trab – Pause – Schritt – Trab

► **3**
☒

3 Henrik steigt auf einen Berg. Im Diagramm steht auf der y-Achse die Höhe (in m).

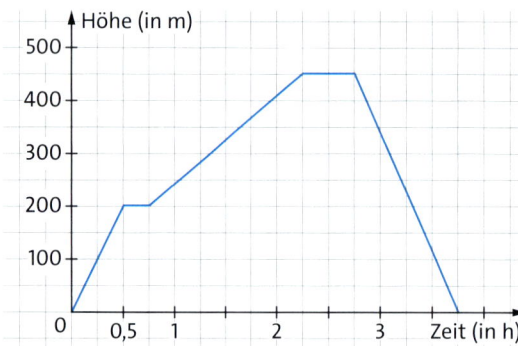

Ergänze den Text in deinem Heft:
Henrik startet auf einer Höhe von ●.
Nach ● ist er in einer Höhe von ●. Dort macht er ● min Pause. Denn gleich wird es steiler.
Nach insgesamt ● ist Henrik in ● Höhe angekommen. Hier genießt er ● lang die Aussicht.
Dann beginnt er mit dem Abstieg.
● später kommt er am Fuß des Bergs an.

4 Mark, Luisa und Dario fahren ein Rennen.

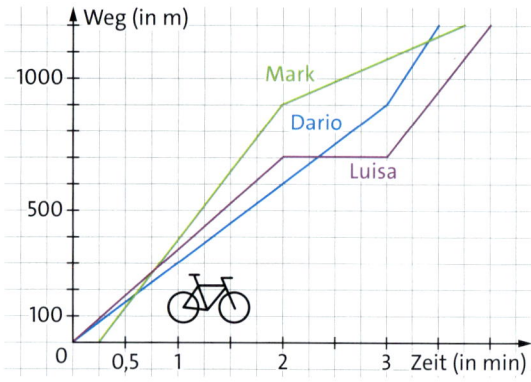

a) Beantworte die Fragen. Begründe jede Antwort mithilfe des Diagramms.
Ⓐ Wer gewinnt das Rennen?
Ⓑ Wer startet zu spät?
Ⓒ Wem fällt unterwegs die Kette herunter?
Ⓓ Wann ungefähr überholt Dario Luisa?
Ⓔ Wer ist nach 2 min Erster? Wer ist Letzter?
Ⓕ Wie weit ist Dario nach 3 min gefahren?

b) 👥 Jeder notiert für sich wahre und falsche Aussagen über das Rennen.
Einer liest seine Aussagen vor. Der andere entscheidet, ob die Aussagen wahr oder falsch sind. Wechselt euch dann ab.

► **5**
☒

5 Max' Familie macht eine Wanderung im Wald. Erstelle zuerst eine Tabelle. Zeichne dazu das Diagramm. Finde dafür eine passende Einteilung für die Achsen.

> Mit dem Bus fährt Max' Familie 3 km bis zum Wald. Die Fahrt dauert 15 Minuten.
> In 2 Stunden wandern sie 8 km bis zu einem Aussichtsturm.
> Dort halten sie sich eine halbe Stunde auf.
> In nur 1 h und 45 min laufen sie den gesamten Weg zurück zur Bushaltestelle.
> Sie müssen 15 min auf den Bus warten, der sie wieder nach Hause bringt.

6 Schreibe eine Geschichte, die zum Weg-Zeit-Diagramm passt.

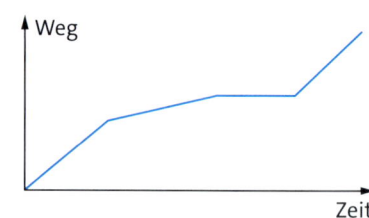

Sprachhilfe zu **2** : Im **Schritt** geht das Pferd langsam. Im **Trab** ist es schneller. Am schnellsten ist der **Galopp**.

1 Noah fährt mit dem Roller zu seinem Freund.
Nach 2 Minuten ist er 400 m gefahren.
Dann wartet er 1 Minute lang an einer Ampel.
Nach insgesamt 5 Minuten ist er 800 m von
zu Hause entfernt.
Noah trifft Samuel und sie gehen die letzten
200 m zu Fuß. Dafür brauchen sie 3 Minuten.
a) Erstelle aus dem Text eine Tabelle.
b) Zeichne das Weg-Zeit-Diagramm.
Wähle auf der x-Achse 1 cm für 1 Minute.
Wähle auf der y-Achse 1 cm für 200 m.

2 Akin fährt mit
seinem Skate-
board. Er fällt
hin und geht zu
Fuß weiter.
Rechts siehst du
das passende
Diagramm.

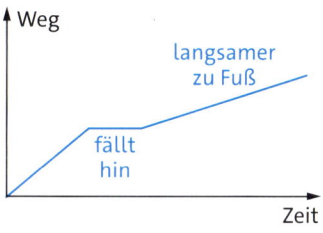

Skizziere selbst ein Weg-Zeit-Diagramm.
a) Fenja geht zur Schule. An einer Ampel muss
sie lange warten. Dann geht sie weiter.
b) Selma fährt mit dem Rad zu Irina. Plötzlich
merkt sie, dass sie spät dran ist, und beeilt
sich sehr.

3 Manja und Helene machen eine kleine Radtour.

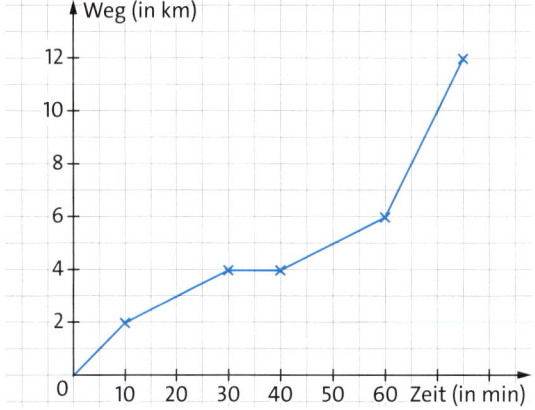

Bringe die Sätze in die richtige Reihenfolge.
Ⓐ Es geht bergauf – sie fahren langsamer.
Ⓑ Die Mädchen rollen schnell bergab.
Ⓒ Nach 1 Stunde sind sie erst 6 km gefahren.
Ⓓ Manja und Helene machen eine Pause.
Ⓔ Die Mädchen fahren von zu Hause los.
Ⓕ Nach 10 min Pause geht es weiter bergauf.
Ⓖ Nach 75 min sind sie am Ziel angekommen.

4 Im Schnee: Marla und Ben ziehen ihre Schlitten
einen langen Hang hoch.
Nach 1 Minute sind beide in 4 m Höhe.
Dort sucht Marla ihre Handschuhe und zieht sie
an. Nach 0,5 Minuten geht sie weiter.
Eine weitere Minute später ist sie oben in 8 m
Höhe angekommen und wartet dort.
Ben ist nach 2,5 Minuten 7 m hoch. Da stolpert
er und rutscht 1 m tiefer. Er schaut nach, ob er
sich verletzt hat. Nein, alles okay.
Nach 0,5 Minuten geht er vorsichtig weiter und
kommt 1 Minute später bei Marla an.
Zusammen fahren sie in 30 Sekunden den Hang
herunter.
a) Erstelle eine Tabelle für Marla und eine
Tabelle für Ben.

Zeit in min	0	1				
Höhe in m						

b) Zeichne die beiden Graphen in ein
Diagramm. Finde zuerst eine sinnvolle
Einteilung für die Achsen.
c) Beantworte die Fragen.
Ⓐ Wann ist Ben in 5 m Höhe?
Ⓑ Auf welcher Höhe trennen Marla und Ben?
Ⓒ Wann und auf welcher Höhe überholt
Marla Ben?
Ⓓ Wie lange dauert Bens Weg nach oben?

5 Die Ballonfahrt: Schreibe eine
Geschichte, die zum Diagramm
passt. Achtung: Auf der Hochachse
steht die Höhe des Ballons.

6 👥 Jeder schreibt für sich eine Weg-Zeit-
Geschichte und zeichnet das Diagramm dazu.
Tauscht nur die Geschichten aus und zeichnet
dann dazu die Diagramme.
Vergleicht die Diagramme, die zur gleichen
Geschichte gehören. Gibt es Unterschiede?
Woran liegt das?

Kompetenz	

1 Ich kann entscheiden und begründen, ob eine Zuordnung proportional ist.

→ Lies auf **Seite 42** nach.

1 Begründe: Die Zuordnung ist proportional, weil ●.

a) *Anzahl der Personen → Preis für Eintrittskarten*

b)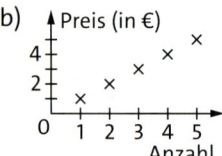

c)

Anzahl der Pakete	0	1	2	3
Preis (in €)	0	6	12	18

---

2 Ich kann Sachaufgaben mit dem Dreisatz für proportionale Zuordnungen lösen.

→ Lies auf **Seite 46** nach.

2 Luisa verkauft Blumen.
3 Blumen kosten 6 €. Wie viel kosten 2 Blumen?

Anzahl der Blumen	Preis (in €)
3	6
1	

---

3 Ich kann entscheiden und begründen, ob eine Zuordnung antiproportional ist.

→ Lies auf **Seite 50** nach.

3 Begründe: Die Zuordnung ist antiproportional, weil ●.

a) *Anzahl der Freunde → Zeit für einen Umzug*

b)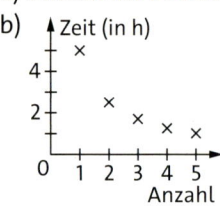

c)

Anzahl der Bagger	1	2	3	4
Zeit (in h)	12	6	4	3

---

4 Ich kann Sachaufgaben mit dem Dreisatz für antiproportionale Zuordnungen lösen.

→ Lies auf **Seite 54** nach.

4 Eine Straße wird neu gepflastert. 3 Arbeiter brauchen 8 h. Wie lange brauchen 4 Arbeiter? Nutze eine Tabelle. Beginne so:

Anzahl der Arbeiter	Zeit (in h)
3	

---

5 Ich kann ein Weg-Zeit-Diagramm ergänzen und als Text darstellen.

→ Lies auf **Seite 58** nach.

5 Eine Schnecke kriecht einen Feldweg entlang. Übertrage das Diagramm in dein Heft.

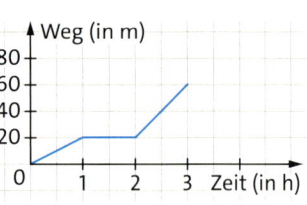

a) Trage ein: Nach 4 h ist die Schnecke bei 80 m.

b) Lies ab und ergänze den Text im Heft:
Ⓐ Nach 1 Stunde ist die Schnecke bei ●.
Ⓑ Zwischen 1 h und 2 h macht sie ●.
Ⓒ Nach 3 h hat ●.

1 Entscheide und begründe, ob die Zuordnung proportional ist.

a) *gelaufene Strecke (in km) → Zeit (in h)*

b)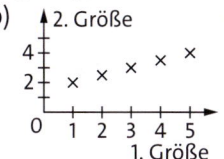

c)

1. Größe	1	2	3	4
2. Größe	1,5	3	4,5	6

2 In der Mensa kosten 2 belegte Brötchen insgesamt 2,60 €.
Berechne, wie viel 5 belegte Brötchen kosten. Zeichne dazu eine Tabelle und beschrifte sie. Trage das bekannte Wertepaar (2|2,60) ein.

3 Entscheide und begründe, ob die Zuordnung antiproportional ist.

a) *Anzahl der Gäste → Preis für die Getränke*

b)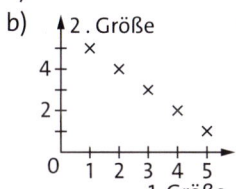

c)

1. Größe	1	2	3	4
2. Größe	18	9	6	4,5

4 Auf einem Platz soll Sand für eine Beach-Party aufgeschüttet werden. Dazu müssen 6 Lkw je 20 Fahrten machen.
Wie viele Fahrten muss jeder Lkw machen, wenn 8 Lkw zur Verfügung stehen?

5 Frau Malek macht einen Spaziergang. Übertrage das Diagramm in dein Heft.

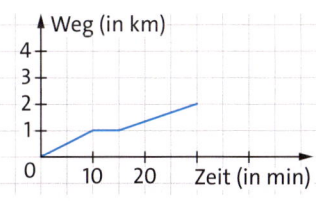

a) Trage ein: Nach 40 min ist Frau Malek 3,5 km gegangen.

b) Welche Strecke hat Frau Malek nach 30 min zurückgelegt? Wann hält Frau Malek an und wie lange redet sie mit einer Bekannten?

---

1 Entscheide und begründe, ob die Zuordnung proportional ist.

a) *Dateigröße (in MB) → Downloadzeit (in min)*

b)

x	0	1	2	3	4
y	3	5	7	9	11

c)

x	1	2	4	5	8
y	7,5	15	30	37,5	60

2 Herr Blum will Urlaub in Australien machen. Er tauscht 250 € um und erhält 400 Australische Dollar (AUD).
Herr Schoofs tauscht 300 € um.
Wie viele Australische Dollar (AUD) erhält er?

3 Entscheide und begründe, ob die Zuordnung antiproportional ist.

a) *Download-Geschwindigkeit (in Mbit pro s) → Downloadzeit (in s)*

b)

x	1	2	3	5	6
y	30	15	10	6	5

c)

x	1	2	4	5	8
y	40	30	20	10	5

4 Sarah will den Boden der Küche fliesen. Wenn sie Fliesen der Größe 20 cm x 20 cm verwendet, dann braucht sie 450 Fliesen. Sarah wählt aber Fliesen der Größe 30 cm x 30 cm.
Wie viele Fliesen braucht sie mindestens?

5 Die Zwillinge Oxana und Joanna sind unterwegs zur Schule, die 1 km entfernt ist.

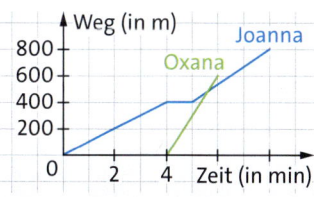

Joanna geht zu Fuß, Oxana fährt mit dem Rad. Übertrage das Diagramm in dein Heft.

a) Ergänze das Diagramm so, dass Joanna vor Oxana an der Schule ankommt.

b) Schreibe einen kurzen Text zum Diagramm.

→ Lösungen auf Seite 231 und 232

Die Aufgaben kannst du auch digital machen.

Modellieren

Oft kannst du Zusammenhänge aus der Wirklichkeit mithilfe der Mathematik darstellen und dich anschließend begründet entscheiden. Dieses Vorgehen nennt man **Modellieren**. Es verläuft in vier Schritten:

Methode: Modellieren

1. Schritt: Die Situation untersuchen
Untersuche die Situation. Welche Informationen stecken darin? Findest du ein Muster?

2. Schritt: Das Modell finden
Übertrage das Muster in die mathematische Sprache. Findest du eine Formel, eine Funktion oder eine Zeichnung, die zu den Informationen passt?

4. Schritt: Die Lösung deuten
Deute die Lösung deines Modells bezogen auf die Situation.
Findest du eine sinnvolle Erklärung?
Passt die Lösung zur Fragestellung?

3. Schritt: Die Lösung bestimmen
Löse dein mathematisches Modell. Kannst du die Lösung mit Hilfe einer Rechnung oder einer Zeichnung bestimmen? Kannst du die Werte ablesen?

Situation aus der Wirklichkeit:

Der Fahrer schaut bei Würzburg auf die Uhr. Es ist 11:30 Uhr. Er fährt auf der Autobahn A7 im selben Tempo mit $120 \frac{km}{h}$ in Richtung Norden. Der Fahrer muss pünktlich um 15:00 Uhr in Hannover sein. Die restliche Strecke beträgt etwa **360 km.** Kann der Fahrer es pünktlich schaffen?

1. Schritt: Das Auto fährt mit gleichbleibender Geschwindigkeit $\left(120 \frac{km}{h}\right)$.

2. Schritt: Bei gleichbleibender Geschwindigkeit liegt eine proportionale Zuordnung *Zeit (in h) → gefahrene Strecke (in km)* vor. Der Proportionalitätsfaktor ist $120 \frac{km}{h}$.

3. Schritt: Du kannst die Zuordnung als Tabelle darstellen:

Zeit (in h)	1	2	2,5	3	3,5	4
Strecke (in km)	120	240	300	360	420	480

Startzeit: 11:30 Uhr
Ankunftszeit: 15:00 Uhr
Fahrzeit: 3,5 Stunden

In 3,5 h kann der Fahrer theoretisch 420 km zurücklegen.

4. Schritt: 420 km > 360 km. Also müsste der Fahrer in der verbleibenden Fahrzeit Hannover pünktlich erreichen können. Das Modell berücksichtigt aber nicht die Verkehrsbedingungen, Pausenzeiten, Tankstopps oder Staus.

---

1  Sina und ihre Freundinnen wollen mit dem Fahrrad zum Meer fahren. Die Strecke ist 180 km lang. Sie haben 4 Tage Zeit und wollen pro Tag 35 km bis 45 km fahren. Einen halben Tag lang wollen Sina und ihre Freundinnen an einem Surfkurs teilnehmen.
Prüfe durch eine Modellierung, ob die Planung realistisch ist. Begründe.

2 Ein Auto hat einen Tank, in den 55 Liter Kraftstoff passen. Der Fahrer liest an der Anzeige einen durchschnittlichen Verbrauch von 5,5 Litern auf 100 km ab. Wie weit kann das Auto mit einer Tankfüllung fahren?

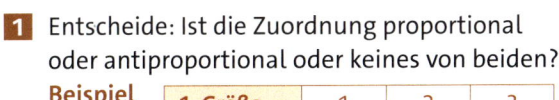
1 Entscheide: Ist die Zuordnung proportional oder antiproportional oder keines von beiden?

Beispiel

1. Größe	1	2	3
2. Größe	5	10	15

5 : 1 = 5 und 10 : 2 = 5 und 15 : 3 = 5

Dividierst du die zugeordnete Größe durch die Ausgangsgröße, dann ist das Ergebnis immer gleich. Also ist die Zuordnung proportional.

a)

1. Größe	1	2	3
2. Größe	10	20	30

b)

1. Größe	1	2	3
2. Größe	18	9	6

c)

1. Größe	1	2	3
2. Größe	30	20	10

d)

1. Größe	1	2	3
2. Größe	30	15	10

2 Ergänze die Tabelle so, dass die Zuordnung...

a) proportional ist.

·2 ·3

1. Größe	1	2	3	4	5
2. Größe	15		45		

·2 ·3

b) proportional ist.

1. Größe	1	2	3	4	5
2. Größe	9				

c) antiproportional ist.

1. Größe	1	2	3	4
2. Größe	48		16	

▶ **3**

3 Der Zugang zu einem Streaming-Dienst für Musik kostet monatlich 10 €.

a) Entscheide, ob die Zuordnung
Anzahl der Monate → Kosten fürs Streaming
proportional oder antiproportional ist.

b) Vervollständige die Tabelle im Heft.

Anzahl der Monate	1	2	3	4	5	6
Kosten (in €)	10					

c) Zeichne das Koordinatensystem in dein Heft und verlängere die y-Achse bis 60 €.
Trage dann die Punkte der Zuordnung ein.

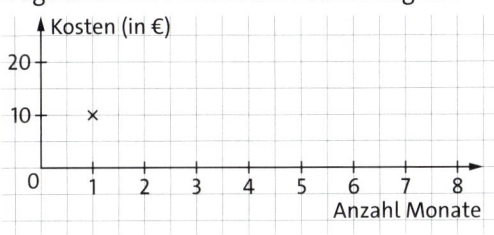

4 Entscheide zuerst, ob die Zuordnung proportional oder antiproportional ist. Berechne dann.

a) 2 Packungen Salzstangen kosten 1,80 €.
Wie teuer sind 3 Packungen?

b) 3 Kinder brauchen für das Aufräumen 12 Minuten. Wie lange benötigen 4 Kinder?

c) 5 Flaschen Saft kosten 9 €.
Wie teuer sind 3 Flaschen Saft? ▶ **5**

5 Ein Rechteck mit den Seitenlängen a und b hat einen Flächeninhalt von 20 cm².

a) Finde mögliche Seitenlängen.
Vervollständige die Tabelle im Heft.

a	1 cm	2 cm	4 cm	5 cm	10cm
b		10 cm			

Beispiel $2\,cm \cdot 10\,cm = 20\,cm^2$

b) Begründe, warum die Zuordnung
Seitenlänge a → Seitenlänge b
antiproportional ist. Beginne so:
Die Zuordnung ist antiproportional, weil ●.

6 Das Diagramm zeigt, wie sich Maik, Luis und Damir nachmittags bewegt haben.

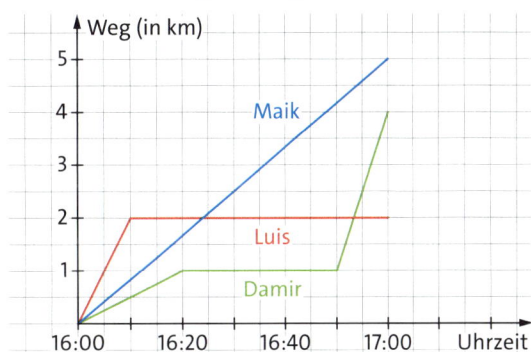

a) Welche Aussage passt zu welchem Jungen?

ⓐ ● hat einen Spaziergang gemacht.

ⓑ ● ist mit dem Roller zu einem Freund gefahren. Dort haben sie zusammen am Computer gespielt.

ⓒ ● ist zu Tom gelaufen. Sie haben zusammen Hausaufgaben gemacht. Dann hat Toms Vater sie mit dem Auto zum Training gefahren.

b) Fülle die Tabelle für Damir im Heft aus.

Zeit (in min)	0	20	50	60
Weg (in km)	0			

1 Vervollständige die Tabelle im Heft so, dass die Zuordnung ...

a) proportional ist.

1. Größe	1	2	3	4	5
2. Größe	4,5			18	

b) antiproportional ist.

1. Größe	1	2	3	4	5
2. Größe	600				

c) antiproportional ist.

1. Größe	1	2	4	6	10
2. Größe			4,5		

2 Entscheide: Gehört der Punkt zu einer proportionalen oder zu einer antiproportionalen Zuordnung? Oder ist beides möglich? Begründe.

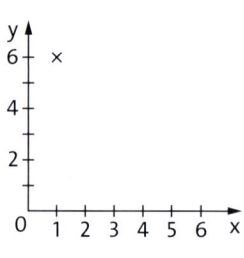

3 Für eine Tomatensuppe für 4 Personen braucht man 1 kg Tomaten, 2 Zwiebeln, 3 Zehen Knoblauch, 750 mℓ Gemüsebrühe und 3 Teelöffel Tomatenmark. Rechne das Rezept für 14 Personen um. ▶ **3** ☒

4 Am Strand soll ein Weg aus Brettern verlegt werden. Wenn man Bretter mit einer Breite von 20 cm nimmt, so braucht man 300 Bretter.

a) Unter welcher Bedingung ist die Zuordnung *Breite der Bretter (in cm) → Anzahl der Bretter* antiproportional?

b) Ein Holzhändler hat Bretter mit einer Breite von 15 cm im Angebot. Wie viele solcher Bretter braucht man für den Weg?

5 Entscheide, ob die Zuordnung proportional oder antiproportional ist. Berechne dann.

a) 30 große Briefumschläge kosten 6 €. Eine Firma braucht 150 Briefumschläge. Wie teuer ist das?

b) 2 Flaschen Saft kosten 2,98 €. Wie teuer sind 6 Flaschen Saft?

c) Für 8 Pferde reicht ein Heuvorrat 5 Tage. Wie lange reicht der Heuvorrat, wenn 10 Pferde davon fressen?

d) Um sich die Fußball 3 Monate im Fernsehen live ansehen zu können, muss Herr Maurer 60 € bezahlen. Wie viel bezahlt er für 10 Monate? ▶ **6** ☒

6 Marcos Bestzeit beim 100-m-Schwimmen liegt bei 1 min 30 s. Wie lange braucht er für 1500 m? Begründe deine Antwort.

7 Das Diagramm zeigt Lisas Schulweg.

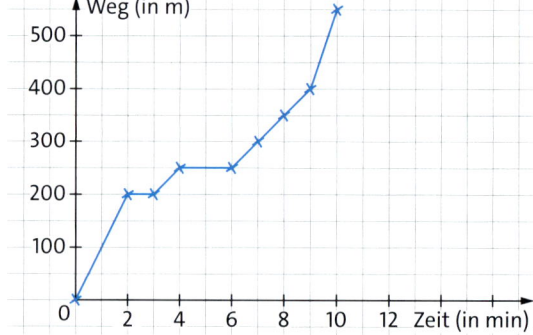

a) Welche Größen werden einander zugeordnet?

b) Lies alle Punkte im Diagramm ab und trage sie in eine Tabelle ein.

c) Schreibe einen Text über Lisas Schulweg.

8 Amelia ist auf der Eislaufbahn. Zuerst fährt sie zwei schnelle Runden (800 m) in 4 Minuten. Dann trifft sie eine Freundin. Sie unterhalten sich 5 Minuten lang am Rand und fahren danach gemeinsam 1200 m. Dafür brauchen sie 8 Minuten. Nun wird es voller auf der Bahn. Deshalb fahren sie die nächsten 1000 m in 10 Minuten. Zeichne dazu ein Weg-Zeit-Diagramm.

1 👥 Jeder erstellt eine Mindmap zum Thema „Proportionale und antiproportionale Zuordnungen". Vergleicht eure Mindmaps.

2 Vervollständige die Tabelle einer proportionalen Zuordnung im Heft. Stelle dann die Zuordnung in einem Koordinatensystem dar.

a)

x	1	2	3	4	5
y			4,8		

b)

x	1	2	3	4	5
y		$\frac{3}{4}$			

3 Die Tabellen gehören zu proportionalen oder zu antiproportionalen Zuordnungen. In jeder Tabelle ist genau ein y-Wert falsch. Finde und berichtige den falschen Wert.

a)

x	1	2	3	4	5
y	1,2	2,4	3,6	4,8	5,0

b)

x	1	2	3	4	5
y	300	150	90	75	60

c)

x	1	2	3	4	5
y	$\frac{5}{8}$	$1\frac{1}{4}$	$1\frac{5}{6}$	$2\frac{1}{2}$	$3\frac{1}{8}$

4 Zeichne jeweils ein Koordinatensystem mit Werten bis 5 auf der x-Achse und mit Werten bis 10 auf der y-Achse. Trage das gegebene Wertepaar ein. Ergänze dann mehrere Wertepaare so, dass eine antiproportionale Zuordnung entsteht. Trage die Werte auch in eine Tabelle ein.
a) Wertepaar (1 | 6)
b) Wertepaar (2 | 5)

5 Für den Verbrauch von 90 m³ Wasser muss Familie Koné 216 € bezahlen.
a) Familie Engel hat 130 m³ Wasser verbraucht. Wie viel muss Familie Engel bezahlen?
b) Familie Traore zahlt für ihren Wasserverbrauch 192 €. Wie viel m³ Wasser hat die Familie verbraucht?

6 Welche Zuordnung kannst du hier entdecken?
a)

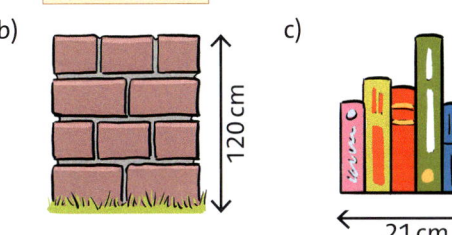

5 Kugeln Eis für 7,50 €

b)   c)

7 Der Boden eines Badezimmers soll gefliest werden. Wenn man 20 cm × 20 cm große Fliesen nimmt, dann braucht man 300 Fliesen.
a) Entscheide, ob Zuordnung *Größe der Fliesen → Anzahl der Fliesen* proportional oder antiproportional ist.
b) Familie Klein hat sich für Fliesen der Größe 50 cm × 50 cm entschieden. Wie viele Fliesen braucht die Familie?

8 Familie Graf füllt ihren Pool mit Wasser. Der Pool fasst 2400 Liter. Pro Minute fließen 20 Liter Wasser in den Pool.
a) Lege eine Tabelle an. Trage in Abständen von 20 min ein, wie viel Liter Wasser im Pool sind. Wann ist der Pool gefüllt?
b) Das Diagramm zeigt, wie das Wasser wieder abgelassen wird. Schreibe einen Text dazu.

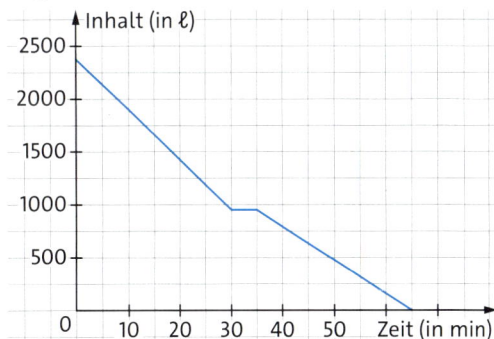

9 Elena geht mit ihrem Hund Gassi. Die Tabelle zeigt, wann sie wie weit gelaufen sind.

Zeit (in min)	0	5	10	12	15	20
Weg (in m)	0	300	800	800	1200	1500

a) Zeichne ein Weg-Zeit-Diagramm.
b) Schreibe eine Geschichte über den Spaziergang.

► 💡 Tipp zu **6**, **7**, **8**, **9**

In der Mensa

Viele Schülerinnen und Schüler gehen mittags in die Mensa. Jeden Mittag gibt es zwei Hauptgerichte und ein Salatbüfett. Ein kleiner Salat kostet 2,00 €, ein großer Salat kostet 3,50 €. Nach der Mittagspause haben einige Schülerinnen und Schüler Mensadienst. Sie reinigen die Tische, leeren die Mülleimer und fegen den Boden der Mensa.

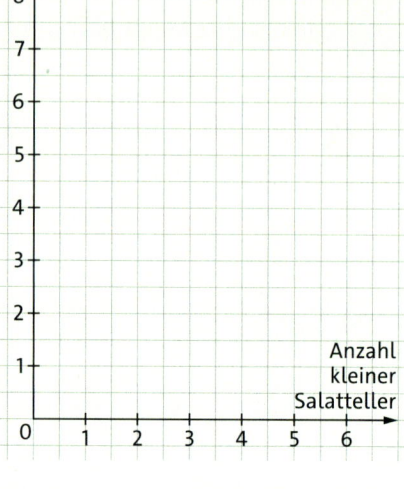

A Berechne die Preise für mehrere kleine Salate. Fülle die Tabelle in deinem Heft aus.

Anzahl der kleinen Salate	1	2	3	4
Preis (in €)	2			

B Übertrage das Koordinatensystem von oben in dein Heft und ergänze die Punkte der Zuordnung
Anzahl der kleinen Salate → Preis (in €).

C Wähle von den beiden unterstrichenen Begriffen immer den passenden Begriff aus.
Schreibe dann den Text in dein Heft.
Die Zuordnung
Anzahl der kleinen Salate → Preis (in €)
ist **proportional/antiproportional**,
denn zur doppelten Anzahl gehört der **doppelte/halbe** Preis.
Die Wertepaare der Zuordnung liegen auf einer **Geraden/fallenden Kurve**.

D In der Tabelle ist die Zuordnung *Anzahl der Hauptgerichte → Preis (in €)* dargestellt. Vervollständige die Tabelle im Heft. Übertrage die Werte dann in ein Koordinatensystem.

Anzahl der Hauptgerichte	1	2	3	4
Preis (in €)		7,80		

E Den Mensadienst erledigen immer 4 bis 8 Schülerinnen und Schüler. Unter welchen Bedingungen ist die Zuordnung *Anzahl der Schüler → Zeit für den Mensadienst (in min)* antiproportional?

F 6 Schülerinnen und Schüler brauchen für den Mensadienst 30 min. Heute ist eine Schülerin krank. Helen sagt: „Wir brauchen trotzdem 30 Minuten, denn
6 · 30 min = 180 min
180 min − 30 min = 150 min
150 min : 5 = 30 Minuten."
Berichtige die Aussage.

G Finde auf dieser Seite eine Zuordnung, deren Proportionalitätsfaktor 3,5 ist. Stelle die Zuordnung als Tabelle und in einem Koordinatensystem dar.

1 Vervollständige die Tabelle im Heft so, dass die Zuordnung ...
a) proportional ist.

1. Größe	1	2	3	4
2. Größe	8			

b) antiproportional ist.

1. Größe	1	2	3	4
2. Größe	24			

2 Die Zuordnung ist proportional.
Berechne die fehlenden Werte.
2 kg Kirschen kosten 14 €.
Wie viel kosten 5 kg Kirschen?

Gewicht (in kg)	Preis (in €)
2	14
1	
5	

3 Die Zuordnung ist antiproportional. Berechne.
4 Lkw brauchen 6 h, um einen Berg Kies wegzufahren.
3 Lkw brauchen dafür ■ h.

Anzahl der Lkw	Zeit (in h)
4	6
1	

4 Schreibe den Text zum Bild mit den richtigen unterstrichenen Wörtern.

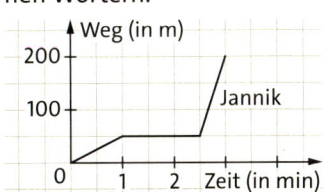

• Am Anfang geht Jannik
  <u>schnell</u>/<u>langsam</u>.
• Dann macht er eine Pause von
  <u>1 Minute</u>/<u>1,5 Minuten</u>.
• Nach 1 Minute hat Jannik
  <u>50 m</u>/<u>200 m</u> geschafft.

---

1 Vervollständige die Tabelle im Heft so, dass die Zuordnung ...
a) proportional ist.

1. Größe	1	2	3	4
2. Größe		6,8		

b) antiproportional ist.

1. Größe	1	2	3	4
2. Größe	60			

2 100 mℓ KiBa bestehen aus 55 mℓ Kirschsaft und aus 45 mℓ Bananensaft.
Wie viel Kirschsaft und wie viel Bananensaft braucht man für 350 mℓ?

3 Entscheide zuerst, ob die Zuordnung proportional oder antiproportional ist. Berechne dann mithilfe einer Tabelle.
a) 1 kg Honig kostet 15 €.
   250 g Honig kosten ■ €.
b) 3 Gärtner erledigen eine Arbeit in 6 h.
   4 Gärtner brauchen für die gleiche Arbeit ■ h.

4 Beantworte die Fragen.

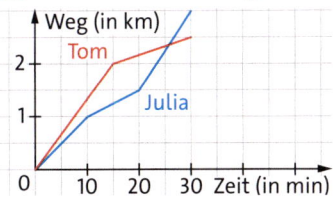

• Wie viel Kilometer ist Julia nach 10 Minuten gelaufen?
• Wie lange hat Tom für 2 km gebraucht?
• Wann ungefähr überholt Julia Tom? Bei welchem Kilometer?
• Wer ist am Anfang schneller?

---

1 Vervollständige die Tabelle im Heft so, dass die Zuordnung ...
a) proportional ist.

x	1	2	3	4	5
y					3

b) antiproportional ist.

x	1	2	3	4	5
y			9		

2 Pro Minute fließen 50 ℓ Wasser durch einen Schlauch. Der Wassertank ist nach 36 Minuten leer.
Wie lange reicht das Wasser im Tank, wenn pro Minute 40 ℓ Wasser durch den Schlauch fließen?

3 Entscheide zuerst, ob die Zuordnung proportional oder antiproportional ist.
Berechne dann.
a) 1,5 kg Himbeeren kosten 13,50 €. Dann kosten 250 g Himbeeren ■ €.
b) 4 Bagger benötigen für eine Arbeit 3,5 h. Dann benötigen 3 Bagger dafür ■ h.

4 *Um 16 Uhr geht Angelo von zu Hause los. Nach 5 min ist er an der Bushaltestelle, die 500 m entfernt ist. Dort wartet er 10 min auf den Bus. Angelo fährt 2 km, das dauert 4 min. Dann läuft er 1 min zur 100 m entfernten Turnhalle.*
a) Zeichne ein Weg-Zeit-Diagramm.
b) Beantworte die Fragen:
   • Wann kommt Angelo an?
   • Wie viel Kilometer legt er insgesamt zurück?

→ Lösungen auf Seite 232 und 233

Proportionale Zuordnungen → Seite 42

Eine Zuordnung ist **proportional**, wenn gilt:
- Zum **Doppelten** der Ausgangsgröße gehört immer das **Doppelte** der zugeordneten Größe.
- Zum **Dreifachen** der Ausgangsgröße gehört immer das **Dreifache** der zugeordneten Größe.
- …

Wenn du in der Tabelle die zugeordnete Größe durch die Ausgangsgröße dividierst, so erhältst du immer das gleiche Ergebnis (den **Proportionalitätsfaktor**). Im Koordinatensystem liegen alle Punkte auf einer Geraden, die durch den Ursprung (0|0) geht.

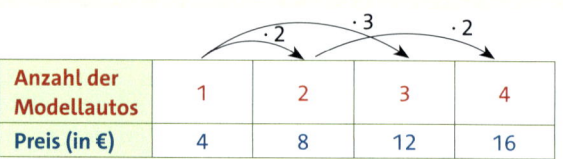

Anzahl der Modellautos	1	2	3	4
Preis (in €)	4	8	12	16

4 : 1 = 4   8 : 2 = 4   12 : 3 = 4   16 : 4 = 4

Proportionalitätsfaktor 4, also: 1 Auto kostet 4 €.

Dreisatz bei proportionalen Zuordnungen → Seite 46

Überlege zuerst: Welche Größen sind einander zugeordnet? Ist die Zuordnung proportional?
① Trage die bekannten Werte in eine Tabelle ein.
② Berechne den Wert für die Anzahl **1**.
③ Mit welcher Rechnung kommst du von **1** zum unteren Wert? Rechne auf der anderen Seite genauso.

2 Karten kosten 18 €. Wie teuer sind 3 Karten?

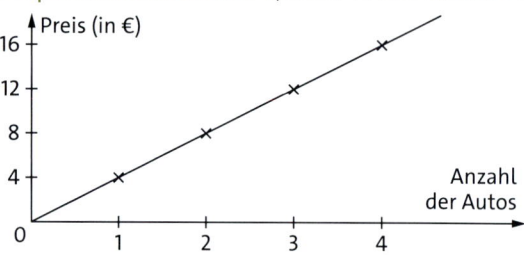

Anzahl der Karten	Preis (in €)
2	18
1	9
3	27

3 Karten kosten 27 €.

Antiproportionale Zuordnungen → Seite 50

Eine Zuordnung ist **antiproportional**, wenn gilt:
- Zum **Doppelten** der Ausgangsgröße gehört immer die **Hälfte** der zugeordneten Größe.
- Zum **Dreifachen** der Ausgangsgröße gehört immer ein **Drittel** der zugeordneten Größe.
- …

Wenn du in der Tabelle die Ausgangsgröße mit der zugeordneten Größe multiplizierst, dann erhältst du immer das gleiche Ergebnis.

Im Koordinatensystem liegen alle Punkte auf einer fallenden Kurve.
Diese Kurve heißt **Hyperbel**.

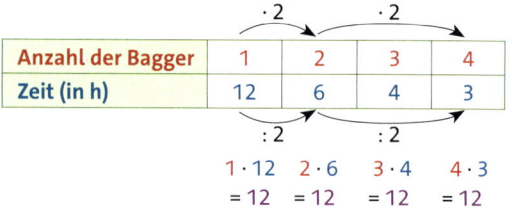

Anzahl der Bagger	1	2	3	4
Zeit (in h)	12	6	4	3

1 · 12   2 · 6   3 · 4   4 · 3
= 12   = 12   = 12   = 12

Ein Bagger allein braucht 12 h für die Arbeit.

Dreisatz bei antiproportionalen Zuordnungen → Seite 54

Überlege zuerst: Welche Größen sind einander zugeordnet? Ist die Zuordnung antiproportional?
① Trage die bekannten Werte in eine Tabelle ein.
② Berechne den Wert für die Anzahl **1**.
③ Mit welcher Rechnung kommst du von **1** zum unteren Wert? Rechne auf der anderen Seite umgekehrt.

2 Arbeiter brauchen 12 h.
Wie lange brauchen 3 Arbeiter?

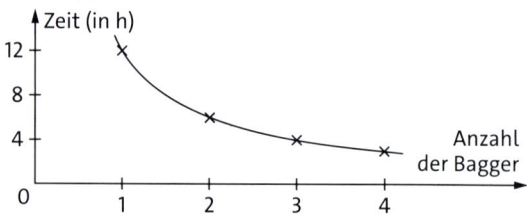

Anzahl der Arbeiter	Zeit (in h)
2	12
1	24
3	8

3 Arbeiter brauchen 8 h.

Dreiecke und Vierecke

▶ In alten Städten kannst du Fachwerkhäuser sehen.
An den Fachwerkhäusern erkennst du viele geometrische Flächen.

Welche Flächen entdeckst du auf dem Bild?
Welche Eigenschaften haben diese Flächen?

In diesem Kapitel lernst du …

- Winkel an Geradenkreuzungen zu erkennen und anzuwenden.

- Winkel an geschnittenen Parallelen zu erkennen und anzuwenden.

- die Summe der Innenwinkel bei Dreiecken und Vierecken anzuwenden.

- Dreiecke genau zu beschreiben und zu benennen.

- Mittelsenkrechte und Winkelhalbierende zu konstruieren.

- Vierecke genau zu beschreiben und zu benennen.

Kompetenz	Aufgabe	Lies und übe:

1 Ich kann zueinander parallele und zueinander senkrechte Geraden erkennen.

1 Welche Geraden sind zueinander parallel? Schreibe sie auf und benutze das Zeichen ∥.
Welche Geraden sind zueinander senkrecht? Schreibe sie auf und benutze das Zeichen ⊥.

→ Seite 220
Nr. 106

2 Ich kann Punkte in ein Koordinaten-system eintragen.

2 Zeichne ein Koordinatensystem. Beide Achsen sollen von 0 bis 10 gehen. Trage die Punkte ein und verbinde sie zu einem Viereck. Notiere den Namen des Vierecks.
a) A(1|2); B(4|2);   C(4|8);   D(1|8)
b) A(6|2); B(10|2); C(10|6); D(6|6)

→ Seite 220
Nr. 108

3 Ich kann die Länge von Strecken schätzen und messen.

3 Schätze zuerst die Länge der Strecke. Miss dann nach.
a)
b)

→ Seite 218
Nr. 101, 102

4 Ich kann die Strecken mit einer gegebenen Länge zeichnen.

4 Zeichne die Strecken bei a) bis d) mit dem Geodreieck und die Strecken bei e) und f) mit einer dynamischen Geometriesoftware.
a) 8 cm   b) 5 cm   c) 42 mm
d) 12,3 cm   e) $\overline{AB}$ mit 12 Längeneinheiten
f) $\overline{CD}$ mit 4 Längeneinheiten

→ Seite 218
Nr. 103
→ Seite 224
Nr. 118

5 Ich kann Kreise mit dem Zirkel zeichnen und den Radius berechnen.

5 Zeichne den Kreis. Berechne zuerst den Radius r, wenn der Durchmesser d gegeben ist.
Beispiel d = 10 cm; *Rechnung*:   r = 10 cm : 2 = 5 cm
a) r = 5 cm   b) r = 3,5 cm   c) r = 5,5 cm
d) d = 6 cm   e) d = 7 cm   f) d = 15 cm

→ Seite 219
Nr. 105

6 Ich kann den Abstand eines Punkts zu einer Geraden bestimmen.

6 Übertrage die Zeichnung in dein Heft.

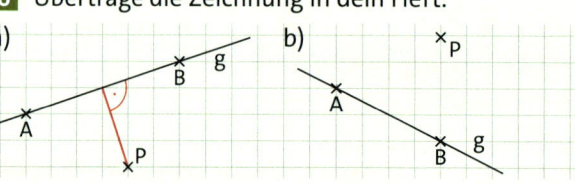

Zeichne und miss den Abstand vom Punkt P zur Geraden g.

→ Seite 219
Nr. 104

Kompetenz	Aufgabe	Lies und übe:
7 Ich kenne die Fachbegriffe bei Winkeln.	**7** Zeichne einen Winkel. Nenne den Winkel α. Beschrifte den Winkel α mit den Fachbegriffen: der Scheitelpunkt, der Schenkel, der Winkelbogen.	→ Seite 223 Nr. 116
8 Ich kenne die verschiedenen Winkelarten.	**8** Ergänze die Winkelarten. a) Ein ● Winkel ist größer als 0° und kleiner als 90°. b) Ein ● Winkel ist größer als 90° und kleiner als 180°. c) Ein ● Winkel ist größer als 180° und kleiner als 360°.	→ Seite 222 Nr. 114, 115
9 Ich kenne die verschiedenen Winkelarten.	**9** Immer eine Winkelart, eine Zeichnung und eine Beschreibung gehören zusammen. Finde sie.	→ Seite 222 Nr. 114, 115

stumpfer Winkel   rechter Winkel   spitzer Winkel

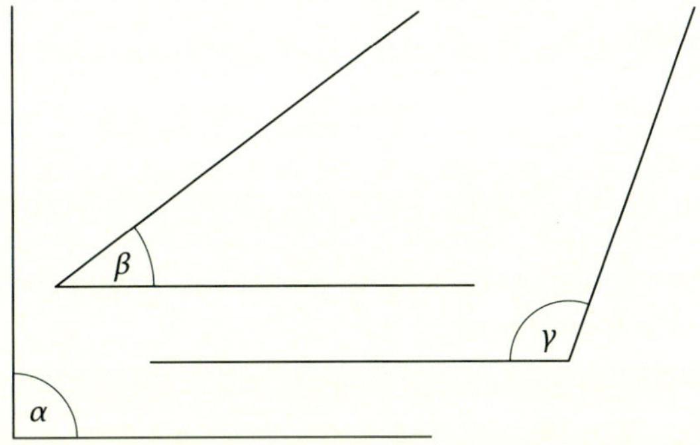

Der Winkel ist größer als 0° und kleiner als 90°.

Der Winkel ist größer als 90° und kleiner als 180°.

Der Winkel ist 90° groß.

10 Ich kann Winkelgrößen messen.	**10** Miss die Winkelgröße. 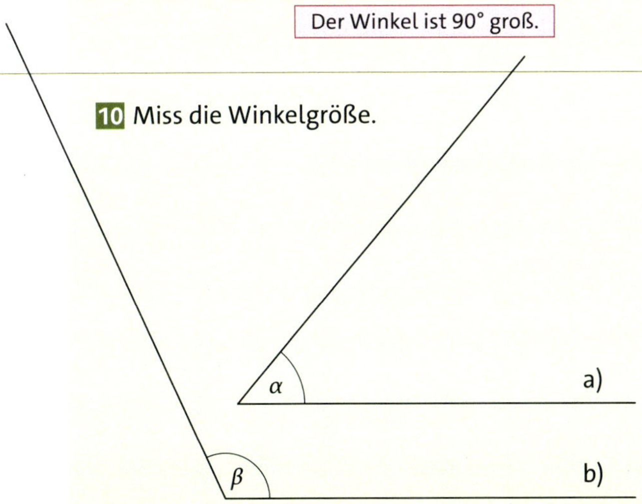	→ Seite 223 Nr. 116

a)

b)

11 Ich kann Winkel zeichnen.	**11** Zeichne den Winkel. a) $\alpha = 55°$ b) $\beta = 172°$ c) $\gamma = 112°$ d) $\delta = 180°$	→ Seite 223 Nr. 117

→ Lösungen auf Seite 234 und 235

Winkel an Geradenkreuzungen

In einem Quiz stellt Sara die Frage an Lilija und Matteo:
„Die Geraden f und g schneiden sich. Es entstehen vier
Winkel: α, β, γ und δ. Ihr kennt eine Winkelgröße.
Wie viele der anderen Winkelgrößen könnt ihr bestimmen?"

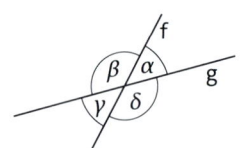

W | **Scheitelwinkel und Nebenwinkel an zwei sich schneidenden Geraden**

Zwei Geraden f und g schneiden sich.
Gegenüberliegende Winkel sind
Scheitelwinkel.
Scheitelwinkel sind gleich groß:
$\alpha = \gamma$

Scheitelwinkel liegen sich am Scheitelpunkt gegenüber.

Lilija und Matteo können alle Winkelgrößen bestimmen.

gegeben: $\alpha = 50°$
gesucht: γ
α und γ sind Scheitelwinkel.
$\gamma = 50°$, weil $\alpha = \gamma$ ist.

Nebeneinander liegende Winkel sind
Nebenwinkel. Die Größen von
Nebenwinkeln haben
die Summe 180°:
$\alpha + \beta = 180°$

Nebenwinkel ergeben zusammen einen gestreckten Winkel. Ein gestreckter Winkel ist immer 180° groß.

gegeben: $\alpha = 50°$
gesucht: β
α und β sind Nebenwinkel.
$\beta = 180° - 50° = 130°$

▶ **Aufgabe** Zeichne zwei Geraden, die sich schneiden. Beschrifte die Winkel mit α, β, γ
und δ. Notiere zu jedem Winkel den Scheitelwinkel und den Nebenwinkel.
Miss den Winkel α.
Bestimme die anderen Winkelgrößen ohne messen.

▶ 1 ▶ 1 ▶ 1

Sara ergänzt in der Zeichnung die Gerade h und fragt:
„Die Geraden g und h verlaufen parallel zueinander. Sie werden von
der Geraden f geschnitten. Es entstehen acht Winkel α, β, γ und δ
sowie α_1, β_1, γ_1 und δ_1. Ihr kennt eine Winkelgröße.
Wie viele der anderen Winkelgrößen könnt ihr bestimmen?"

W | **Stufenwinkel und Wechselwinkel**

Zwei zueinander parallele Geraden g
und h (kurz: g ∥ h) werden von einer
Geraden f geschnitten.
Wie in Stufen angeordnete Winkel sind
Stufenwinkel. Stufenwinkel sind gleich
groß. Beispiel: $\beta = \beta_1$

Lilija und Matteo können alle
Winkelgrößen bestimmen.

gegeben: $\beta = 130°$
gesucht: β_1 und δ_1

β und β_1 sind Stufenwinkel.
β und β_1 sind deshalb gleich
groß.
Also ist $\beta_1 = 130°$.

Wenn du zu einem Winkel erst seinen
Stufenwinkel und davon den
Scheitelwinkel bestimmst, dann
erhältst du den **Wechselwinkel**.
Wechselwinkel sind gleich groß.
Beispiel: $\beta = \delta_1$

Wechselwinkel wechseln die Seite:

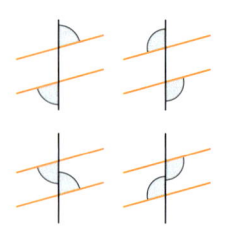

β und β_1 sind Stufenwinkel.
β_1 und δ_1 sind Scheitelwinkel.
Daher sind β und δ_1
Wechselwinkel. β und δ_1 sind
gleich groß. Also ist $\delta_1 = 130°$.

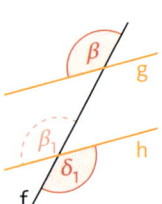

▶ **Aufgabe** Welcher Winkel in Saras Zeichnung ist der Stufenwinkel zu γ?
Welcher Winkel ist der Wechselwinkel zu α?

▶ 6 ▶ 7 ▶ 5

1 Falte ein Blatt zweimal so, dass sich die Faltlinien kreuzen.

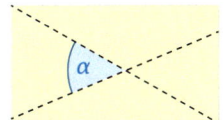

a) Zeichne die Geraden entlang der Faltlinien und einen Winkel α. Färbe den Winkel α blau.

b) Färbe den Scheitelwinkel zu α blau. Beschrifte ihn mit γ.

c) Färbe die beiden Nebenwinkel zu α rot. Beschrifte sie mit β und δ.

d) 👥 Vergleicht eure Ergebnisse und erklärt euch gegenseitig, welche Winkel gleich groß sind.

2 Schreibe die Sätze zu a) und b) ins Heft und ergänze die passenden Begriffe:

a) 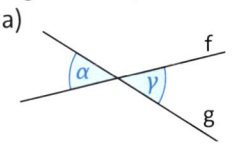   b)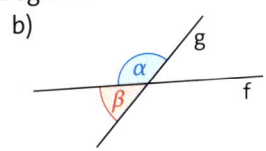

zu a): Die Winkel α und γ sind ● und ●.
zu b): Die Winkel α und β sind ● und ●. ▶ **3** ☒

3 Berechne die Größe des fehlenden Nebenwinkels.

Beispiel zu a): $\alpha = 180° - 90° = \ldots$

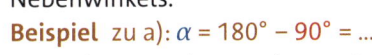

a)   b)   c)

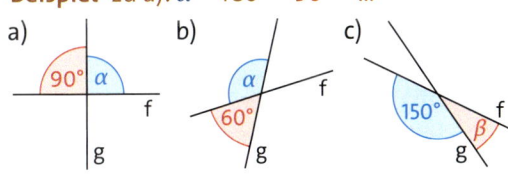

4 Vervollständige die Sätze im Heft. Bestimme die Größe von β ohne zu messen.

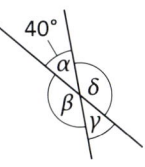

α und γ sind 40° groß, da sie ●winkel sind.
$\alpha + \beta = 180°$, da sie ●winkel sind.
β und δ sind ● groß, da sie Scheitelwinkel sind: $\beta = ●$.

5 Taya entwirft zum **Fest des Flugdrachens** ein Flugviereck. Wie groß ist γ? Berechne die Größen der Nebenwinkel von γ. ▶ **7** ☒

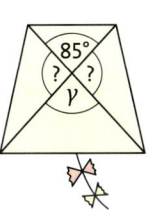

6 Übertrage die Zeichnung ins Heft.

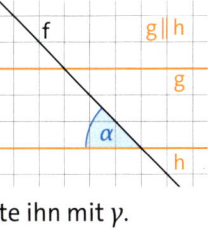

a) Färbe den Stufenwinkel zu α blau. Beschrifte ihn mit β.

b) Färbe den Wechselwinkel zu α grün. Beschrifte ihn mit γ.

7 Ergänze den Satz im Heft: Die Winkel α und γ_1 sind ● und gleich groß, weil g ● zu h ist.

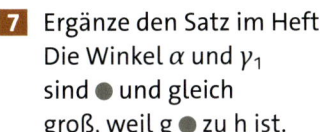

8 Die Gerade f schneidet die zueinander parallelen Geraden g und h.

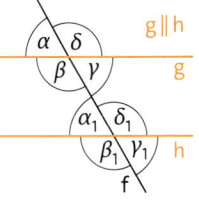

a) Gib den Stufenwinkel zu δ an.

b) Gib den Scheitelwinkel zu α an.

c) Gib den Wechselwinkel zu α an. ▶ **8** ☒

9 Bestimme die Größen der Winkel α, β, γ und δ ohne zu messen. Begründe mithilfe dieser Begriffe:

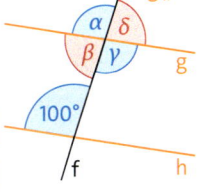

Nebenwinkel	Stufenwinkel
Scheitelwinkel	Wechselwinkel

10 Bestimme die Größen der Winkel α und γ. Begründe.

a)   b)

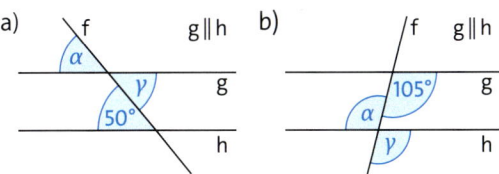

11 Marvin behauptet: „α und α_1 sind Stufenwinkel. Deshalb sind α und α_1 gleich groß." Ist Marvins Aussage richtig? Begründe.

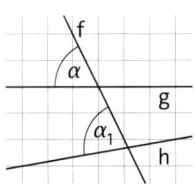

Sprachhilfe zu **2**: Verwende: zusammen 180° groß – gleich groß – Scheitelwinkel – Nebenwinkel

Information zu **5**: Das **Fest des Flugdrachens (Kyte Flying Day)** wird in den USA am 8. Februar gefeiert.

Sprachhilfe zu **10**: Verwende: g und h sind parallel zueinander – Stufenwinkel – Wechselwinkel – γ ist der ●winkel von α

▶ 💡 Tipp zu **4**, **6**, **11**

75

1 Übertrage die Zeichnung ins Heft.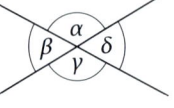
a) Färbe den Scheitelwinkel von α blau. Beschrifte ihn mit β.
b) Färbe die Nebenwinkel von α rot. Beschrifte sie mit β und δ.

2 Betrachte die Abbildung.
a) Gib den Scheitelwinkel von β und die Nebenwinkel von δ an.
b) Notiere zu den anderen Winkeln die Scheitelwinkel und die Nebenwinkel.

3 ▼ Bestimme die fehlenden Winkelgrößen ohne zu messen. Begründe.
a)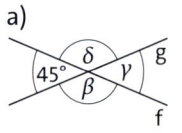
b)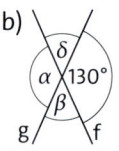
c)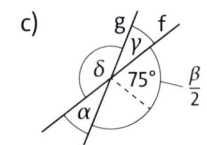

4 ▼ Eine Skateboard-**Rampe** bildet mit der Straße einen Winkel von 155°. Welchen Steigungswinkel ▶ **4** ☒ hat die Rampe?

5 👥 Zeichnet jeweils Rampen oder Hügel. Schreibt dazu eine Sachaufgabe zum Nebenwinkel auf ein Blatt. Tauscht untereinander und löst die Sachaufgabe.

6 Das ist die Flagge von Schottland.
a) Zeichne das Rechteck ins Heft und verbinde die Eckpunkte A mit C und B mit D.
b) Miss in der Mitte einen Winkel und berechne die beiden Nebenwinkel. Überprüfe deine Rechnung mit einer Messung.
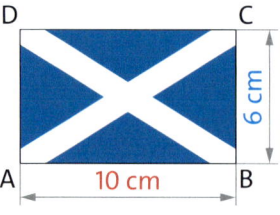

7 Ordne der Aussage die passende Abbildung zu und ergänze den Satz im Heft.
a) α und ● sind Scheitelwinkel.
b) α und ● sind Nebenwinkel.
c) α und ● sind Stufenwinkel.
d) α und ● sind Wechselwinkel.
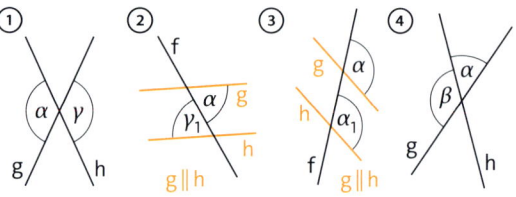
▶ **7** ☒

8 Bestimme die Größen der Winkel α und γ ohne messen. Begründe mithilfe von zwei der drei Begriffskarten.
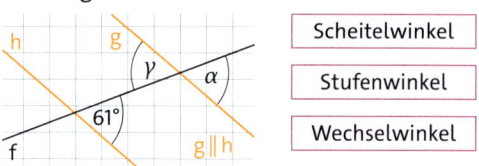

| Scheitelwinkel |
| Stufenwinkel |
| Wechselwinkel |

9 Richtig oder falsch? Begründe.
a) α und α_1 sind Stufenwinkel.
b) α_1 und α_2 sind Stufenwinkel.
c) α und β_2 sind Wechselwinkel.
d) α_1 und γ_2 sind Wechselwinkel.
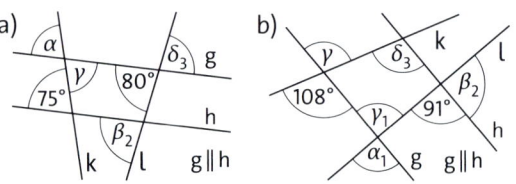
▶ **9** ☒

10 Bestimme die fehlenden Winkelgrößen ohne zu messen. Begründe.
a)
b)

11 👥 Isabell meint: „Wenn zwei Stufenwinkel unterschiedlich groß sind, dann sind die Geraden g und h immer parallel zueinander." Zeigt, dass diese Aussage falsch ist. Zeichnet dafür Gegenbeispiele.

Sprachhilfe zu **3**: Verwende: Nebenwinkel – Scheitelwinkel – gleich groß

Sprachhilfe zu **4**: Eine **Rampe** ist eine schiefe Ebene, die du hinauffahren oder hinunterfahren kannst.

1 Betrachte die Abbildung.
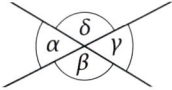
a) Wie heißt der Scheitelwinkel von β?
b) Wie heißt der Scheitelwinkel von γ?
c) Wie heißen die Nebenwinkel von γ?

2 Bestimme passend zur Abbildung aus Aufgabe 1 die fehlenden Winkelgrößen.

	α	β	γ	δ
a)	15°			
b)		116°		
c)			98°	
d)				44,8°

3 Bestimme die fehlenden Winkelgrößen ohne zu messen. Begründe.

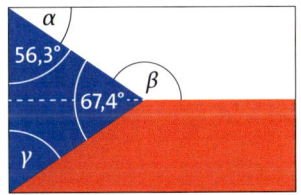

4 Das ist die Flagge von Tschechien.

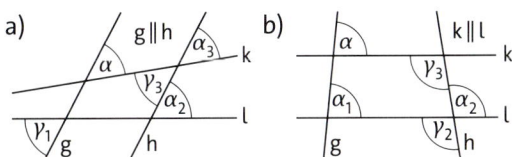

a) Bestimme die Größe des Winkels α.
b) Bestimme die Größe des Winkels β.
c) Ermittle die Größe von γ. Nutze dafür die Symmetrieeigenschaften des blauen Dreiecks.

5 Welche der beschrifteten Winkel sind Stufenwinkel oder Wechselwinkel?

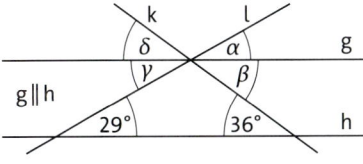

6 Bestimme α, β, γ und δ ohne zu messen.

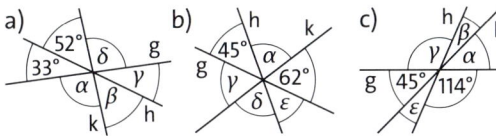

7 Ergänze die passenden Begriffe im Heft.
a) Der Scheitelwinkel eines spitzen Winkels ist ein ● Winkel.
b) Der Nebenwinkel eines spitzen Winkels ist ein ● Winkel.
c) Der Stufenwinkel eines stumpfen Winkels ist ein ● Winkel.
d) Der Wechselwinkel eines rechten Winkels ist ein ● Winkel.

8 Bestimme die fehlenden Winkelgrößen ohne messen. Begründe.

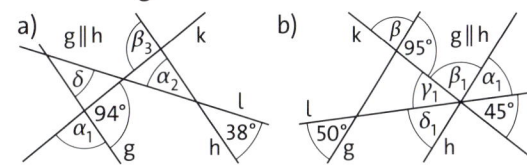

9 Entscheide mithilfe der gegebenen Winkelgrößen, ob die Geraden g und h zueinander parallel sind. Begründe.

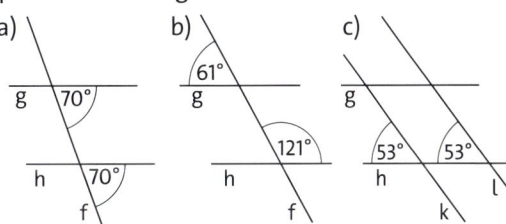

10 Zeichne ein Koordinatensystem. Die x-Achse geht von 0 bis 8 und die y-Achse von 0 bis 6. Trage die Punkte A(1|1), B(7|2), C(5|5,5) und D(2|5) in das Koordinatensystem ein.
a) Zeichne die Geraden durch die Punkte A und B, B und C, C und D, A und D. Es entsteht ein Viereck ABCD.
b) Beschrifte im Viereck ABCD den Innenwinkel α und den Innenwinkel β. Der Winkel α liegt bei A, β bei B, γ bei C und δ bei D.
c) Markiere in der Zeichnung alle Winkel, die die gleiche Größe wie α haben und alle Winkel, die die gleiche Größe wie β haben. Beschrifte sie mit α_1, α_2, α_3 ... bzw. mit β_1, β_2, β_3 ... Begründe jeweils, warum die Winkel gleich groß sind.
d) Miss die Größen der Winkel α und β im Viereck ABCD. Berechne die Größen der Innenwinkel γ und δ.

Tipp zu **10b**: Finde die Winkelgrößen für α und β, ohne zu rechnen. Welche Winkelbeziehung ist es?

Summe der Innenwinkel in Dreiecken und Vierecken

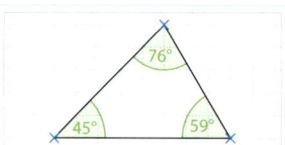

Im Dreieck ABC gilt:
α liegt bei A.
β liegt bei B.
γ liegt bei C.

Nele zeichnet zwei Dreiecke mit einer dynamischen Geometrie-Software.
Im ersten Dreieck hat Nele sich alle Winkelgrößen anzeigen lassen.
Im zweiten Dreieck fehlt noch eine Winkelgröße. Wie groß ist sie?

a)

b)

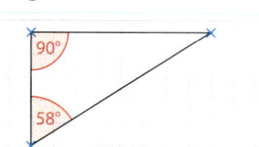

W **Innenwinkel in Dreiecken**

*Innenwinkel liegen **innerhalb** einer Figur und werden von zwei Seiten der Figur eingeschlossen.*

In jedem Dreieck sind die Innenwinkel zusammen 180° groß.

$$\alpha + \beta + \gamma = 180°$$

Wenn in einem Dreieck zwei Winkelgrößen gegeben sind, dann kannst du die Größe des dritten Winkels berechnen. Beispiel:
$$\gamma = 180° - \alpha - \beta$$

Die Summe der Größen der Innenwinkel im Dreieck a) ist:
$$45° + 59° + 76° = 180°$$

Die fehlende Winkelgröße im Dreieck b) ist 32°, denn:
$$\gamma = 180° - 90° - 58° = 32°$$

▶ Die Summe
der Innenwinkel
im Dreieck

▶ **Aufgabe** In einem Dreieck ABC sind folgende Winkelgrößen gegeben: α = 80° und β = 70°. Berechne die Größe des Winkels γ.

▶**1** ▶**1** ▶**1**

Die Dreiecke ① und ② bilden zusammen ein Viereck.

W **Innenwinkel in Vierecken**

Eine Diagonale teilt jedes Viereck in zwei Dreiecke.

Jedes Viereck kannst du in zwei Dreiecke unterteilen. In jedem Dreieck ist die Summe der Größen der Innenwinkel 180°. Zusammen ergibt das 2 · 180° = 360°.

In jedem Viereck sind deshalb die Innenwinkel zusammen 360° groß.

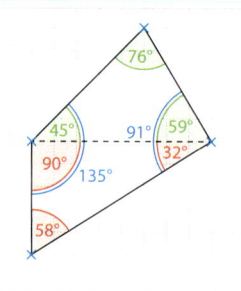

$$\alpha + \beta + \gamma + \delta = 360°$$

Wenn in einem Viereck drei Winkelgrößen gegeben sind, dann kannst du die vierte Winkelgröße berechnen. Beispiel:
$$\delta = 360° - \alpha - \beta - \gamma$$

Summe der Größen der Innenwinkel:
$$135° + 58° + 91° + 76° = 360°$$

Von einem anderen Viereck ist bekannt:
α = 100°, β = 70° und γ = 110°

Der Winkel δ ist 80° groß, denn:
$$\delta = 360° - 100° - 70° - 110° = 80°$$

▶ **Aufgabe** Von einem Viereck ist gegeben: α = 80°, β = 70° und γ = 100°. Berechne die Winkelgröße δ.

▶**6** ▶**7** ▶**9**

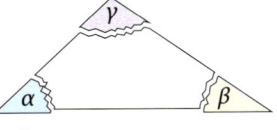
1 Schneide ein Dreieck aus. Beschrifte die Innenwinkel wie im Bild. Reiße dann die drei Ecken des Dreiecks ab.
a) Lege die drei Winkel aneinander.
b) 👥 Vergleicht eure Anordnung der Winkel. Erklärt euch gegenseitig eure Beobachtung.

2 Berechne die fehlende Winkelgröße.

a) 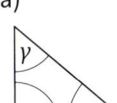   b) 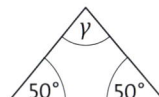   c)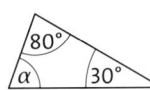

3 Berechne die fehlende Winkelgröße im Dreieck ABC.

	α	β	γ
a)	70°	80°	
b)	100°		35°
c)		46°	54°
d)	103°	45°	
e)		56°	28°

▶ **3** 🗙

4 Übertrage das Dreieck ins Heft.
a) Miss die Größen der Innenwinkel.
b) Berechne die Summe der Größen der Innenwinkel.
c) Marlene sagt: „Ich erhalte bei b) als Summe 185°." Kann das stimmen? Erkläre.

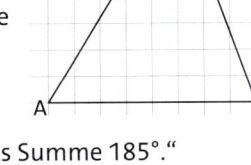

5 Adeolu ist in einem Kanuverein. Der **Bug** seines Kanus besteht aus zwei gleichen Dreiecken mit α = 123° und β = 35°. Berechne die Größe von γ und die Größe vom Winkel an der Bugspitze.

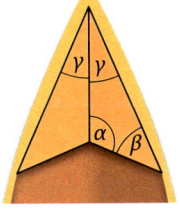

▶ **5** 🗙

6 Zeichne ein Viereck und schneide es aus. Das Viereck muss kein Rechteck und auch kein Quadrat sein.

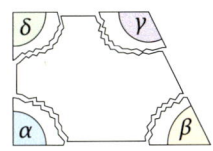

Beschrifte die vier Innenwinkel wie im Bild. Reiße dann die vier Ecken des Vierecks ab.
a) Lege die vier Winkel mit den Spitzen aneinander.
b) 👥 Vergleicht eure Anordnung der Winkel. Erklärt euch gegenseitig eure Beobachtung.

7 Berechne die fehlende Winkelgröße.

a)   b)

8 Berechne die fehlende Winkelgröße im Viereck ABCD.

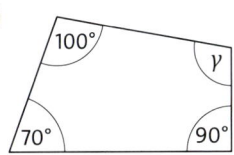

	α	β	γ	δ
a)	70°	100°		100°
b)	130°	80°	120°	
c)	105°		65°	110°
d)		45°	135°	77°
e)	85°	85°	85°	

▶ **9** 🗙

9 Übertrage das Viereck ins Heft.
a) Miss die Größen der Innenwinkel. Berechne die Summe der Größen der Innenwinkel.
b) Marcel hat die Summe der Größen der Innenwinkel im Viereck berechnet und als Ergebnis 356° erhalten. Kann das stimmen? Erkläre.

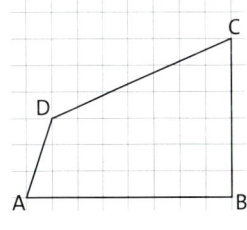

10 Amir meint: „Es gibt kein Viereck ABCD mit α = 120°, β = 130°, γ = 75°, δ = 55°."
a) Begründe mit einer Rechnung, dass Amir recht hat.
b) Verändere eine der vier Winkelgrößen so, dass es ein Viereck gibt.

Sprachhilfe zu **1** und **6** : drei Winkel – es entsteht – gestreckter Winkel – 180° – vier Winkel – voller Winkel – 360°
Sprachhilfe zu **5** : Der **Bug** ist der vordere Teil eines Boots. Das Kanu ist ein Boot, das aus Nordamerika stammt.

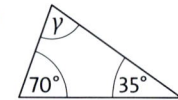
1 Berechne die fehlende Winkelgröße. ▶**2**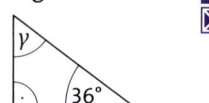

a)

b)

c)

d)

2 Berechne die fehlende Winkelgröße im Dreieck ABC.

	α	β	γ
a)	55°	70°	
b)	104°		56°
c)		97°	44°
d)	38°	59°	

3 Zeichne ein Koordinatensystem.
  a) Trage die Punkte A(0|1), B(5|0), C(2|4), D(7|0), E(11|3) und F(5|4) ein.
  b) Verbinde die Punkte A, B, C zum ersten und die Punkte D, E, F zum zweiten Dreieck.
  c) Miss die Winkel in beiden Dreiecken. Prüfe jeweils die gemessenen Winkelgrößen, indem du sie addierst.
  d) 👥 Für die Summe der Größen der Innenwinkel im Dreieck ABC erhält Ben 177° und Anton 183°. Erklärt, warum Bens und Antons Werte falsch sind. ▶**4**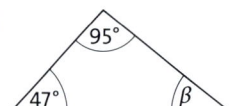

4 In beiden Dreiecken ist α = β. Bestimme die fehlenden Winkelgrößen.

a)

b)

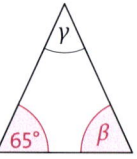
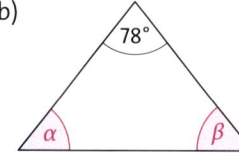

5 a) Ketrina behauptet: „Ich habe ein Dreieck mit zwei rechten Winkeln gezeichnet." Kann das sein? Begründe.
  b) Erik sagt: „Es gibt kein Dreieck mit α = 70°, β = 15° und γ = 95°." Begründe, warum Eriks Aussage falsch ist, und zeichne ein Gegenbeispiel.

6 Betrachte die Abbildung mit g ∥ h.
  a) Begründe, dass α und α₁ gleich groß sind.
  b) Begründe, dass β und β₁ gleich groß sind.
  c) Begründe, dass α + β + γ = 180°. ▶**7**

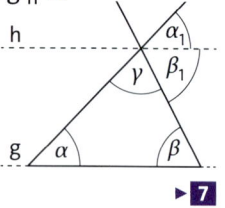

7 Berechne die fehlende Winkelgröße.

a)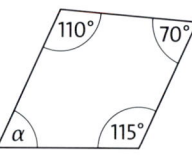

b)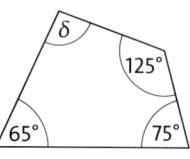

c)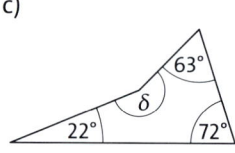

d)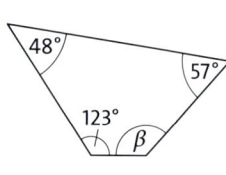

8 Berechne die fehlende Winkelgröße im Viereck ABCD.

	α	β	γ	δ
a)	65°	100°		90°
b)		155°	105°	72°
c)	108°		110°	92°
d)	95°	87°	106°	

9 Zeichne ein Parallelogramm, ein Drachenviereck und ein Trapez.
  a) Miss die Größen der Innenwinkel und berechne für jedes Viereck die Summe der von dir gemessenen Winkelgrößen.
  b) Ayscha hat die Summe der Innenwinkel des Drachenvierecks berechnet und 362° erhalten. Kann das stimmen? Erkläre.

10 Das Viereck ist achsensymmetrisch. Bestimme die fehlenden Winkelgrößen.

a)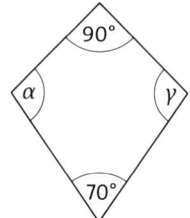

b)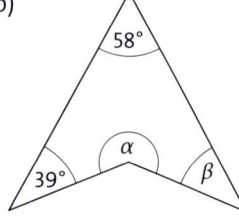

Tipp zu **3**: Lies den jeweils größten x- und y-Wert ab, um die Einteilung des Koordinatensystems festzulegen.

1 Berechne die fehlende Winkelgröße.

a)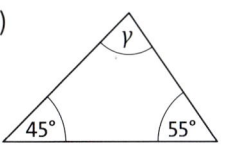

b)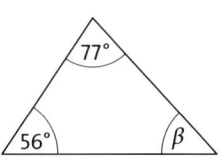

c)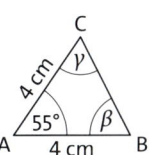

d)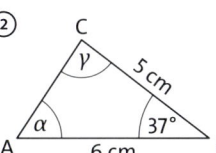

2 Berechne die fehlende Winkelgröße im Dreieck ABC.

	α	β	γ
a)	64°		97°
b)		45,5°	39°
c)	57,9°	48,4°	

3 Zeichne die Dreiecke ins Heft.

①

②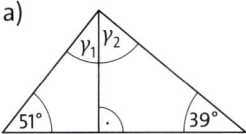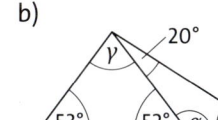

a) Miss eine Winkelgröße und berechne dann die fehlende Winkelgröße.

b) Max sagt: „Ich habe die Winkelgrößen vom Dreieck ① bestimmt ohne zu messen." Beschreibe, wie er das gemacht hat.

4 Berechne die fehlenden Winkelgrößen im Dreieck ABC.

a) $\alpha = 37°; \beta = 53°$

b) $\alpha = 48°; \gamma = 84°$

c) $\alpha = \beta; \gamma = 100°$

d) $\alpha = 60°; \beta = \gamma$

5 Berechne die fehlende Winkelgröße im Dreieck.

a) Zwei Winkel sind jeweils 72° groß.

b) Der Winkel α ist 106° groß und $\beta = \gamma$.

6 Berechne die fehlenden Winkelgrößen.

a)

b)

7 Richtig oder falsch? Begründe und zeichne ein Beispiel, wenn die Aussage stimmt.

a) Es gibt ein Dreieck, in dem alle Winkel 60° groß sind.

b) Es gibt ein Dreieck, in dem zwei Winkel größer als 90° groß sind.

8 Übertrage ins Heft.

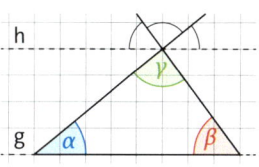

a) Markiere und beschrifte alle Winkel, die gleich groß sind wie α, β oder γ. Begründe deine Entscheidungen.

b) Begründe mithilfe der Zeichnung, dass $\alpha + \beta + \gamma = 180°$ ist.

9 Berechne die fehlende Winkelgröße.

a)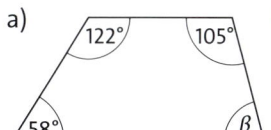

b)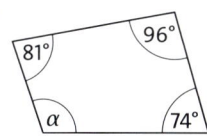

10 Berechne die fehlende Winkelgröße im Viereck ABCD.

	α	β	γ	δ
a)	65°	80°		135°
b)		134°	115,3°	56°
c)	73,6°		196,4°	62,5°

11 Richtig oder falsch? Begründe.

a) Es gibt Vierecke mit 3 stumpfen Winkeln.

b) Es gibt Vierecke mit 3 spitzen Winkeln.

c) Es gibt Vierecke mit 2 überstumpfen Winkeln.

d) Es gibt Vierecke mit 4 rechten Winkeln.

12 Zeichne verschiedene, **unregelmäßige** Vielecke (Fünfecke, Sechsecke, Siebenecke,...).

a) Miss und addiere alle Innenwinkelgrößen.

b) Zerlege die Vielecke in Dreiecke. Bestimme so die Summen der Innenwinkelgrößen.

c) 👥 Vergleicht. Findet eine Regelmäßigkeit?

d) 💻 👥 Recherchiert die Formel für die Summe der Innenwinkelgrößen in Vielecken. Erklärt die Formel in der Klasse.

Sprachhilfe zu **12**: **Unregelmäßig** bedeutet: Alle Seitenlängen und alle Winkelgrößen sind unterschiedlich groß.

▸ 💡 Tipp zu **5**, **7**, **11**

Dreiecksarten

Cem hat einen Löwenkopf gezeichnet. Der Löwenkopf besteht fast
nur aus Dreiecken. Tim betrachtet die Dreiecke.
Er vergleicht die Seitenlängen und Winkelarten.
Welche Gemeinsamkeiten und Unterschiede findet er?

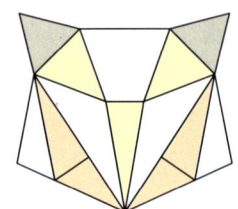

*Die Eckpunkte und
die Seiten eines
Dreiecks können
auch andere Namen
haben: z. B. die Eck-
punkte D, E und F
und die Seiten
d, e und f.*

W **Ein Dreieck beschriften**

Eckpunkte: Die Eckpunkte heißen A, B und C.
Die Reihenfolge ist gegen den Uhrzeigersinn.

Seiten: Die Seite gegenüber vom Eckpunkt A heißt a.
Die Seite gegenüber vom Eckpunkt B heißt b.
Die Seite gegenüber vom Eckpunkt C heißt c.

Winkel: Der Winkel bei A heißt α.
Der Winkel bei B heißt β. Der Winkel bei C heißt γ.

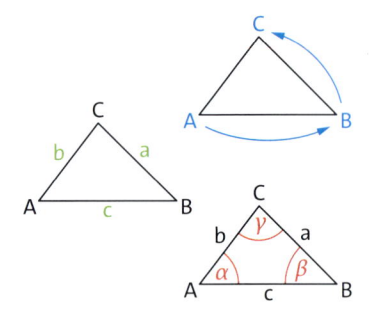

▶ **Aufgabe** Zeichne ein Dreieck ins Heft und beschrifte es vollständig.

Du kannst Dreiecke nach Winkelarten und nach Seitenlängen benennen.

W **Dreiecksarten – Dreiecke nach ihren Winkelarten benennen**

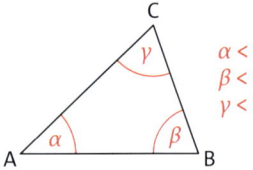

$\alpha < 90°$
$\beta < 90°$
$\gamma < 90°$

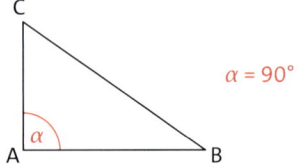

$\alpha = 90°$

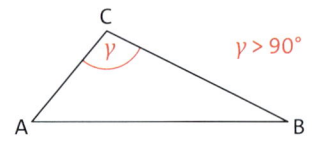

$\gamma > 90°$

spitzwinkliges Dreieck:
Alle drei Winkel sind
spitze Winkel,
also kleiner als 90°.

rechtwinkliges Dreieck:
Ein Winkel des Dreiecks
ist ein rechter Winkel,
also 90° groß.

stumpfwinkliges Dreieck:
Ein Winkel des Dreiecks ist
ein stumpfer Winkel,
also größer als 90°.

Dreiecksarten – Dreiecke nach ihren Seitenlängen benennen

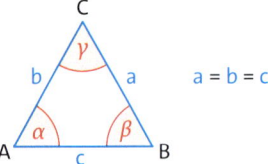

$a = b = c$

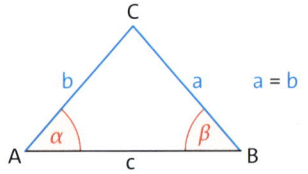

$a = b$

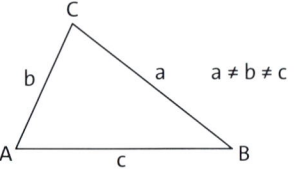

$a \neq b \neq c$

*Beim
gleichschenkligen
Dreieck liegen die
gleich großen Winkel
den gleich langen
Seiten gegenüber.*

gleichseitiges Dreieck:
Alle Seiten sind
gleich lang.
Alle Winkel sind
60° groß.

gleichschenkliges Dreieck:
Zwei Seiten sind
gleich lang.
Zwei Winkel sind
gleich groß.

unregelmäßiges Dreieck:
Alle Seiten sind
verschieden lang.
Alle Winkel sind
verschieden groß.

▶ **Aufgabe** Benenne die farbigen Dreiecke im Löwenkopf oben:
zuerst nach den Winkelarten, dann nach den Seitenlängen.

1 Übertrage die Dreiecke ins Heft.
Beschrifte alle Eckpunkte, Seiten und Winkel.

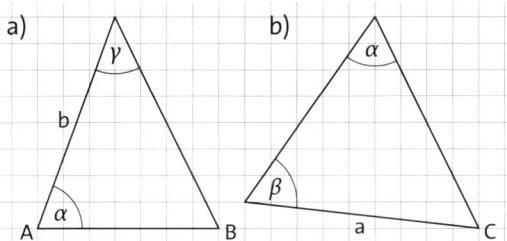

2 Die Dreiecke sind falsch beschriftet.

Mila:　　　　　　　　Tom:

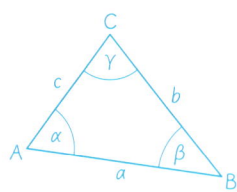 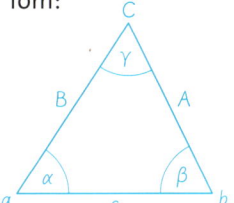

a) Finde die Fehler.
b) 👥 Erklärt euch gegenseitig, welche Fehler ihr gefunden habt.

3 Schau dir die Dreiecke an.
Welche Dreiecke sind ...
a) rechtwinklig?　　b) stumpfwinklig?
c) gleichseitig?　　d) gleichschenklig?
e) gleichschenklig und stumpfwinklig?

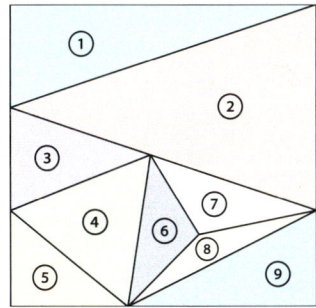

▶ **3**
☒

4 Bestimme die Dreiecksart. Notiere den vollständigen Satz im Heft.
a) Wenn in einem Dreieck alle Seiten gleich lang sind, dann ist es ein ⬤ Dreieck.
b) Wenn in einem Dreieck alle Winkel kleiner als 90° sind, dann ist es ein ⬤ Dreieck.
c) Wenn in einem Dreieck zwei Seiten gleich lang sind, dann ist es ein ⬤ Dreieck.

5 👥 Fabienne hat einen Vogel gemalt, der gleich auf einem Dach landet.

a) Schreibt die Dreiecksarten auf, die ihr findet.
b) Vergleicht eure Lösungen untereinander. ▶ **6** ☒

6 Zeichne ein Koordinatensystem. ▶ 🔊
Beide Achsen sollen von 0 bis 7 gehen.
a) Zeichne ein Dreieck mit den Eckpunkten A(6|3), B(4|5) und C(2|1).
b) Beschrifte alle Seiten und alle Winkel.
c) Benenne das Dreieck einmal nach den Winkelarten und einmal nach den Seitenlängen.

7 Zeichne dein eigenes „Dreieckstier".
a) Notiere die Dreiecksarten, die du verwendet hast.
b) 👥 Beschreibt euch gegenseitig ein Dreieck aus dem Tier. Der Partner überlegt, um welches Dreieck es sich handelt.

8 Nimm ein DIN-A4-Blatt. Falte eine Ecke auf eine Kante und schneide den Rand ab. Es entsteht ein Quadrat (Bild oben links).
a) Falte den Hund.

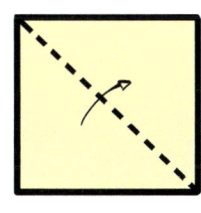 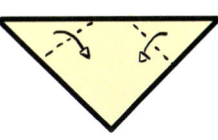

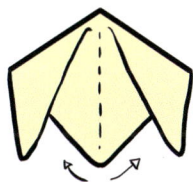 

b) Welche Dreiecksarten entdeckst du?

Sprachhilfe zu **2**: Verwende: Großbuchstaben – Kleinbuchstaben – Eckpunkte – Seiten – liegen gegenüber

1 Übertrage die Dreiecke ins Heft.
Beschrifte alle Eckpunkte, Seiten und Winkel.

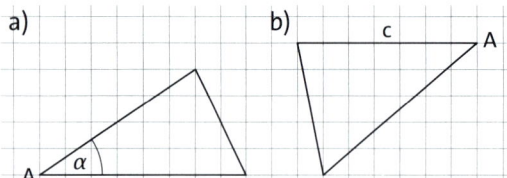

2 Beschreibe, wie du ein Dreieck beschriftest.
▼ Ergänze dafür die Sätze im Heft.
a) Die Seite a liegt gegenüber vom ●.
b) Die Eckpunkte beschriftest du immer mit ●.
c) Der Winkel α liegt immer am ●.
d) Die Seiten beschriftest du mit ●. ►**3**
☒

3 Benenne das Dreieck nach den Winkelarten und
nach den Seitenlängen.
Nutze dein Geodreieck.

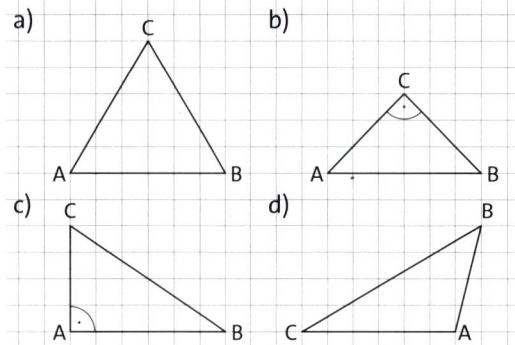

4 Zeichne ein Koordinatensystem.
Beide Achsen sollen von 0 bis 10 gehen.
a) Zeichne das Dreieck ABC und benenne es
nach den Winkelarten und nach den
Seitenlängen.
A(1|1); B(7|1); C(4|3)
b) Ergänze den Punkt C so, dass ein
rechtwinkliges Dreieck entsteht.
A(2|6); B(6|6); C(■|■)
c) Ergänze den Punkt C so, dass ein
rechtwinkliges Dreieck entsteht.
A(8|2); B(10|0); C(■|■)
d) Ergänze den Punkt B so, dass ein
gleichschenkliges Dreieck entsteht.
A(7|4); B(■|■); C(7|10) ►**4**
☒

5 Finde möglichst viele Dreiecke.
Notiere die Dreiecksarten.

6 Das sind Eigenschaften von Dreiecken: ►◁

(1) Alle Winkel sind 60° groß.	(2) Ein Winkel ist größer als 90°.
(3) Zwei Seiten sind gleich lang.	(4) Alle Winkel sind kleiner als 90°.
(5) Alle Seiten sind gleich lang.	(6) Zwei Winkel sind gleich groß.

Ordne jeder Dreiecksart alle Eigenschaften zu,
die zu ihr gehören.
Manche Eigenschaften passen zu mehreren
Dreiecksarten.
a) gleichschenkliges Dreieck
b) spitzwinkliges Dreieck
c) stumpfwinkliges Dreieck
d) gleichseitiges Dreieck

7 👥 Faltet den Fuchs aus einem quadratischen
Blatt Papier.
Welche Dreiecksarten erkennt ihr?

① 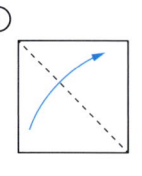 ② 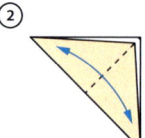 ③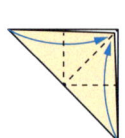

④ 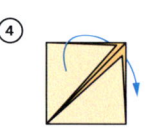 ⑤ 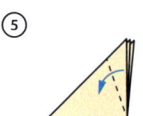 ⑥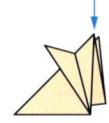

⑦ 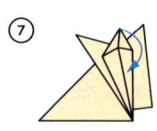 ⑧ 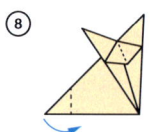 ⑨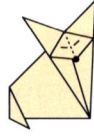

Sprachhilfe zu **2**: Setze ein: Großbuchstaben – Kleinbuchstaben – gegen den Uhrzeigersinn – Eckpunkt A
– Eckpunkt A

1 Übertrage das Dreieck ins Heft.
  a) Beschrifte das Dreieck vollständig.
  b) Begründe:
  - Warum muss der Eckpunkt B bei ① liegen?
  - Weshalb musst du die Seite bei ② mit „b" beschriften?
  - Warum darfst du die Seite bei ② nicht mit „B" beschriften?
  - Warum darf der Winkel α nicht in der Ecke rechts unten liegen?

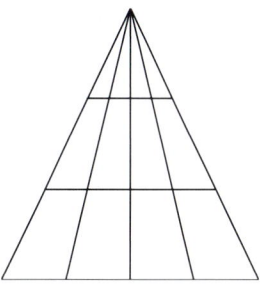

2 👥 Zeichne ein Dreieck auf ein Blatt Papier und beschrifte eine Seite mit „c".
Tauscht nun eure Dreiecke untereinander und vervollständigt die Beschriftung. Erklärt euch gegenseitig, wie ihr vorgegangen sein.

3 Notiere alle Dreiecke, auf die die folgende Beschreibung zutrifft.

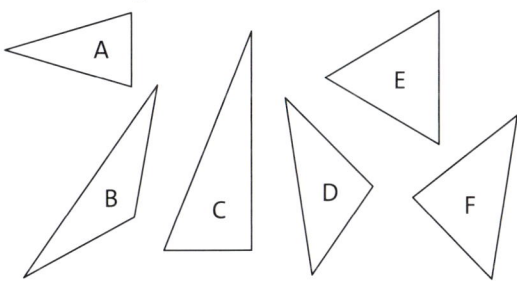

  a) spitzwinklig und gleichschenklig
  b) rechtwinklig und gleichschenklig
  c) stumpfwinklig, aber nicht gleichschenklig
  d) spitzwinklig, aber nicht gleichseitig
  e) stumpfwinklig und unregelmäßig

4 Notiere die Dreiecksarten, die du auf dem Bild von der Müngstener Brücke (Solingen) findest.

5 Überprüfe zuerst die Aussage. Erkläre bei a). Finde bei b) ein Gegenbeispiel.
  a) Es gibt kein Dreieck, das sowohl stumpfwinklig als auch gleichseitig ist.
  b) Ein Dreieck kann nicht rechtwinklig und gleichschenklig sein.

6 👥 Die folgende Zeichnung enthält mehr als 25 Dreiecke.

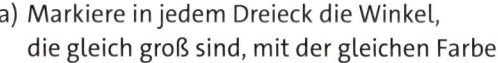

  a) Wie viele Dreiecke sind es genau? Beschreibt, wie ihr beim Zählen vorgeht.
  b) Notiert alle Dreiecksarten, die in der Figur vorkommen.

7 Zeichne ein rechtwinkliges, ein gleichseitiges und ein gleichschenkliges Dreieck. ▸ 🔊)
  a) Markiere in jedem Dreieck die Winkel, die gleich groß sind, mit der gleichen Farbe.
  b) Untersuche, welche der Dreiecke achsensymmetrisch sind. Zeichne alle Symmetrieachsen ein.

8 Zeichne ein Koordinatensystem und trage die Punkte A und B ein. Ergänze den Punkt C so, dass das angegebene Dreieck entsteht. Achte darauf, dass die Eckpunkte gegen den Uhrzeigersinn beschriftet werden.
  a) gleichschenkliges Dreieck: A(2|5); B(1|2)
  b) rechtwinkliges Dreieck: A(4|2); B(7|5)

9 Viele Logos und Flaggen enthalten Dreiecke.

Entwirf ein eigenes Logo mit Dreiecken. Notiere die Dreiecksarten, die du verwendest. Verwende möglichst viele Dreiecksarten.

Mittelsenkrechte und Umkreis

Arko wohnt in Apeldoorn (A) und sein Freund Ben wohnt in Berlin (B).
Sie würden sich gerne an einem Ort treffen, der von beiden die gleiche Luftlinien-Entfernung hat.

W **Die Mittelsenkrechte**
Die **Mittelsenkrechte** einer Strecke $\overline{AB}$ ist
eine Gerade.
Sie geht durch den **Mittelpunkt** der Strecke $\overline{AB}$
und steht **senkrecht** auf der Strecke $\overline{AB}$.

Auf der Mittelsenkrechten der Strecke $\overline{AB}$ liegen
alle Punkte, die zu den Punkten A und B den
gleichen Abstand haben.

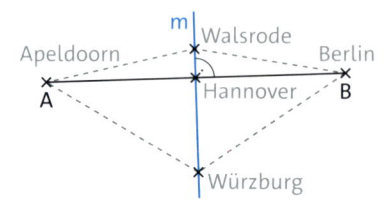

Arko und Ben könnten sich
zum Beispiel in Hannover treffen.

▶ **Aufgabe** Welche weitere Stadt ist von Appeldorn und Berlin gleich
weit entfernt?

▶ 1 ▶ 1 ▶ 1

*„Konstruieren"
bedeutet: mit Zirkel
und Lineal zeichnen.*

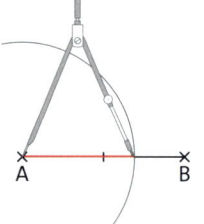

*Kreisbogen:
Die Kreise müssen
nicht vollständig
gezeichnet werden.*

W **Die Mittelsenkrechte konstruieren**
Gegeben ist eine Strecke $\overline{AB}$.
① Zeichne einen Kreisbogen um den Punkt A.
Der Radius muss größer sein als die Hälfte
der Streckenlänge $\overline{AB}$.
② Zeichne einen Kreisbogen mit dem gleichen
Radius um den Punkt B.
③ Die beiden Kreisbögen schneiden sich in zwei
Punkten S und T.
④ Zeichne eine Gerade m durch die
Schnittpunkte S und T. Diese Gerade m ist
die **Mittelsenkrechte** der Strecke $\overline{AB}$.

① und ②

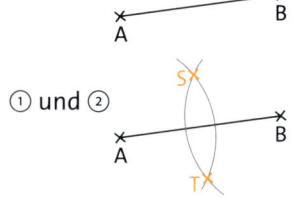

③ und ④

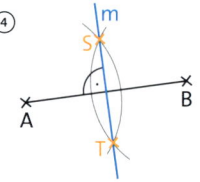

▶ **Aufgabe** Zeichne eine Strecke $\overline{AB}$ ins Heft.
Konstruiere die Mittelsenkrechte der Strecke $\overline{AB}$.

▶ 2 ▶ 2 ▶ 2

Auch Nils aus Nürnberg möchte am Treffen seiner Freunde teilnehmen.

W
E
Der Umkreis eines Dreiecks
Die drei **Mittelsenkrechten** der drei **Seiten** eines
Dreiecks schneiden sich immer in einem Punkt M.
Die Eckpunkte A, B, C des Dreiecks haben zu M
den gleichen Abstand.
Der Punkt M ist auch der Mittelpunkt des Kreises,
der durch alle drei Eckpunkte des Dreiecks geht.
Den Kreis nennt man **Umkreis** des Dreiecks.

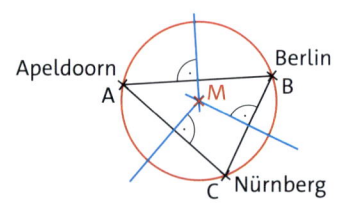

Arko, Ben und Nils sollten sich
beim Punkt M (in Northeim)
treffen.

▶ Die Mittel-
senkrechten im
Dreieck
konstruieren

▶ **Aufgabe** Zeichne ein Dreieck. Konstruiere die drei Mittelsenkrechten. Zeige,
dass sich die drei Mittelsenkrechten in einem Punkt schneiden.

▶ 4 ▶ 4 ▶ 3

Winkelhalbierende und Inkreis

Eine besondere Linie an Winkeln ist die Winkelhalbierende.

W **Die Winkelhalbierende**

Die Winkelhalbierende w eines Winkels α ist ein Strahl. Er beginnt im Scheitelpunkt S des Winkels α und **halbiert den Winkel** α.

Auf der Winkelhalbierenden w des Winkels α liegen alle Punkte, die zu den beiden Schenkeln des Winkels den gleichen Abstand haben.

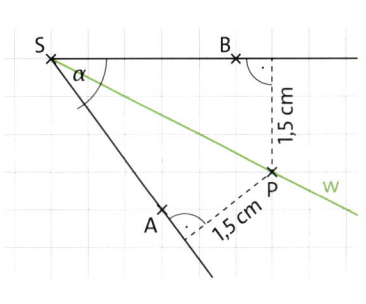

▶ **Aufgabe** Übertrage die Zeichnung oben ins Heft.
Markiere einen beliebigen Punkt D auf der Winkelhalbierenden von α.
Miss den Abstand vom Punkt D zu den Schenkeln von α. ▶ **5** ▶ **5** ▶ **6**

W **Die Winkelhalbierende konstruieren**

Gegeben ist der Winkel α mit dem Scheitelpunkt S.

Der Radius des Kreisbogens um S sollte mindestens 3 cm betragen.

① Zeichne mit einem beliebigen Radius r einen **Kreisbogen** um S, der beide Schenkel schneidet. Nenne die Schnittpunkte A und B.

② Zeichne um A und B je einen **Kreisbogen** mit dem gleichen Radius. Die beiden Kreisbögen schneiden sich im Punkt **P**.

Die Kreise müssen nicht vollständig gezeichnet werden.

③ Zeichne den Strahl von S durch **P**. Das ist die Winkelhalbierende w des Winkels α.

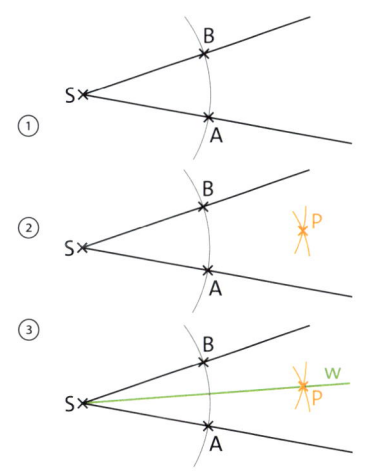

▶ **Aufgabe** Zeichne einen Winkel α ins Heft.
Konstruiere die Winkelhalbierende. ▶ **6** ▶ **6** ▶ **7**

W ⓔ **Der Inkreis eines Dreiecks**

Die drei Winkelhalbierenden der drei **Winkel** eines Dreiecks schneiden sich immer in einem Punkt M.

Die Seiten des Dreiecks haben zu M den gleichen Abstand. Der Punkt M ist der Mittelpunkt eines Kreises, der alle drei Seiten des Dreiecks von innen berührt. Diesen Kreis nennt man Inkreis des Dreiecks.

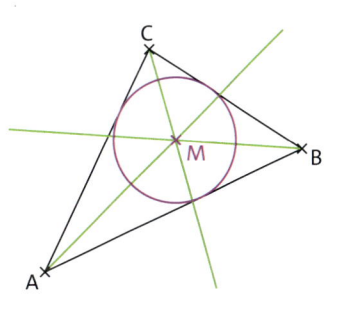

▶ Die Winkel-halbierenden im Dreieck konstruieren

▶ **Aufgabe** Zeichne ein Dreieck. Konstruiere die drei Winkelhalbierenden
und benenne ihren Schnittpunkt mit M. Zeichne den Inkreis. ▶ **8** ▶ **9** ▶ **9**

1 Ist die Gerade m die Mittelsenkrechte?

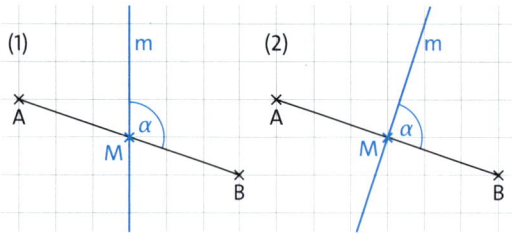

(1) (2)

a) Überprüfe durch Messen, ob $\alpha = 90°$ ist.
b) Miss den Abstand vom Punkt A zu Punkt M und von Punkt B zum Punkt M.
c) Entscheide, ob m eine Mittelsenkrechte ist. Begründe deine Antwort.

2 Übertrage die Strecke $\overline{AB}$ ins Heft. Konstruiere die Mittelsenkrechte:

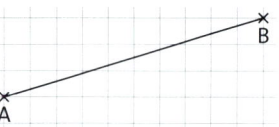

a) Zeichne um A und um B einen Kreisbogen mit dem Radius r = 4 cm. Du erhältst zwei Schnittpunkte S und T.
b) Zeichne die Mittelsenkrechte: Verbinde die beiden Schnittpunkte S und T. ▶ **3**

3 🖳 Zeichne die Mittelsenkrechte einer Strecke mit einer dynamischen Geometriesoftware:
① Öffne die dynamische Geometrie-Software.
② Klicke das Werkzeug ×ᴾ und zeichne damit die Punkte A(2|2) und B(8|2).
③ Klicke das Werkzeug ×—× und zeichne damit die Strecke $\overline{AB}$, indem du nacheinander auf die Punkte A und B klickst.
④ Klicke erst auf das Werkzeug ╪ und dann auf die Strecke $\overline{AB}$. Das Programm zeichnet die Mittelsenkrechte von $\overline{AB}$.

4 Übertrage das Dreieck ins Heft oder verwende eine dynamische Geometrie-Software. Konstruiere die Mittelsenkrechten der drei Seiten des Dreiecks. Was stellst du fest?

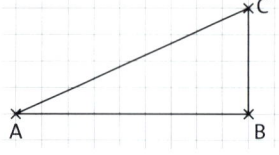

5 Übertrage die Zeichnungen ins Heft.

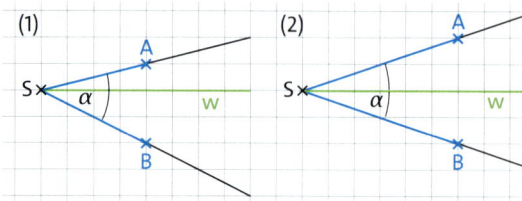

(1) (2)

a) Miss für (1) und für (2) den Abstand von A zu w und von B zu w. Sind die Abstände gleich?
b) Ist w die Winkelhalbierende des Winkels? Begründe deine Antwort. ▶ **5**

6 Übertrage die Winkel ins Heft.

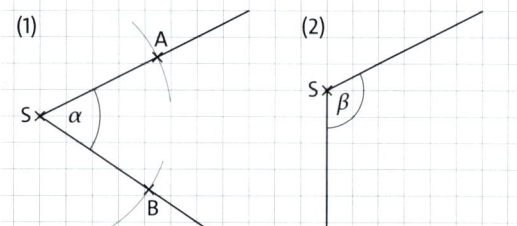

(1) (2)

a) Zeichne um S einen Kreisbogen mit dem Radius r = 3 cm.
b) Zeichne um A und B je einen Kreis mit dem Radius r = 3 cm. Nenne den Schnittpunkt P.
c) Zeichne die Winkelhalbierende.

7 🖳 Zeichne die Winkelhalbierende eines Winkels mit einer dynamischen Geometrie-software:
① Öffne die dynamische Geometrie-Software.
② Klicke das Werkzeug ×ᴾ und zeichne damit die Punkte A(5|5), B(2|1) und C(6|1). Zeichne dann mit dem Werkzeug ×—× die Strecken $\overline{AB}$ und $\overline{BC}$.
③ Klicke das Werkzeug ⊿ und zeichne damit einen Winkel, indem du nacheinander auf die Punkte A, B und C klickst.
④ Klicke erst auf das Werkzeug ∠ und dann nacheinander auf die Punkte A, B und C. Das Programm zeichnet die Winkelhalbierende des Winkels.

8 Übertrage das Dreieck aus Aufgabe 4 ins Heft oder verwende eine dynamische Geometrie-Software. Konstruiere die Winkelhalbierenden der drei Innenwinkel. Was stellst du fest?

Tipp zu **6c**: Verbinde den Schnittpunkt P mit dem Scheitelpunkt S.

Üben ☒

1 Emilia aus Wien möchte ihre Gastfamilie aus Paris in einer Stadt treffen, die von Wien und Paris gleich weit entfernt ist.

a) Auf welcher Linie liegen Städte, die von Paris und Wien gleich weit entfernt sind?

b) Welche Stadt würdest du für ein Treffen vorschlagen?

c) 📱 👥 Recherchiert im Internet die Luftlinien-Entfernung zwischen deiner gewählten Stadt und Paris sowie Wien. ▶ **2** ☒

2 Zeichne die Strecke. Konstruiere die Mittelsenkrechte. Überprüfe durch Messen.

a) $\overline{AB} = 9\,cm$ b) $\overline{AB} = 7{,}6\,cm$ c) $\overline{AB} = 5{,}9\,cm$

3 ▼ Levon sagt: „Ich habe einen anderen Weg gefunden, eine Mittelsenkrechte zu zeichnen."

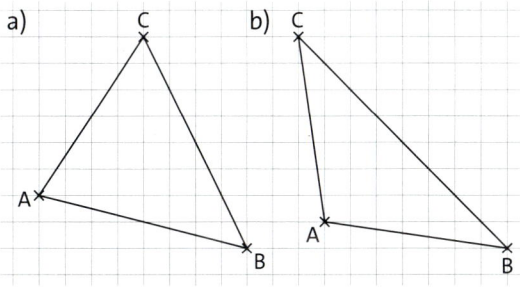

a) Erkläre, wie Levon vorgegangen ist.

b) 👥 Nennt Vor- und Nachteile der Vorgehensweise von Levon.

4 Übertrage das Dreieck ins Heft. Konstruiere die Mittelsenkrechten auf allen Seiten des Dreiecks. Was stellst du fest? ▶ **4** ☒

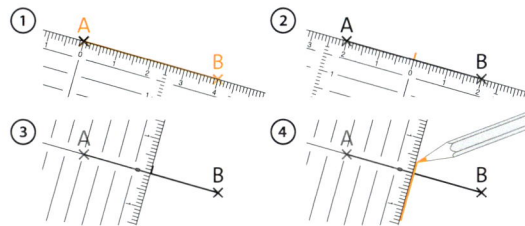

5 Ben spielt den Puck auf der pinken Linie in das Tor. Ist die pinke Linie eine Winkelhalbierende? Begründe deine Antwort. ▶ **6** ☒

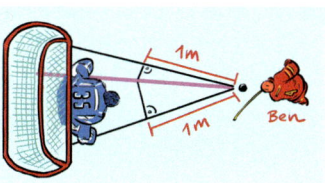

6 Notiere die Konstruktionsbeschreibung in der richtigen Reihenfolge. Konstruiere dann die Winkelhalbierende für $\alpha = 87°$.

Ⓐ Den Schnittpunkt der Kreisbögen um A und B nenne ich P. Der Strahl von S durch P ist die Winkelhalbierende.

Ⓑ Ich zeichne den Winkel $\alpha = 87°$ mit dem Scheitelpunkt S.

Ⓒ Ich zeichne einen Kreisbogen um S mit dem Radius $r = 3\,cm$. Die Schnittpunkte mit den Schenkeln des Winkels α nenne ich A und B.

Ⓓ Ich zeichne einen Kreisbogen um A mit dem Radius $r = 3\,cm$.

Ⓔ Ich zeichne einen Kreisbogen um B mit $r = 3\,cm$.

7 ▼ Zeichne den Winkel. Konstruiere dann die Winkelhalbierende. Überprüfe durch Messen.

a) $\alpha = 70°$ b) $\beta = 46°$ c) $\gamma = 57°$

d) $\delta = 100°$ e) $\varepsilon = 164°$ f) $\zeta = 177°$

8 Luana sagt: „Ich kenne einen anderen Weg eine Winkelhalbierende zu zeichnen."

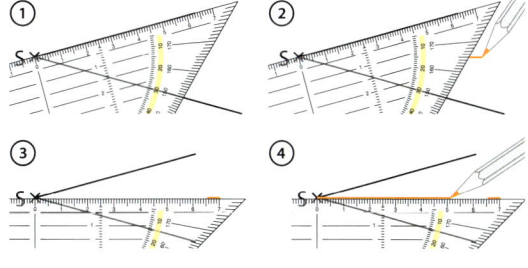

a) Erkläre, wie Luana vorgegangen ist. Nenne Vorteile und Nachteile.

b) 👥 Besprecht eure Ergebnisse miteinander.

9 Übertrage die Dreiecke aus Aufgabe 4 ins Heft. Konstruiere die Winkelhalbierenden. Was stellst du fest? ▶ **10** ☒

Sprachhilfe zu **3a** und **7a**: … anstelle von … Zirkel … Geodreieck

▶ 💡 Tipp zu **4**, **7**

1 Welche Stadt in Italien hat fast die gleiche Entfernung zu Monaco wie zu Split? Gib die Entfernung in km an und begründe.

2 Zeichne ein Koordinatensystem. Teile beide Achsen von 0 bis 10 ein.
a) Trage die Punkte ein:
   $A(1|5)$, $B(4|0)$, $C(4|1)$, $D(8|3)$.
b) Konstruiere zwei Mittelsenkrechten: eine auf der Strecke $\overline{AB}$ und die andere auf $\overline{CD}$.
c) Gib die Koordinaten des Schnittpunkts der beiden Mittelsenkrechten an.

3 Konstruiere den Umkreis des Dreiecks ABC in einem Koordinatensystem.
a) $A(1|1)$, $B(7|2)$, $C(3|5)$
b) $A(3|0)$, $B(7|0)$, $C(2|4)$

4 Das Freibad soll von **A**kirch, **B**stedt und **C**eberg gleich weit entfernt liegen.

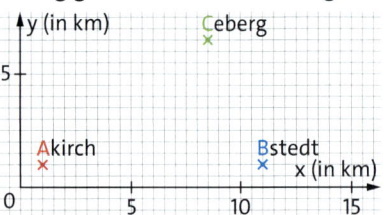

a) Übertrage die Punkte A, B, C ins Heft.
b) Ermittle durch Konstruktion die Koordinaten eines möglichen Standorts für das Freibad.
c) Bestimme die Entfernung (in km) zwischen dem Freibad und den drei Städten.

5 Überprüfe die Aussage mit einer Konstruktion. Zeichne Gegenbeispiele für eine falsche Aussage.
a) Toni sagt: „Wenn der Radius eines Umkreises 5 cm ist, dann ist das Dreieck spitzwinklig."
b) Maria meint: „Die längste Seite eines rechtwinkligen Dreiecks teilt den Umkreis in zwei gleich große Teile."

6 ▼ Sou und Raja spielen Fußball. Begründe, warum Sou auf der gestrichelten Linie stehen sollte, um den Ball am besten abzuwehren. Verwende Fachbegriffe.

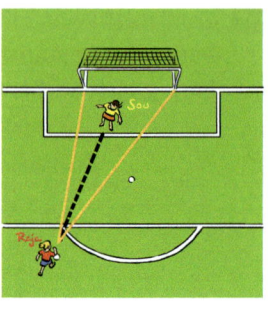

7 Zeichne ein Koordinatensystem.
a) Trage die Punkte ein: $A(3|3)$, $S_1(-1|0)$, $B(-1|5)$, $C(5|4)$, $S_2(4|1)$, $D(1|0)$.
b) Konstruiere die Winkelhalbierende des Winkels AS_1B mit dem Scheitelpunkt S_1.
c) Konstruiere die Winkelhalbierende des Winkels CS_2D mit dem Scheitelpunkt S_2.
d) Die beiden Winkelhalbierenden schneiden sich im Punkt E. Gib die Koordinaten des Punktes E an.

8 Timo hat einen Winkel geviertelt. Beschreibe, wie er vorgegangen ist.

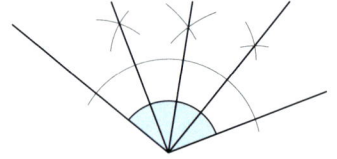

9 Zeichne für jedes Dreieck ein Koordinatensystem. Wähle 1 cm für eine Einheit. Teile beide Achsen von 0 bis 10 ein. Konstruiere den Inkreis des Dreiecks ABC.
a) $A(1|1)$, $B(8|2)$, $C(1|5)$
b) $A(0|0)$, $B(8|0)$, $C(5|5)$
c) $A(1|0)$, $B(8|0,5)$, $C(0|5)$

10 ▼ Anita will einen Lautsprecher in das Gehäuse einbauen. Die Grundseite ist 12 cm lang. Die Seiten haben zur Grundseite einen Winkel von 45°. Bestimme mit Hilfe einer Konstruktion den **maximalen Radius** des Lautsprechers. Beschreibe deine Vorgehensweise.

Sprachhilfe zu **6**: Winkelhalbierende – Abstand – gleich groß

Sprachhilfe zu **10**: **Maximaler Radius** bedeutet: Es gibt keinen Radius, der in diesem Dreieck größer sein kann.

Mit einer dynamischen Geometrie-Software die Lage der Schnittpunkte untersuchen

Mit einer dynamischen Geometrie-Software kannst du die Lage der Schnittpunkte von Mittelsenkrechten und Winkelhalbierenden in Dreiecken untersuchen.

1 Zeichne mit einer dynamischen Geometrie-Software ein Dreieck ABC.
Konstruiere die Mittelsenkrechten. Klicke dafür auf das Werkzeug „Mittelsenkrechte zeichnen" und dann auf die Strecke (oder nacheinander auf die Endpunkte der Strecke). Markiere dann ihren Schnittpunkt M und konstruiere den Umkreis des Dreiecks.

2 Untersuche bei deinem Dreieck die Lage des Schnittpunkts M. Verschiebe einen Eckpunkt des Dreiecks so, dass der Schnittpunkt M...
a) **im Dreieck** liegt,   b) **außerhalb des Dreiecks** liegt,   c) **auf einer Seite des Dreiecks** liegt.

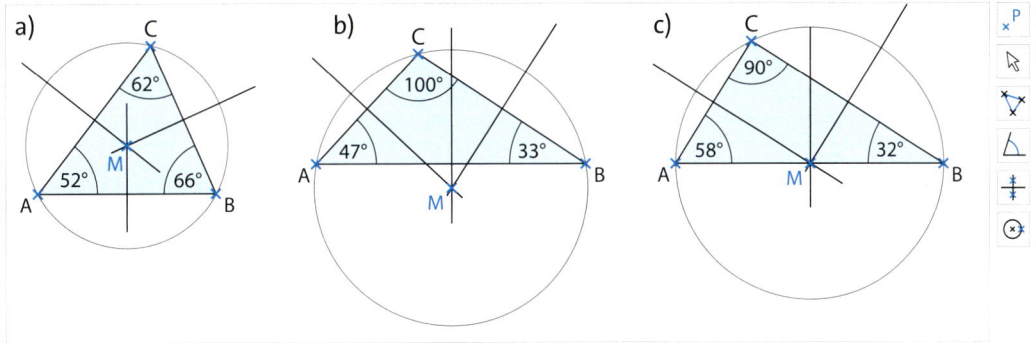

3 Untersuche die Winkelgrößen des Dreiecks und die Dreiecksart, wenn sich der Schnittpunkt M
a) innerhalb, b) außerhalb und c) auf einer Seite des Dreiecks befindet.
Verschiebe dafür den Eckpunkt A.
Übertrage die Tabelle ins Heft. Trage die Winkel in die Tabelle ein und ordne die passende Dreiecksart zu.

Lage des Schnittpunkts M	α	β	γ	Dreiecksart
a) M im Dreieck				
b) M außerhalb des Dreiecks				
c) M auf einer Seite des Dreiecks				

Ⓐ rechtwinkliges Dreieck

Ⓑ spitzwinkliges Dreieck

Ⓒ stumpfwinkliges Dreieck

4 👥 Vergleicht eure Ergebnisse aus Aufgabe 3 zur Lage des Schnittpunkts M. Formuliert dann Merksätze dazu.

5 Zeichne mit einer dynamischen Geometriesoftware ein Dreieck ABC.
Konstruiere alle Winkelhalbierenden.
Klicke dafür auf das Symbol für „Winkelhalbierende zeichnen" und dann nacheinander auf die Eckpunkte B, A, C und A, C, B und C, B, A. Markiere dann den Schnittpunkt M und konstruiere den Inkreis des Dreiecks.

6 Sina meint: „Jedes Dreieck hat einen Inkreis. Deshalb liegt der Schnittpunkt der Winkelhalbierenden immer im Dreieck."
Überprüfe Sinas Aussage mit der dynamischen Geometrie-Software für ein rechtwinkliges, spitzwinkliges und stumpfwinkliges Dreieck.

Vierecksarten

Die Sportlehrerin ruft: „Alle rennen vom Start zum Ziel. Hey Lisa, du läufst ja diagonal!"

Zwei Eckpunkte in einem Viereck, die nicht nebeneinander liegen, kannst du durch eine Strecke miteinander verbinden. Solche Strecken heißen Diagonalen.

Bei dem Viereck ABCD geht eine Diagonale vom Punkt A zum Punkt C.

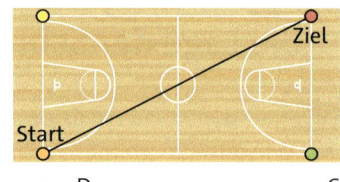

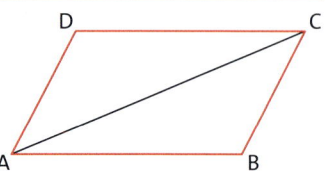

So ist ein Viereck beschriftet:

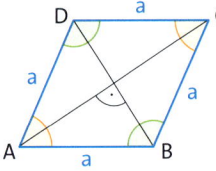

*Die Eckpunkte heißen gegen den Uhrzeigersinn A, B, C und D. Die Seiten **neben** den Eckpunkten heißen a, b, c und d. Für gleich lange Seiten benutzt du denselben Buchstaben.*

W **Vierecksarten**

das Quadrat

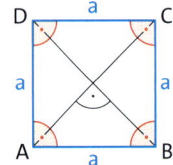

- 4 gleich lange Seiten
- 4 rechte Winkel
- Die Diagonalen …
  - halbieren sich,
  - sind gleich lang und
  - stehen senkrecht aufeinander.

das Rechteck

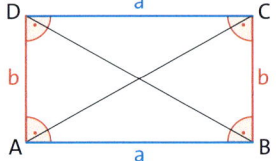

- Gegenüberliegende Seiten sind gleich lang und zueinander parallel.
- 4 rechte Winkel
- Die Diagonalen …
  - halbieren sich und
  - sind gleich lang.

das Parallelogramm

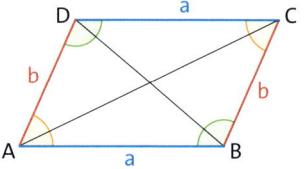

- Gegenüberliegende Seiten sind gleich lang und zueinander parallel.
- Gegenüberliegende Winkel sind gleich groß.
- Die Diagonalen halbieren sich.

die Raute

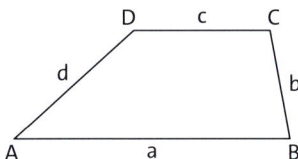

- 4 gleich lange Seiten
- Gegenüberliegende Winkel sind gleich groß.
- Gegenüberliegende Seiten sind zueinander parallel.
- Die Diagonalen …
  - halbieren sich und
  - stehen senkrecht aufeinander.

das Trapez

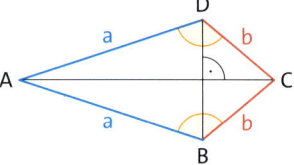

- 2 Seiten sind zueinander parallel.

das gleichschenklige Trapez

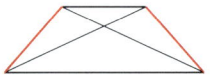

- 2 Seiten sind zueinander parallel.
- 2 Seiten sind gleich lang.

das Drachenviereck

- 2 Paare benachbarter Seiten sind gleich lang.
- 2 gegenüberliegende Winkel sind gleich groß.
- Die Diagonalen stehen senkrecht aufeinander.
- Eine Diagonale wird durch die andere Diagonale halbiert.

Benachbarte Seiten sind Seiten, die nebeneinander liegen.

Benachbarte Winkel sind Winkel, die nebeneinander liegen.

▶ Aufgabe   Prüfe mit den Eigenschaften, ob das rote Viereck ABCD oben ein Parallelogramm ist.

▶ 1 ▶ 1 ▶ 1

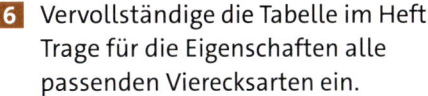
1 Ordne jedem Viereck eine passende Vierecksart zu.

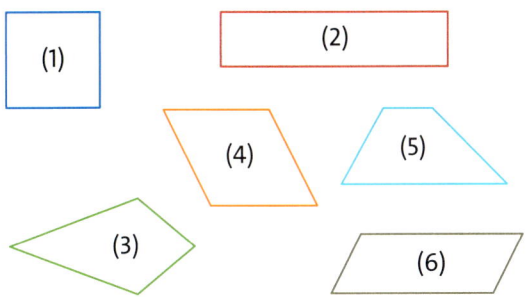

(1)

(2)

(4)

(5)

(3)

(6)

Ⓐ das Quadrat   Ⓑ das Rechteck
Ⓒ die Raute   Ⓓ das Parallelogramm
Ⓔ das Trapez   Ⓕ das Drachenviereck

2 Auf den Kärtchen stehen Eigenschaften von Vierecken.

> a) 4 Seiten sind gleich lang.

> b) Es gibt zwei zueinander parallele Seiten.

> c) Gegenüberliegende Seiten sind gleich lang. Es gibt 4 rechte Winkel.

> d) Gegenüberliegende Seiten sind gleich lang und zueinander parallel.

Schreibe zu jedem Kärtchen die passenden Vierecksarten auf.

3 👥 Vierecke in unserer Umwelt
a) Welche Vierecksarten seht ihr auf dem Foto? Schreibt die Eigenschaften auf.

b) Findet in eurer Umgebung verschiedene Vierecksarten. Haltet eure Ergebnisse fest.
Beispiel Rechteck: Buchseite, Tischplatte, …
c) Zeichnet jeweils 3 verschiedene Vierecke. Tauscht die Blätter und schreibt die Vierecksarten auf. Ergänzt gemeinsam, welche ▸ **3** ⊠ Vierecksarten fehlen.

4 👥 Verwendet einen Zollstock. Einer formt mit dem Zollstock unterschiedliche Vierecke. Der Partner nennt die Vierecksart und deren Eigenschaften. Wechselt euch ab.

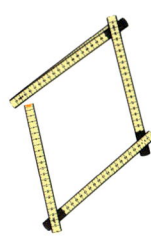

5 Übertrage die Zeichnung ins Heft.

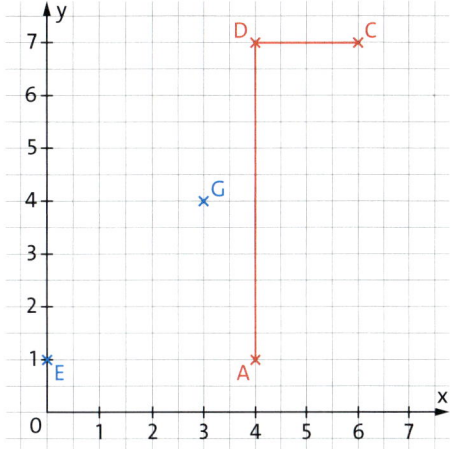

a) Ergänze die Punkte A(4|1), C(6|7) und D(4|7) zu einem Rechteck ABCD. Gib die Koordinaten des Punktes B an.
b) Ergänze die Punkte E(0|1) und G(3|4) zu ▸◁)) einem Quadrat EFGH. Gib die Koordinaten der Punkte F und H an.
c) Beschrifte die Seiten und Winkel der Vierecke. ▸ **6** ⊠

6 Vervollständige die Tabelle im Heft. Trage für die Eigenschaften alle passenden Vierecksarten ein.

Eigenschaft	Vierecksarten
4 Seiten sind gleich lang.	Quadrat, …
2 Seiten sind gleich lang. Es sind nicht alle Seiten gleich lang.	
2 gegenüberliegende Seiten sind gleich lang.	Rechteck, …
4 rechte Winkel	
2 Winkel sind gleich groß. Es gibt aber keine 4 rechten Winkel.	

Sprachhilfe zu **3** : Nutze: gleich lange Seiten – gleich große Winkel – gegenüberliegende Seiten – gegenüberliegende Winkel – parallele Seiten sind … – benachbarte Seiten sind … – rechte Winkel

▸ 💡 Tipp zu **5**

1 Übertrage die Vierecke ins Heft.

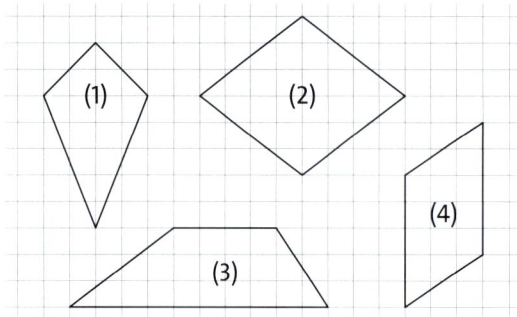

a) Beschrifte die Eckpunkte, Seiten und Winkel.
b) Markiere in jedem Viereck gleich große Winkel in der gleichen Farbe.
c) Zeichne die Diagonalen ein.
d) Nenne die Viereckart.

2 👥 Vierecke in unserer Umwelt
a) Welche Viereksarten seht ihr auf den Fotos? Schreibt die Eigenschaften auf.

b) Findet in eurer Umgebung verschiedene Viereksarten. Schreibt eure Antworten auf.

3 ▼ Begründe, welche der Vierecke Parallelogramme sind.

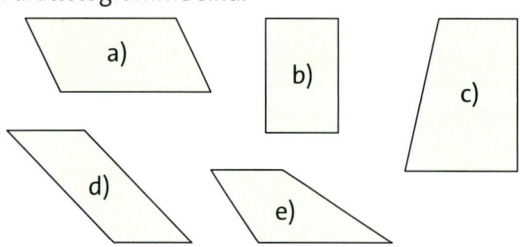

4 Zeichne ein Parallelogramm ABCD. Die Seiten a und b sollen jeweils länger als 5 cm sein.
a) Beschrifte die Eckpunkte und die Seiten.
b) Marie sagt: „Die Summe der Größen zweier benachbarter Winkel ergibt immer 180 Grad." Überprüfe Maries Aussage an deiner Zeichnung. ▶ **3** ☒

5 Zeichne ein Koordinatensystem. Beide Achsen sollen bis 10 gehen. Verwende unterschiedliche Farben.
a) Ergänze die Punkte A(1|1), B(5|1) und D(3|3) zu einem Parallelogramm ABCD. Gib die Koordinaten des Punktes C an.
b) Ergänze die Punkte A(0|5) und C(2|10) zu einem Rechteck ABCD. Gib die Koordinaten der Punkte B und D an.
c) Ergänze die Punkte A(6|4), C(6|10) und D(5|8) zu einem Drachenviereck ABCD. Gib die Koordinaten des Punktes B an.

6 Übertrage die Tabelle ins Heft. ▶ **6** ☒
Trage für die Eigenschaften alle passenden Viereksarten ein.

Eigenschaft	Viereckart
2 Paare benachbarter Seiten sind gleich lang.	
2 gegenüberliegende Seiten sind zueinander parallel, die anderen beiden Seiten nicht.	
Die gegenüberliegenden Winkel sind gleich groß.	Quadrat, ...
Die Diagonalen sind gleich lang.	
Die Diagonalen stehen senkrecht aufeinander.	

7 👥 Tangram
a) Legt verschiedene Vierecke mit Teilen des Tangrams.
b) Neven meint: „Ich kann aus 3 Teilen des Tangrams ein Parallelogramm legen." Probiert es selbst aus. Beschreibt euch gegenseitig, wie ihr vorgegangen seid.

Sprachhilfe zu **3**: Nutze: Beim Parallelogramm halbieren sich die Diagonalen – gegenüberliegende Seiten – gegenüberliegende Winkel – parallele Seiten sind ... – benachbarte Seiten sind ... – rechte Winkel ...

1 Übertrage die Vierecke ins Heft.

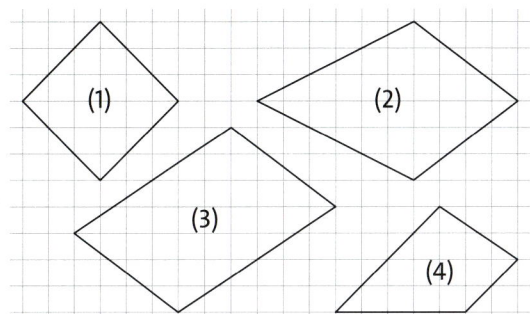

a) Beschrifte die Eckpunkte, Seiten und Winkel.
b) Markiere in jedem Viereck gleich große Winkel in der gleichen Farbe.
c) Zeichne die Diagonalen ein.
d) Nenne die Viereckart. Begründe.
e) Zwei Viereckarten fehlen. Zeichne sie und bearbeite dazu die Aufgaben a) bis d).

2 Auf den Kärtchen stehen Eigenschaften von Vierecken.

| (1) Gegenüber-liegende Winkel sind gleich groß. | (2) Die Diagonalen sind gleich lang und halbieren sich. |

| (3) Die Diagonalen stehen senkrecht aufeinander. |

| (4) Gegenüberliegende Seiten sind gleich lang und zueinander parallel. Gegenüberliegende Winkel sind gleich groß. |

a) Erstelle eine Tabelle und ordne zu.

Eigenschaft	Viereckarten
(1)	

b) Finde weitere Eigenschaften für deine Tabelle und ordne alle passenden Viereck-arten zu.

3 👥 Reißt aus einer Zeitung ein großes Stück ab.
a) Faltet daraus folgende Vierecke: Quadrat, Rechteck, Raute, Dra-chenviereck, Trapez und Parallelogramm.
b) Beschreibt euch gegenseitig, wie ihr vorgegangen seid.
c) Nennt je ein Beispiel aus der Umwelt, wo die Viereckart vorkommt.

4 Zeichne ein Koordinatensystem. Beide Achsen sollen bis 15 gehen.
Verwende unterschiedliche Farben.
a) Ergänze die Punkte A(1|12), B(4|9) und C(11|12) zu einem Drachenviereck ABCD. Gib die Koordinaten des Punktes D an. Zeichne die Diagonalen ein.
b) Ergänze die Punkte A(0|2) und B(8|4) zu einem Parallelogramm ABCD. Die Diagona-len sollen sich im Punkt S(4|5) schneiden.
c) Ergänze die Punkte A(8|1), B(15|1) und D(12|7) zu einem Trapez ABCD. Der Winkel β soll 90° groß sein.

5 Übertrage die Zeichnungen ins Heft.

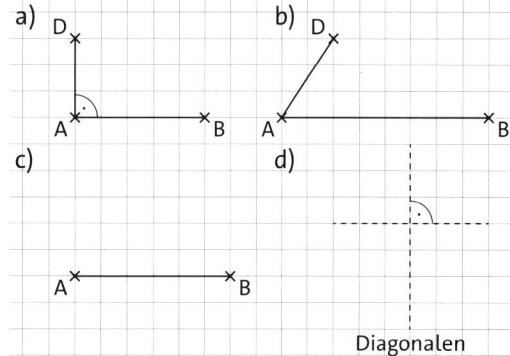

Diagonalen

① Ergänze zu Vierecken. Finde möglichst viele verschiedene Viereckarten für jede Zeichnung. Bei d) darfst du die Diagonalen beliebig verlängern.
② Beschrifte deine Zeichnungen und gib die Viereckarten an.

6 Muster mit Vierecken zeichnen
a) Wähle eine Viereckart aus. Zeichne sie auf Pappe und schneide das Viereck aus.
b) Lege die Form auf ein Blatt und zeichne um sie herum. Setze dann die Form direkt an deine Zeichnung an und wiederhole, bis ein Muster entsteht.
Das Muster soll keine Lücken haben.
Beispiel Muster mit Trapezen

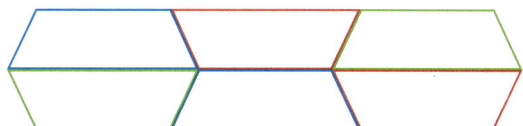

c) 👥 Erklärt euch gegenseitig, wie eure Muster entstanden sind.

Haus der Vierecke

Svenja und Amin sollen diese Aufgabe lösen: *Prüft, ob jedes Rechteck ein Quadrat ist.*
Beide sind sich einig: „Nein. Bei einem Quadrat sind immer alle vier Seiten gleich lang.
Das ist nicht bei jedem Rechteck so. Ein Quadrat hat also eine Eigenschaft, die ein Rechteck nicht hat."

Die nächste Aufgabe ist: *Prüft, ob jedes Rechteck ein Parallelogramm ist.*
Beide überlegen: „Wir sollten alle Eigenschaften eines Parallelogramms aufschreiben.
Wenn ein Rechteck alle diese Eigenschaften erfüllt, dann ist es auch ein Parallelogramm."

Eigenschaften eines Parallelogramms	Eigenschaften eines Rechtecks
Gegenüberliegende Seiten sind gleich lang und zueinander parallel.	*Diese Eigenschaft hat das Rechteck auch.*
Gegenüberliegende Winkel sind gleich groß.	*Diese Eigenschaft hat das Rechteck auch.* *Es sind ja sogar alle Winkel gleich groß. Sie sind 90°.*
Die Diagonalen halbieren sich.	*Diese Eigenschaft hat das Rechteck auch.*

Svenja und Amin sind sich einig: „Ein Rechteck hat alle Eigenschaften eines Parallelogramms.
Damit ist jedes Rechteck auch ein Parallelogramm."

Svenja und Amin haben die Vierecksarten übersichtlich im
„Haus der Vierecke" geordnet. Du kannst ablesen, welche
Viereckarten gemeinsame Eigenschaften haben.

Svenja und Amin benutzen Pfeile. Ein Pfeil bedeutet:
„… ist auch ein …" oder „… ist auch eine …".

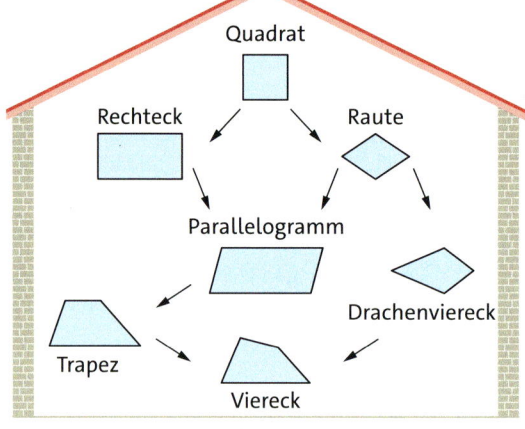

Beispiel

Haus der
Vierecke

Ein Quadrat **ist auch eine** Raute.

Also: Ein Quadrat hat alle
Eigenschaften einer Raute.

Eine Raute ist auch ein
Parallelogramm.

Ein Quadrat ist auch ein
Parallelogramm.

1 👥 Im Haus der Vierecke gehen von der Raute zwei Pfeile ab. Eine Raute hat also alle Eigenschaften
eines Parallelogramms. Eine Raute hat auch alle Eigenschaften eines Drachenvierecks.
a) Schreibt alle Eigenschaften eines Parallelogramms auf.
Prüft, ob eine Raute auch diese Eigenschaften hat.
b) Schreibt alle Eigenschaften eines Drachenvierecks auf.
Prüft, ob eine Raute auch diese Eigenschaften hat.
Tipp: Wenn alle Seiten gleich lang sind, dann sind auch benachbarte Seiten gleich lang.
c) Schreibt die Eigenschaften einer Raute auf. Gibt es Eigenschaften, die ein Parallelogramm nicht hat?
Gibt es Eigenschaften, die ein Drachenviereck nicht hat?

2 Gehe vor wie in Aufgabe 1.
a) Prüfe, ob ein Parallelogramm ein Trapez ist.
Gib Eigenschaften an, die ein Parallelogramm hat, aber ein Trapez nicht.
b) Prüfe, ob ein Quadrat eine Raute ist.
Gib Eigenschaften an, die ein Quadrat hat, aber eine Raute nicht.

3 👥 Prüft zusammen die Aussagen.
   a) Ein Trapez ist auch ein Drachenviereck.   b) Ein Quadrat ist auch ein Trapez.
   c) Formuliert aus dem Haus der Vierecke zwei Aussagen mit Vierecken.

👥 **Symmetrieeigenschaften**

4 Übertragt die Vierecke auf ein Blatt Papier und schneidet sie aus.
   Die Vierecke braucht ihr bei den Aufgaben 5 bis 7 auf dieser Seite.

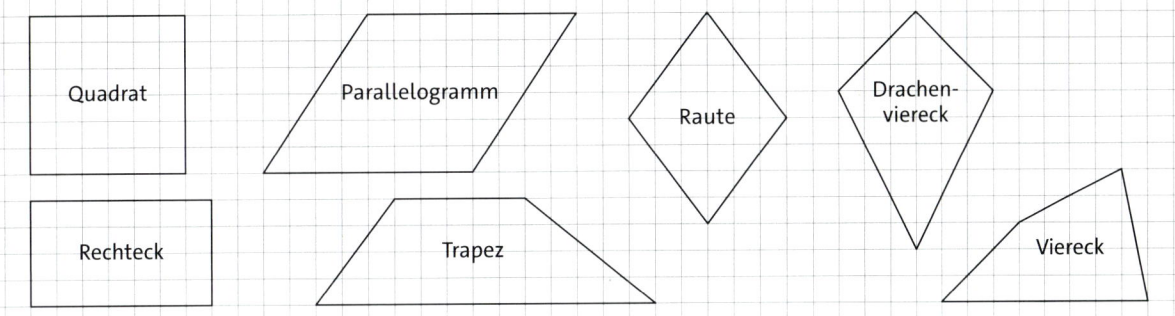

5 Ein achsen**symmetrisches** Viereck könnt ihr so falten,
   dass beide Hälften genau aufeinander passen.
   ① Faltet die Vierecke aus Aufgabe 4.
   ② Bei welchen Vierecken passen die Hälften genau aufeinander?
      Zeichnet dort eine Linie, wo ihr gefaltet habt.

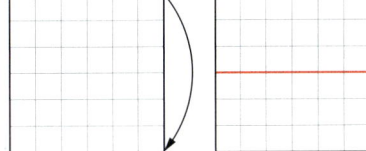

6 Ein Viereck ist **punkt**symmetrisch, wenn es nach einer Drehung
   auf den Kopf genauso aussieht wie vorher.
   ① Dreht die Vierecke auf den Kopf.
   ② Welche Vierecke sehen so aus wie vorher?
      Zeichnet bei diesen Vierecken ein Kreuz in die Mitte.

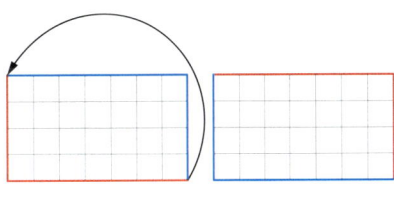

7 Klebt eure Vierecke zum Haus der Vierecke zusammen.
   a) Schreibt immer daneben, ob das Viereck …
      – achsensymmetrisch ist,
      – punktsymmetrisch ist.
   b) Jannick meint:
      „Das Rechteck ist achsensymmetrisch und das Quadrat auch.
      Die Raute ist punktsymmetrisch und das Quadrat auch.
      Wenn also ein Viereck achsensymmetrisch ist,
      dann auch das Viereck, das vor dem Pfeil steht.
      Bei punktsymmetrischen Vierecken ist das genauso."
      Prüft, ob Jannicks Aussage stimmt.
   c) Elisabeth sagt: „Alle achsensymmetrischen Vierecke sind
      punktsymmetrisch."
      Stimmt das? Findet ein Gegenbeispiel.

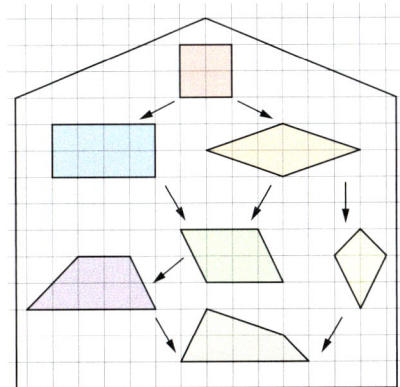

Kompetenz

1 Wenn eine Gerade zwei parallele Geraden schneidet, kann ich die Größen von Nebenwinkeln, Scheitelwinkeln, Stufenwinkeln und Wechselwinkeln bestimmen ohne zu messen.

→ Lies auf **Seite 74** nach.

1 Bestimme die Winkelgrößen von β, γ, α_1 und γ_1 ohne zu messen.

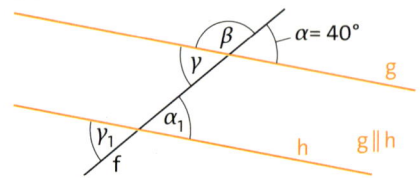

2 Ich kann eine fehlende Winkelgröße in einem Dreieck oder einem Viereck mit der Formel für die Summe der Innenwinkel berechnen.

→ Lies auf **Seite 78** nach.

2 Berechne die fehlende Winkelgröße im Dreieck ABC.
a) $\alpha = 50°$; $\beta = 90°$; $\gamma = ?$
b) $\beta = 60°$; $\gamma = 60°$; $\alpha = ?$

3 Ich kann Dreiecke nach Winkelarten und nach Seitenlängen benennen.

→ Lies auf **Seite 82** nach.

3 Benenne jedes Dreieck nach Winkelarten und nach Seitenlängen.

a) 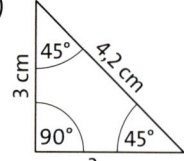 b)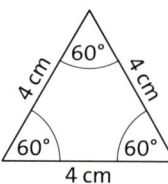

4 Ich kann Mittelsenkrechten konstruieren.

→ Lies auf **Seite 86** nach.

4 Zeichne eine 5 cm lange Strecke $\overline{AB}$ ins Heft.

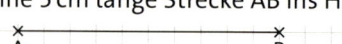

a) Zeichne um A und um B je einen Kreis mit dem Radius r = 4 cm.
b) Zeichne die Mittelsenkrechte zur Strecke $\overline{AB}$.

5 Ich kann Winkelhalbierende konstruieren.

→ Lies auf **Seite 87** nach.

5 Übertrage den Winkel α in dein Heft. Konstruiere die Winkelhalbierende von α.

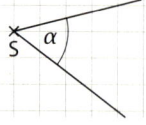

6 Ich kann Vierecksarten unterscheiden und ihre Eigenschaften nennen.

→ Lies auf **Seite 92** nach.

6 Nenne für jedes Viereck die Vierecksart.

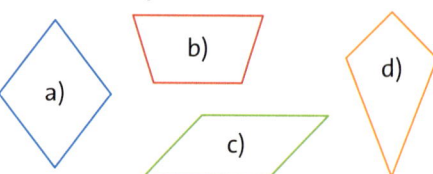

→ Lösungen auf Seite 235

⊠

1 Bestimme die Winkelgrößen von δ, α_1 und β_1 ohne zu messen. Begründe.

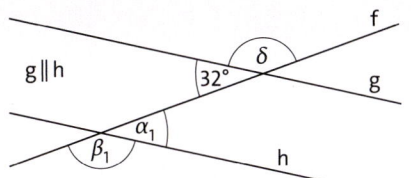

2 Berechne die fehlende Winkelgröße im Dreieck ABC.
a) $\alpha = 110°$; $\gamma = 47°$; $\beta = ?$
b) $\beta = 103°$; $\gamma = 48°$; $\alpha = ?$

3 Benenne das Dreieck nach Winkelarten und nach Seitenlängen.
Nenne die Dreiecksarten, die hier fehlen.

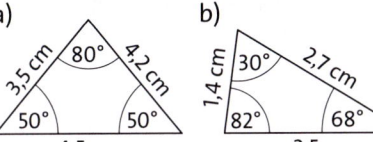

4 Zeichne eine 7 cm lange Strecke $\overline{AB}$. Konstruiere dann die Mittelsenkrechte der Strecke $\overline{AB}$. Überprüfe durch Messen.

5 Zeichne einen 85° großen Winkel. Konstruiere dann die Winkelhalbierende. Überprüfe durch Messen.

6 Viereckssarten
a) Gib alle Eigenschaften von Drachenvierecken an.
b) Gib alle Viereckssarten an, deren gegenüberliegende Winkel gleich groß sind.
c) Gib alle Viereckssarten an, deren Diagonalen gleich lang sind.

⊠

1 Bestimme die Winkelgrößen von α, β und β_2 ohne zu messen. Begründe.

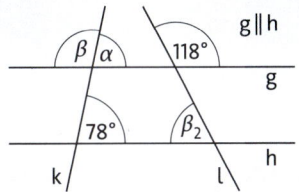

2 Berechne die fehlende Winkelgröße im Viereck ABCD.
a) $\alpha = \beta = 38°$; $\delta = 142°$; $\gamma = ?$
b) $\alpha = 45°$; $\beta = 140°$; $\gamma = 110°$; $\delta = ?$

3 Zeichne ein Dreieck, das ...
a) gleichschenklig und rechtwinklig ist.
b) spitzwinklig, aber nicht gleichseitig ist.
c) Erkläre jeweils, warum das Dreieck diese Eigenschaften hat.

4 Übertrage das Dreieck in dein Heft. Konstruiere alle Mittelsenkrechten.

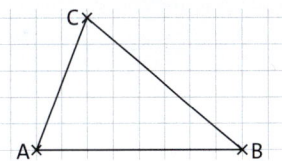

5 Übertrage das Dreieck aus Aufgabe 5 noch einmal in dein Heft. Konstruiere nun alle Winkelhalbierenden.

6 Beschreibe die Gemeinsamkeiten und Unterschiede von ...
a) Parallelogramm und Trapez.
b) Raute und Drachenviereck.

→ Lösungen auf Seite 235 und 236

Dreiecke konstruieren

Aisha und Leon finden eine Schatzkarte. Dort steht:
„Der Schatz liegt 12 m vom ersten Kreuz und 3 m vom zweiten Kreuz entfernt.“

Aisha und Leon wissen, wie lang die drei Seiten des Dreiecks sind. Sie können den Ort des Schatzes zum Beispiel herausfinden, wenn sie mit Zirkel und Lineal ein passendes Dreieck im Maßstab 1 : 100 zeichnen.

Man sagt auch: Aisha und Leon konstruieren ein Dreieck.

Dreiecke lassen sich konstruieren, wenn bestimmte Seitenlängen und Winkel bekannt sind.

Dreiecke konstruieren, wenn die drei Seiten bekannt sind (SSS)

**Ein Dreieck konstruieren mit
Seite – Seite – Seite**
So konstruierst du ein Dreieck,
wenn du drei Seitenlängen kennst:
Ⓐ Schreibe auf, was gegeben ist.
Ⓑ Zeichne eine Planfigur. Markiere das
Gegebene, zum Beispiel rot. Wähle, wenn
nötig, einen passenden Maßstab.
Ⓒ Konstruiere das Dreieck.

Eine Konstruktionsbeschreibung schreiben:
Notiere die Schritte ① – ④.

Ⓐ *gegeben:* a = 3 m; b = 2 m; c = 4 m
Ⓑ *Planfigur:*

1 cm entspricht 1 m.

Ⓒ *Konstruktion:*

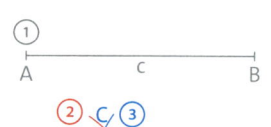 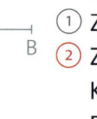

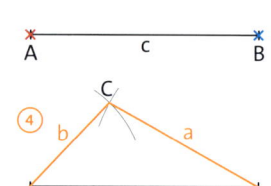

Konstruktions-
beschreibung:
① Zeichne c = 4 cm.
② Zeichne um A einen
Kreisbogen mit dem
Radius b = 2 cm.
③ Zeichne um B einen
Kreisbogen mit
Radius a = 3 cm.
Beschrifte den Schnitt-
punkt mit C.
④ Verbinde C mit
A und mit B.

1 Übertrage die gegebenen Seitenlängen und die Planfigur ins Heft.
Konstruiere dann das Dreieck ABC mit **S**eite – **S**eite – **S**eite.
a) *gegeben:* a = 4 cm; b = 4 cm; c = 7 cm
   Planfigur:

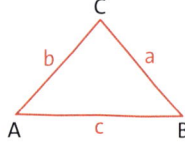

b) *gegeben:* a = 5 cm; b = 3 cm; c = 6 cm
   Planfigur:

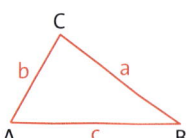

2 Konstruiere das Dreieck ABC.
a) a = 6 cm; b = 7,5 cm; c = 4,5 cm
b) a = 7 cm; b = 5 cm; c = 3 cm
c) a = 9 cm; b = 6 cm; c = 5,5 cm
d) Wähle das Dreieck a), b) oder c) aus. Schreibe dafür eine Konstruktionsbeschreibung.

3 Luisa versucht, ein Dreieck ABC mit den Seiten a = 1 cm; b = 3 cm und c = 5 cm zu konstruieren.

a) Versuche, auch so ein Dreieck zu zeichnen. Was stellst du dabei fest?

b) Erkläre deine Beobachtungen.
Nutze dafür das Bild rechts.

$1\,cm + 5\,cm > 3\,cm$

$3\,cm + 5\,cm > 1\,cm$

Aber: $1\,cm + 3\,cm < 5\,cm$

4 ❺ Für die Seitenlängen von Dreiecken gilt die **Dreiecksungleichung**:
„In einem Dreieck ist die Summe von zwei Seitenlängen immer größer als die dritte Seitenlänge."
Das heißt: Ein Dreieck, bei dem eine Summe von zwei Seitenlängen kleiner ist als die dritte Seitenlänge, kann nicht konstruiert werden.

Überprüfe mit der Dreiecksungleichung, ob die Dreiecke aus der Tabelle konstruiert werden können.

Dreieck 1	a = 2 cm	b = 3 cm	c = 7 cm
Dreieck 2	a = 10 cm	b = 8 cm	c = 4 cm
Dreieck 3	a = 4 cm	b = 5,5 cm	c = 5,5 cm

5 Zeichne zur Schatzkarte auf Seite 100 oben eine Planfigur und konstruiere das Dreieck.
Wähle 1 cm für 1 m in deiner Zeichnung.
Wo liegt der Schatz? Unter dem großen Stein, im Wald oder in der Berghöhle?

6 Förster Müller plant einen neuen Hochsitz im Wald. Zwei Hochsitze stehen bereits in seinem Gebiet. Der neue Hochsitz soll einen Abstand von 800 m zu jedem der Hochsitze A und B haben.

a) Schreibe auf, was gegeben ist. Zeichne dann eine Planfigur.

b) Bestimme den Punkt für den neuen Hochsitz.
Wähle 1 cm für 100 m in deiner Zeichnung. Konstruiere das Dreieck.

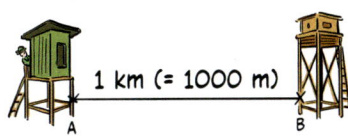

1 km (= 1000 m)

Dreiecke konstruieren, wenn zwei Seiten und der Winkel zwischen diesen Seiten bekannt sind (SWS)

Ein Dreieck konstruieren mit
Seite – **W**inkel– **S**eite
Du kennst zwei Seitenlängen und den Winkel zwischen diesen beiden Seiten.

Ⓐ Schreibe auf, was gegeben ist.

Ⓑ Zeichne eine Planfigur.
Markiere das Gegebene, zum Beispiel rot.
Wähle, wenn nötig, einen passenden Maßstab.

Ⓒ Konstruiere das Dreieck.

Eine Konstruktionsbeschreibung schreiben:
Notiere die Schritte ① – ④.

Ⓐ gegeben: b = 2 m; α = 50°; c = 5 m

Ⓑ Planfigur:

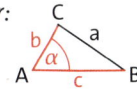

1 cm entspricht 1 m.

Ⓒ Konstruktion:

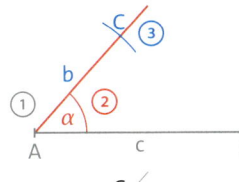

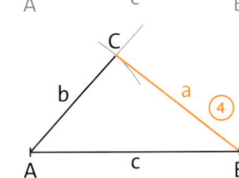

Konstruktionsbeschreibung:

① Zeichne c = 5 cm.

② Zeichne α = 50° im Punkt A. Verlängere den Schenkel.

③ Trage b = 2 cm am Schenkel von α ab. Beschrifte den Schnittpunkt mit C.

④ Zeichne die Seite a: Verbinde C mit B.

7 a) Konstruiere das Dreieck ABC mit α = 70°; b = 3 cm; c = 6 cm.

b) Konstruiere das Dreieck ABC mit b = 5,5 cm; c = 7 cm; α = 60°.

8 Die Konstruktionsbeschreibung ist durcheinandergeraten.
  a) Notiere die Konstruktionsbeschreibung in der richtigen Reihenfolge im Heft.
  b) Konstruiere das Dreieck.
  - Ⓐ gegeben
  - Ⓑ Planfigur
  - Ⓒ Konstruktion

① Zeichne die Seite c = 7 cm. Nenne die Eckpunkte A und B.

② Trage die Seite b = 5 cm am Schenkel von α ab. Beschrifte den Schnittpunkt mit C.

③ Zeichne den Winkel α = 45° im Punkt A. Verlängere den Schenkel von α.

④ Zeichne die Seite a: Verbinde den Punkt C mit dem Punkt B.

9 Gegeben ist ein Dreieck ABC mit b = 5 cm; α = 45°; c = 7 cm.
  Luis und Samira haben Planfiguren dazu gezeichnet.
  a) Welche Planfigur ist richtig? Begründe.
  b) Konstruiere das Dreieck.

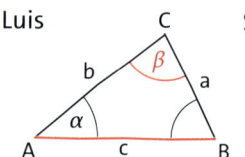
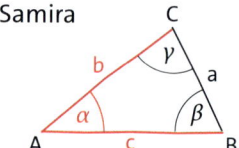

10 Der Kletterpark baut eine Seilbahn über den See. Wie lang ist die Seilbahn?
  Marlene meint: „Das sind bestimmt über 150 m."
  a) Konstruiere das Dreieck. Wähle 1 cm für 10 m.
  b) Miss die fehlende Seitenlänge.
  c) 👥 Vergleicht eure Ergebnisse und überprüft damit Marlenes Aussage.

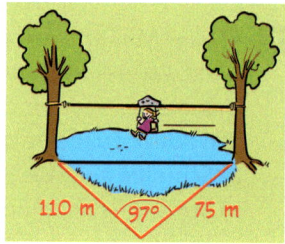

11 👥 Prüft gemeinsam: Gibt es Größen (2 Seiten und der eingeschlossene Winkel), aus denen man kein Dreieck nach SWS konstruieren kann? Begründet.

Dreiecke konstruieren, wenn eine Seite und die beiden Winkel an dieser Seite bekannt sind (WSW)

Ein Dreieck konstruieren mit WSW (Winkel – Seite – Winkel)
Du kennst eine Seitenlänge und die beiden Winkel, die an dieser Seite anliegen.
  Ⓐ Schreibe auf, was gegeben ist.
  Ⓑ Zeichne eine Planfigur. Markiere das Gegebene, zum Beispiel rot. Wähle, wenn nötig, einen passenden Maßstab.
  Ⓒ Konstruiere das Dreieck.

Ⓐ gegeben: c = 4 cm; α = 50°; β = 40°
Ⓑ Planfigur:

Ⓒ Konstruktion:

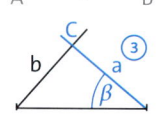

Konstruktionsbeschreibung:
① Zeichne c = 4 cm.
② Zeichne α = 50°.
③ Zeichne β = 40°.
Beschrifte den Schnittpunkt mit C.

Eine Konstruktionsbeschreibung schreiben:
Notiere die Schritte ① – ③.

12 a) Konstruiere das Dreieck ABC mit c = 4 m; α = 80°; β = 40°.
  b) Konstruiere das Dreieck ABC mit c = 8,5 cm; α = 30°; β = 70°.

13 Konstruiere das Dreieck ABC mit WSW. Schreibe dazu eine Konstruktionsbeschreibung.

    a) $a = 6{,}5$ cm; $\beta = 100°$; $\gamma = 45°$

    b) $b = 48$ mm; $\alpha = 25°$; $\gamma = 140°$

14 👥 ❺ Prüft gemeinsam: Gibt es Größen (eine Seite und die beiden anliegenden Winkel),
aus denen man kein Dreieck nach WSW konstruieren kann? Begründet.

15 Das Brandenburger Tor wird aus einer
Entfernung von 80 m unter einem Winkel
von 18° angepeilt.

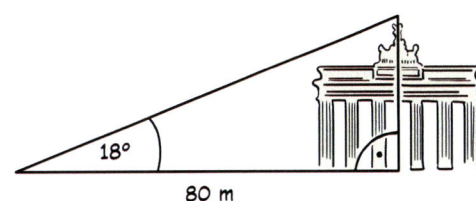

    a) Wie hoch ist das Brandenburger Tor?
Gehe nach den Schritten Ⓐ – Ⓒ vor.
Wähle 1 cm für 10 m.

    b) Recherchiere die Höhe des Brandenburger Tors.
Gib die Abweichungen deines Ergebnisses vom wirklichen Wert in Metern an.

Dreiecke konstruieren, wenn zwei Seiten und der Winkel gegenüber der längeren Seite bekannt sind (SsW)

**Ein Dreieck konstruieren mit
SsW (Seite – kürzere Seite – Winkel)**
Du kennst zwei Seitenlängen und
den Winkel, der der längeren Seite
gegenüber liegt.

Ⓐ Schreibe auf, was gegeben ist.

Ⓑ Zeichne eine Planfigur.
Markiere das Gegebene, zum Beispiel rot.
Wähle, wenn nötig, einen passenden
Maßstab.

Ⓒ Konstruiere das Dreieck.

Eine Konstruktionsbeschreibung schreiben:
Notiere die Schritte ① – ④.

Ⓐ *gegeben:* $b = 4$ cm; $a = 2$ cm; $\beta = 120°$

Ⓑ *Planfigur:*

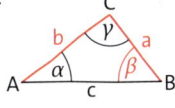

Ⓒ *Konstruktion:*

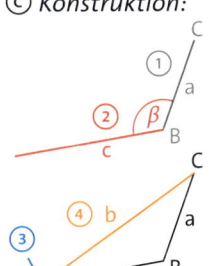

Konstruktionsbeschreibung:

① Zeichne $a = 2$ cm.

② Zeichne $\beta = 120°$.

③ Zeichne um C einen
Kreisbogen mit dem
Radius $b = 4$ cm.
Beschrifte den Schnittpunkt
mit A.

④ Verbinde A mit C.

---

16 a) Konstruiere das Dreieck ABC mit $a = 7$ cm; $c = 3$ cm und $\alpha = 130°$.

    b) Konstruiere das Dreieck ABC mit $c = 3{,}5$ cm; $\beta = 65°$; $b = 8{,}5$ cm.

17 Gegeben ist ein Dreieck ABC mit
$c = 4$ cm; $\alpha = 130°$; $a = 6$ cm.
Welche Planfigur passt zu diesen Größen?
Notiere je ein Beispiel für Größen, die zu den anderen
Planfiguren passen.

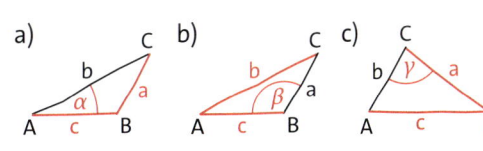

18 Konstruiere das Dreieck ABC. Zeichne zuerst eine Planfigur.

    a) $c = 2$ cm; $\alpha = 70°$; $a = 5$ cm

    b) $c = 6$ cm; $\alpha = 120°$; $a = 10$ cm

    c) Wähle ein Dreieck aus und schreibe eine Konstruktionsbeschreibung.

19 Eine Leiter soll in einem Winkel α zwischen 65° und 75° an einem Gebäude aufgestellt werden.

a) Formuliere verschiedene Sachaufgaben zu dieser Situation, die sich mit SsW lösen lassen.

b) 👥 Tauscht eure Sachaufgaben und löst sie.

c) 👥 Bestimmt alle Seiten und Winkel.

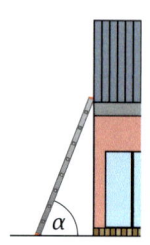

20 🔵 Antonio hat das Dreieck ABC mit c = 6 cm; α = 40° und a = 4 cm mit SsW konstruiert. Was fällt dir auf?

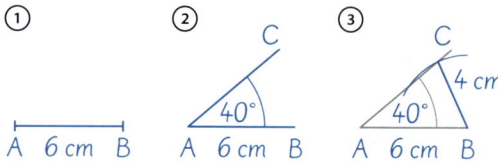

Vermischte Aufgaben zu Dreieckskonstruktionen

21 👥 Zeichnet alle ein Dreieck mit α = 75°; β = 55° und γ = 50° (Winkel – Winkel – Winkel, **WWW**). Vergleicht eure Dreiecke in der Gruppe. Beschreibt eure Beobachtungen.

22 🔵 Versuche, ein Dreieck ABC mit α = 80°, β = 60° und γ = 100° zu zeichnen. Was stellst du fest? Erkläre.

23 Max hat Planfiguren gezeichnet.
Übertrage die Planfiguren in dein Heft.
Ordne der Planfigur das passende Kärtchen zu.

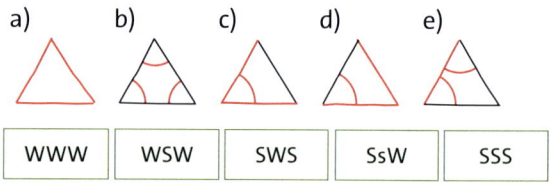

| WWW | WSW | SWS | SsW | SSS |

24 👥 Überlegt euch zuerst gemeinsam, welche Konstruktion zum Dreieck passt:

1. Dreieck: a = 7 cm; b = 5,2 cm; c = 8 cm
2. Dreieck: a = 7 cm; c = 8 cm; β = 40°

a) Entscheidet euch, wer von euch das 1. Dreieck und wer das 2. Dreieck konstruiert.

b) Konstruiere dein Dreieck auf einem Blatt.

c) Schneidet eure Dreiecke aus. Legt die beiden Dreiecke übereinander. Was fällt euch auf?

25 Konstruiere das Dreieck.

a) Konstruiere ein gleichseitiges Dreieck ABC mit a = 5 cm.

b) Konstruiere ein rechtwinkliges Dreieck ABC so, dass die Seite c länger ist als a = 3 cm und b = 4 cm.

26 Samira angelt in einem See.
Nach einigen Minuten beißt ein Fisch an.
Wie weit ist der Fisch von Samira entfernt?
Konstruiere das Dreieck im Maßstab 1 : 20.
1 cm in deiner Zeichnung entspricht 0,2 m.

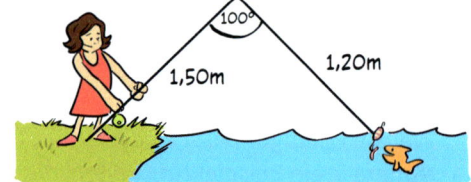

27 Badia hat versucht, ein Dreieck ABC mit
c = 6,8 cm; a = 5,3 cm und β = 55°
zu zeichnen. Dabei ist ihr ein Fehler passiert.

a) Beschreibe Badias Fehler.

b) Konstruiere das Dreieck.
Schreibe eine Konstruktionsbeschreibung.

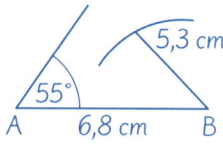

1 Bestimme die beschrifteten Winkelgrößen ohne zu messen. Begründe. Verwende die Fachbegriffe.
Beispiel

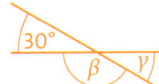

γ ist ein Scheitelwinkel von α = 30°.
Deshalb ist γ = 30°.
β ist ein Nebenwinkel: β = 180° − 30° = 150°.

a) 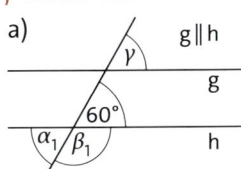 b)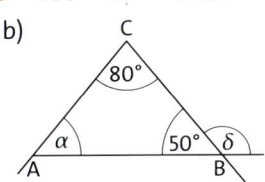

2 Berechne die fehlende Winkelgröße.

a) b) c) d)

 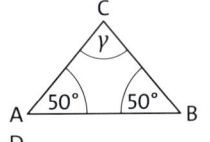 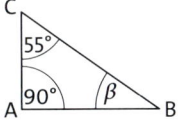 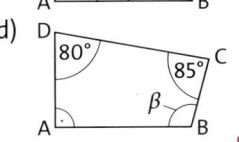

▶ **3**
⊠

3 Übertrage die Figuren in dein Heft.

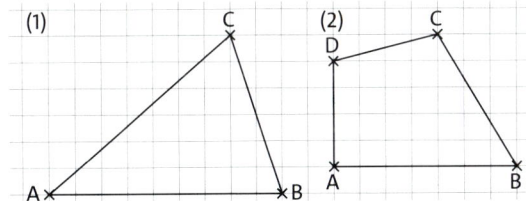

a) Beschrifte die Figuren vollständig.
b) Miss alle Innenwinkel.
c) Überprüfe deine gemessenen Winkelgrößen. Berechne dafür jeweils die Summe der Größen der Innenwinkel.

4 Patrick will die Sternleuchte abbauen. Seine Leiter steht sicher, wenn der Winkel α zwischen 68° und 75° groß ist. Patrick meint:
„Wenn γ = 14° ist, dann steht die Leiter sicher."
Stimmt das? Begründe.

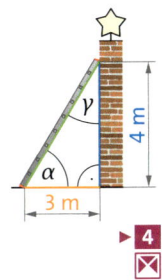

▶ **4**
⊠

5 Benenne die Dreiecksart oder die Viereckart.

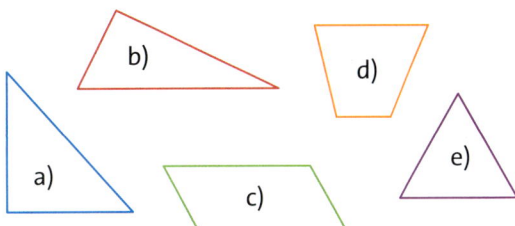

6 👥 Viereckarten erraten
Schreibt alle Viereckarten auf Zettel.
① Entscheidet, wer von euch einen Zettel verdeckt ziehen soll.
② Der Partner muss nun die Viereckart mit Fragen herausfinden. Verwendet Fragen wie: Sind zwei Seiten parallel zueinander? Sind zwei gegenüberliegende Winkel gleich groß? Hat das Viereck gleich lange Diagonalen?
③ Tauscht die Rollen: Der Partner zieht nun einen Zettel ...

7 👥 Marie hat eine Strecke $\overline{AB}$ auf Transparent-Papier gezeichnet. Dann hat Marie die Mittelsenkrechte zur Strecke $\overline{AB}$ gefaltet.

① ② ③

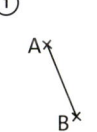 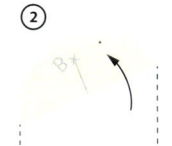 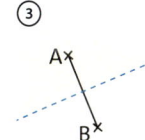

a) Erklärt, wie Marie vorgegangen ist.
b) Zeichnet eine Strecke $\overline{AB}$ auf ein Blatt Papier. Faltet die Mittelsenkrechte der Strecke $\overline{AB}$.
c) Tauscht eure Blätter. Vergleicht eure Faltung mit den Mittelsenkrechten.

8 👥 Luca hat einen Winkel α mit Scheitelpunkt S auf Transparent-Papier gezeichnet. Dann hat er die Winkelhalbierende zum Winkel α gefaltet.

① ② ③

  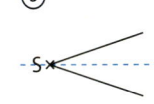

a) Erklärt, wie Luca vorgegangen ist.
b) Zeichnet einen Winkel α mit Scheitelpunkt S auf ein Blatt Papier. Faltet die Winkelhalbierende von α.
c) Tauscht eure Blätter und vergleicht.

Sprachhilfe zu **7a** und **8a**: Marie / Antonio hat das Blatt so gefaltet, dass – beide Eckpunkte – beide Schenkel
Tipp zu **7b** und **8b**: Halte das Blatt an einem Fensterglas, dann wird das Blatt durchsichtig (transparent).

105

1 Bestimme die Winkelgrößen ohne zu messen. Begründe. Verwende die Fachbegriffe.

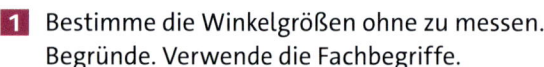

2 Übertrage die Tabelle in dein Heft. Berechne die fehlende Winkelgröße …

a) im Dreieck ABC:

	α	β	γ
①	45°	75°	
②		65°	87°
③	108°		28°

b) im Viereck ABCD:

	α	β	γ	δ
①	55°	110°	80°	
②	63°	142°		127°
③	108°	85°	117°	

3 Zeichne ein Koordinatensystem.
Teile die beiden Achsen von 0 bis 11 ein.
a) Trage in das Koordinatensystem die Punkte A(0|1), B(5|2), C(2|5), D(7|1), E(10|1), F(11|6) und G(5|5) ein.
b) Verbinde die Punkte A, B und C zu einem Dreieck und die Punkt D, E, F und G zu einem Viereck.
c) Miss die Innenwinkel in den Figuren.
d) Überprüfe deine Messungen jeweils mit der Summe der Innenwinkel. ▶ **3** ☒

4 Übertrage die Figuren in dein Heft.

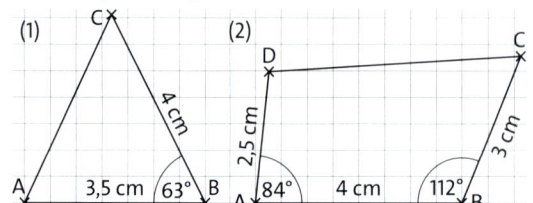

a) Miss die Innenwinkel im Dreieck und im Viereck.
b) Überprüfe deine Messungen mit einer Rechnung für die Summe der Innenwinkel.

5 Übertrage die Dreiecke ins Heft.

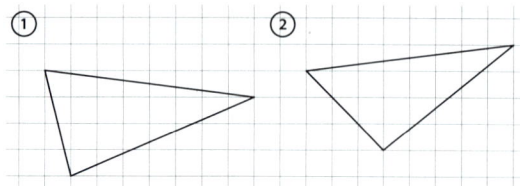

a) Beschrifte die Dreiecke.
b) Benenne die Dreiecksart. Begründe.

6 Zeichne ein Koordinatensystem. Wähle 1 cm für eine Einheit, teile die Achsen von 0 bis 10 ein.
a) Zeichne das Dreieck mit den Punkten A(0|0), B(9|1), C(3|9). Konstruiere die Winkelhalbierenden der drei Innenwinkel des Dreiecks.
b) Zeichne das Dreieck mit den Punkten A(1|2), B(7|1) und C(2,5|6,5). Konstruiere die Mittelsenkrechten der drei Seiten des Dreiecks. ▶ **7** ☒

7 Im Bild rechts findest du Begriffe für Seiten und Winkel in gleichschenkligen Dreiecken.

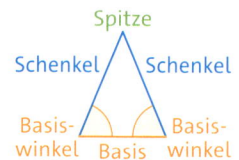

a) Zeichne ein gleichschenkliges Dreieck, bei dem die Schenkel jeweils 5 cm lang sind. Beschrifte es mit den Begriffen.
b) Miss die Größen der Basiswinkel und vergleiche sie. Was stellst du fest?
c) 👥 Vergleicht eure Ergebnisse aus b) untereinander. Ergänzt gemeinsam die Aussage: „In ● Dreiecken sind die Basiswinkel ●."

8 In einem gleichschenkligen Dreieck ABC ist der Winkel γ an der Spitze 50° groß. Ermittle die Größen der Basiswinkel α und β.

9 👥 Prüft an Beispielen die Aussage: „Wenn in einem Dreieck zwei Winkel gleich groß sind, dann ist es gleichschenklig."
Zeichnet dafür Dreiecke, bei denen eine Seite 5 cm lang ist und die beiden anliegenden Winkel jeweils gleich groß sind. Messt dann die Längen der beiden anderen Dreiecksseiten. Was stellt ihr fest?

1 Bestimme die fehlenden Winkelgrößen ohne zu messen. Begründe.

a)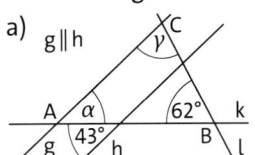

b)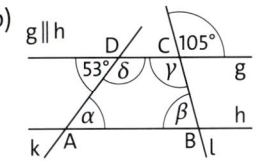

2 Bestimme die fehlenden Winkelgrößen. Erkläre, wie du vorgegangen bist.

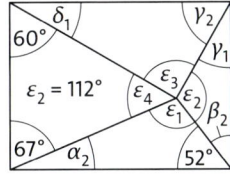

3 Anton beschreibt das Bild:

„Im regelmäßigen Sechseck sind alle Winkel 120° groß. Also ist der Winkel α zwischen den beiden Leisten 120° groß."

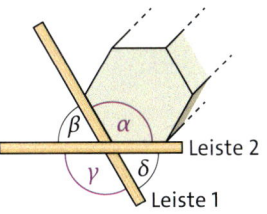

a) Begründe, dass $\gamma = 120°$ ist.
b) Bestimme die Größe der Winkel β und δ.

4 Berechne die fehlenden Winkelgrößen.

a) im Dreieck ABC mit $\alpha = 37°$ und $\beta = 60°$
b) im gleichschenkligen Dreieck ABC mit den Basiswinkeln $\alpha = 57°$ und $\beta = 57°$
c) im Viereck ABCD mit $\alpha = 67°$, $\beta = 123°$ und $\gamma = 140°$
d) in der Raute ABCD mit $\alpha = 81°$
e) im Parallelogramm ABCD mit $\beta = 143°$

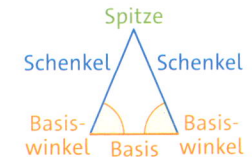

Begriffe im gleichschenkligen Dreieck

5 Wie groß sind die Winkel in diesem Trapez mit a ∥ c und $\alpha = 68°$ und $\beta = 78°$? Begründe ohne zu messen.

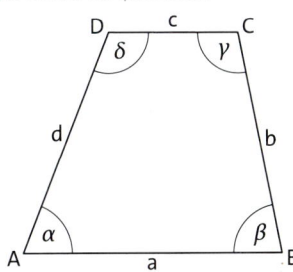

6 Eine Fahrschule sucht nach einem Standort. Die Fahrschule soll von den Autobahnen A 700, A 800 und A 900 gleich weit entfernt sein. Finde einen passenden Standort mit Koordinaten. Begründe mit einer Konstruktion.

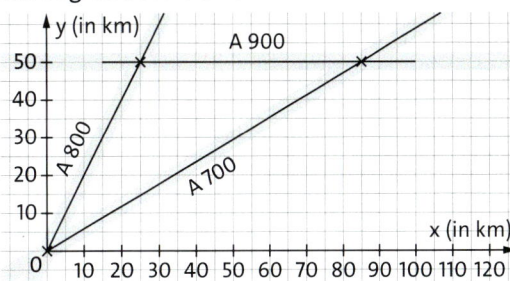

7 Die Städte Aburg, Bestadt und Cdorf planen den Bau eines Schwimmbads. Es soll von den Orten etwa gleich weit entfernt sein. ▸ 🔊

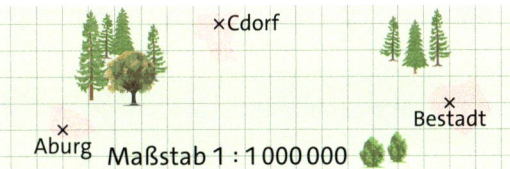

a) Konstruiere den Punkt, der von allen drei Orten gleich weit entfernt ist. Gib die Entfernung in km an.
b) Hinterfrage das Ergebnis aus a). Ist es sinnvoll, das Schwimmbad dort zu bauen?

8 Vervollständige die Sätze zu gleichschenkligen Dreiecken. Verwende das Bild aus Aufgabe 4.
Die Seite, die der Spitze gegenüberliegt, heißt ●. Eine Seite, die einem Basiswinkel gegenüberliegt, heißt ●.

9 👥 Basiswinkelsatz
a) Recherchiert, welche Aussage als „Basiswinkelsatz" bezeichnet wird. Erklärt sie an einem eigenen Beispiel.
b) In einem gleichschenkligen Dreieck ABC ist der Winkel an der Spitze $\gamma = 30°$. Bestimmt α und β.
c) In einem gleichschenkligen Dreieck ABC ist ein Basiswinkel $\beta = 80°$. Bestimmt α und γ.
d) Recherchiert, welche Aussage als „Umkehrung des Basiswinkelsatzes" bezeichnet wird. Erklärt mithilfe dieser Aussage, was ihr alles über ein Dreieck ABC herausfinden könnt, in dem $\alpha = \gamma = 44°$ ist.

▸ 💡 Tipp zu **2**, **6**, **7**

Auf Fahrradtour in Großbritannien

Evelin, Megan und Shanaya treffen sich
zu ihrer Fahrradtour
in der Stadt Wigan.
Ihre Ferienunterkunft ist
in der Nähe der Kreuzung
Rose Avenue und Willow Road.
Es gibt viel zu erleben:
Der Park ① wird erneuert und
auf dem Marktplatz ② findet
ein Konzert statt.

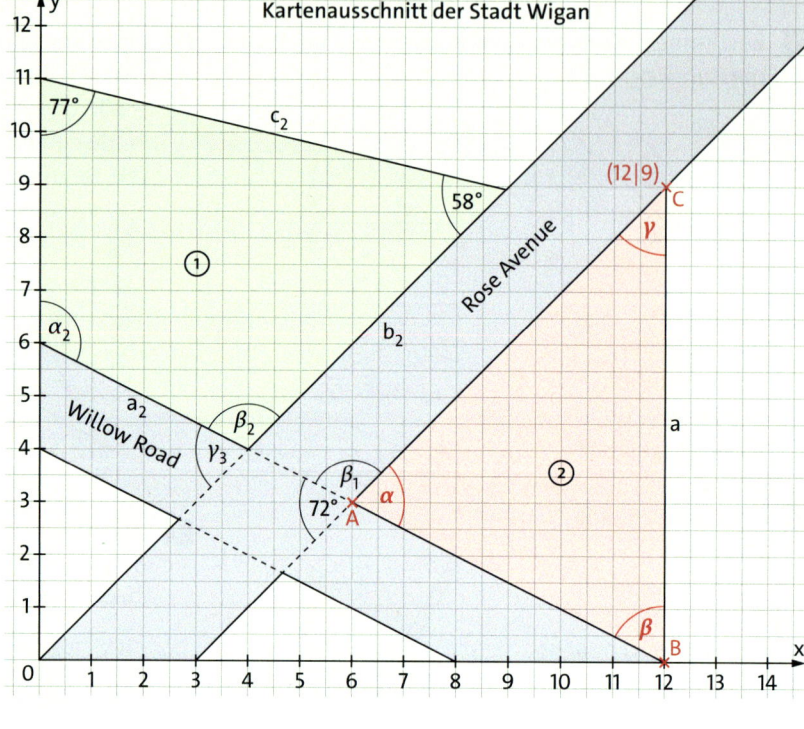

Kartenausschnitt der Stadt Wigan

A Bestimme die
Winkelgröße von α.
Begründe, warum du
nicht messen musst.

B Bestimme die Winkelgröße von γ_3 ohne zu messen.
Begründe, warum du nicht messen musst.

C Berechne den Nebenwinkel β_1 von α.

D Begründe, warum der Winkel γ_3
genauso groß ist wie der Winkel α.
Überprüfe dein Ergebnis mit einer
Messung.

E An der Nord-Seite des Parks ① soll in der Mitte
ein Eingangstor gebaut werden. Übertrage das
Koordinatensystem mit der Strecke c_2 ins Heft.
Konstruiere die Mittelsenkrechte der Strecke c_2.
Sie schneidet die Strecke c_2 im Punkt S. Gib die
Koordinaten von S an.

F Im Park ① will die City-Company
einen Rollrasen auslegen. Der Rollrasen soll
an den Eckpunkten im richtigen Winkel
beschnitten werden. Bestimme α_2 und β_2
ohne zu messen.

G Der Marktplatz ② wurde mehrfach
umgebaut. Heute ist der Winkel $\beta = 63°$
groß.
Berechne den Winkel γ, ohne α zu
messen. Beschreibe dein Vorgehen.

H Die Eingänge zum Konzert auf dem Marktplatz
② sind an den Eckpunkten A, B und C. Eine
Bühne soll die gleiche Entfernung zu den
Eingängen haben. Übertrage das Koordinatensystem mit dem roten Dreieck ins Heft. Konstruiere mit Zirkel und Lineal den Standort M der
Bühne. Gib die Koordinaten von Punkt M an.

I Auf dem Marktplatz ② soll im
Winter eine Eisbahn gebaut
werden. Sie hat die Form eines
Kreises und soll so groß wie
möglich sein. Übertrage das
Koordinatensystem mit dem
roten Dreieck in dein Heft.
Konstruiere den Mittelpunkt M
der Eisbahn. Gib die Koordinaten
von M an.

1 Ergänze den Satz im Heft.
a) α und α_1 sind ●.
b) α_1 und δ_1 sind ●.
c) α und γ sind ●.

2 Berechne die Größen von α und β.

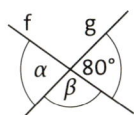

3 Berechne die Größe von γ.

4 In einem Viereck ABCD sind $\alpha = 70°$, $\beta = 50°$ und $\gamma = 120°$. Berechne die fehlende Größe von δ.

5 Gib die Dreiecksart oder die Viereckart an.

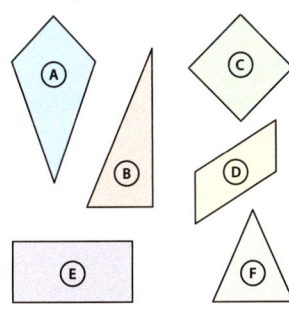

6 Zeichne eine 7,4 cm lange Strecke $\overline{AB}$ in dein Heft. Konstruiere die Mittelsenkrechte.

7 Zeichne einen rechten Winkel in dein Heft. Konstruiere die Winkelhalbierende.

---

1 Ergänze den Satz im Heft.
a) α und δ sind ●.
b) α_1 und γ_1 sind ●.
c) α und γ_1 sind ●.

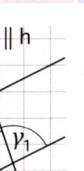

2 Berechne die Größen von α und β_1. Begründe deinen Rechenweg.

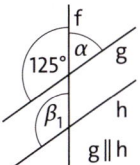

3 In einem Dreieck ABC sind $\beta = 85°$ und $\gamma = 37°$. Berechne die Größe von α.

4 In einem Drachenviereck ABCD sind $\alpha = 120°$, $\beta = 90°$ und $\gamma = 60°$. Berechne die fehlende Winkelgröße.

5 Benenne die Art der Figur.
a) ein Dreieck mit genau zwei gleich langen Seiten
b) ein Viereck, bei dem die gegenüberliegenden Seiten parallel und gleich lang sind. (Hinweis: Hier gibt es mehrere Möglichkeiten.)
c) ein Dreieck mit dem Winkel $\alpha = 130°$

6 Zeichne eine 6,9 cm lange Strecke $\overline{AB}$ in dein Heft. Konstruiere die Mittelsenkrechte.

7 Zeichne den Winkel $\alpha = 75°$ in dein Heft. Konstruiere die Winkelhalbierende.

---

1 Übertrage ins Heft und zeichne die Winkel ein.
a) α_1 ist ein Stufenwinkel von α.
b) γ ist ein Scheitelwinkel von α.
c) γ_1 ist ein Wechselwinkel von α.

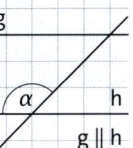

2 Gib die Größen von α_3 und γ an ohne zu messen. Begründe.

3 In einem gleichschenkligen Dreieck ABC mit den Basiswinkeln α und β ist $\gamma = 82°$. Berechne die Größen von α und β.

4 In einem Parallelogramm ABCD ist $\alpha = 65°$. Berechne die fehlenden Winkelgrößen. Erkläre deine Vorgehensweise.

5 Benenne die Art der Figur. Manchmal gibt es mehrere Lösungen.
a) ein Dreieck, in dem alle Winkel 60° groß sind
b) ein Viereck, bei dem sich die Diagonalen halbieren
c) ein Dreieck mit den Winkeln 90°, 45° und 45°
d) ein Viereck, das achsensymmetrisch ist

6 Zeichne die Strecke zwischen $A(1\,|\,1)$ und $B(5\,|\,6)$ in dein Heft. Konstruiere die Mittelsenkrechte.

7 Zeichne den Winkel $\alpha = 117°$ in dein Heft. Konstruiere die Winkelhalbierende.

→ Lösungen auf Seite 258 und 259

Winkel an Geradenkreuzungen → Seite 74

α und γ sind **Scheitelwinkel.**
Sie sind gleich groß.
$\alpha = \gamma$

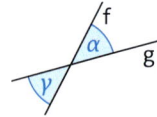

α und β sind **Nebenwinkel.**
$\alpha + \beta = 180°$

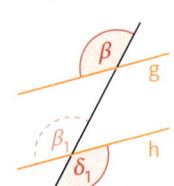

Es ist g ∥ h.
Dann sind β und β_1
Stufenwinkel.
Sie sind gleich groß.
$\beta = \beta_1$

Es ist g ∥ h.
Dann sind β und δ_1
Wechselwinkel.
Sie sind gleich groß.
$\beta = \delta_1$

Summe der Innenwinkel in Dreiecken und Vierecken → Seite 78

Die Summe der Innenwinkel
beträgt …
- in jedem Dreieck 180°.
- in jedem Viereck 360°.

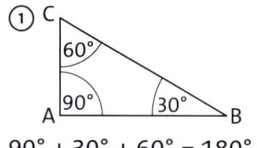

$90° + 30° + 60° = 180°$

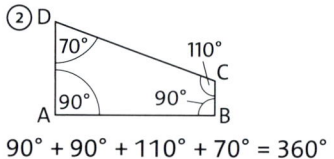

$90° + 90° + 110° + 70° = 360°$

Dreiecksarten → Seite 82

spitzwinkliges Dreieck:
Alle drei Winkel sind spitze
Winkel, also kleiner als 90°.

rechtwinkliges Dreieck:
Ein Winkel ist ein rechter
Winkel, also 90°.

stumpfwinkliges Dreieck:
Ein Winkel ist ein stumpfer
Winkel, also größer als 90°.

gleichseitiges Dreieck:
Alle Seiten sind gleich lang.
Alle Winkel sind 60° groß.

gleichschenkliges Dreieck:
Zwei Seiten sind gleich lang.
Zwei Winkel sind gleich groß. Sie
liegen diesen Seiten gegenüber.

unregelmäßiges Dreieck:
Alle Seiten sind verschieden
lang. Alle Winkel sind verschieden groß.

Die Mittelsenkrechte → Seite 86

Die Mittelsenkrechte einer Strecke $\overline{AB}$ ist
eine Gerade. Sie geht durch den Mittelpunkt
von $\overline{AB}$ und steht senkrecht auf $\overline{AB}$.

Die Winkelhalbierende → Seite 87

Die Winkelhalbierende eines Winkels α ist ein
Strahl. Er beginnt im Scheitelpunkt S des Winkels
α und halbiert den Winkel α.

Vierecksarten → Seite 92

Quadrat
- 4 gleich lange Seiten
- 4 rechte Winkel

Rechteck
- Gegenüberliegende Seiten
  sind gleich lang und zueinander parallel.
- 4 rechte Winkel

Parallelogramm
- Gegenüberliegende Seiten
  sind gleich lang und zueinander parallel.
- Gegenüberliegende Winkel
  sind gleich groß.

Raute
- 4 gleich lange Seiten
- Gegenüberliegende Winkel
  sind gleich groß.
- Gegenüberliegende Seiten
  sind zueinander parallel.

Trapez
- 2 Seiten sind zueinander
  parallel.

Drachenviereck
- 2 Paare benachbarter Seiten
  sind gleich lang.
- 2 gegenüberliegende Winkel
  sind gleich groß.

Prozentrechnung

▶ Bei einer Umfrage wurden 2000 Jugendliche befragt,
welche elektronischen Geräte sie besitzen.
Von den 900 Mädchen gaben 864 an,
dass sie ein Smartphone besitzen.
Von den 1100 Jungen waren es 1034.

Wie kann man die Zahlen besser vergleichen?
Welche weiteren Fragen könntest du noch in der Umfrage stellen?

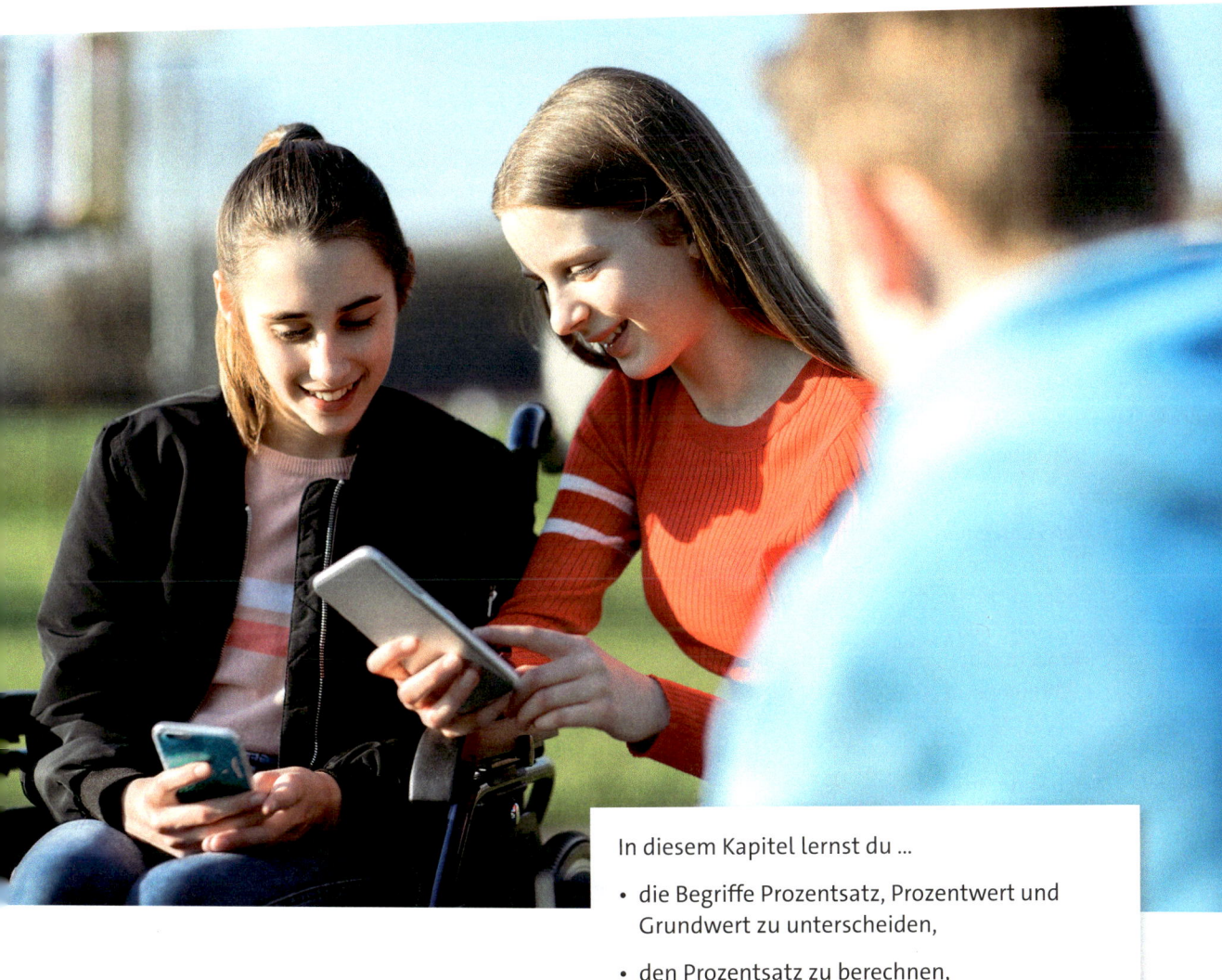

In diesem Kapitel lernst du …

- die Begriffe Prozentsatz, Prozentwert und
  Grundwert zu unterscheiden,

- den Prozentsatz zu berechnen,

- den Prozentwert zu berechnen,

- den Grundwert zu berechnen.

Kompetenz	Aufgabe	Lies und übe:
1 Ich kann alle Teiler einer Zahl bestimmen.	**1** Bestimme alle Teiler der Zahl. **Beispiel** Die Teiler der Zahl 8 sind 1, 2, 4 und 8. a) 4　　　　b) 12　　　　c) 21 d) 32　　　　e) 47　　　　f) 60	→ Seite 211 Nr. 73, 74
2 Ich kann schriftlich multiplizieren.	**2** Multipliziere schriftlich. a) $531 \cdot 3$　　b) $198 \cdot 6$　　c) $124 \cdot 8$ d) $12 \cdot 45$　　e) $371 \cdot 61$　　f) $872 \cdot 39$	→ Seite 212 Nr. 75, 76
3 Ich kann schriftlich dividieren.	**3** Dividiere schriftlich. a) $392 : 4$　　b) $4932 : 9$　　c) $7310 : 5$	→ Seite 212 Nr. 77, 78
4 Ich kann Aufgaben zu proportionalen Zuordnungen mit dem Dreisatz lösen.	**4** Löse die Aufgabe und gib die Antwort an. a) 3 Portionen Pommes kosten 12 €. 　Wie viel kosten 25 Portionen Pommes? b) 7 Basketbälle kosten 140 €. 　Wie viel kosten 23 Basketbälle?	→ Seite 46; Seite 47 Nr. 4
5 Ich kann Brüche mit dem Nenner 100 als Prozentzahl schreiben.	**5** Schreibe den Bruch als Prozentzahl. **Beispiel** $\frac{7}{100} = 7\,\%$ a) $\frac{5}{100}$　　b) $\frac{65}{100}$　　c) $\frac{87}{100}$	→ Seite 205 Nr. 44
6 Ich kann einen Bruch erweitern oder kürzen und ihn dann als Prozentzahl schreiben.	**6** Erweitere oder kürze auf einen Bruch mit dem Nenner 100. Schreibe dann als Prozentzahl. **Beispiel** $\frac{2}{5} = \frac{2 \cdot 20}{5 \cdot 20} = \frac{40}{100} = 40\,\%$ a) $\frac{15}{50}$　b) $\frac{36}{300}$　c) $\frac{1}{2}$　d) $\frac{20}{25}$ e) $\frac{8}{20}$　f) $\frac{3}{4}$　g) $\frac{86}{200}$　h) $\frac{3}{10}$	→ Seite 202 Nr. 27 → Seite 203 Nr. 33 → Seite 205 Nr. 44
7 Ich kann Brüche, Dezimalzahlen und Prozentzahlen ineinander umwandeln.	**7** Es gehören immer ein Bruch, eine Dezimalzahl und eine Prozentzahl zusammen. Schreibe sie nebeneinander in dein Heft. $\frac{25}{100}$　0,05　2 % $\frac{1}{50}$　0,4　5 % $\frac{1}{2}$　0,25　50 % $\frac{2}{5}$　0,5　40 % $\frac{1}{20}$　0,02　25 %	→ Seite 205 Nr. 43, 44

Kompetenz	Aufgabe	Lies und übe:
8 Ich kann Prozentzahlen in Brüche umwandeln.	**8** Wandle die Prozentzahl in einen Bruch um. Kürze so weit wie möglich. **Beispiel** 10 % $10\,\% = \frac{10}{100} = \frac{1}{10}$ a) 50 % b) 25 % c) 65 % d) 80 % e) 36 %	→ Seite 205 Nr. 43
9 Ich kann Anteile von Flächen als Bruch und als Prozentzahl angeben.	**9** Gib den blauen Anteil (b) und den roten Anteil (r) als Bruch an. Schreibe die Brüche dann als Prozentzahlen. a) b) c) d)	→ Seite 198 Nr. 11
10 Ich kann Prozentzahlen in einem Quadrat darstellen.	**10** Zeichne auf kariertem Papier ein Quadrat mit der Seitenlänge 5 cm. (Es sind 100 Kästchen.) Färbe 65 % des Quadrats blau, 25 % rot und 10 % grün ein.	→ Seite 199 Nr. 13
11 Ich kann Bruchteile von Größen berechnen.	**11** Berechne. a) $\frac{1}{2}$ von 74 € b) $\frac{3}{4}$ von 80 kg c) $\frac{2}{3}$ von 99 m d) $\frac{5}{7}$ von 791 min	→ Seite 200 Nr. 16, 17
12 Ich kann Informationen aus Diagrammen entnehmen.	**12** Die Schülerinnen und Schüler des 7. Jahrgangs wurden gefragt, was sie am liebsten in ihrer Freizeit machen. Das Balkendiagramm zeigt die Ergebnisse. a) Was machen die Jugendlichen am liebsten in ihrer Freizeit? b) Wie viel Prozent der Jugendlichen lesen gerne? c) Wie viel Prozent treiben gerne Sport?	→ Seite 197 Nr. 8

→ Lösungen auf Seite 238 und 239

Begriffe der Prozentrechnung

Prozent bedeutet pro hundert.

Von den 20 Schülerinnen und Schülern einer Klasse gehen 10 in den Schwimmverein. Das ist die Hälfte der Klasse. Das sind 50 %.

W **Die Begriffe der Prozentrechnung**

Der **Grundwert G** ist das Ganze.

Der **Prozentwert W** ist ein Teil des Ganzen.

Der **Prozentsatz p %** ist ein Anteil. Du schreibst den Prozentsatz als eine Prozentzahl.

Der Prozentsatz ist der Anteil des Prozentwerts am Grundwert.

In dem Text oben sind die Begriffe so:

Grundwert **G** = 20 Schülerinnen und Schüler

Prozentwert **W** = 10 Schülerinnen und Schüler

Prozentsatz **p %** = $\frac{10}{20} = \frac{50}{100} = 50\,\%$

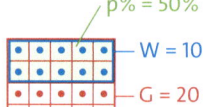

▶ Begriffe der Prozentrechnung

▶ **Aufgabe** Von 20 Schülerinnen und Schülern spielen 5 ein Instrument. Das sind 25 %. Ordne die Begriffe Grundwert G, Prozentwert W und Prozentsatz p % zu.

Die Begriffe aus der Geschichte kannst du mit einem **Prozent-Streifen** darstellen.

W **Der Prozent-Streifen**

In der ersten Zeile steht der Grundwert: So viele sind es insgesamt.

In den Zeilen darunter stehen Prozentwert und Prozentsatz: So groß ist der Anteil als Zahl und der Anteil in Prozent. Der Streifen in der Mitte für den Prozentwert und der Streifen unten für den Prozentsatz sind immer gleich lang.

Der Grundwert ist G = 20 Schülerinnen und Schüler. 20 Kästchen entsprechen 100 %.

G = 20 Schülerinnen und Schüler																			
G = 20 Schülerinnen und Schüler																			
W = 10 Schülerinnen u. S.																			
p % = 50 %																			

10 Kästchen entsprechen dem Prozentwert W = 10 Schülerinnen und Schüler und dem Prozentsatz p % = 50 %.

▶ **Aufgabe** Von 20 Schülerinnen und Schülern lesen 15 regelmäßig ein Buch. Das sind 75 %. Übertrage den Prozent-Streifen in dein Heft und ergänze die beiden fehlenden Angaben.

G = 20 Schülerinnen und Schüler																			
W =																			
p % =																			

1 Ordne den fett gedruckten Angaben die Begriffe Prozentsatz p %, Prozentwert W und Grundwert G zu.

a) Der Verkäufer hat von den **90 Brötchen** heute **72 Brötchen** verkauft. Das sind **80 %**.

b) **144** von **240 Jugendlichen** kaufen oft Süßigkeiten am Kiosk. Das sind **60 %**.

c) Die Schule hat in den Ferien **50 neue Fahrradständer** bekommen. Das sind **50 %** aller Fahrradständer. Jetzt gibt es insgesamt **100 Fahrradständer**.

2 Vor dir liegen 10 Stifte. Du nimmst 3 Stifte weg. Das sind 30 %.
Ordne die Begriffe Prozentsatz p %, Prozentwert W und Grundwert G zu.

3 Übertrage die Tabelle mit drei leeren Zeilen ins Heft.
Trage die Angaben passend ein.

Grundwert G	Prozentwert W	Prozentsatz p %
20 Jugendliche		

a) Von 200 Jugendlichen sind 20 Jugendliche in einem Verein. Das sind 10 %.

b) 40 Jugendliche interessieren sich für Programmierung. Das sind 20 %. Es wurden 200 Jugendliche befragt.

c) 75 % von 100 Zwölfjährigen tragen eine Zahnspange. Das sind 75 Zwölfjährige. ▶ **3** 🗙

4 Ordne den Angaben die Begriffe Prozentsatz p %, Prozentwert W und Grundwert G zu.
Ein Begriff fehlt. Welcher ist das?

a) Das Kino Casa hat 180 Plätze. Davon sind 54 Plätze reserviert.

b) Milan macht eine 60 km lange Radtour. 80 % der Strecke hat er schon geschafft.

c) Saskia schaut einen 120 Minuten langen Film. Als ihre Mutter zum Essen ruft, hat Saskia 80 % des Films gesehen.

5 Formuliere zu den Angaben eigene Sätze.
a) 8 Kiwis, 6 Kiwis gegessen, 75 %
b) 80 %, 120 Pflaumen, 96 faule Pflaumen

6 Formuliere einen Satz zu dem Prozent-Streifen.
Beispiel

G = 20 Kekse			
W = 8 Kekse			
p % = 40 %			

Von 20 Keksen sind 8 Kekse aus Schokolade. Das sind 40 %.

a)

G = 20 Autos			
W = 16 Autos			
p % = 80 %			

b)

G = 20 Katzen			
	W = 4 Katzen		
	p % = 20 %		

▶ **4** 🗙

7 Zeichne einen Prozent-Streifen.
Ein ☐ oder ☐ (bei G oder W) steht für 1 Person. Ein ☐ (bei p %) steht für 5 %.
Beispiel 5 Personen von 20 Personen sind 25 %.

G = 20 Personen			
	W = 5 Personen		
	p % = 25 %		

a) 8 Personen von 20 Personen sind 40 %.

G = 20 Personen			
W =			
p % =			

b) 12 Personen von 20 Personen sind 60 %
c) 2 Personen von 20 Personen sind 10 %.

8 Ergänze den Prozent-Streifen im Heft. Ein ☐ oder ☐ (bei G oder W) steht jetzt für eine grö-ßere Anzahl als 1. Ein ☐ (bei p %) steht für 5 %.
Beispiel 15 Hunde von 60 Hunden sind 25 %. Ein ☐ oder ☐ (bei G oder W) steht für 3 Hunde.

G = 60 Hunde			
	W = 15 Hunde		
	p % = 25 %		

a) 20 Katzen von 100 Katzen sind 20 %. Ein ☐ oder ☐ (bei G oder W) steht für 5 Katzen.

G = 100 Katzen			
W =			
p % =			

b) 140 Mäuse von 200 Mäusen sind 70 %. Ein ☐ oder ☐ (bei G oder W) steht für 10 Mäuse.

Sprachhilfe zu **5** und **6**: Benutze das Wort „von" vor dem Grundwert. Zum Beispiel:
3 Mäuse von 20 Mäusen sind weiß. Das sind 15 %. Oder: 15 % von 20 Mäusen sind weiß. Das sind 3 Mäuse.
▶ 💡 Tipp zu **1**, **2**, **3**

1 Ordne die Begriffe Prozentsatz p %, Prozentwert W und Grundwert G zu.
a) 225 der 1500 Schülerinnen und Schüler nehmen regelmäßig an einer Musik-AG teil. Das sind 15 %.
b) Auf dem Schulfest backt die Klasse 70 Waffeln. Davon verkaufen sie 60 %, also 42 Waffeln. Die restlichen Waffeln teilen sie untereinander auf.
c) Das Streitschlichter-Team besteht aus 30 Schülerinnen und Schülern. 6 davon kamen erst im letzten Schuljahr dazu. Das sind 20 %.

2 Übertrage die Tabelle mit drei leeren Zeilen ins in dein Heft.

Grundwert G	Prozentwert W	Prozentsatz p %

Trage die gegebenen Werte ein.
Ein Wert fehlt. Kennzeichne den fehlenden Wert mit einem Fragezeichen.
a) Die Klasse 7f besucht einen Wildpark. Sie sehen 36 Tiere, das sind 75 % aller Tiere.
b) In einer Buchhandlung stehen 800 Bücher. Davon sind 200 Bücher auf Englisch.
c) Lena hat noch 7,50 Euro von ihrem monatlichen Taschengeld übrig. Das sind 50 %. ▸**3** ☒

3 Formuliere eigene Sätze zum Prozent-Streifen.
Beispiel

G = 200 Hunde									
W = 140 Hunde									
p % = 70 %									

140 Hunde von 200 Hunden sind schwarz. Das sind 70 %.

a)

G = 100 Papageien									
W = 90 Papageien									
p % = 90 %									

b)

G = 40 Monitore									
W = 16 Monitore									
p % = 40 %									

c)

G = 400 m									
W = 80 m									
p % = 20 %									

4 Mina hat diesen Satz dargestellt:
6 € von 60 € sind 10 %.

G = 60 €									
W = 6 €									
p % = 10 %									

a) Mina sagt: „Ein Kästchen beim Grundwert (☐) und Prozentwert (☐) steht für 3 €." Erkläre, was Mina meint.
b) Begründe, wofür ein Kästchen beim Prozentsatz (☐) steht. ▸**5**

5 Zeichne einen passenden Prozent-Streifen, der 20 Kästchen breit ist.
Beispiel Von den 500 g in einem Obstsalat sind 200 g Erdbeeren. Das sind 40 %.

G = 500 g									
W = 200 g									
p % = 40 %									

500 : 20 = 25   Ein ☐ oder ☐ (bei G oder W) steht für 25 g.
100 : 20 = 5   Ein ☐ (bei p %) steht für 5 %.

a)
G = 400 g		
W = 120 g		
p % = 30 %		

b)
G = 800 g		
W = 200 g		
p % = 25 %		

c) 16 g von 80 g sind 20 %.
d) 600 g von 1000 g sind 60 %.

6 Zeichne einen passenden Prozent-Streifen, der 20 Kästchen breit ist.
Gib an, wofür ein Kästchen jeweils steht.
Beispiel 15 Kinder von 60 Kindern sind 25 %.

G = 60 Kinder									
W = 15 Kinder									
p % = 25 %									

a) Am Morgen bekommt die Schulmensa 160 Äpfel geliefert. Bis zum Mittag sind 40 % verkauft. Das sind 64 Äpfel.
b) Tim bekommt ein Buch geschenkt. Nun stehen 60 Bücher in seinem Regal. Davon hat Tim 18 Bücher gelesen. Das sind 30 %.

c) Tim mag sein neues Buch. Er hat schon 140 von 200 Seiten gelesen. Das sind 70 %.

1 Ordne die Begriffe Prozentsatz p %, Prozentwert W und Grundwert G zu.
a) Die Schülervertretung bestellt im Schulcafé 80 Muffins für ihre Sitzung. Davon werden 75 % gegessen, das sind 60 Muffins.
b) Beim Wettbewerb „Die fahrradfreundlichste Schule" nahmen 320 der 800 Schülerinnen und Schüler der Schule teil. Das entspricht 40 %.
c) Von den 20 Mitgliedern der AG Schülerzeitung sind nur 5 % Jungen. Also ist nur ein Junge dabei.

2 Welcher Wert fehlt: Prozentwert, Prozentsatz oder Grundwert? Finde eine passende Frage.
a) In der Schulbibliothek sind in diesem Monat 168 Bücher beschädigt worden. Das sind 2 %.
b) Von den 115 Comics geht es in 92 Comics um Superhelden.
c) 21 Lehrerinnen und Lehrer der Schule benutzen ein Tablet im Unterricht. Das sind 30 %.

3 👥 Schreibt drei Geschichten mit den Werten. Formuliert passende Sachaufgaben dazu.

	Grundwert G	Prozent- wert W	Prozentsatz p %
a)	150 min	60 min	?
b)	250 g	?	80 %
c)	?	108 km	30 %

4 In der Schule hängt folgendes Diagramm.

a) Erkläre, wie du Prozentsatz, Prozentwert und Grundwert ermitteln kannst. Beschreibe das Diagramm und gib den Grundwert an.
b) 👥 Vergleicht eure Ergebnisse untereinander.

5 Zeichne einen Prozent-Streifen, der 20 Kästchen breit ist. Berechne zuerst, wofür ein Kästchen beim Grundwert und beim Prozentwert steht.
Beispiel
G = 800 Fische; W = 240 Fische; p % = 30 %
800 : 20 = 40
Ein Kästchen ☐ oder ☐ (bei G oder W) steht für 40 Fische.

G = 800 Fische																			
					W = 240 Fische														
					p % = 30 %														

a) G = 400 km; W = 80 km; p % = 20 %
b) G = 600 Kugeln; W = 360 Kugeln; p % = 60 %
c) G = 500 Blatt Papier; W = 125 Blatt Papier; p % = 25 %
d) G = 1000 kg; W = 700 kg; p % = 70 %
e) G = 120 m; W = 54 m; p % = 45 %

6 Stelle die Situation mit einem Prozent-Streifen dar. Finde so die fehlende Größe. Beachte, dass der Streifen für W und der Streifen für p % immer gleich lang sind.
Beispiel
27 von 60 Bällen sind kaputt. Ein Kästchen ☐ oder ☐ (bei G oder W) steht für 3 Bälle.

G = 60 Bälle																			
W = 27 Bälle																			
p % = ?																			

9 Kästchen in der unteren Zeile (grün) stehen für 9 · 5 % = 45 %. Also sind 45 % der Bälle kaputt.
a) Von den 40 getesteten Smartphones haben 14 einen zu kleinen Speicher.
b) Von den 60 Bahnhöfen der Stadt sind bei 20 % die Fahrstühle defekt. Deshalb sind diese Bahnhöfe nicht für Personen im Rollstuhl erreichbar.
c) Von 1200 Schülerinnen und Schülern sind 60 % am Umweltschutz interessiert.
d) Tim erreicht drei Viertel von 120 Punkten.
e) Von 80 Würfen auf den Korb trifft das Basketball-Team bei 44 Würfen.

7 Erfinde drei Aufgaben, die zu diesem Prozent-Streifen passen.

► 💡 Tipp zu **1**, **2**, **4**

Den Prozentsatz berechnen

Franzi und Svenja spielen Basketball. Franzis Mannschaft hatte 20 Freiwürfe. Die Mannschaft erzielte dabei 9 Treffer. Svenjas Mannschaft hatte 25 Freiwürfe und erzielte dabei 11 Treffer.

Welche Mannschaft trifft besser bei Freiwürfen? Das kannst du herausfinden, indem du die Prozentsätze vergleichst. Mit dem Prozentsatz kannst du Dinge vergleichen, die verschiedene Grundwerte haben.

Der Grundwert G und der Prozentwert W sind bekannt. Daraus kannst du den Prozentsatz p % berechnen. Es gibt dafür zwei Möglichkeiten.

W Den Prozentsatz mit dem Dreisatz berechnen

Der Grundwert G entspricht 100 %. Der Prozentwert W entspricht dem Prozentsatz p %.

Wert	Anteil
G	100 %
W	p %

Franzis Mannschaft hatte 20 Freiwürfe. Die Mannschaft erzielte 9 Treffer.

gegeben: G = 20; W = 9
gesucht: p %

Anzahl	Anteil
20	100 %
1	5 %
9	45 %

: 20 / · 9 ... : 20 / · 9

45 % der Freiwürfe waren Treffer.

▸ 🖳 Prozentsatz berechnen – Dreisatz

▶ **Aufgabe** Berechne den Prozentsatz der Treffer für Svenjas Mannschaft mit dem Dreisatz. Welche Mannschaft hat die Freiwürfe besser getroffen?

▸ 1 ▸ 1 ▸ 1 ☑ ☒ ☒

---

*Eine **Formel** ist eine Art Rezept. Hier: Nimm Prozentwert und Grundwert. Dividiere. Du erhältst den Prozentsatz. Beispiel:*

$p\% = \frac{2}{9} = 0,\overline{2} \approx 22\%$

W Den Prozentsatz mit der Formel berechnen

Der Prozentsatz $p\% = \frac{p}{100}$ ist der Anteil des Prozentwerts W am Grundwert G.

$\text{Prozentsatz} = \frac{\text{Prozentwert}}{\text{Grundwert}}$

$p\% = \frac{W}{G}$

Erweitere oder kürze den Bruch $\frac{W}{G}$ auf den Nenner 100. Dann wandle den Bruch in eine Prozentzahl um. Geht das nicht, dann dividiere W durch G.

Svenjas Mannschaft hatte 11 Treffer bei 25 Freiwürfen.

gegeben: G = 25; W = 11
gesucht: p %

$p\% = \frac{W}{G}$

$p\% = \frac{11}{25} = \frac{44}{100} = 44\%$

44 % der Freiwürfe waren Treffer. Franzis Mannschaft trifft bei Freiwürfen etwas besser als Svenjas Mannschaft, denn 45 % > 44 %.

▸ 🖳 Prozentsatz berechnen – Formel

▶ **Aufgabe** Berechne den Prozentsatz der Treffer für Franzis Mannschaft mit der Formel.

▸ 4 ▸ 4 ▸ 4 ☑ ☒ ☒

1 Berechne den Prozentsatz p % mit dem Dreisatz. Ergänze dafür die Tabelle im Heft.

a)

Äpfel	Anteil
25	100 %
1	4 %
9	

: 25 (links oben), · ■ (links unten); : ■ (rechts oben), · ■ (rechts unten)

b)

Personen	Anteil
10	100 %
1	
3	

: ■ (links oben), · ■ (links unten); : 10 (rechts oben), · ■ (rechts unten)

c)

Autos	Anteil
50	100 %
1	
35	

: ■ (links oben), · ■ (links unten); : ■ (rechts oben), · ■ (rechts unten)

2 Hier ist ein Fehler passiert. Erkläre, wie man richtig rechnen muss.

Zeit in min	Anteil
50	100 %
1	0,50 %
40	20 %

: 50 (links oben), · 40 (links unten); : 50 (rechts oben), · 40 (rechts unten)

3 Berechne den Prozentsatz p % mit dem Dreisatz. Ergänze dafür die Tabelle im Heft. Formuliere einen Antwortsatz.

a) Mats ist 12 von 20 km gelaufen.

Strecke in km	Anteil
20	100 %
1	
12	

: ■ (links oben), · ■ (links unten); : ■ (rechts oben), · ■ (rechts unten)

b) Evelina hat 8 von 25 Nüssen geknackt.

Nüsse	Anteil
25	100 %
8	

: ■ (links oben), · ■ (links unten); : ■ (rechts oben), · ■ (rechts unten)

c) Sven hat 3 von 5 Pfannkuchen gegessen.

Pfannkuchen	Anteil
5	100 %
3	

: ■ (links oben), · ■ (links unten); : ■ (rechts oben), · ■ (rechts unten)

▶ 3

4 Berechne den Prozentsatz p % mit der Formel. ▶ ◁))) Rechne immer mit dem Grundwert G = 250 m.

Beispiel *gegeben:* G = 250 m; W = 100 m

gesucht: $p\% = \frac{W}{G}$

$p\% = \frac{100}{250} = \frac{\overset{4}{\cancel{100}}}{\underset{10}{\cancel{250}}} = \frac{4}{10} = \frac{40}{100} = 40\%$

kürzen mit 25

a) W = 25 m   b) W = 50 m
c) W = 200 m   d) W = 175 m

5 Berechne den Prozentsatz p % mit der Formel. Rechne immer mit dem Prozentwert W = 5 m.

Beispiel *gegeben:* G = 10 m; W = 5 m

gesucht: $p\% = \frac{W}{G}$

$p\% = \frac{5}{10} = \frac{50}{100} = 50\%$ *erweitern mit 10*

a) G = 25 m   b) G = 250 m
c) G = 500 m   d) G = 125 m   ▶ 5

6 Berechne den Prozentsatz p % mit dem Dreisatz oder mit der Formel. So, wie du magst.

a) 18 € von 45 €   b) 60 € von 200 €
c) 16 € von 64 €   d) 12 € von 80 €
e) 66 € von 110 €   f) 6 € von 120 €

7 Auch am Prozent-Streifen kann man den Prozentsatz berechnen.

G = 80 Fahrräder									
	W = 20 Fahrräder								
	p % = ?								

a) Ist der Prozentsatz p % größer oder kleiner als 50 %? Woran siehst du das?
b) Bestimme den Prozentsatz p %.

8 Berechne den Prozentsatz p %.
a) Eine große Schokoladentafel hat 48 Stücke. Davon hat Tim 12 Stücke gegessen.
b) Bei einem Online-Spiel muss man 35 Schätze finden. Jamin hat 7 Schätze gefunden.
c) Anna möchte einen Basketball für 70 € kaufen. Sie bekommt den Ball für 28 € weniger.

Sprachhilfe zu **3**: Antwortsätze: a) Mats ist schon ■ % der Strecke gelaufen.
b) Evelina hat schon ■ % der Nüsse geknackt. c) Sven hat schon ■ % …
Die Lösungen zu **6** findest du unter diesen Ergebnissen: 5 %; 15 %; 25 %; 30 %; 40 %; 60 %

▶ ☼ Tipp zu **2**, **7**, **8**

1 Berechne den Prozentsatz p % mit dem Dreisatz. Ergänze dafür die Tabelle im Heft.

a) 14 Treffer bei 20 Freiwürfen

Anzahl	Anteil
20	100 %
1	5 %
14	

: 20 ⬎ · ■ ⬎   : ■ ⬎ · ■ ⬎

b) 30 Gewinne bei 500 Losen

Anzahl	Anteil
500	100 %
10	
30	

: ■ ⬎ · ■ ⬎   : ■ ⬎ · ■ ⬎

c) 300 von 400 Eintrittskarten verkauft

Anzahl	Anteil
400	100 %
100	
300	

: ■ ⬎ · ■ ⬎   : ■ ⬎ · ■ ⬎

d) Formuliere jeweils einen Antwortsatz.

2 Berechne den Prozentsatz p % mit dem Dreisatz.
a) $G = 25$; $W = 18$ b) $G = 200$; $W = 56$
c) $G = 1000$; $W = 660$ d) $G = 50$; $W = 17$

3 Berechne den Prozentsatz p % mit dem Dreisatz. Du musst nicht immer über 1 rechnen.

a) Ein Fahrradhelm kostete 35 €. Der Preis wird reduziert und der Helm kostet nur noch 28 €. Ergänze die Tabelle und und den Antwortsatz im Heft.

Preis in €	Anteil
35	100 %
7	
28	

: 5 ⬎ · ■ ⬎   : 5 ⬎ · ■ ⬎

Antwortsatz: Der Helm kostet noch ■% des alten Preises.

b) Ein Fahrradschloss kostete 24 €. Jetzt kostet es nur noch 18 €.
c) Eine Luftpumpe kostete 15 €. Jetzt kostet sie nur noch 6 €.
d) Eine Fahrradtasche kostete 40 €. Jetzt kostet sie nur noch 16 €.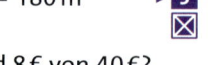

4 Berechne den Prozentsatz mit der Formel. Der Grundwert ist immer G = 240 m.

Beispiel   *gegeben*: G = 240 m; W = 48 m
gesucht: $p\% = \frac{W}{G}$

$p\% = \frac{48}{240} = \frac{\overset{2}{48}}{\underset{10}{240}} = \frac{2}{10} = \frac{20}{100} = 20\%$

a) W = 24 m   b) W = 60 m
c) W = 72 m   d) W = 180 m   ▶ 5 ☒

5 Die Aufgabe war: Wie viel sind 8 € von 40 €? Leider haben sich die Sandra, Maya und Nathan verrechnet. Schreibe eine Hilfe für sie.

Sandra: $p\% = \frac{8}{40} \cdot 100 = \frac{8}{4000} = 0,02\%$

Maya: $p\% = \frac{8}{40} = \frac{1}{5} = \frac{2}{10} = 2\%$

Nathan: $p\% = \frac{8}{40} = \frac{40}{200} = \frac{4}{100} = 4\%$

6 Wie viel Prozent sind 80 von 200 Personen? Mesut hat einen Prozent-Streifen angefertigt.

G = 200 Personen										
				W = 80 Personen						
				p % = ?						

a) Ein ☐ in der Zeile unten (grün) steht für 5 %. Wie groß ist p %?
b) Prüfe dein Ergebnis aus a) mit dem Dreisatz oder der Formel.
c) Wie viel Prozent sind 120 von 200 Personen? Löse mit einem Prozent-Streifen.

7 Die Basketballtrainerin notiert die Würfe und Treffer ihrer Spielerinnen in 5 Spielen.

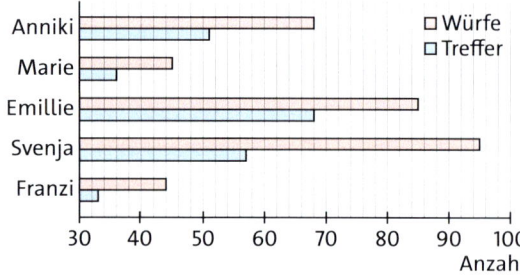

a) Berechne die **Trefferquoten** der Spielerinnen.
b) Marie ist erleichtert: „Ich dachte erst, ich hätte weniger als die Hälfte meiner Würfe getroffen." Begründe, woran das liegt.

Die Lösungen zu **2** und **3** findest du unter diesen Ergebnissen: 28 %; 34 %; 40 %; 40 %; 66 %; 72 %; 75 %; 80 %

Sprachhilfe zu **7**: Die **Trefferquote** ist der Quotient aus den getroffenen Würfen und den Würfen insgesamt.

Üben ⊠

1 Berechne den Prozentsatz p% mit dem Dreisatz. Ergänze dafür die Tabelle im Heft.

a) 14 Jungen von 50 Mitgliedern

Anzahl	Anteil
50	100%
1	
14	

: ▪ ⟨ ⟩ : ▪
· ▪ ⟨ ⟩ · ▪

b) 110 von 250 Punkten

Anzahl	Anteil
250	100%
110	

▪ ⟨ ⟩ ▪
▪ ⟨ ⟩ ▪

c) 700 von 2000 Eintrittskarten

Anzahl	Anteil
2000	100%
700	

▪ ⟨ ⟩ ▪
▪ ⟨ ⟩ ▪

d) Formuliere je eine Textaufgabe zu den Tabellen. Notiere je einen Antwortsatz.

2 Berechne den Prozentsatz p% mit dem Dreisatz. Du musst nicht immer über 1 rechnen.

a) 21 von 70

Ergänze dafür die Tabelle im Heft. Beachte, dass 70 und 21 den gemeinsamen Teiler 7 haben.

Anzahl	Anteil
70	100%
7	
21	

: ▪ ⟨ ⟩ : ▪
· ▪ ⟨ ⟩ · ▪

b) G = 90; W = 54   c) G = 45; W = 27
d) G = 85; W = 34   e) G = 120; W = 42

3 Berechne p% mit dem Dreisatz.

a) Bei einer Umfrage wünschen sich 110 von 200 Schülerinnen und Schülern Schwimmunterricht auch für die Klassen 7 bis 10.

b) 28 von 40 Lehrerinnen und Lehrern trinken zu viel Kaffee.

c) Bei einer Polizeikontrolle auf dem Schulhof hatten 32 von 80 Fahrrädern Mängel.

d) Bei einem Sportfest starten 48 Schülerinnen und Schüler bei einem 5-km-Lauf. 36 von ihnen erreichen nach 30 Minuten das Ziel. Die anderen sind in der Eisdiele.

4 ▼ Berechne den Prozentsatz mit der Formel.

Beispiel   *gegeben*: G = 18,00 €; W = 3,60 €
gesucht: p% $p\% = \frac{W}{G}$

$p\% = \frac{3,60}{18,00}$ mit 10 erweitern

$p\% = \frac{36}{180} = \frac{2}{10} = \frac{20}{100} = 20\%$

a) 35 m von 100 m   b) 40 m von 200 m
c) 42 m von 600 m   d) 1,80 € von 9,00 €
e) 0,26 g von 2,60 g   f) 0,8 kg von 1,6 kg
g) 0,12 t von 0,6 t   h) 2,4 ℓ von 48 ℓ

5 Nach den Ferien erhöht die Schulmensa die Preise für Artikel mit Plastikverpackung. Um wie viel Prozent werden die Artikel teurer?

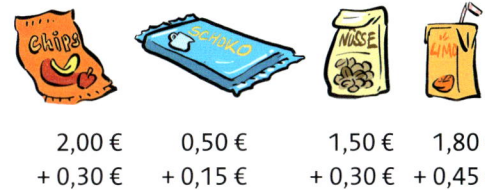

2,00 €   0,50 €   1,50 €   1,80 €
+ 0,30 €   + 0,15 €   + 0,30 € + 0,45 €

6 Vergleiche die Prozentsätze.

a) 12 m von 60 m und 14 m von 70 m
b) 40 g von 160 g und 36 g von 180 g
c) 16 ℓ von 400 ℓ und 21 ℓ von 420 ℓ

7 👥 Den Prozentsatz kannst du auch mit einem Prozent-Streifen bestimmen.

a) Wie viel Prozent sind 48 € von 160 €? Zeichnet dazu einen Prozent-Streifen. Für G = 160 € soll er 20 Kästchen breit sein.

b) Schreibt eine Anleitung, wie man mit einem Prozent-Streifen den Prozentsatz bestimmt.

8 Das Taschengeld wird erhöht.
Simone: von 18 € auf 22,50 €
Rachel: von 20 € auf 24 €
Monique: von 13,50 € auf 18 €

a) Wie viel € bekommt jede mehr? Vergleiche.

b) Berechne für jedes Mädchen die Erhöhung in Prozent.

c) Je größer die Erhöhung in Prozent, desto fröhlicher ist das Mädchen. Ordne die Namen zu.

Die Lösungen zu **4** findest du unter diesen Ergebnissen: 5%; 7%; 10%; 20%; 20%; 20%; 35%; 50%

▶ 💡 Tipp zu **3**, **5**, **6**, **8**

Den Prozentwert berechnen

Marion und Lea sind im Schwimmverein.
Sie sollen heute 60 Bahnen schwimmen.

Marion hat schon 20 % geschafft.

Lea kam später und hat erst 5 %
geschafft.

Wie viele Bahnen ist jede geschwommen?

Gesucht ist hier der Prozentwert W.
Der Grundwert G und der Prozentsatz p % sind bekannt.
Daraus kannst du den Prozentwert W berechnen. Es gibt dafür zwei Möglichkeiten.

W **Den Prozentwert mit dem Dreisatz berechnen**

100 % entsprechen dem Grundwert G.
Der Prozentsatz p % entspricht dem Prozentwert W.

▶ ⏯ Den Prozent-
wert berechnen –
Dreisatz

Anteil	Wert
100 %	G
p %	W

Marion hat schon 20 % von 60 Bahnen geschafft.

gegeben: G = 60; p % = 20 %
gesucht: W

	Anteil	Anzahl	
: 100	100 %	60	: 100
· 20	1 %	0,6	· 20
	20 %	12	

Marion ist 12 Bahnen geschwommen.
12 Bahnen sind 20 % von 60 Bahnen.

▶ **Aufgabe** Berechne den Prozentwert für Lea mit dem Dreisatz.
Wie viele Bahnen ist sie weniger geschwommen als Marion?   ▶1 ▶1 ▶1

W **Den Prozentwert mit der Formel berechnen**

Der Prozentwert ist ein Teil des Grundwerts.

▶ ⏯ Den Prozent-
wert berechnen –
Formel

Prozentwert = Grundwert · Prozentsatz

W = G · p %

Für den Prozentsatz gilt: p % = $\frac{p}{100}$
Du kannst die Formel auch so schreiben:

W = G · $\frac{p}{100}$

Lea hat erst 5 % von 60 Bahnen geschafft.

gegeben: G = 60; p % = 5 % = $\frac{5}{100}$
gesucht: W

W = G · $\frac{p}{100}$

W = 60 · $\frac{5}{100}$ = $\frac{60 \cdot 5}{100}$ = $\frac{300}{100}$ = 3

Lea ist 3 Bahnen geschwommen.
3 Bahnen sind 5 % von 60 Bahnen.

▶ **Aufgabe** Berechne den Prozentwert für Marion mit der Formel.

1 Berechne den Prozentwert W mit dem Dreisatz. Ergänze dafür die Tabelle im Heft.

a)
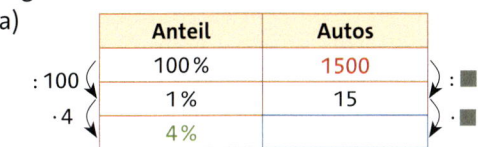

Anteil	Autos
100 %	1500
1 %	15
4 %	

: 100, · 4 (links) — : ■, · ■ (rechts)

b)
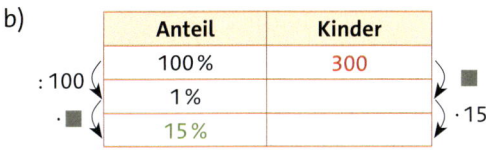

Anteil	Kinder
100 %	300
1 %	
15 %	

: 100, · ■ (links) — : ■, · 15 (rechts)

c)

Anteil	Anzahl
100 %	700
1 %	
11 %	

: ■, · ■ (links) — : 100, · ■ (rechts)

2 Helena meint: „Man muss nicht immer mit 1 % rechnen. Schau mal hier."

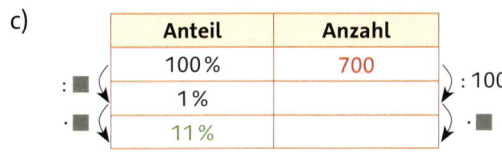

Anteil	Schafe
100 %	900
10 %	90
40 %	360

: 10, · 4 (links) — : □, · □ (rechts)

a) Hat Helena richtig gerechnet?

b) Bei welchem Prozentsatz p % würdest du wie Helena über 10 % rechnen?

Ⓐ 12 %   Ⓑ 25 %   Ⓒ 30 %   ▶ **3** ⊠

3 ▼ Berechne den Prozentwert W mit dem Dreisatz. Ergänze dafür die Tabelle im Heft.

a) Gerade sind 60 % von 200 Spielern online.

Anteil	Spieler
100 %	200
10 %	
60 %	

: 10, · ■ (links) — : ■, · 6 (rechts)

b) Samir darf 400 Minuten in der Woche ins Internet. 90 % der Zeit sind schon vorbei.

Anteil	Minuten
100 %	400
10 %	
90 %	

: 10, · ■ (links) — : ■, · ■ (rechts)

4 Berechne den Prozentwert W mit der Formel.

Beispiel   *gegeben*: $G = 60 €$; $p \% = 40 \% = \frac{40}{100}$
                    gesucht: W

$$W = G \cdot \frac{p}{100}$$

$$W = 60 € \cdot \frac{40}{100} = \frac{2400}{100} € = 24 €$$

a) 30 % von 120 €   b) 40 % von 80 €
c) 50 % von 80 €   d) 60 % von 120 €

5 Berechne die Prozentwerte mit dem Dreisatz oder mit der Formel. Ergänze damit die Tabelle im Heft.

a) G = 200 m

p %	1 %	10 %	30 %	50 %	90 %
W	2 m				

b) G = 4000 m

p %	1 %	3 %	6 %	20 %	75 %
W					

▶ **5** ⊠

6 Berechne den Prozentwert W.

a) 25 % von 600 m   b) 20 % von 700 m
c) 30 % von 8000 m   d) 4 % von 1200 m

7 ▼ 👥 Schätzt zuerst, was mehr ist. Berechnet dann die Prozentwerte und vergleicht.

a) 15 % von 600 oder 30 % von 800?
b) 60 % von 200 oder 30 % von 300?
c) 8 % von 800 oder 4 % von 1200?

8 Wie viele waren es? Berechne den Prozentwert. Formuliere einen Antwortsatz.

a) Heute sind im Schwimmbad 500 Leute vom 10 m-Turm gesprungen. Nur 2 % haben dabei eine Rolle gemacht.

b) Von den 4000 Eintrittskarten bei der Spielemesse wurden 80 % im Internet gekauft.

c) Bei der Spielemesse konnte man sich bei einem Spiel von einer Wand abseilen. Von den 800 Teilnehmern haben 90 % in weniger als vier Minuten den Boden erreicht.

Sprachhilfe zu **3**: Antwortsätze a) Es sind gerade ■ Spieler online.

b) Samir war diese Woche schon ■ Minuten im Internet.

Die Prozentwerte zu **7** findest du unter diesen Ergebnissen: 48; 64; 90; 90; 120; 240

▶ 💡 Tipp zu **2**, **5**, **6**, **8**

1 Berechne den Prozentwert W mit dem Dreisatz. Ergänze dafür die Tabelle im Heft.

a) 16 % der 200 Fahrräder sind kaputt.

Anteil	Anzahl
100 %	200
1 %	
16 %	

: 100, · 16 → : ■, · ■

b) 20 % von 3600 befragten Schülerinnen und Schülern mögen Comics.

Anteil	Anzahl
100 %	3600
20 %	

: 100, · ■ → : ■, · ■

c) 70 % von 1300 Jugendlichen, die das Spiel getestet haben, fanden es langweilig.

Anteil	Anzahl
100 %	1300
70 %	

: ■, · ■ → : ■, · ■

d) Formuliere jeweils einen Antwortsatz.

2 Berechne den Prozentwert W mit dem Dreisatz.
a) $G = 300; p\% = 35\%$ b) $G = 250; p\% = 4\%$
c) $G = 150; p\% = 6\%$ d) $G = 1200; p\% = 8\%$
e) $G = 140; p\% = 70\%$ f) $G = 180; p\% = 90\%$

► 2 ☒

3 Berechne den Prozentwert W mit dem Dreisatz. Du musst nicht immer über 1 % rechnen.

a) Ergänze die Tabelle im Heft.

Anteil	Preis
100 %	200 €
5 %	
15 %	

: 20, · ■ → : ■, · ■

b) Eine Spielekonsole kostete 240 €. Der Preis wird um 35 % reduziert. Wie viel € sparst du?

c) Bei einem Spiel kann man bis zu 250 Punkte holen. Djan hat davon 60 % erreicht.

d) Im Buchladen Miso stehen 440 Bücher. 75 % davon sind Mangas.

e) 👥 Formuliert eine Regel, wie man eine Zahl findet, über die man bei solchen Aufgaben rechnen kann.

4 Es ist jeweils gegeben, wie viel Prozent von 800 m die Jugendlichen geschwommen sind. Berechne den Prozentwert W mit der Formel.

Beispiel Lilli: 70 % von 800 m
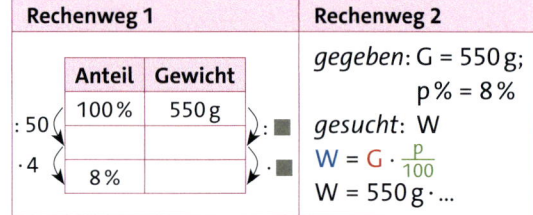
gegeben: $G = 800\,m; p\% = 70\% = \frac{70}{100}$
gesucht: W
$W = G \cdot \frac{p}{100}$
$W = 800\,m \cdot \frac{70}{100} = \frac{56000}{100}\,m = 560\,m$

a) Tim: 80 %   b) Lea: 90 %   c) Emma: 75 %

5 Übertrage die beiden Rechenwege ins Heft.

Rechenweg 1	Rechenweg 2
(Anteil / Gewicht Tabelle)	gegeben: G = 550 g; p % = 8 %

Rechenweg 1

Anteil	Gewicht
100 %	550 g
8 %	

: 50, · 4 → : ■, · ■

Rechenweg 2

gegeben: $G = 550\,g;\ p\% = 8\%$
gesucht: W
$W = G \cdot \frac{p}{100}$
$W = 550\,g \cdot \ldots$

a) Vervollständige beide Wege.
b) Welchen Weg findest du einfacher? Begründe.

► 5 ☒

6 Berechne die Prozentwerte mit dem Dreisatz oder mit der Formel. So, wie du magst.
a) 40 % von 65 m   b) 20 % von 460 g
c) 25 % von 52 kg   d) 60 % von 180 km
e) 70 % von 160 €   f) 30 % von 36 Litern

7 Schätze erst die Reihenfolge der Prozentwerte, wenn man sie der Größe nach ordnet. Rechne dann und prüfe so deine Schätzung.

20 % von 3000	40 % von 1400	60 % von 900	80 % von 800

8 Wie viele waren es?
a) 90 % der 1200 Zuschauer waren vom Wettkampf im **Flossenschwimmen** begeistert.

b) Von den 12 Jugendlichen im Schwimmkurs haben 25 % das Silber-Abzeichen.

c) 70 % der 30 Jugendlichen in der Klasse 7f gehen im Sommer gerne ins Freibad.

Die Lösungen von **2** findest du unter diesen Ergebnissen: 9; 10; 96; 98; 105; 162

Sprachhilfe zu **8**: **Flossenschwimmen** bedeutet, mit nur einer Flosse an den Füßen wie ein Delfin zu schwimmen.

1 Berechne den Prozentwert W mit dem Dreisatz. Ergänze dafür die Tabelle im Heft.

a) Till ist 20 % von 15 km gelaufen.

Anteil	Weg
100 %	15 km
1 %	
20 %	

b) Ein 240-Liter-Container ist zu 90 % gefüllt.

Anteil	Füllung
100 %	240 Liter

c) Ein Preis von 16 € wird um 3 % verringert.

Anteil	Preis
100 %	

d) Formuliere zu jeder Tabelle eine passende Frage und beantworte sie.

2 Berechne den Prozentwert W mit dem Dreisatz. Du musst nicht immer über 1 % rechnen.

a) Ergänze die Tabelle im Heft.

Anteil	Preis
100 %	360 €
5 %	
15 %	

b) Berechne.
- Ⓐ 70 % von 40 €
- Ⓑ 75 % von 112 €
- Ⓒ 45 % von 60 €
- Ⓓ 35 % von 840 €

c) 👥 Schreibt eine Anleitung, wie man eine Zahl findet, über die man bei solchen Aufgaben rechnen kann.

3 Berechne den Prozentwert mit dem Dreisatz. Formuliere Antwortsätze.

a) Von 30 Schülerinnen und Schülern der Klasse 7c haben 80 % ein eigenes Tablet.

b) In den 7. Klassen sind 180 Jugendliche. Nur 40 % haben zu Hause einen Drucker.

c) 60 % von den 20 Bewerberinnen wurden für die Theatergruppe ausgewählt.

4 30 Schülerinnen und Schüler haben eine Mathearbeit mitgeschrieben. 20 % haben eine Vier, 40 % eine Drei, 30 % eine Zwei und 10 % eine Eins.
Berechne die einzelnen Prozentwerte mit der Formel: $W = G \cdot \frac{p}{100}$

5 Berechne den Prozentwert mit dem Dreisatz oder mit der Formel.

a) 5 % von 940 m
b) 2 % von 760 €
c) 25 % von 52 kg
d) 60 % von 180 km

6 Sophie hat 99 % von 1200 Litern berechnet.

> 99 % von 1200 Litern?
> 100 % sind 1200 Liter.
> − 1 % sind 12 Liter.
> 99 % sind 1188 Liter.

a) Erkläre Sophies Rechnung.
b) Berechne 99 % von 350 cm.

7 Vervollständige die Tabelle im Heft. Ergänze die Zwischenschritte, wenn nötig.

a) G = 600 €

1 %	...	9 %	13 %	27 %	51 %	89 %
	...					

b) G = 360 €

1 %	2 %	...	11 %	22 %	49 %	56 %
		...				

8 ▼ Ein Schwimmverein hat 620 Mitglieder. Bei einem Wettbewerb haben sich 20 % für das **Synchronschwimmen**, 30 % für das Flossenschwimmen, 40 % für Kurzstrecken und 10 % für Langstrecken angemeldet.

a) Schätze jeweils, wie viele Mitglieder sich für die Disziplinen angemeldet haben.

b) Berechne nun die genauen Anzahlen.

c) Vergleiche deine Ergebnisse aus b) mit den Schätzungen aus a).

9 Für ein Konzert wurden 15 000 Tickets verkauft. 35 % der Zuschauerinnen und Zuschauer sind bereits da. 15 % stehen noch im Stau. Formuliere Fragen und beantworte sie.

Sprachhilfe zu **8**: Beim **Synchronschwimmen** bewegen sich die Schwimmerinnen gleichzeitig auf die gleiche Art. Das sieht dann aus wie Ballett im Wasser. Bei den Olympischen Spielen dürfen nur Frauen teilnehmen.

▶ 💡 Tipp zu **3**, **5**, **6**, **7**, **9**

Den Grundwert berechnen

Bei einem Eishockeyspiel sind für jedes Team 6 Jugendliche auf dem Eis. Die Teams dürfen beliebig oft auswechseln. Deshalb gehören zu jedem Team viel mehr als 6 Jugendliche.

Beim Team Hammerhaie sind 6 Jugendliche auf dem Eis. Das sind 30 % des gesamten Teams. Beim Team Eisvögel sind auch 6 Jugendliche auf dem Eis.
Das sind 20 % des gesamten Teams.
Wie viele Jugendliche sind in jedem Team insgesamt?

Gesucht ist hier jeweils der Grundwert.
Der Prozentwert W und der Prozentsatz p % sind bekannt.
Daraus kannst du den Grundwert G berechnen. Es gibt dafür zwei Möglichkeiten.

Kontrolliere:
Der Grundwert G muss immer größer sein als der Prozentwert W, wenn p % kleiner als 100 % ist.

▸ 📺 Den Grundwert berechnen – Dreisatz

W · **Den Grundwert mit dem Dreisatz berechnen**

Der Prozentsatz p % entspricht dem Prozentwert W.
100 % entsprechen dem Grundwert G.

Anteil	Wert
p %	W
100 %	G

In der Dreisatztabelle steht die 100 % diesmal unten.

Beim Team Hammerhaie sind 6 Jugendliche auf dem Eis. Das sind 30 % des gesamten Teams.

gegeben: W = 6; p % = 30 %
gesucht: G

Anteil	Anzahl
30 %	6
1 %	0,2
100 %	20

: 30   · 100

: 30   · 100

20 Jugendliche sind im Team Hammerhaie.

▸ **Aufgabe** Berechne den Grundwert für das Team Eisvögel mit dem Dreisatz.
In welchem Team sind mehr Jugendliche?

$p \% = \frac{p}{100}$

Du dividierst durch einen Bruch, indem du mit dem Kehrwert multiplizierst.
Der Kehrwert von $\frac{p}{100}$ ist $\frac{100}{p}$.

▸ 📺 Den Grundwert berechnen – Formel

W · **Den Grundwert mit der Formel berechnen**

Grundwert = Prozentwert : Prozentsatz

$$G \quad = \quad W \quad : \quad p \%$$

$$G \quad = \quad W \quad : \quad \frac{p}{100}$$

$$G \quad = \quad W \quad \cdot \quad \frac{100}{p}$$

Beim Team Eisvögel sind 6 Jugendliche auf dem Eis. Das sind 20 % des gesamten Teams.

gegeben: W = 6; p % = 20 %
gesucht: G

$G = W \cdot \frac{100}{p}$

$G = 6 \cdot \frac{100}{20} = \frac{6 \cdot 100}{20} = \frac{6 \cdot \overset{5}{\cancel{100}}}{\underset{1}{\cancel{20}}} = 30$

30 Jugendliche sind im Team Eisvögel.

▸ **Aufgabe** Berechne den Grundwert für das Team Hammerhaie mit der Formel.

1 Berechne den Grundwert G mit dem Dreisatz. Ergänze dafür die Tabelle im Heft.

a)

Anteil	Brötchen
9 %	36
1 %	4
100 %	

: 9 / ·100 ... : ■ / · ■

b)

Anteil	Katzen
15 %	45
1 %	
100 %	

: ■ / ·100 ... : 15 / · ■

c)

Anteil	Fische
12 %	60
1 %	
100 %	

: ■ / ·100 ... : ■ / · ■

2 Thorben meint: „Man kann manchmal auch über 5 % rechnen. So wie hier."

Anteil	Hunde
15 %	60
5 %	
100 %	

: 3 / ·20 ... : 3 / · 20

Ergänze die Tabelle im Heft.

3 Berechne den Grundwert G mit dem Dreisatz. Ergänze dafür die Tabelle im Heft. Formuliere die Frage und einen Antwortsatz.

a) 8 % der Pferde sind weiß. Das sind 24 Pferde.

Anteil	Pferde
8 %	24
1 %	
100 %	

: ■ / · ■ ... : ■ / · ■

b) 30 Tablets müssen noch ein Update bekommen. Das sind 15 % der Tablets.

Anteil	Anzahl
15 %	30
1 %	
100 %	

: ■ / · ■ ... : ■ / · ■

c) 15 Akkus sind defekt. Das sind 3 % der Akkus.

Anteil	Anzahl
3 %	15
1 %	
100 %	

: ■ / · ■ ... : ■ / · ■ ▶ 4 ⊠

4 Berechne den Grundwert G mit der Formel. Rechne immer mit dem Prozentwert W = 60 m.

Beispiel *gegeben:* W = 60 m; p % = 10 % = $\frac{10}{100}$

$$G = W \cdot \frac{100}{p}$$

$$G = 60 \text{ m} \cdot \frac{100}{10} = 60 \text{ m} \cdot 10 = 600 \text{ m}$$

a) 50 %   b) 20 %   c) 40 %   d) 30 %   e) 60 %

5 Berechne den Grundwert G mit der Formel. Rechne immer mit dem Prozentsatz p % = 40 %.

Beispiel *gegeben:* p % = 40 % = $\frac{40}{100}$; W = 80 m

$$G = W \cdot \frac{100}{p}$$

$$G = 80 \text{ m} \cdot \frac{100}{40} = \frac{\overset{2}{80} \text{m} \cdot 100}{\underset{1}{40}} = 200 \text{ m}$$

a) W = 160 m   b) W = 280 m
c) W = 200 m   d) W = 240 m ▶ 6 ⊠

6 Berechne den Grundwert G mit dem Dreisatz oder mit der Formel.

a) 50 % sind 45 m   b) 20 % sind 42 m
c) 30 % sind 390 m   d) 80 % sind 640 m
e) 60 % sind 540 m   f) 40 % sind 440 m

7 Lina sieht nach einem Spiel diesen Bildschirm:

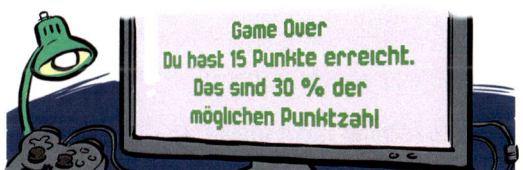

a) Berechne den Grundwert G.
b) Formuliere einen Antwortsatz:
   Die mögliche Punktzahl ist ● Punkte.

8 560 Schülerinnen und Schüler wollen eine Fahrt ins Skilager machen. Das sind 70 % aller Schülerinnen und Schüler. Wie viele Schülerinnen und Schüler sind es insgesamt?

9 In der Schule wurde gefragt: „Soll es mehr Fahrradständer geben?"

36 Personen — egal 30 %
30 Personen — nein 25 %
ja 45 %
54 Personen

a) Wie viele Personen wurden befragt? Berechne den Grundwert.
b) 👥 Überlegt euch Gründe, warum jemand „ja" oder „nein" geantwortet hat.

Sprachhilfe zu **3**: Antwortsätze a) Es gibt insgesamt ■ Pferde.
b) Insgesamt bekommen ■ Tablets ein Update.

▶ 💡 Tipp zu **1**, **6**, **7**, **8**, **9**

127

Üben ⊠

1 Berechne den Grundwert G mit dem Dreisatz. Ergänze dafür die Tabelle im Heft.

a) Der PC kostet noch 60 % des alten Preises. Das sind 420 €.

Anteil	Preis
60 %	420 €
1 %	
100 %	

b) Das Tablet kostet noch 80 % des alten Preises. Das sind 720 €.

Anteil	Preis
80 %	720 €
100 %	

c) Das Auto kostet 30 % weniger. Das sind 960 €.

Anteil	Preis
30 %	960 €

2 Berechne den Grundwert G mit dem Dreisatz.

a) $W = 20\,m$; $p\,\% = 25\,\%$
b) $W = 18\,m$; $p\,\% = 30\,\%$
c) $W = 45\,m$; $p\,\% = 30\,\%$
d) $W = 28\,m$; $p\,\% = 40\,\%$

3 Timo rechnet nicht über 1 %:

Anteil	Preis
60 %	72 €
10 %	
100 %	

a) Vervollständige Timos Rechnung im Heft.
b) Erkläre, wie Timo gerechnet hat.
c) Gib drei weitere Preise an, bei denen Timo genauso rechnen kann. ▶ **3** ⊠

4 👥 Eren ist der Kapitän eines eSport-Teams. Seine Ansprache an die anderen: „Wir haben 165 Bonus-Schätze gefunden. Das sind gerade mal 30 % von allen Schätzen."

165

30%

Wie viele Bonus-Schätze muss das Team noch finden? Überlegt gemeinsam, wie ihr vorgeht.

5 Berechne den Grundwert mit der Formel. Der Prozentsatz ist immer $p\,\% = 20\,\%$.

Beispiel gegeben: $p\,\% = 20\,\%$; $W = 50\,g$

gesucht: G

$$G = W \cdot \frac{100}{p}$$

$$G = 50\,g \cdot \frac{100}{20} = 50\,g \cdot 5 = 250\,g$$

a) $W = 40\,g$ b) $W = 80\,km$
c) $W = 68\,t$ d) $W = 280\,kg$ ▶ **6** ⊠

6 Berechne den Grundwert mit dem Dreisatz oder mit der Formel. So, wie du magst.

a) 23 % sind 92 Stücke   b) 28 % sind 70 g
c) 19 % sind 57 min   d) 40 % sind 256 km
e) 80 % sind 96 min   f) 15 % sind 54 min

7 Danas große Schwester erzählt:
„Bei der Online-Umfrage haben 840 Studentinnen und Studenten angegeben, dass sie Wert auf eine gesunde Ernährung legen. Das sind 70 % der Befragten."
Dana berechnet, wie viele Studentinnen und Studenten an der Umfrage teilnahmen. Wie viele waren es?

8 Moni ist schon 60 m bergab gerutscht und hat damit 20 % der Rodelbahn zurückgelegt. Wie lang ist die gesamte Bahn?

9 Das Schlittenhunderennen läuft seit 90 min. Maja und ihre Hunde sind bei 25 % der Strecke. Wie viele Minuten brauchen sie noch, wenn sie im gleichen Tempo weiterfahren?

10 Auf der Müsli-Packung steht.

MÜSLI GESUND
jetzt 30% weniger Zucker als in MÜSLI NORMAL

Auf der Packung hinten steht:
100 g enthalten 14 g Zucker. Wie viel Gramm Zucker enthalten 100 g Müsli normal?
Tipp: Müsli gesund enthält nur noch 70 % vom Zucker im *Müsli normal*.

Üben ⊠

Den Grundwert berechnen

1 Berechne den Grundwert G mit dem Dreisatz. Ergänze dafür die Tabelle im Heft.

a) Das Handy kostet 19 % weniger. Das sind 114 € Ersparnis.

Anteil	Preis
19 %	114 €
1 %	
100 %	

b) Das Tablet kostet 174 € weniger. Das sind 30 % Ersparnis.

Anteil	Anzahl
30 %	174
10 %	
100 %	

c) Der Laptop kostet 136 € weniger. Das sind 40 % Ersparnis.

Anteil	Anzahl
40 %	136

2 Berechne den Grundwert mit dem Dreisatz. Rechne vorteilhaft über andere Prozentzahlen als 1 %, zum Beispiel über 5 %, 10 % …

a) 15 % sind 33 min
b) 40 % sind 328 cm
c) 60 % sind 516 €
d) 75 % sind 90 g

3 Maximilian möchte sich ein Snowboard kaufen. 280 € hat er bereits gespart, das sind 40 %.

a) Wie viel kostet das Snowboard?
b) Wie viel muss Maximilian noch sparen?
c) 👥 Man kann auch in einem Schritt ausrechnen, wie viel Maximilian noch sparen muss. Schreibt eine Anleitung.

4 Wie lang waren die Balken ursprünglich?

Ⓐ 25 %

Ⓑ 40 %

Ⓒ 20 %

Ⓓ 30 %

a) Miss die Balkenlängen und zeichne die Balken.
b) Verlängere die Balken auf 100 %. Wie lang sind sie dann?
c) Bestimme jeweils G in cm.

5 Berechne den Grundwert mit der Formel.

Beispiel gegeben: p % = 9 %; W = 630 g
gesucht: G

$$G = W \cdot \frac{100}{p}$$

$$G = 630\,g \cdot \frac{100}{9} = \frac{\overset{70}{\cancel{630}}\,g \cdot 100}{\cancel{9}_1} = 7000\,g$$

a) p % = 30 %; W = 1200 kg
b) p % = 65 %; W = 195 €
c) p % = 40 %; W = 96 m

6 Berechne den Grundwert mit dem Dreisatz oder mit der Formel.

a) 0,90 € sind 15 %
b) 4,20 € sind 30 %
c) 4,50 € sind 75 %
d) 6,75 € sind 45 %

7 Tim ist ein erfahrener Taucher. Am Weissensee in Österreich probiert er das Eistauchen. Tim taucht seit 10 Minuten. Das sind 40 % der vereinbarten Zeit.
Wie lange darf Tim noch tauchen?

8 Berechne den Grundwert. Runde bei der Rechnung auf Hundertstel.

Beispiel: p % = 15 %; W = 500 €

Anteil	Preis in €
15 %	500
1 %	500 : 15 ≈ 33,33
100 %	3333

: 15 ↓ · 100 (links)   : 15 ↓ · 100 (rechts)

a) p % = 70 %; W = 1500 €
b) p % = 85 %; W = 245 €
c) p % = 42 %; W = 19450 €

9 Marc hat diese Übersicht für Jungen im Alter von 11 bis 14 Jahren im Internet gefunden.

	enthalten in 100 g Schokolade	% des Tagesbedarfs
Energie	532 kcal	24 %
Zucker	59 g	109 %
Fett	29 g	36 %
Eiweiß	6 g	14 %

Berechne jeweils den Tagesbedarf. Runde.

► 💡 Tipp zu **2**, **4**, **9**

129

Kompetenz	

1 Ich kann die Begriffe Prozentsatz, Prozentwert und Grundwert den passenden Angaben zuordnen.

→ Lies auf **Seite 114** nach.

1 Ordne den fett gedruckten Angaben die Begriffe Grundwert G, Prozentwert W und Prozentsatz p % zu.
a) **16** von **25 Schülerinnen und Schülern** kommen mit dem Fahrrad zur Schule. Das sind **64 %**.
b) **20 Schülerinnen und Schüler** haben eine gute Mathearbeit geschrieben. Das sind **80 %** der insgesamt **25 Schülerinnen und Schüler**.

---

2 Ich kann Werte aus einem Prozent-Streifen ablesen.

→ Lies auf **Seite 114** nach.

2 Beantworte die Fragen.
a) Frieda bekommt 20 €. Davon gibt sie 6 € für Schminke aus. Wie viel Prozent sind das?

G = 20 €				
W = 6 €				
p % = 30 %				

b) Kenan kauft 20 Fußballkarten. 20 % davon hat er bereits. Wie viele Karten sind das?

G = 20 Karten				
		W = 4 Karten		
		p % = 20 %		

---

3 Ich kann den Prozentsatz mit dem Dreisatz oder mit der Formel berechnen.

→ Lies auf **Seite 118** nach.

3 Berechne den Prozentsatz.
a) Wie viel Prozent sind 72 km von 200 km?
b) Bei einer Kontrolle sind 45 von 150 Fahrrädern nicht verkehrssicher. Wie viel Prozent der Fahrräder sind nicht verkehrssicher?

---

4 Ich kann den Prozentwert mit dem Dreisatz oder mit der Formel berechnen.

→ Lies auf **Seite 122** nach.

4 Berechne den Prozentwert.
a) Wie viel € sind 20 % von 400 €?
b) Schokolade enthält 45 % Zucker. Wie viel Gramm Zucker sind in einer 200-g-Tafel?

---

5 Ich kann den Grundwert mit dem Dreisatz oder mit der Formel berechnen.

→ Lies auf **Seite 126** nach.

5 Berechne den Grundwert.
a) 54 € sind 6 %. Wie viel € sind 100 %?
b) Im Mai hat Janna 5 € gespart. Das sind 20 % ihres Taschengelds. Wie viel Taschengeld bekommt Janna?

→ Lösungen auf Seite 239

☒

1 Ordne die Begriffe Grundwert G, Prozentwert W und Prozentsatz p% den passenden Angaben zu.
Einmal fehlt eine Angabe. Welche ist es?
a) 30% der Smartphones haben Risse im Display. Also sind 306 von 1020 Displays kaputt.
b) 45% aller Smartphone-Besitzer haben zusätzlich ein Tablet. Das sind 459 Schülerinnen und Schüler.

2 Formuliere eine passende Aufgabe.
a)
G = 80 €				
W = 56 €				
p % = 70 %				

b)
G = 200 g			
W = 80 g			
p % = 40 %			

3 Berechne den Prozentsatz.
a) Lisa kauft 25 Lose, davon sind 7 Lose Gewinne. Wie viel Prozent ihrer Lose sind Gewinne?
b) Eine 100 g-Tafel-Vollmilchschokolade hat 58 g Zucker und ein 20 g-Schokoladenriegel 11 g Zucker. Vergleiche den Prozentsatz des Zuckers der beiden Schokoladen.

4 Berechne den Prozentwert.
a) Ein Paket wiegt insgesamt 4600 g. Die Verpackung macht 12% davon aus. Wie viel Gramm wiegt die Verpackung?
b) Moritz hat 15% von 320 Seiten gelesen. Leonie hat 30% von 140 Seiten gelesen. Wer hat mehr Seiten gelesen?

5 Berechne den Grundwert.
a) 12% sind 240 g.
b) Tarik kauft im Schlussverkauf eine Jeans 35% billiger. Er spart 24,50 €. Wie viel hat die Jeans ursprünglich gekostet?

☒

1 Ordne die Begriffe Prozentsatz, Prozentwert und Grundwert zu.
Gib an, welche Angaben jeweils fehlen.
a) 8% der Schülerinnen und Schüler sind krank. Das sind 2 Schülerinnen und Schüler.
b) Ein Viertel aller Schülerinnen und Schüler hat heute Morgen nicht gefrühstückt.
c) Lian hat bei den drei Mathearbeiten zweimal eine Eins geschrieben.

2 Vervollständige den Prozent-Streifen. Zeichne den fehlenden Streifen und ergänze die fehlende Angabe.
a)
G = 40 €			
W = 24 €			

b)
G = 300 g			
p % = 40 %			

3 In einer Klasse sind 12 Mädchen und 13 Jungen.
a) Gib an, wie viel Prozent Mädchen und wie viel Prozent Jungen in der Klasse sind.
b) Wie ändern sich die Prozentsätze, wenn 3 Mädchen dazukommen und 3 Jungen die Klasse verlassen?

4 Berechne.
a) Wie viel sind 8% von 610 m?
b) Auf dem Schulhof sind 75% der insgesamt 260 Fahrradplätze belegt. Wie viele Fahrräder stehen auf dem Schulhof?

5 Berechne den Grundwert.
a) 120% sind 4800 mg.
b) Bei einer Fahrradtour haben die Kinder 420 m der gesamten Strecke geschafft. Das sind 6%. Wie lang ist der gesamte Weg?

→ Lösungen auf Seite 239 und 240
Die Aufgaben kannst du auch digital machen. ▶ 🖑

Rabatt und Skonto

Die Schülerinnen und Schüler der AG Schülerfirma kaufen T-Shirts, Pullover und weitere Dinge. Dann bedrucken sie alles mit eigenen Logos und verkaufen es weiter. Den Gewinn spendet die AG Schülerfirma für einen guten Zweck.
Die AG Schülerfirma kauft die T-Shirts, die Pullover und die anderen Dinge möglichst günstig ein. Deshalb schaut sie auch nach Rabatten.

Wenn du für etwas weniger Geld bezahlen musst als der Preis eigentlich war, dann sagt man: Du bekommst einen **Rabatt**. Der Rabatt wird oft in Prozent angegeben.

Ein weißes T-Shirt kostet 10 €. Die AG Schülerfirma kauft die T-Shirts im Winter mit 20 % Rabatt ein. Wie viel muss die AG Schülerfirma im Winter für ein T-Shirt bezahlen?

Berechnung des Rabatts mit dem Dreisatz:

	Anteil	Preis
	100 %	10 €
	1 %	0,10 €
	20 %	2 €

: 100 ⟨ ... ⟩ : 100
· 20 ⟨ ... ⟩ · 20

Berechnung des Rabatts mit der Formel:

$$W = G \cdot \frac{p}{100}$$
$$W = 10\,€ \cdot \frac{20}{100} = \frac{10\,€ \cdot \overset{1}{20}}{\underset{5}{100}} = \frac{10}{5}\,€ = 2\,€$$

Im Winter bekommt man 2 € Rabatt.
So berechnest du den neuen Preis: neuer Preis = alter Preis − Rabatt.
10 € − 2 € = 8 €
Antwort: Die AG Schülerfirma muss also im Winter nur noch 8 € für ein T-Shirt bezahlen.

Die AG Schülerfirma bezahlt die Rechnung innerhalb weniger Tage. Dafür bekommt sie einen weiteren Preisnachlass.

Wenn du eine Rechnung schnell bezahlst, dann musst du manchmal weniger bezahlen.
Man sagt: Du bekommst einen **Skonto**. Der Skonto wird oft in Prozent angegeben.
Der Skonto ist wie ein Rabatt. Du kannst ihn also genauso berechnen.

Die AG Schülerfirma bestellt 100 Pullover mit dem Schullogo für 1500 €. Wenn sie die Rechnung innerhalb von 7 Tagen bezahlt, dann bekommt sie 2 % Skonto. Wie viel muss sie dann bezahlen?

Den Skonto mit dem Dreisatz berechnen:

	Anteil	Preis
	100 %	1500 €
	1 %	15 €
	2 %	30 €

: 100 ⟨ ... ⟩ : 100
· 2 ⟨ ... ⟩ · 2

Den Skonto mit der Formel berechnen:

$$W = G \cdot \frac{p}{100}$$
$$W = 1500\,€ \cdot \frac{2}{100} = \frac{\overset{15}{1500}\,€ \cdot 2}{\underset{1}{100}} = 30\,€$$

Die AG Schülerfirma bekommt 30 € Skonto.
So berechnest du den neuen Preis: neuer Preis = alter Preis − Skonto.
1500 € − 30 € = 1470 €
Antwort: Wenn die AG Schülerfirma innerhalb von 7 Tagen bezahlt, dann muss sie nur 1470 € bezahlen.

1 Für jedes Kleidungsstück, einen Sportbeutel und eine Tasche gibt es einen Rabatt von 20 %. Berechne die neuen Preise.

2 Am Ende des Schuljahres gibt es einen Räumungsverkauf. Überprüfe, ob die neuen Preise richtig berechnet wurden.

RÄUMUNGSVERKAUF: auf alle Artikel 30%

25€ 15€   14€ 9,10€   45€ 31,50€   5€ 4€

3 Ein Schulheft kostet 0,40 €. 10 Schulhefte kosten 3,60 €.
Berechne den Rabatt pro Heft, wenn man 10 Schulhefte kauft. Gib das Ergebnis in € und in % an.

4 Die AG Schülerfirma will Stifte und Radiergummis mit ihrem Logo verkaufen.
Sie bestellt in einem Online-Shop und muss 160 € bezahlen.
Auf der Rechnung steht: „Bei Zahlung innerhalb von 5 Tagen erhalten Sie 3 % Skonto."
a) Berechne den Skonto.
b) Wie viel Geld muss die AG Schülerfirma überweisen, wenn sie innerhalb der nächsten 5 Tage bezahlt?

5 Für das neue Schuljahr werden 50 neue Preislisten gedruckt.
Es gibt zwei Angebote.
Angebot A: 1 Preisliste kostet 0,20 €. Ab 30 Preislisten gibt es auf alle Preislisten 10 % Rabatt.
Angebot B: 50 Preislisten kosten 12 €. Bei Bezahlung innerhalb von 7 Tagen gibt es 5 % Skonto.
Welches Angebot würdest du wählen? Begründe.

6 Die AG Schülerfirma hat in diesem Jahr Artikel für insgesamt 2100 € gekauft.
Ihre Produkte hat sie für 35 % mehr verkauft.
a) Berechne, wie viel Geld die AG Schülerfirma durch ihre Verkäufe insgesamt bekommen hat.
b) Ziehe die 2100 € von deinem Ergebnis aus a) ab.
   Dieses Geld spendet die AG Schülerfirma. Wie viel Euro sind das?

7 Das Lager ist voll. Damit wieder Platz für neue Artikel ist, werden die alten Artikel mit Rabatt verkauft.
Ergänze die Tabelle im Heft. Berechne den Rabatt in Euro und Prozent.

Artikel	alter Preis	neuer Preis	Rabatt	
			in €	in %
Schülerkalender	6 €	4,20 €	6 − 4,20 = 1,80	1,80 : 6 = 0,3 = 30 %
Federmappe	12 €	9,60 €		
Lineal	2 €	1,70 €		
Kugelschreiber	3 €	2,25 €		
Füller	16 €	10,40 €		

8 Esra sagt: „Wenn ein Pulli zweimal um 50 % reduziert wird, dann kostet er danach nichts mehr. Das ist ja toll."
Stimmt das? Überlege dir ein Beispiel und überprüfe damit Esras Aussage.

Vermehrter und verminderter Grundwert

Der vermehrte Grundwert
Wenn ein Preis erhöht wird, dann bezahlst du **mehr** als vorher.
Man sagt zum Beispiel: Der alte Preis wird um 25 % erhöht (vermehrt).
Der alte Preis ist der Grundwert. Er entspricht 100 %.
Der neue Preis ist um 25 % höher als der alte Preis. Er entspricht 125 %.
Deshalb sagt man „vermehrter Grundwert".

vorher: 16€
Preiserhöhung
um 25%
jetzt: 20€

Rechnen mit dem vermehrten Grundwert
Wenn du den Grundwert um die
Preiserhöhung **vermehrst**,
dann erhältst du den Prozentwert.

	G (100 %)	
	W = G	+ Erhöhung
	p % = 100 % +	Erhöhung in %

Der Prozentwert ist dann **mehr** als der Grundwert.
Den Prozentsatz berechnest du, indem du die Preiserhöhung in % zu den 100 % addierst.

Preiserhöhung – alter Preis bekannt

Ein Fußballtrikot kostet 16 €.
Der Preis wird um 25 % erhöht.
Wie hoch ist der neue Preis des Trikots?

gegeben: alter Preis G = 16 € (entspricht 100 %);
Preiserhöhung um 25 %
also p % = 100 % + 25 % = 125 %
gesucht: neuer Preis W (entspricht 125 %)

Rechnung mit dem Dreisatz:

Anteil	Preis
100 %	16 €
1 %	0,16 €
125 %	20 €

: 100 / : 100
· 125 / · 125

Rechnung mit der Formel:

$$W = 16 € \cdot \frac{125^5}{{}_4100} = \frac{16^4 € \cdot 5}{{}_1 4} = \frac{20}{1} € = 20 €$$

Der neue Preis des Trikots ist 20 €.

Preiserhöhung – neuer Preis bekannt

Der Preis eines Fußballtrikots wurde
um 25 % erhöht. Es kostet jetzt 20 €.
Wie hoch war der alte Preis des Trikots?

gegeben: Preiserhöhung um 25 %,
also p % = 100 % + 25 % = 125 %
neuer Preis W = 20 € (entspricht 125 %)
gesucht: alter Preis G (entspricht 100%)

Rechnung mit dem Dreisatz:

Anteil	Preis
125 %	20 €
1 %	0,16 €
100 %	16 €

: 125 / : 125
· 100 / · 100

Rechnung mit der Formel:

$$G = 20 € \cdot \frac{100^4}{{}_5125} = \frac{20^4 € \cdot 4}{{}_1 5} = \frac{16 €}{1} = 16 €$$

Der alte Preis des Trikots war 16 €.

---

1 Der Preis wird erhöht. Berechne den neuen Preis. Der alte Preis entspricht 100 %.
a) alter Preis: 40 €; um 20 % erhöht   b) alter Preis: 50 €; um 30 % erhöht   c) alter Preis: 60 €; um 15 % erhöht

Anteil	Preis
100 %	40 €
10 %	
120 %	

Anteil	Preis
100 %	50 €
10 %	

2 Der Preis wurde erhöht. Berechne den alten Preis. Der alte Preis entspricht 100 %.
a) um 20 % erhöht; neuer Preis: 24 €   b) um 50 % erhöht; neuer Preis: 60 €   c) um 40 % erhöht; neuer Preis 70 €

Anteil	Preis
120 %	24 €
10 %	
100 %	

Anteil	Preis
	60 €
10 %	
100 %	

Der verminderte Grundwert

Wenn ein Preis gesenkt wird, dann bezahlst du **weniger** als vorher.
Man sagt zum Beispiel: Der alte Preis wird um 25 % gesenkt (vermindert).
Der alte Preis ist der Grundwert. Er entspricht 100%.
Der neue Preis ist um 25% niedriger als der alte Preis. Er entspricht 75%.
Deshalb sagt man „verminderter Grundwert".

vorher: 12€
Preissenkung
um 25 %
jetzt: 9€

Rechnen mit dem verminderten Grundwert

Wenn du den Grundwert um die Preissenkung
verminderst, dann erhältst du den Prozentwert.
Der Prozentwert ist dann **geringer** als der Grundwert.
Den Prozentsatz berechnest du, indem du die Preissenkung in % von den 100 % abziehst.

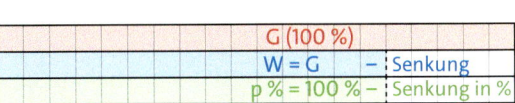

	G (100 %)	
	W = G	– Senkung
	p % = 100 %	– Senkung in %

Verminderter Grundwert

Preissenkung – alter Preis bekannt

Eine Mütze kostet 12 €.
Der Preis wird um 25 % gesenkt.
Wie hoch ist der neue Preis der Mütze?

gegeben: alter Preis G = 12 € (entspricht 100 %);
Preissenkung um 25 %,
also p % = 100 % – 25 % = 75 %
gesucht: neuer Preis W (entspricht 75 %)

Rechnung mit dem Dreisatz:

Anteil	Preis
100 %	12 €
1 %	0,12 €
75 %	9 €

: 100, · 75 (links); : 100, · 75 (rechts)

Rechnung mit der Formel:

$$W = 12\,€ \cdot \frac{75^3}{{}_4 100} = \frac{12^3\,€ \cdot 3}{{}_1 4} = \frac{9\,€}{1} = 9\,€$$

Der neue Preis der Mütze ist 9 €.

Preissenkung – neuer Preis bekannt

Der Preis einer Mütze wurde um 25 % gesenkt.
Sie kostet jetzt 9 €.
Wie hoch war der alte Preis der Mütze?

gegeben: Preissenkung um 25 %,
also p % = 100 % – 25 % = 75 %
neuer Preis W = 9 € (entspricht 75 %)
gesucht: alter Preis G (entspricht 100 %)

Rechnung mit dem Dreisatz:

Anteil	Preis
75 %	9 €
1 %	0,12 €
100 %	12 €

: 75, · 100 (links); : 75, · 100 (rechts)

Rechnung mit der Formel:

$$G = 9\,€ \cdot \frac{100^4}{{}_3 75} = \frac{9^3\,€ \cdot 4}{{}_1 3} = \frac{12\,€}{1} = 12\,€$$

Der alte Preis der Mütze war 12 €.

---

3 Der Preis wird gesenkt. Berechne den neuen Preis. Der alte Preis ist 100 %.

a) alter Preis: 320 €; um 45 % gesenkt

Anteil	Preis
100 %	320 €
5 %	
55 %	

b) alter Preis: 630 €; um 20 % gesenkt

Anteil	Preis
100 %	630 €
10 %	
80 %	

c) alter Preis: 50 €; um 40 % gesenkt

---

4 Der Preis wird gesenkt. Berechne den alten Preis. Der alte Preis ist 100 %.

a) um 40 % gesenkt; neuer Preis 210 €

Anteil	Preis
70 %	210 €
10 %	
100 %	

b) um 80 % gesenkt; neuer Preis 180 €

Anteil	Preis
20 %	180 €
10 %	
100 %	

c) um 10 % gesenkt; neuer Preis 72 €

135

Vermischte Aufgaben zum vermehrten und verminderten Grundwert

5 Für das Schulfest werden die Preise geändert. Hier siehst du die alten Preise und die Preisänderungen.

10€, +15% 6,80€, -30% 5€, +25% 4,25€ -20%

a) Berechne die neuen Preise.
b) Berechne dann, wie viel € man mehr oder weniger bezahlen muss als vorher.
c) 👥 Jana sagt: „Ich habe bei der Flasche erst 15 % von 10 € berechnet. Das Ergebnis habe ich zu dem alten Preis addiert." Geht das? Überprüft und begründet.

6 Vor Weihnachten wurden die Preise geändert. Hier siehst du die neuen Preise und die Preisänderungen.

10€, +25% 15€, -40% 4,20€, +20% 2,55€, -15%

a) Berechne die alten Preise.
b) Berechne dann, wie viel € man mehr oder weniger bezahlen muss als vorher.
c) 👥 Simon sagt: „Ich habe beim T-Shirt einfach 25 % vom Grundwert 10 € berechnet. Man zahlt jetzt 2,50 € mehr." Was hat er falsch gemacht? Überprüft und begründet.

Aufgaben mit Mehrwertsteuer (vermehrter Grundwert)

Wenn du etwas kaufst, dann zahlst du **Mehrwertsteuer**. Meistens beträgt die Mehrwertsteuer 19 %.
Der Laden bekommt den Grundwert (100 %). Die 19 % Mehrwertsteuer bekommt der Staat.
Du bezahlst also einen Preis, der 119 % entspricht.

7 Berechne den Preis mit Mehrwertsteuer. Du hast also 100 % gegeben und suchst 119 %.
a) Preis ohne Mehrwertsteuer: 800 €   b) Preis ohne Mehrwertsteuer: 350 €   c) Preis ohne Mehrwertsteuer: 70 €

Anteil	Preis
100 %	800 €
1 %	
119 %	

Anteil	Preis
100 %	350 €
1 %	
119 %	

8 Die AG Schülerfirma hat sich überlegt, wie viel Geld sie für jeden Artikel bekommen möchte. Dazu kommt dann noch die Mehrwertsteuer. Berechne die Preise mit Mehrwertsteuer.

9 Berechne den Preis ohne Mehrwertsteuer. Du hast also 119 % gegeben und suchst 100 %.
a) Preis mit Mehrwertsteuer: 476 €   b) Preis mit Mehrwertsteuer: 714 €   c) Preis mit Mehrwertsteuer: 654,50 €

Anteil	Preis
119 %	476 €
1 %	
100 %	

Anteil	Preis
119 %	714 €
1 %	
100 %	

1 Ordne die Begriffe Prozentsatz, Prozentwert und Grundwert zu. Ein Begriff fehlt immer.
Beispiel a) Prozentwert: 3 Schokoriegel ...

> a) Clara hat 3 Schokoriegel von 10 Schokoriegeln gegessen.

> b) Mara hat 4 Stifte angespitzt. Das sind 20 % ihrer Stifte.

> c) Henrik hat 70 % der 20 Aufgaben gelöst.

2 Rechnest du lieber mit dem Dreisatz oder mit der Formel? Schreibe eine kurze Begründung.

3 Ergänze die Tabelle im Heft.

	Grundwert G	Prozentsatz p %	Prozentwert W
a)	150	30 %	
b)	320		48
c)		11 %	55
d)	500		130
e)	160	75 %	
f)		12 %	198

▶

4 Berechne die fehlende Größe. Überlege zuerst, was gegeben ist und was noch fehlt. Schreibe dann den vollständigen Satz in dein Heft.
Beispiel 35 % von 400 m sind ● .
gegeben: p % = 35 %; G = 400 m
gesucht: Prozentwert W
Rechnung: W = 400 m · $\frac{35}{100}$ = 140 m
Antwort: 35 % von 400 m sind 140 m.
a) 75 % von 500 € sind ●.
b) ● von 500 € sind 75 €.
c) 20 % von ● sind 60 €.
d) 90 % von 2500 g sind ●.
e) 1 % von ● sind 11 ℓ.

5 In einer Klasse sind 30 Schülerinnen und Schüler. 40 % davon haben einen Hund. Wie viele Schülerinnen und Schüler haben einen Hund?
① Schreibe auf, was gegeben ist und was gesucht ist.
② Berechne die fehlende Größe.
③ Schreibe einen Antwortsatz.

6 Hier musst du selbst eine Frage formulieren. Gehe so vor:
① Schreibe auf, was gegeben ist.
② Formuliere eine Frage zur fehlenden Größe.
③ Berechne die fehlende Größe.
④ Schreibe einen Antwortsatz.
a) Milan hat 300 €. Davon gibt er 35 % aus.
b) Linus hat 500 € gespart. Davon gibt er 125 € aus.
c) Ben hat 12 € für ein Spiel ausgegeben. Das sind 40 % seines gesparten Gelds. ▶

7 In Asras Schule haben 500 Schülerinnen und Schüler an einer Umfrage teilgenommen. Eine Frage war: „Wie kommt ihr zur Schule?" Asra hat ein Säulendiagramm begonnen.

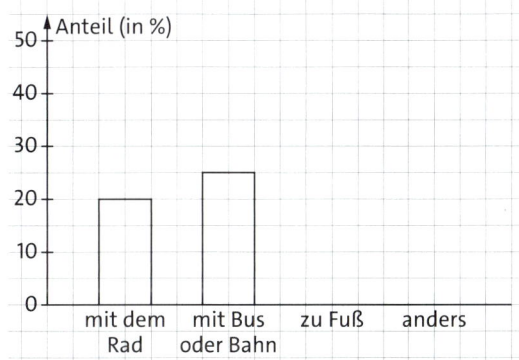

a) Wie viele Schülerinnen und Schüler haben „mit dem Rad" geantwortet? Lies erst den Prozentsatz im Diagramm ab. Rechne dann mit dem Grundwert 500.
b) Es haben 200 Schülerinnen und Schüler „zu Fuß" geantwortet und 75 „anders". Berechne jeweils den Prozentsatz. Der Grundwert ist 500.
c) Ergänze das Diagramm im Heft.

8 👥 Formuliert gemeinsam Fragen zu den beiden Anzeigen beantwortet sie.

Sprachhilfe zu **2** : Beginne so: „Ich rechne lieber mit dem Dreisatz, weil ..." oder „Ich rechne lieber mit der Formel, weil ..."

▶ 💡 Tipp zu **1** , **3** , **7** , **8**

137

1 Diese Wörter helfen dir, die Begriffe der Prozentrechnung zu erkennen.
– steht mit einem % -Zeichen
– steht oft zusammen mit „insgesamt"
– steht oft vor dem Wort „von"
– steht oft hinter dem Wort „von"
– steht oft hinter „das sind"
Bilde passende Sätze, die mit „Der Prozentsatz …", „Der Prozentwert …" oder „Der Grundwert …" beginnen.

2 Rechnest du lieber mit dem Dreisatz, mit der Formel oder mit dem Prozentstreifen? Schreibe eine Begründung.

3 Ergänze die Tabelle im Heft.

	Grundwert G	Prozentsatz p%	Prozentwert W
a)	240 s	35 %	
b)	250 €		45 €
c)		32 %	208 kg
d)	1500 g	65 %	
e)		44 %	572 min

▶ **4** ☒

4 Aljoscha lädt vier Erklärvideos für den Unterricht auf sein Tablet. Er beobachtet die Anzeige auf dem Bildschirm.
Gib an, was gegeben und was gesucht ist. Berechne dann.
a) Wann ist das Video vollständig geladen?

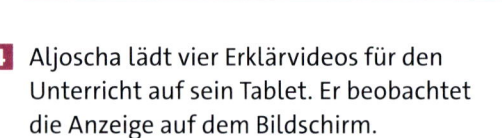

bisherige Laufzeit 60 Sekunden

b) Wie viel wurde bereits geladen?
Gesamtlaufzeit 1 Minute 40 Sekunden

bisherige Laufzeit 5 Sekunden

c) Wie lange lädt das Video schon?
Gesamtlaufzeit 30 Sekunden

5 Gib zuerst an, was gegeben und gesucht ist. Berechne dann.
Beispiel   2 % von 200 m
gegeben: p % = 2 %; G = 200 m
gesucht: W
Rechnung: W = …
a) 4 % von 500 kg   b) 16 € von 40 €
c) 25 % sind 2 ℓ   d) 95 % von 2500 g

6 Unser Essen besteht hauptsächlich aus drei Nährstoffen. Diese Anteile werden empfohlen:
– 55 % Kohlenhydrate
– 30 % Fett
– 15 % Eiweiß
Rechne mit der Empfehlung.
a) Das Mittagessen wiegt insgesamt 520 g. Berechne für jeden Nährstoff die Grammzahl.
b) Im Frühstück sind 220 g Kohlenhydrate. Wie viel wiegt das Frühstück?

7 Stelle eine Frage und beantworte sie.
a) Beim Test hatte Adana 16 vom 20 Punkten.
b) In der Arbeit gab es 80 Punkte. Ab 45 % der Punkte gab es die Note 4.
c) Bei einem Onlinetest hat Ryan 114 richtige Antworten gegeben. Das waren 95 %. ▶ **8** ☒

8 Eine Musik-Band hat eine Umfrage im Internet gemacht. 1200 Personen haben teilgenommen. Eine Frage war: „Wen mögt ihr am meisten in unserer Band?" Hier siehst du die Antworten:

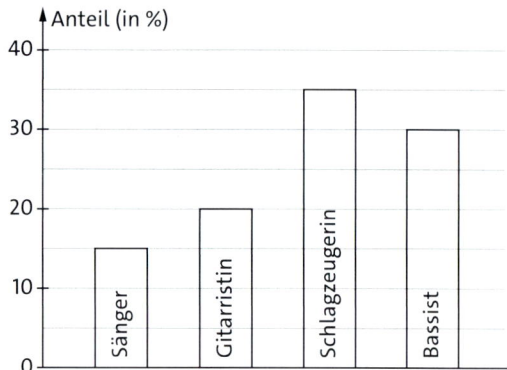

a) Bestimme für jede Antwort die Anzahl der Personen.
b) Bei der Frage „Was sollten wir verbessern?" antworteten 480 „nichts", 120 „schneller spielen", 540 „auf Englisch singen" und 60 „Keyboarder einstellen". Zeichne ein Säulendiagramm. An der y-Achse soll der Anteil (in %) stehen.

9 ☙ Formuliert Fragen und beantwortet sie.

1600 Spiele gesamt
50% Fantasie
30% Strategie

Der Laptop läuft seit 192 Minuten. 36% des Akkus sind geladen.

1 Erstelle eine Mind-Map zum Thema Prozentrechnung.
Halte dabei die wichtigsten Punkte kurz fest. Ordne sie dann so an, dass du alles schnell findest. So kannst du beginnen:

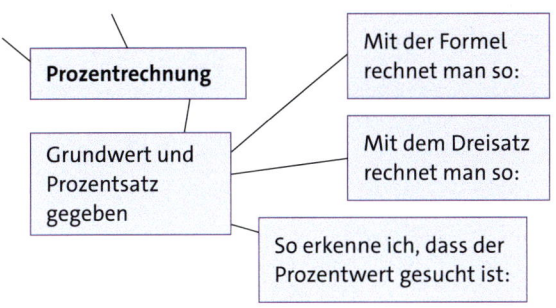

2 Erkläre, ob du lieber mit dem Dreisatz, mit der Formel oder mit dem Prozentstreifen rechnest. Schreibe deine Erklärung.

3 Ergänze die Tabelle im Heft.

	Grundwert	Prozentsatz	Prozentwert
a)	250 kg	65 %	
b)	3200 m		400 m
c)		12 %	810 min
d)	42 m	60 %	
e)		15 %	450 min

4 In der Jahrgangsstufe 7 haben
11 von 55 Schülerinnen und
49 von 70 Schülern eine Spielekonsole.
a) Vergleiche die Prozentsätze der Schülerinnen und der Schüler miteinander.
b) Betrachte nun die Schülerinnen und Schüler zusammen. Berechne dafür den Prozentsatz.
c) In der Jahrgangsstufe 6 haben 40 % der 60 Schülerinnen und 60 % der Schüler, das sind 45, eine Spielekonsole. Bestimme die fehlenden Werte.

5 👥 Die Schülerzeitung veröffentlicht diese Übersicht ihrer Autorinnen und Autoren.

25 Autorinnen und Autoren	
11 männlich 48 %	14 weiblich 52 %
Anstieg um 16 % von 20 auf 25 zum letzten Jahr.	

Prüft die Angaben. Korrigiert die Fehler im Heft. Man kann die Fehler auf zwei Arten korrigieren.

6 Immer drei Kärtchen gehören zusammen. Finde sie und schreibe jeweils einen Satz:
„■ % von ■ sind ■."

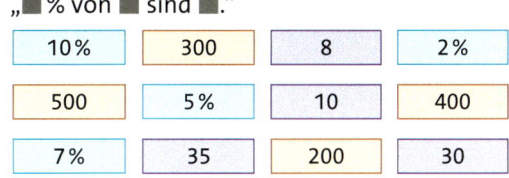

10 %	300	8	2 %
500	5 %	10	400
7 %	35	200	30

7 Stelle eine Frage und beantworte sie.
a) Der Film geht insgesamt 160 Minuten. Davon sind 112 Minuten schon vorbei.
b) Luca hat 135 Punkte beim Online-Quiz. Das sind nur 30 % von Diandras Punkten.
c) Der Preis für ein 20 € teures Computerspiel wird zuerst um 15 % erhöht. Danach wird der neue Preis um 50 % reduziert.

8 Ein Spiel kann man in vier Zeitaltern spielen. An einer Umfrage dazu nahmen 1500 Personen teil.
a) Die Frage war:
„In welchem Zeitalter spielst du am liebsten?" Bestimme für jede Antwort die Anzahl der Personen.

b) Bei der Frage: „Wen spielst du im Mittelalter am liebsten?" gab es diese Antworten:

| Schmied: 386 | Ritter: 642 |
| Zauberin: 245 | Drache: 227 |

Berechne die Prozentsätze. Runde auf ganze Prozentzahlen. Stelle die Ergebnisse in einem Säulendiagramm dar.

9 👥 Formuliert Fragen und beantwortet sie.
a) Es gibt 800 Bücher im Laden. Davon sind 40 % auf Englisch und 280 auf Deutsch.
b) 150 km sind noch zu fahren. 85 % der Strecke sind schon geschafft.

10 Hat Ellie recht? Überprüfe mit einer Beispiel-rechnung.
„Wenn der Preis für einen Pullover um 50 % erhöht wird und der neue Preis anschließend um 50 % gesenkt wird, dann kostet der Pullover wieder so viel wie vorher."

🔧 Gerätebesitz von Jugendlichen

Es gibt regelmäßige Untersuchungen zum Gerätebesitz von Jugendlichen.
Die Abbildung zeigt, welche elektronischen Geräte Jugendliche am häufigsten besitzen.
Mädchen und Jungen sind unterschiedlich dargestellt.
Es haben insgesamt 2000 Jugendliche teilgenommen: 900 Mädchen und 1100 Jungen.

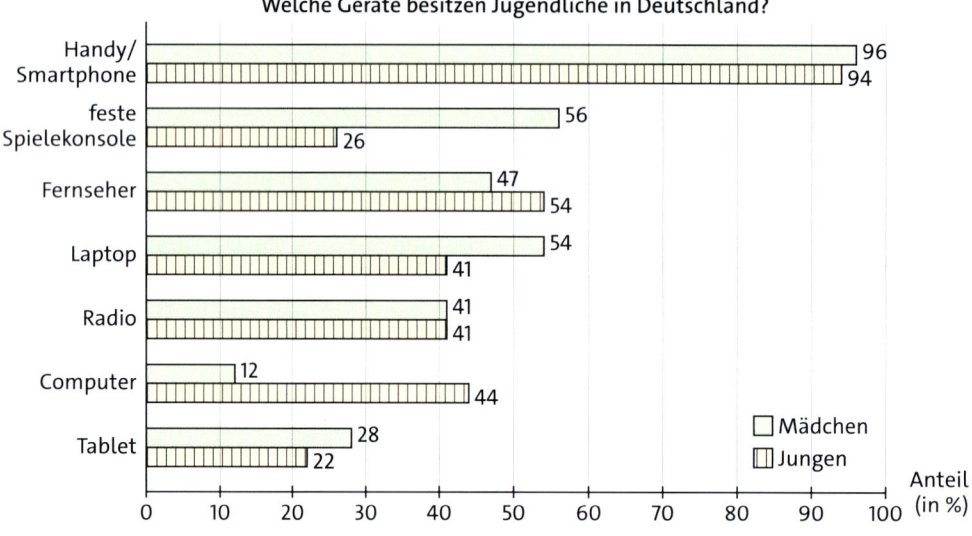

Welche Geräte besitzen Jugendliche in Deutschland?

A Welche drei Geräte werden am häufigsten genannt? Gib einmal an für Mädchen und einmal für Jungen.

B Berechne, wie viel Prozent der Befragten Mädchen waren.

C Berechne die Anzahl der Mädchen, die ein Tablet haben.

D Berechne die Anzahl der Jungen, die einen Fernseher haben.

F Berechne, wie viel mehr Mädchen als Jungen einen Computer haben.

E Vergleiche die Anzahl der Mädchen, die einen Laptop haben, mit der entsprechenden Anzahl der Jungen.

G 252 Mädchen und 242 Jungen der Befragten besitzen auch noch eine tragbare Spielekonsole. Wie viel Prozent sind es jeweils?

H Auch in der Schweiz wurden Jugendliche befragt. 46 % der befragten Jugendlichen gaben an, dass sie eine feste Spielekonsole haben. Das sind 736 Jugendliche. Wie viele Jugendliche wurden insgesamt in der Schweiz befragt?

I 🔧 👥 Recherchiere im Internet, wie häufig die Medien von Jugendlichen in ihrer Freizeit genutzt werden. Vergleiche hierzu verschiedene Diagramme. Präsentiere deine Ergebnisse in der Klasse.

1 Ordne die drei Begriffe der Prozentrechnung zu.
Eine Tafel Schokolade wiegt 200 g.
Sie enthält 60 % Kakao.
Das sind 120 g Kakao.

2 Berechne den Prozentsatz.
a) G = 25; W = 13
b) 5 von 20 Mandarinen

3 Berechne den Prozentwert.
a) G = 35; p % = 20 %
b) 9 % von 800 €

4 Berechne den Grundwert.
a) W = 360; p % = 60 %
b) 40 % sind 28 €

5 Von den 28 Jugendlichen der Klasse haben
7 Jugendliche auf ihrem Smartphone einen Displayschaden.
Wie viel Prozent der Jugendlichen haben einen Displayschaden?

6 Mark bekommt 35 € Taschengeld. Er gibt davon 60 % für ein Computerspiel aus. Wie viel kostet das Computerspiel?

7 Dilara hat in der Arbeit 42 Punkte erhalten. Das sind 70 % der Gesamtpunktzahl.
Wie viele Punkte gab es insgesamt in der Arbeit?

8 Das Kleid kostet 30 €. Louisa bekommt 20 % Rabatt. Wie viel € Rabatt bekommt Louisa?

1 Ordne die Begriffe der Prozentrechnung zu.
Welcher Begriff fehlt noch?
Familie Lange hat auf ihrer Fahrt in den Urlaub 528 km zurückgelegt. Das sind 55 % der gesamten Strecke.

2 Berechne den Prozentsatz.
a) G = 40; W = 28
b) 6 von 30 Bananen

3 Berechne den Prozentwert.
a) G = 400; p % = 35 %
b) 16 % von 250 m²

4 Berechne den Grundwert.
a) W = 560; p % = 70 %
b) 40 % sind 38 kg

5 Es gibt 550 Fahrradplätze auf dem Schulhof. 418 der Plätze sind belegt.
a) Berechne, wie viel Prozent der Plätze belegt sind.
b) Wie viel Prozent der Plätze sind noch frei?
Erkläre dein Vorgehen.

6 Eine Schule hat 1250 Jugendliche. 54 % davon sind männlich. Berechne, wie viele Jugendliche männlich und wie viele weiblich sind.

7 Im Online-Quiz hat Steffen 132 Fragen richtig. Es wird ihm angezeigt, dass er 75 % richtig hat. Wie viele Fragen gab es insgesamt?

8 Ein Paar Turnschuhe kostet 65 €. Der Preis wird um 12 % reduziert. Berechne den neuen Preis.

1 Ordne die Begriffe der Prozentrechnung zu. Welcher Begriff fehlt noch?
Familie Kabuzi wandert. Nach 15 Minuten haben sie 400 m zurückgelegt. Sie wollen insgesamt 1,2 km wandern.

2 Berechne den Prozentsatz.
a) G = 60; W = 27
b) 42 von 56 Äpfeln

3 Berechne den Prozentwert.
a) G = 70; p % = 45 %
b) 83 % von 200 g

4 Berechne den Grundwert.
a) W = 340; p % = 80 %
b) 35 % sind 84 €

5 In einem Wald wurden 650 Bäume neu gepflanzt.
Davon sind 39 Bäume nicht angewachsen.
Berechne, wie viel Prozent der Bäume angewachsen sind.
Erkläre dein Vorgehen.

6 Eine Jacke kostet 65,00 €. Der Preis wird um ein Viertel reduziert.
Berechne den neuen Preis. Beschreibe dein Vorgehen.

7 Die Mathelehrerin sagt zur Gruppe: „91 eurer Aufgaben waren falsch. Es waren also 65 % richtig."
Wie viele Aufgaben gab es?

8 Der Preis ist erst 400 €. Er wird um 15 % reduziert. Der neue Preis wird nochmal um 5 % reduziert. Wie hoch ist der Preis am Ende?

→ Lösungen auf Seite 241 bis 243

Begriffe der Prozentrechnung → Seite 114

Der **Grundwert G** ist das Ganze.
Der **Prozentwert W** ist ein Teil des Ganzen.
Der **Prozentsatz p %** ist ein Anteil.
Du schreibst den Prozentsatz als eine Prozentzahl.

Von 20 Schülerinnen und Schülern gehen 10 ins Schwimmbad. Das sind 50 %.
Grundwert **G** = 20 Schülerinnen und Schüler
Prozentwert **W** = 10 Schülerinnen und Schüler
Prozentsatz **p %** = $\frac{10}{20} = \frac{50}{100} = 50\,\%$

Den Prozentsatz mit dem Dreisatz berechnen → Seite 118

Der Grundwert G entspricht 100 %.
Der Prozentwert W entspricht dem Prozentsatz p %.

Wert	Anteil
G	100 %
W	p %

gegeben: G = 20 Würfe; W = 9 Treffer
gesucht: p % = Prozentsatz der Treffer

Anzahl	Anteil
20	100 %
1	5 %
9	45 %

: 20 / · 9 ... : 20 / · 9

Den Prozentsatz mit der Formel berechnen

Prozentsatz = $\frac{\text{Prozentwert}}{\text{Grundwert}}$

$p\,\% = \frac{W}{G}$

$p\,\% = \frac{W}{G} = \frac{9}{20} = \frac{45}{100} = 45\,\%$

45 % der Würfe waren Treffer.

Den Prozentwert mit dem Dreisatz berechnen → Seite 122

100 % entsprechen dem Grundwert G.
Der Prozentsatz p % entspricht dem Prozentwert W.

Anteil	Wert
100 %	G
p %	W

gegeben: G = 60 Bahnen; p % = 20 % geschafft
gesucht: W = Anzahl der geschafften Bahnen

Anteil	Anzahl
100 %	60
1 %	0,6
20 %	12

: 100 / · 20 ... : 100 / · 20

Den Prozentwert mit der Formel berechnen

Prozentwert = Grundwert · Prozentsatz
$W = G \cdot p\,\%$
$W = G \cdot \frac{p}{100}$

$W = G \cdot \frac{p}{100} = 60 \cdot \frac{20}{100} = \frac{\overset{12}{\cancel{60}} \cdot \overset{1}{\cancel{20}}}{\underset{1}{\cancel{100}}} = 12$

12 Bahnen sind schon geschafft.

Den Grundwert mit dem Dreisatz berechnen → Seite 126

Der Prozentsatz p % entspricht dem Prozentwert W.
100 % entsprechen dem Grundwert G.

Anteil	Wert
p %	W
100 %	G

gegeben: W = 6 Spieler; p % = 30 % des Teams
gesucht: G = Anzahl der Spieler insgesamt

Anteil	Anzahl
30 %	6
1 %	0,2
100 %	20

: 30 / · 100 ... : 30 / · 100

Den Grundwert mit der Formel berechnen

Grundwert = Prozentwert : Prozentsatz
$G = W \cdot \frac{100}{p}$

$G = W \cdot \frac{100}{p} = 6 \cdot \frac{100}{30} = \frac{\overset{1}{\cancel{6}} \cdot \overset{20}{\cancel{100}}}{\underset{1}{\cancel{30}}} = 20$

20 Spieler gibt es insgesamt.

Zufall

▶ Auf dem Schulfest gibt es ein Glücksrad.
Du kannst auf eine Farbe oder auf eine Zahl setzen.
Danach drehst du das Glücksrad.
Wenn das Glücksrad auf deiner Farbe oder auf deiner Zahl stehen bleibt,
dann hast du gewonnen.

Auf welcher Farbe und auf welcher Zahl steht dieses Glücksrad?
Würdest du auf eine Farbe oder auf eine Zahl setzen?
Warum entscheidest du dich so?

In diesem Kapitel lernst du, …

• was ein Zufallsexperiment ist,

• was Wahrscheinlichkeit bedeutet,

• wie du Wahrscheinlichkeiten berechnen
kannst.

Kompetenz	Aufgabe	Lies und übe:
1 Ich kann Werte aus einem Diagramm ablesen.	**1** Frau Müller fragt in ihrer Klasse, welchen Nachtisch jeder und jede am liebsten mag. Lies aus dem Diagramm ab, wie viele Kinder am liebsten Pudding, am liebsten Eis oder am liebsten Obst essen.	→ Seite 197 Nr. 8

Anzahl der Kinder

| 2 Ich kann ein Säulendiagramm zeichnen. | **2** Linus hat seine Mitschülerinnen und Mitschüler gefragt, welche Sportart sie machen. Stelle die Antworten in einem Säulendiagramm dar. | → Seite 197 Nr. 9 |

Sportart	Fußball	Turnen	Schwimmen
Anzahl	9	4	3

| 3 Ich kann Brüche kürzen. | **3** Kürze die Brüche so weit wie möglich.
 a) $\frac{4}{10}$ b) $\frac{5}{15}$ c) $\frac{24}{32}$ d) $\frac{36}{54}$ | → Seite 203 Nr. 32 |

| 4 Ich kann Brüche auf den Nenner 100 erweitern. | **4** Erweitere die Brüche auf den Nenner 100.
 a) $\frac{2}{50}$ b) $\frac{7}{10}$ c) $\frac{3}{20}$ d) $\frac{4}{5}$ | → Seite 202 Nr. 27 |

| 5 Ich kann einen Bruch in eine Dezimalzahl und in eine Prozentzahl umwandeln. | **5** Wandle den Bruch in eine Dezimalzahl und in eine Prozentzahl um.
 Beispiel $\frac{1}{4} = \frac{25}{100} = 0{,}25$
 $\frac{1}{4} = \frac{25}{100} = 25\,\%$
 a) $\frac{1}{10}$ b) $\frac{3}{5}$ c) $\frac{3}{2}$ d) $\frac{7}{20}$ e) $\frac{3}{50}$ f) $\frac{24}{200}$ | → Seite 205 Nr. 44 |

| 6 Ich kann eine Dezimalzahl in eine Prozentzahl und in einen Bruch umwandeln. | **6** Wandle die Dezimalzahl in eine Prozentzahl und in einen Bruch um. Kürze.
 Beispiel $0{,}34 = \frac{34}{100} = 34\,\%$
 $0{,}34 = \frac{34}{100} = \frac{17}{50}$
 a) 0,12   b) 0,08   c) 0,75   d) 0,2   e) 1,25 | → Seite 205 Nr. 44 |

Kompetenz	Aufgabe	Lies und übe:
7 Ich kann Anteile von Flächen als Brüche angeben.	**7** Welcher Anteil des Ganzen ist blau (b)? Gib den Anteil als Bruch an. a) 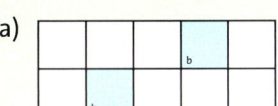 b) 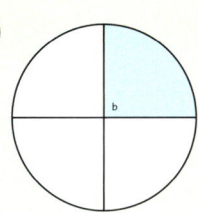 c)	→ Seite 198 Nr. 11

a) 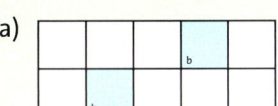 b)

c)

| 8 Ich kann Anteile als Bruch und als Dezimalzahl angeben. | **8** Gib den Anteil als Bruch und als Dezimalzahl an.
 Beispiel 5 von 20
 $\frac{5}{20} = \frac{25}{100} = 0{,}25$
 a) 3 von 20 b) 7 von 10 <br> c) 120 von 200 d) 25 von 250 | → Seite 205 Nr. 40 bis 42 |

| 9 Ich kann einen Bruch auf einem Zahlenstrahl ablesen. | **9** Lies die markierten Brüche ab. Kürze, wenn möglich.
  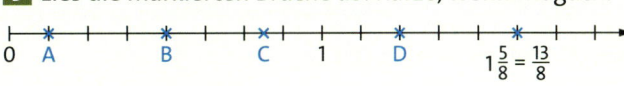 | |

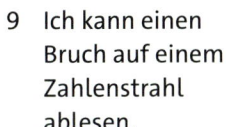

| 10 Ich kann einen Bruch auf einem Zahlenstrahl eintragen. | **10** Zeichne einen 15 cm langen Zahlenstrahl. Trage den Bruch ein.
 Beispiel $\frac{13}{10}$
 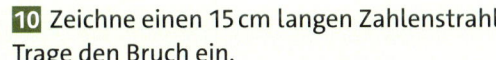 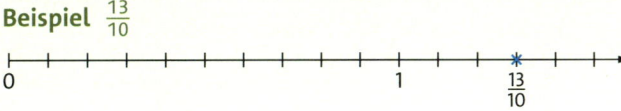
 a) $\frac{7}{10}$ b) $\frac{3}{5}$ c) $1\frac{1}{5}$ d) $\frac{1}{2}$ | |

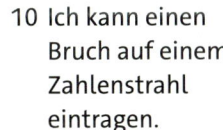

| 11 Ich kann Brüche vergleichen. | **11** Vergleiche die Brüche. Setze im Heft <, > oder = ein. Manche Brüche musst du zuerst auf einen gleichen Nenner erweitern.
 a) $\frac{5}{8}$ ● $\frac{3}{8}$ b) $\frac{2}{5}$ ● $\frac{6}{15}$
 c) $\frac{4}{3}$ ● $\frac{6}{5}$ d) $\frac{7}{9}$ ● $\frac{7}{8}$ | → Seite 204 Nr. 36 bis 38 |

| 12 Ich kann Brüche und Dezimalzahlen der Größe nach ordnen. | **12** Ordne der Größe nach. Beginne mit der kleinsten Zahl.
 a) $\frac{1}{2}$; $\frac{1}{4}$; $\frac{2}{3}$; $\frac{4}{5}$; $\frac{7}{8}$
 b) 0,8; 0,08; 0,82; 0,18; 0,21 <br> c) 0,49; 0,5; $\frac{3}{4}$; $\frac{3}{5}$; 0,71; $\frac{7}{10}$ | → Seite 204 Nr. 38; Seite 196 Nr. 6 |

→ Lösungen auf Seite 243

Zufall und Wahrscheinlichkeit

Finn wirft den Deckel seiner Limo in die Luft. Wenn der Deckel mit der roten Seite oben landet, dann muss Finn den Tisch abräumen, ansonsten seine Mutter. Wie das Werfen des Deckels ausgeht, können Finn und seine Mutter nicht vorhersagen. Man spricht vom **Zufall**.

W **Merkmale eines Zufallsexperiments**
An diesen drei Merkmalen erkennst du ein Zufallsexperiment:
① Du kannst das Ergebnis nicht vorhersagen oder beeinflussen.
② Du kannst alle möglichen Ergebnisse.
③ Du kannst das Experiment beliebig oft wiederholen.

Finn wirft den Deckel. Es handelt sich um ein Zufallsexperiment, denn:
– Du kannst nicht vorhersagen oder beeinflussen, auf welcher Seite der Deckel landet.
– mögliche Ergebnisse: Rot oben, Rot unten
– Du kannst den Deckel immer wieder werfen.

▶ Aufgabe   Entscheide, ob es sich um ein Zufallsexperiment handelt. Begründe.
a) das abgebildete Glücksrad drehen
b) den Monat nennen, in dem Weihnachten ist

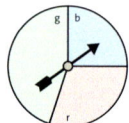 

W **Wahrscheinlichkeiten darstellen**
Bei einem Zufallsexperiment gibt die **Wahrscheinlichkeit** für ein Ergebnis an, wie groß die Chance für das Ergebnis ist. Wahrscheinlichkeiten schreibst du als Prozentzahl, als Bruch oder als Dezimalzahl.
An einem **Wahrscheinlichkeits-Streifen** stellst du die Chancen für die Ergebnisse dar.
Ein **unmögliches Ergebnis** tritt nie ein. Ein **sicheres Ergebnis** tritt auf jeden Fall ein.

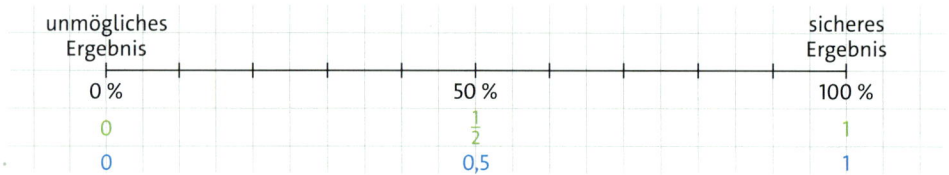

▶ Wahrscheinlichkeiten bei Zufallsexperimenten schätzen

Finn wirft den Deckel. Durch viele Versuche hat man festgestellt: Die Wahrscheinlichkeit für „rote Seite oben" ist $40\% = \frac{4}{10} = 0{,}4$.
Die Wahrscheinlichkeit für „rote Seite unten" ist $60\% = \frac{6}{10} = 0{,}6$.
Die Wahrscheinlichkeit für „Rot oben" ist also kleiner als die Wahrscheinlichkeit für „Rot unten". Die Chance, den Tisch abräumen zu müssen, ist bei Finn kleiner als bei seiner Mutter.

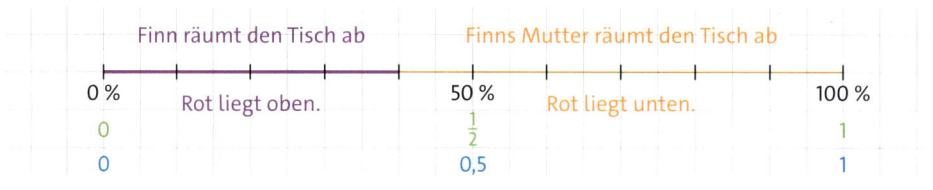

▶ Aufgabe   Zeichne einen Wahrscheinlichkeits-Streifen für ein Glücksrad.
Markiere die Wahrscheinlichkeit für Blau (25 %), Rot (30 %) und Grün (45 %).
Ergänze dann: Die Wahrscheinlichkeit für Rot ist größer als …

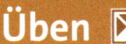
1 Betrachte das Zufallsexperiment.
Nenne alle möglichen Ergebnisse.
Beispiel
Münze werfen
mögliche Ergebnisse:

Wappen   Zahl

a) das Glücksrad drehen   b) eine Kugel ziehen

   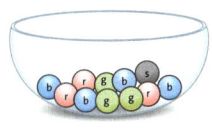

c) den Würfel werfen   d) den dreifarbigen
Quader werfen

   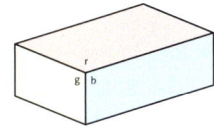

2 Entscheide, ob es sich um ein Zufallsexperiment handelt. Überprüfe die Merkmale
①, ② und ③ von der Wissensseite.
a) das Glücksrad drehen b) den Würfel werfen

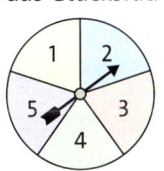   

▶ **2**
☒

3 Entscheide, ob es
sich um ein Zufalls-
experiment handelt.
Begründe.
Philip mischt und
zieht eine Karte
ohne hinzusehen.

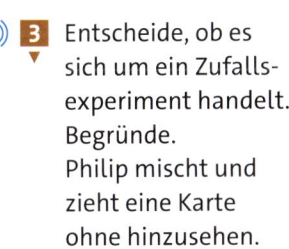

4 Entscheide, ob es sich um ein Zufallsexperiment handelt. Begründe.
a) In einer Tüte sind rote und grüne Bonbons.
Merle zieht ein Bonbon ohne hinzusehen.
b) Leon plant eine Silvester-Party. Er wählt
den 31.12. als Termin aus.
c) Bei einem Test kreuzt Miriam irgendwelche
Antworten an, weil sie vor dem Test nicht
gelernt hat.
▶ **4**
☒

5 Lies die Aussagen.

> A: Du wirst im nächsten Herbst
> eine Erkältung bekommen.

> B: Dein Bus
> kommt pünktlich.

> C: An einem Sommertag
> regnet es auf Mallorca.

> D: Das nächste Weihnachtsfest
> findet im April statt.

> E: Dein Marmeladenbrötchen fällt vom Tisch.
> Es landet nicht auf der Marmeladenseite.

a) Ordne die Aussagen von „unmöglich" bis
„sicher".
b) Zeichne einen Wahrscheinlichkeits-Streifen.
Schätze die Wahrscheinlichkeiten.
Trage die Ergebnisse A bis E ein.
c) 👥 Vergleicht eure Einträge. Erklärt euch
gegenseitig, wie ihr geschätzt habt.

6 Luke und Lena werfen
mit zerknüllten
Papieren auf den
Mülleimer.
Um es spannender zu
machen, bietet Luke
an: „Wenn du beim
nächsten Wurf triffst,
dann bringe ich heute den Müll raus."
Lena weiß, dass sie mit einer
Wahrscheinlichkeit von 60 % trifft.

a) Zeichne dazu einen Wahrscheinlichkeits-
Streifen. Markiere das Ergebnis passend.
b) Was denkst du: Wird Lena das Angebot von
Luke annehmen?

7 Die Wahrscheinlichkeit
für das Ziehen einer
blauen Kugel (b) ist
$\frac{2}{8} = \frac{1}{4} = 0,25 = 25\%$.

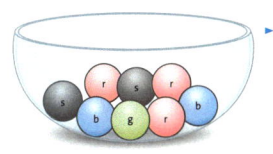

Vergleiche die Wahrscheinlichkeit für das
Ziehen einer blauen Kugel mit der Wahrscheinlichkeit für das Ziehen einer anderen Kugel.
Schreibe dazu drei Sätze:
Die Wahrscheinlichkeit für das Ziehen einer
blauen Kugel ist größer/genauso groß/kleiner
als ●.

Sprachhilfe zu **3** und **4** : Begründe so: Ich kann vorhersagen, ob ●. Ich kann nicht vorhersagen, ob ●.
Die möglichen Ergebnisse sind ●. Ich kann das Zufallsexperiment ●.

▶ 💡 Tipp zu **1** , **2** , **3** , **5** , **6**

▸◁)) **1** Entscheide, ob es sich um ein Zufalls-experiment handelt. Begründe.
a) Du wirfst eine Münze.
b) Du suchst dir in einem Eisladen deine Lieblingssorte aus.
c) In einer Tüte sind Frucht-Bonbons und Sahne-Bonbons. Du ziehst ein Bonbon ohne hinzusehen.
d) Du bestimmst den Nachfolger der Zahl 1000.

2 Entscheide, ob es sich um ein Zufallsexperi-ment handelt. Begründe mit den Merkmalen ①, ② und ③ von der Wissensseite. Gib bei ② immer alle möglichen Ergebnisse an.
a) den Würfel werfen   b) das Glücksrad drehen

c) eine Kugel ziehen   d) eine Karte ziehen

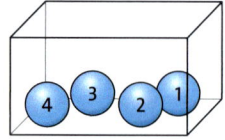   

3 An einer Losbude gibt es Lose mit einem ☺ (Gewinn) oder mit einem ☹ (Niete).
Ben sagt:
„Ich weiß gar nicht, auf wie vielen Losen ein ☺ steht und auf wie vielen ein ☹. Also ist es kein Zufallsexperiment."
Erkläre Ben, dass es sich doch um ein Zufalls-experiment handelt. Nutze die Merkmale ▸**3** ①, ② und ③ eines Zufallsexperiments. ☒

4 Entscheide: Möglich, sicher oder unmöglich? Begründe deine Entscheidung.
a) Du würfelst. Der Spielwürfel zeigt eine 7.
b) Du schreibst in der Mathe-Arbeit eine Zwei.
c) Du nimmst einen Bleistift aus deiner Federmappe. Dieser Bleistift ist gespitzt.
d) Die Sommerferien beginnen im Juni, im Juli oder im August.

5 Ordne jeder Aussage die passende Zahl zu. Zeichne einen Wahrscheinlichkeits-Streifen. Trage alles in eine Tabelle ein.

Aussage	Zahl	Wahrscheinlichkeits-Streifen
„Sehr wahrschein-lich …"	$\frac{4}{5}$	(Streifen von 0 bis 1, markiert bei $\frac{1}{2}$)

Das ist eher unwahrscheinlich.   0 $\frac{1}{2}$

Auf keinen Fall …   Das passiert sicher.

Die Chancen stehen 50 zu 50.   1 $\frac{1}{10}$

6 Beim Basketball:
Vier Spieler vergleichen, wie gut sie den Korb treffen.

Ahmed:
Er trifft bei 4 von 5 Würfen.

Cisar:
$\frac{3}{4}$ aller Würfe landen im Korb.

Daniel:
Bei 20 Würfen trifft er 17 Mal.

Ben:
Seine Wahrscheinlichkeit für einen Treffer ist 70 %.

Ordne die Spieler danach, wie gut sie treffen. Erkläre, wie du vorgegangen bist.

7 An einem Tag in der Stadt Bremen beträgt die Wahrscheinlichkeit für Regen 75 %. Entscheide und begründe:
Welche Aussagen treffen zu?
a) Es wird sicher regnen.
b) Es wird mindestens eine Stunde lang regnen.
c) Es wird sehr wahrscheinlich regnen.
d) Es ist möglich, dass es nicht regnet.
e) In der Vergangenheit regnete es bei gleicher Wetterlage in 75 % der Fälle.

Tipp zu **6** : Bringe zuerst alle Angaben in dieselbe Form (als Bruch, Dezimalzahl oder Prozentzahl).
Sprachhilfe zu **7** : Beginne deine Begründung mit: Die Aussage ● trifft zu, weil ●. ODER Die Aussage ● trifft nicht zu, weil ●. Diese Wörter helfen dir: Wahrscheinlichkeit – bedeutet – es kann aber auch.

1 Entscheide, ob es sich um ein Zufallsexperiment handelt. Begründe.
a) Du würfelst mit einem Spielwürfel.
b) Kim, Nina oder Cem wollen die Lösung ihrer
Hausaufgabe vortragen. Ihr Mathelehrer
schreibt die Namen auf drei Zettel und zieht
einen Zettel ohne hinzusehen.
c) Du ziehst aus einer Tüte mit Kirschbonbons
ein Bonbon.
d) Du suchst im Restaurant eine Pizza aus.

2 Beschreibe, um was für ein Zufallsexperiment
es sich handeln könnte. Hier sind alle möglichen Ergebnisse angegeben.
a) Rot; Grün; Blau   b) Junge, Mädchen
c) 1; 2; 3; 4

3 Nenne ein unmögliches, ein mögliches und
ein sicheres Ergebnis.
a) eine Kugel ziehen   b) einen Dauer-
magneten werfen

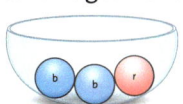   

4 In einem
großen Glas
sind 100 Lose.
Beschreibe mit
deinen Worten,
was die ver-
schiedenen

Aussagen bedeuten. Übersetze dann jede
Aussage in die Sprache der Mathematik.
Gib die Wahrscheinlichkeit für einen Gewinn
als Bruch und in Prozent an.
a) Die Chance zu gewinnen ist fifty-fifty.
b) Jedes fünfte Los gewinnt.
c) 10 von 100 Losen gewinnen.
d) Markiere die Chancen zu a) bis c) auf einem
Wahrscheinlichkeits-Streifen.

5 Schätze und vergleiche die Wahrscheinlichkeiten für die beiden Aussagen. Begründe.
a) Ⓐ Die Sommerferien beginnen im Mai.
Ⓑ Im Januar schneit es in den Alpen.
b) Ⓐ In der nächsten Sportstunde vergisst du
deine Turnschuhe.
Ⓑ Dein Bleistift ist gut angespitzt.

6 Untersuche die drei Zufallsexperimente.

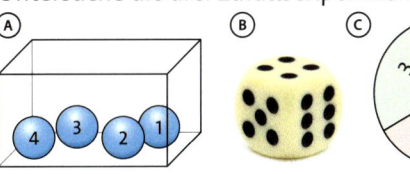

a) Nenne für jedes Zufallsexperiment alle
möglichen Ergebnisse.
b) Die Wahrscheinlichkeit für eine 3 beträgt
$\frac{1}{4}$; $\frac{1}{6}$ oder $\frac{1}{3}$.
Entscheide und begründe, welche Angabe
zu welchem Zufallsexperiment gehört.
c) Bei welchem Zufallsexperiment ist das
Ergebnis „4" am wahrscheinlichsten?
Begründe.

7 👥 Familie May und Familie Schneider möchten
wandern gehen. Sie wollen nicht in einen
Regen geraten. Deshalb schauen sie vorher in
einer Wetter-App nach.

Mi, 10.06. heute	Do, 11.06. morgen	12.06. Freitag	13.06. Samstag
max 21° min 13°	max 23° min 12°	max 29° min 13°	max 30° min 17°
☀ 1 Std.	☀ 8 Std.	☀ 1 Std.	☀ 13 Std.
💧 80%	💧 40%	💧 20%	💧 70%

a) Erklärt euch gegenseitig die Angaben,
die in der Wetter-App stehen.
b) Jeder wählt einen Tag und zeichnet einen
Wahrscheinlichkeits-Streifen für den Regen.
Erklärt euch gegenseitig, was die
Wahrscheinlichkeit bedeutet.
Beispiel Eine Regen-Wahrscheinlichkeit von
50 % bedeutet, dass es zu 50 % regnen wird
und zu 50 % nicht. Beide Anteile sind gleich
groß. Es ist also gleich wahrscheinlich, ob es
regnet oder nicht.
c) Familie May geht am Donnerstag wandern,
Familie Schneider am Freitag.
Beurteilt die folgenden Aussagen:
Ⓐ Familie May wird auf jeden Fall nass.
Ⓑ Familie Schneider bleibt wahrscheinlich
trocken.
Ⓒ Beide Familien sollten Regenjacken
mitnehmen.

Zufallsexperimente durchführen

Wenn du ein Zufallsexperiment durchführst, dann musst du die Ergebnisse sorgfältig notieren.
Dafür eignet sich eine Strichliste.
Damit du die Striche gut zählen kannst, kannst du immer fünf Striche zusammenfassen. ⅢⅡ

1 Du brauchst den Deckel einer Flasche.
Führe ein Zufallsexperiment durch,
indem du den Deckel wirfst.
Schätze zuerst, in welcher Position
der Deckel wohl am häufigsten landet.

Position A   Position B   Position C

a) Wirf den Deckel 50-mal.
Notiere in einer Strichliste, in welcher Position der Deckel landet.

	Striche	Anzahl der Striche
Position A		
Position B		
Position C		

b) Zähle deine Striche für jede Position. In welcher Position ist der Deckel am häufigsten gelandet?

2 👥 Eine Münze hat zwei verschiedene Seiten: Zahl und Wappen.
Ihr braucht 10 Münzen. Es können auch Münzen von derselben Sorte
dabei sein.

Zahl   Wappen

a) Werft die 10 Münzen. Zählt, wie oft Zahl und wie oft Wappen oben liegt.
Führt eine Strichliste.

	Striche	Anzahl der Striche
Zahl		
Wappen		

b) Wiederholt das Experiment, bis insgesamt 100 Striche in der Liste stehen.
c) Zählt eure Striche für Zahl und für Wappen. Vergleicht die Anzahlen. Was fällt euch auf?
d) Sophie behauptet: „Die Chance für Zahl steht 50 zu 50."
Hat Sophie recht? Begründe.

3 Maxim legt Chips mit Ziffern in eine Schüssel. Nun überlegt er, wie er einen Chip zieht:

Möglichkeit 1   Möglichkeit 2

Beschreibe den Unterschied zwischen den beiden Möglichkeiten.
Prüfe, ob Maxim in beiden Fällen ein Zufallsexperiment durchführt. Begründe.

4 👥 Ihr braucht vier Buntstifte, die etwa gleich lang sind und sich gleich anfühlen.

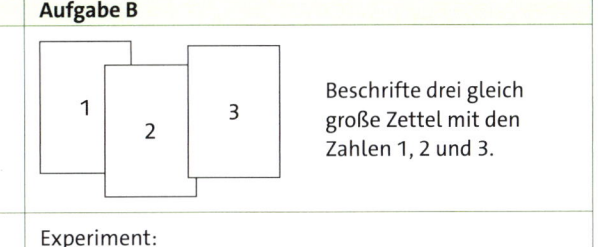

Legt nur diese vier Stifte in eine Federmappe.

a) Übertragt diese Tabelle ins Heft.

	Striche	Anzahl der Striche	relative Häufigkeit
Grün			
Rot			
Blau			
Schwarz			

b) Zieht einen Stift ohne hinzusehen. Tragt die Farbe in eure Strichliste ein.
   Legt den Stift zurück und mischt die Stifte. Zieht insgesamt 50-mal.

c) Zählt eure Striche bei den verschiedenen Farben. Vergleicht. Was fällt euch auf?

d) Berechnet die relativen Häufigkeiten, mit denen die Farben vorkommen.

e) 👥 Vergleicht eure Anzahlen und die relativen Häufigkeiten. Gibt es Gemeinsamkeiten?

5 👥 Arbeitet zu zweit. Entscheidet zuerst, wer welche Aufgabe übernimmt.

Aufgabe A		Aufgabe B	
	Beschrifte eine Streichholzschachtel mit den Zahlen 1, 2 und 3.		Beschrifte drei gleich große Zettel mit den Zahlen 1, 2 und 3.
Experiment: Wirf die Streichholzschachtel und notiere in einer Strichliste, welche Ziffer oben liegt.		Experiment: Lege die Zettel verdeckt auf den Tisch und mische. Ziehe einen Zettel und notiere die gezogene Zahl in einer Strichliste.	

a) Entscheidet und begründet: Bei wem von euch wird die 1 am häufigsten vorkommen?
   Bei wem wird die 3 am häufigsten vorkommen?

b) Führt euer Experiment 50-mal durch. Erstellt Strichlisten. Zählt die Striche.

c) Stimmen eure Vermutungen aus a) mit den Ergebnissen eures Experiments überein?
   Findet Erklärungen.

d) Jella hat Aufgabe B gewählt. Sie zieht 10-mal und bekommt immer die 1 oder 3.
   Jella behauptet: „Als nächstes ziehe ich aber eine 2. Das ist sicher."
   Was meint ihr dazu? Erklärt.

6 👥 Ihr braucht zwei Spielwürfel. Einer von euch würfelt mit beiden Würfeln gleichzeitig.
   Ihr bildet die Augensumme. Das heißt, ihr addiert die beiden Zahlen auf den Würfeln.

Beispiel 🎲 + 🎲 = 8

Der andere notiert die Augensumme.

a) Welche Augensummen sind bei diesem Experiment möglich?
   Legt damit eine Tabelle für eure Strichliste an.

b) Stellt eine Vermutung auf: Welche Augensumme wird bei diesem Experiment am häufigsten
   vorkommen? Begründet eure Vermutung.

c) Führt das Experiment 50-mal durch. Tragt eure Augensummen in die Strichliste ein und ermittelt die
   Anzahlen.

d) Vergleicht die Anzahlen aus der Strichliste mit eurer Vermutung aus b). Habt ihr richtig vermutet?
   Wenn nicht: Was war anders als erwartet?
   Findet mögliche Begründungen.

Laplace-Experimente

▸ ▷ Die Wahr-
scheinlichkeit für
ein **Ergebnis** bei
Laplace-Experi-
menten angeben

Lea und Mats wollen zusammen ins Kino. Aber sie können sich nicht auf
einen Film einigen. Deshalb überlegen sie sich ein Zufallsexperiment:
Sie legen vier Kugeln mit unterschiedlichen Farben in einen Beutel. Mats
schlägt vor: Wenn Lea die gelbe Kugel zieht, dann darf sie bestimmen.

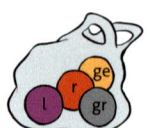

W Wenn bei einem Zufallsexperiment
jedes **Ergebnis** gleich wahrscheinlich ist,
dann ist es ein **Laplace-Experiment**
(benannt nach dem Mathematiker Pierre
Simon Laplace).

Die Wahrscheinlichkeit für 1 Ergebnis
beträgt:

$$P(\text{Ergebnis}) = \frac{1}{\text{Anzahl aller möglichen Ergebnisse}}$$

Die Kugeln im Beutel sind alle gleich
groß. Lea und Mats können die Kugeln
nicht sehen. Deshalb ist jede Kugel
gleich wahrscheinlich.

Im Beutel sind 4 Kugeln. Die Wahrscheinlichkeit für 1 Kugel (hier: die
gelbe Kugel (ge)) beträgt $\frac{1}{4}$, kurz:

$$P(\text{gelbe Kugel}) = \frac{1}{4} = \frac{25}{100} = 0{,}25 = 25\,\%$$

Mit einer Wahrscheinlichkeit von 25 %
darf Lea den Film bestimmen.

*P (gelbe Kugel)
liest du als
„P von gelbe Kugel"
oder „die Wahr-
scheinlichkeit für
eine gelbe Kugel".*

▸ **Aufgabe** Die Mutter von Lea und Mats schlägt vor, mit
geschlossenen Augen Stifte aus einer Box zu ziehen.
a) Begründe, dass dies ein Laplace-Experiment ist.
b) Gib die Wahrscheinlichkeit für
einen blauen Stift (b) an.

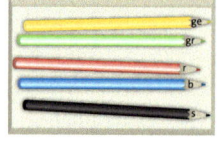

Lea will das Zufallsexperiment mit dem Beutel machen, aber den Vorschlag von Mats
findet sie unfair. Sie will den Film bestimmen bei der gelben Kugel (ge) oder der grauen
(gr) Kugel.

*Ein unmögliches
Ereignis tritt nie ein.
Ein sicheres Ereignis
tritt auf jeden Fall
ein.*

W **Ereignisse**
Wenn du mehrere einzelne Ergebnisse
zusammenfasst, dann erhältst du ein
Ereignis.

So berechnest du bei einem Laplace-
Experiment die **Wahrscheinlichkeit für
ein Ereignis:**
① Zähle alle einzelnen Ergebnisse, die zu
dem **Ereignis** gehören. Das sind die
günstigen Ergebnisse.
② Zähle alle möglichen Ergebnisse.
③ Rechne so:
$$P(\textbf{Ereignis}) = \frac{\text{Anzahl der günstigen Ergebnisse}}{\text{Anzahl aller möglichen Ergebnisse}}$$

Die Ergebnisse „gelbe Kugel" und „graue
Kugel" fasst du zusammen zum **Ereignis**:
„gelbe oder graue Kugel".

Ergebnisse ◯ ● — **Ereignis**

Lea gewinnt mit 2 Ergebnissen
(günstige Ergebnisse).
Insgesamt gibt es 4 Kugeln
(mögliche Ergebnisse).
$$P(\text{gelbe oder graue Kugel}) = \frac{2}{4} = 0{,}5 = 50\,\%$$

Mit einer Wahrscheinlichkeit von 50 %
bestimmt Lea den Film. Das ist fair.

▸ ▷ Die Wahr-
scheinlichkeit für
ein **Ereignis** bei
Laplace-Experi-
menten berechnen

▸ **Aufgabe** Mats will unbedingt das Zufallsexperiment mit der Stiftebox machen.
Er bestimmt den Film, wenn er den grünen Stift (gr) oder den
gelben Stift (ge) zieht. Berechne die Wahrscheinlichkeit dafür.

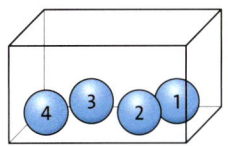
1 Entscheide, ob es sich um ein Laplace-Experiment handelt. Begründe.
a) eine Kugel ziehen   b) den Anspitzer werfen

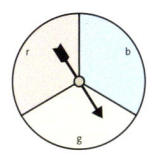 

c) das Glücksrad drehen   d) den Dominostein werfen

2 Hier handelt es sich um Laplace-Experimente. Nenne und zähle alle möglichen Ergebnisse. Gib die gesuchte Wahrscheinlichkeit an.
Beispiel Du wirfst eine Münze.
mögliche Ergebnisse: Zahl, Wappen
Das sind 2 mögliche Ergebnisse.
$P(\text{Zahl}) = \frac{1}{2}$

a) Du wirfst einen Spielwürfel. $P(4) = ?$
b) Du ziehst einen Deckel. $P(\text{Grün}) = ?$

c) Du ziehst eine Karte. $P(\text{Herz 5}) = ?$

d) In einer Kiste sind Kugeln mit den Zahlen von 10 bis 20. Du ziehst eine Kugel. $P(13) = ?$

3 Betrachte das Experiment „Münze werfen". Ergänze den Text im Heft.
Wenn ich eine Münze werfe, dann sind
⬤ Ergebnisse möglich: Wappen und ⬤.
Die Ergebnisse sind ⬤, also ist es ein ⬤. ▶ 4
Die Wahrscheinlichkeit für Wappen ist ⬤.

4 Nadia zieht aus der Kiste eine Kugel ohne hinzusehen.

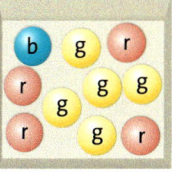

a) Wie viele mögliche Ergebnisse gibt es?
b) Gib die Wahrscheinlichkeiten an:
P(blaue Kugel (b))
P(gelbe Kugel (g))
P(rote Kugel (r))
P(rote oder gelbe Kugel, (r) oder (g))
P(keine rote Kugel, nicht (r))
P(weiße Kugel (w))   ▶ 6

5 Antonio wirft einen Würfel. Gib die Wahrscheinlichkeit für jedes Ereignis an. Nenne und zähle zuerst alle günstigen Ergebnisse, die zu dem Ereignis gehören.
Beispiel Ereignis: eine Zahl größer als 4
2 günstige Ergebnisse: 5; 6
$P(\text{Zahl größer als 4}) = \frac{2}{6} = \frac{1}{3}$

a) eine 3 oder eine 4
b) eine gerade Zahl
c) eine Zahl größer als 3
d) eine Zahl kleiner als 2
e) mindestens eine 4
f) höchstens eine 1
g) 👥 Vergleicht eure Wahrscheinlichkeiten. ▶ 7

6 In einer Klasse sind 18 Mädchen und 12 Jungen. Die Lehrerin wählt zufällig eine Person aus. Gib die Wahrscheinlichkeit dafür an, dass es ein Junge ist.

7 In einem Eimer mit Losen sind 120 Nieten, 70 Trostpreise und 10 Hauptgewinne.
a) Bestimme die Anzahl der Lose in dem Eimer.
b) Gib die Wahrscheinlichkeit an:
• für einen Hauptgewinn,
• für einen Trostpreis,
• für eine Niete.

Sprachhilfe zu **1**: Begründe so: Es handelt sich um ein/kein Laplace-Experiment, weil alle/nicht alle Ergebnisse gleich wahrscheinlich sind.
Sprachhilfe zu **3**: Setze ein: $\frac{1}{2}$, 2, Laplace-Experiment, gleich wahrscheinlich, Zahl
Sprachhilfe zu **7**: Eine Niete ist ein Los, mit dem du nicht gewinnst.
▶ 💡 Tipp zu **4**, **6**

1 Entscheide, ob es sich um ein Laplace-Experiment handelt. Begründe.
a) einen Radiergummi werfen
b) eine Münze werfen
c) eine Spielfigur werfen
d) einen Tetraeder-Würfel werfen (Ein Tetraeder hat vier gleich große Flächen.)

2 Betrachte die drei Zufallsexperimente.
Ⓐ den Würfel werfen Ⓑ den dreifarbigen Quader werfen Ⓒ den Zylinder werfen

 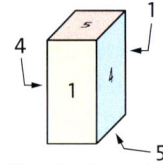 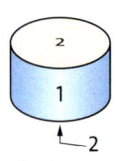

a) Entscheide für die Experimente ①, ② und ③, ob es sich um ein Laplace-Experiment handelt. Begründe.
b) Du willst eine 1 werfen. Für welches Experiment entscheidest du dich? Begründe.
c) 👥 Vergleicht eure Entscheidungen.

3 Samira meint zu diesem Glücksrad: „Das ist kein Laplace-Experiment. Die 3 und die 8 sind nicht an der richtigen Stelle."

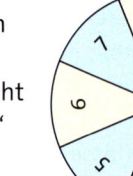

a) Begründe, warum Samira nicht recht hat.
b) Gib P(3) und P(8) an.

4 Ein Würfel heißt auch Hexaeder. Kennst du Spielwürfel mit mehr als sechs Flächen?
Ⓐ Hexaeder (6 Flächen) Ⓑ Oktaeder (8 Flächen) Ⓒ Dodekaeder (12 Flächen)

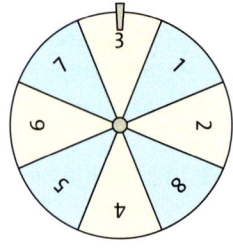   

a) Nenne für jeden Würfel alle möglichen Ergebnisse.
b) Ordne jedem Würfel die passende Wahrscheinlichkeit für ein Ergebnis zu: ▶ 5 ⊠
$\frac{1}{12}$; $\frac{1}{6}$ oder $\frac{1}{8}$. Begründe deine Zuordnung.

5 Das Glücksrad wird gedreht. Gib die Wahrscheinlichkeit für das Ereignis an. Nenne zuerst alle Ergebnisse, die zu dem Ereignis gehören (günstige Ergebnisse).

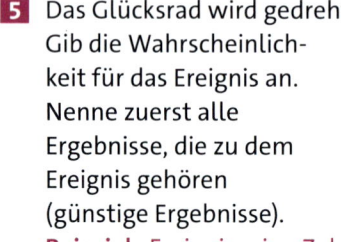 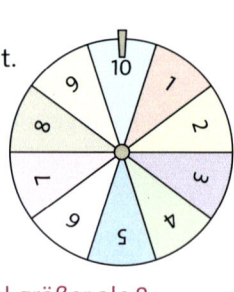

Beispiel Ereignis: eine Zahl größer als 8
2 günstige Ergebnisse: 9; 10
P(Zahl größer als 8) = $\frac{2}{10}$ = 20 %

a) eine gerade Zahl
b) eine durch 3 teilbare Zahl
c) keine 4
d) eine Zahl größer als 6
e) eine Zahl aus der 12er-Reihe ▶ 8 ⊠

6 Morgens an der Pierre-Simon-Laplace-Schule: 130 Schülerinnen und Schüler kommen mit dem Bus, 120 zu Fuß, 180 mit dem Fahrrad, 70 werden mit dem Auto gebracht.
a) Berechne die gesamte Anzahl von Schülerinnen und Schülern.
b) Eine Person wird zufällig ausgewählt. Gib die Wahrscheinlichkeit als Bruch und in Prozent an:
P(Fahrrad); P(Bus oder Auto); P(nicht mit dem Fahrrad)
c) Nora meint: „Bei P(nicht mit dem Fahrrad) rechne ich einfach 100 % – P(Fahrrad)." Begründe, dass die Aussage richtig ist. ▶ 9 ⊠

7 Elias würfelt mit einem Spielwürfel.
a) Gib zu den vier Wahrscheinlichkeiten jeweils ein mögliches Ereignis an.
Ⓐ $\frac{1}{6}$ Ⓑ $\frac{1}{2}$ Ⓒ $\frac{5}{6}$ Ⓓ $\frac{2}{3}$
b) Beschreibe, wie du bei a) vorgegangen bist.
c) 👥 Vergleicht eure Ereignisse. Findet gemeinsam weitere Ereignisse.

8 In einer Schale befindet sich eine unbekannte Anzahl von Losen. Die Wahrscheinlichkeit für eine Niete beträgt $\frac{3}{4}$.
Gib mehrere Möglichkeiten an, wie viele Lose und wie viele Nieten in der Schale sein können. Begründe.

Sprachhilfe zu **7b**: Nutze diese Anfänge: Ich weiß, dass ein Würfel ●. Die Wahrscheinlichkeit für ein Ergebnis beträgt ●. Bei der Wahrscheinlichkeit $\frac{5}{6}$ überlege ich mir ein Ereignis mit ● Ergebnissen.

1 Betrachte die Zufallsexperimente.
Ⓐ Münze werfen   Ⓑ Reißzwecke werfen
Ⓒ Glücksrad drehen   Ⓓ Glücksrad drehen

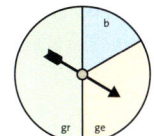 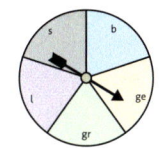

a) Entscheide, ob es sich um Laplace-Experimente handelt. Begründe.
b) Wähle das Glücksrad, das nicht zu einem Laplace-Experiment gehört. Beschreibe, wie du es verändern kannst, damit es zu einem Laplace-Experiment passt.

2 Hier handelt es sich um Laplace-Experimente. Nenne zuerst alle möglichen Ergebnisse. Gib dann die Wahrscheinlichkeit für ein Ergebnis an.
a) Du würfelst mit einem Spielwürfel.
b) Aus 12 Stiften ziehst du einen Stift.
c) Dein Trainer wählt von 6 Spielerinnen und Spielern deiner Mannschaft eine Person zufällig aus.
d) Max wirft eine Münze.

3 Begründe zuerst, warum es sich um ein Laplace-Experiment handelt. Bestimme dann die Wahrscheinlichkeit für das Ergebnis.
a) In einer Kiste sind 5 Kugeln mit den Zahlen von 1 bis 5. Klara zieht die Kugel mit der 3.
b) Yusuf möchte den Herz-König aus einem Kartenspiel (32 Karten) ziehen.
c) Beim „Mensch-ärgere-dich-nicht" muss Mia eine 4 werfen, um zu gewinnen.

4 Ein Glücksrad hat drei gleich große Felder: eins mit einem Stern ✳, eins mit einem Herz ♥ und eins mit einem Kreis ◯. Paul dreht 200-mal. Er sagt: „Das Drehen dieses Glücksrads ist kein Laplace-Experiment, denn es ist 66-mal bei ✳, 70-mal bei ♥ und nur 64-mal bei ◯ stehengeblieben." Was meinst du dazu? Begründe.

5 Skizziere jeweils ein Glücksrad mit gleich großen Feldern.
a) Die Wahrscheinlichkeit für „Rot" soll $\frac{1}{4}$ sein.
b) Die Wahrscheinlichkeit für „Grün" soll $\frac{1}{3}$ sein.
c) Die Wahrscheinlichkeit für „Blau" soll 0 sein.

6 Oskar bereitet eine Losbude vor.
a) Von den 50 vorbereiteten Losen sollen 40 Nieten sein. Gib die Wahrscheinlichkeit an, ein Gewinnlos zu ziehen.
b) Oskars Vater spendet 2 Hauptpreise und 70 Trostpreise. Die Gewinnwahrscheinlichkeit soll weniger als $\frac{1}{2}$ betragen. Erkläre, wie viele Nieten Oskar jetzt braucht.

7 In einer Kiste befinden sich 50 Kugeln mit den Zahlen von 1 bis 50. Die Kugeln mit den Zahlen 1 bis 25 sind rot, die anderen Kugeln sind blau. Gib die Wahrscheinlichkeit in Prozent an. Nenne zuerst die Ergebnisse, die zu dem Ereignis gehören.
a) P(rote Kugel mit gerader Zahl)
b) P(Kugel mit einer durch 4 teilbaren Zahl)
c) P(einstellige Zahl auf blauer Kugel)
d) P(blaue Kugel mit einer Zahl größer als 40)
e) 👥 Jeder überlegt sich drei weitere Ereignisse. Tauscht eure Ereignisse und gebt die Wahrscheinlichkeiten an.

8 Max berechnet die Wahrscheinlichkeit dafür, mit einem Spielwürfel keine 6 zu werfen:
$P(keine\ 6) = 1 - \frac{1}{6}$
Erkläre seinen Rechenweg.

9 Ein **Powerbank**-Hersteller testet vor dem Verkauf seine Produkte. Er weiß, dass von 1000 Powerbanks durchschnittlich bei 6 der Akku und bei 10 die USB-Schnittstelle defekt ist.

a) Gib die Wahrscheinlichkeit an, dass ein Akku defekt ist.
b) Berechne die Wahrscheinlichkeit, dass eine einwandfreie Powerbank vorliegt. Keine Powerbank hat zwei Fehler.

10 👥 Lena hat vier Aufgaben zur Wahrscheinlichkeit gelöst. Es ging um eine Box mit Kugeln, auf denen die Zahlen von 1 bis 40 stehen.
a) $P(E) = \frac{1}{40}$ b) $P(E) = \frac{1}{2}$
c) $P(E) = \frac{1}{4}$ d) $P(E) = \frac{3}{5}$
Zu welchen Ereignissen könnten die Wahrscheinlichkeiten gehören?

Sprachhilfe zu **9**: Eine **Powerbank** ist ein transportables Ladegerät für kleine elektronische Geräte wie Smartphones.

▶ 💡 Tipp zu **1**, **3**, **8**

Kompetenz	

1 Ich kann entscheiden, ob ein Experiment ein Zufallsexperiment ist.

→ Lies auf **Seite 146** nach.

1 Du ziehst eine Kugel aus der Box. Prüfe, ob die drei Merkmale für Zufallsexperimente gelten.

a) 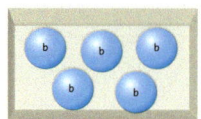 b)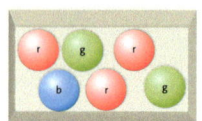

---

2 Ich kann die möglichen Ergebnisse eines Zufallsexperiments angeben.

→ Lies auf **Seite 146** nach.

2 Du drehst das Glücksrad.
a) Gib die möglichen Ergebnisse für dieses Zufallsexperiment an.
b) Nenne ein unmögliches Ergebnis.

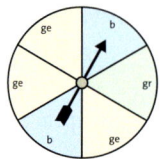

---

3 Ich kann Wahrscheinlichkeiten mit einem Wahrscheinlichkeits-Streifen darstellen.

→ Lies auf **Seite 146** nach.

3 Mia vergisst manchmal ihr Matheheft zu Hause. Das passiert mit einer Wahrscheinlichkeit von $\frac{3}{10}$.
a) Zeichne einen Wahrscheinlichkeits-Streifen. Trage die Wahrscheinlichkeit ein.
b) Schätze die Wahrscheinlichkeit, dass du dein Matheheft vergisst. Trage auch deine Wahrscheinlichkeit in den Wahrscheinlichkeits-Streifen ein. Vergleiche.

---

4 Ich kann entscheiden, ob ein Zufallsexperiment ein Laplace-Experiment ist.

→ Lies auf **Seite 152** nach.

4 Du wirfst den Gegenstand. Entscheide, ob es sich um ein Laplace-Experiment handelt.

a)  b)  c)

---

5 Ich kann die Wahrscheinlichkeit für ein Ergebnis bei einem Laplace-Experiment angeben.

→ Lies auf **Seite 152** nach.

5 Laplace-Experimente:
Gib die Wahrscheinlichkeit für eine 2 an.

a) 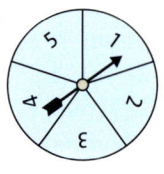 b)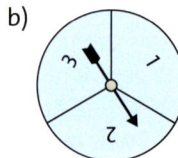

---

6 Ich kann die Wahrscheinlichkeit für ein Ereignis bei einem Laplace-Experiment berechnen.

→ Lies auf **Seite 152** nach.

6 Du ziehst eine Kugel aus der Kiste. Berechne die Wahrscheinlichkeit.
a) Die Kugel ist rot (r).
b) Die Kugel ist grün oder rot (r oder g).
c) Die Kugel ist nicht grün (nicht g).

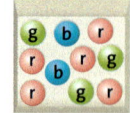

1 Entscheide, ob es sich um ein Zufallsexperiment handelt. Begründe, wenn es **kein** Zufallsexperiment ist.
a) das Glücksrad drehen
b) einen blauen Chip werfen
c) einen vierstelligen Code erraten

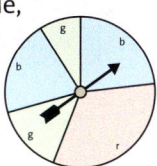

2 Zwei Würfel werden geworfen. Beim Würfel links gilt immer die Zahl an der Spitze.
a) Gib für jeden Würfel alle Ergebnisse an.
b) Nenne jeweils ein unmögliches Ergebnis.

 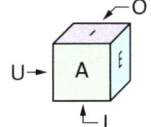

3 Die Wahrscheinlichkeit für weiße Weihnachten in Hannover beträgt etwa $\frac{1}{10}$.
a) Zeichne einen Wahrscheinlichkeits-Streifen. Trage die Wahrscheinlichkeit ein.
b) Schätze die Wahrscheinlichkeit für weiße Weihnachten Ⓐ auf Mallorca, Ⓑ am Nordpol, Ⓒ in München. Erkläre deine Schätzungen. Trage auch diese Wahrscheinlichkeiten ein.

4 Beschreibe, woran du ein Laplace-Experiment erkennst. Nutze diese beiden Gegenstände.

5 Entscheide, welches Experiment du wählen würdest, wenn du bei „Blau (b)" gewinnst. Begründe deine Entscheidung, indem du die Wahrscheinlichkeiten für „Blau" angibst.

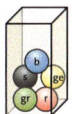 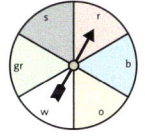

6 Du drehst das Glücksrad. Berechne die Wahrscheinlichkeit.
a) P(eine gerade Zahl)
b) P(eine Zahl größer als 6)
c) P(eine durch 3 teilbare Zahl)

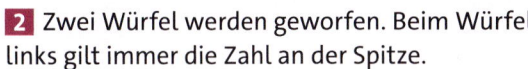

1 Nenne einen Gegenstand, mit dem du ein Zufallsexperiment durchführen kannst. Nenne außerdem einen Gegenstand, mit dem du kein Zufallsexperiment durchführen kannst. Begründe deine Wahl.

2 Ein Zufallsexperiment hat drei mögliche Ergebnisse: Gelb, Rot oder Blau.
a) Beschreibe einen Würfel, der dazu passt.
b) Beschreibe eine Box mit Kugeln, die dazu passt.
c) Gib jeweils ein unmögliches Ergebnis an.

3 Auf einem Glücksrad sind drei verschieden-farbige Felder: Gelb, Grün und Rot. Die Wahrscheinlichkeit für das gelbe Feld beträgt $\frac{1}{2}$, die Wahrscheinlichkeit für das grüne Feld $\frac{2}{10}$.
a) Zeichne einen Wahrscheinlichkeits-Streifen und trage beide Wahrscheinlichkeiten ein.
b) Ermittle die Wahrscheinlichkeit für das rote Feld. Erkläre dein Vorgehen.

4 Begründe, dass es kein Laplace-Experiment ist, wenn du das Glücksrad drehst. Skizziere ein Glücksrad, mit dem du ein Laplace-Experiment durchführen kannst. Erkläre, worauf du achten musst.

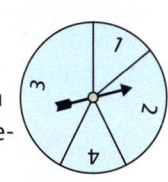

5 Timo zieht ein Bonbon aus einer Tüte. Die Wahrscheinlichkeit für Zitrone beträgt $\frac{1}{8}$.
a) Erkläre, wie viele Bonbons in der Tüte sein können. Finde mehrere Möglichkeiten.
b) Die Wahrscheinlichkeit für Kirsch soll $\frac{3}{4}$ betragen. Wie viele Kirsch-Bonbons können es sein? Erkläre.

6 Du drehst das Glücksrad. Berechne die Wahrscheinlichkeit.
a) P(4 oder 12)
b) P(ein Feld mit einer Zahl < 18)
c) Notiere ein Ereignis mit P(E) = 60 %.

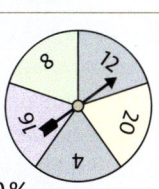

→ Lösungen auf Seite 244 und 245

Die Aufgaben kannst du auch digital machen. ▸

Einfache Baumdiagramme

Laura bekommt von ihrer Freundin einen besonderen Würfel. Mit diesem Würfel kann Laura Farben würfeln. Die Farben sind nicht alle gleich wahrscheinlich. Laura möchte alle Ergebnisse und Wahrscheinlichkeiten übersichtlich darstellen. Sie zeichnet ein

► ◁)) **Baum**diagramm.

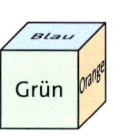
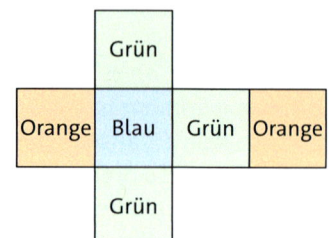

► ▷
Ein-
stufige
Baum-
dia-
gramme
zeichnen

Ein Baumdiagramm zeichnen

Mit einem **Baum**diagramm kannst du die Ergebnisse und Wahrscheinlichkeiten eines Zufallsexperiments darstellen.

① Bestimme, wie viele Ergebnisse es gibt.
② Zeichne einen Baum mit so vielen Ästen.
③ Beschrifte das Baumdiagramm:
  – Schreibe hinter jeden Ast das Ergebnis.
  – Schreibe an jeden Ast die Wahrscheinlichkeit für das Ergebnis.

An einem Baumdiagramm kannst du die Wahrscheinlichkeiten für die Ergebnisse und für Ereignisse ablesen oder neue Wahrscheinlichkeiten berechnen.

Es gibt drei mögliche Ergebnisse: Grün, Blau und Orange.

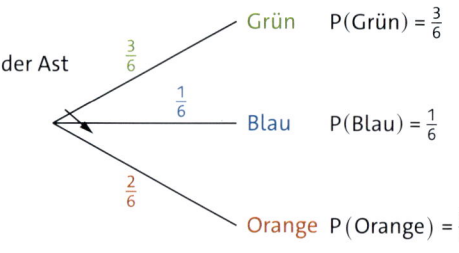

Die Wahrscheinlichkeit für das Ergebnis „Grün" beträgt $\frac{3}{6}$.
Die Wahrscheinlichkeit für das Ereignis „Grün oder Blau" beträgt $\frac{3}{6} + \frac{1}{6} = \frac{4}{6}$.

1 Aus dem Netz baut Emilie einen anderen Würfel für Farben.
a) Zeichne ein Baumdiagramm und beschrifte es.
b) Gib die Wahrscheinlichkeit für das Ergebnis „Orange" an.
c) Berechne die Wahrscheinlichkeit für das Ereignis „Grün oder Blau".

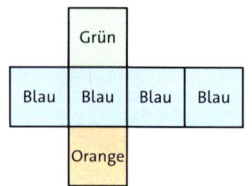

2 Aus der abgebildeten Kiste wird eine Kugel verdeckt gezogen.
a) Zeichne ein Baumdiagramm und beschrifte es.
b) Gib die Wahrscheinlichkeit für das Ergebnis „2" an.
c) Bestimme die Wahrscheinlichkeit für das Ereignis „ungerade Zahl".
d) 👥 Jeder denkt sich zwei Ereignisse aus. Tauscht sie aus und bestimmt die Wahrscheinlichkeiten mit dem Baumdiagramm. Kontrolliert gemeinsam.

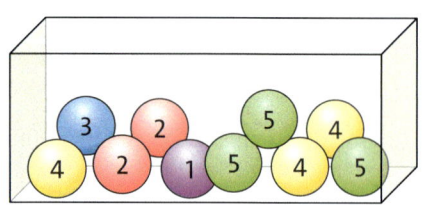

3 Maria hat zu dem abgebildeten Glücksrad ein Baumdiagramm gezeichnet.
a) Finde den Fehler, den Maria gemacht hat.
b) Zeichne ein richtiges Baumdiagramm. Erkläre, wie du vorgegangen bist.

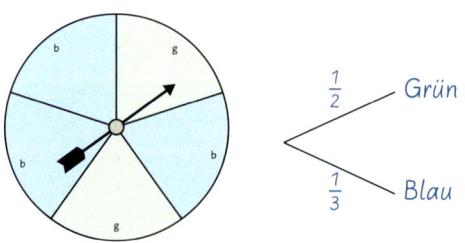

1 Entscheide, ob es sich um ein Zufalls-experiment handelt. Prüfe mithilfe der Merk-male ①, ② und ③ für Zufallsexperimente.
a) Du ziehst eine Karte aus einem Stapel mit roten, grünen und blauen Karten.
b) Du machst deine Hausaufgaben.
c) Du schreibst eine 3 in der Mathearbeit.
d) Du errätst die PIN für das Smartphone deiner Freundin oder deines Freundes.
e) Du zählst leise immer wieder von 1 bis 10. Jemand sagt „Stopp" und du nennst die Zahl, bei der du gerade warst.

2 Untersuche die Zufallsexperimente.
Ⓐ das Glücks-rad drehen　Ⓑ eine Karte ziehen　Ⓒ die Reiß-zwecke werfen

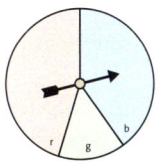  

a) Nenne für jedes Zufallsexperiment alle möglichen Ergebnisse.
b) Nenne für jedes Zufallsexperiment ein unmögliches Ergebnis.
c) Entscheide für jedes Zufallsexperiment, ob es ein Laplace-Experiment ist oder nicht.
d) Wähle bei dem Laplace-Experiment ein mögliches Ergebnis aus. Gib die Wahrschein-lichkeit für dein Ergebnis an. ▶ **2**

3 Vor Lilli liegen 10 farbige Karten.

a) Zeichne einen Wahrscheinlichkeits-Streifen. Markiere nebeneinander die Wahrscheinlich-keiten für eine rote Karte (r), für eine blaue Karte (b) und für eine grüne Karte (g).
b) Lilli sagt: „Diese Farbe ziehe ich mit einer Fifty-fifty-Chance."
Welche Farbe meint Lilli?
c) Nenne ein unmögliches Ergebnis.

4 Die Netze gehören zu drei verschiedenen Würfeln. Jost würfelt mit jedem Würfel einmal.

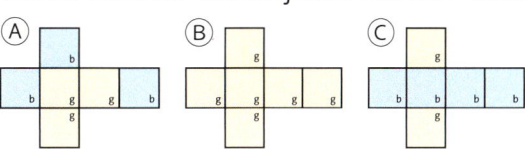

a) Bei welchem Würfel handelt es sich nicht um ein Zufallsexperiment?
b) Gib die Wahrscheinlichkeit für „Gelb (g)" bei jedem Würfel an. ▶ **5**

5 Rico zieht eine Kugel aus der Schale.

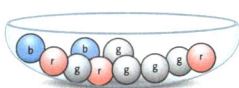

a) Rico möchte eine rote Kugel ziehen. Luisa möchte eine rote oder eine blaue Kugel ziehen. Ordne die Fachbegriffe Ergebnis und Ereignis zu.
b) Gib die Wahrscheinlichkeiten an.
Ⓐ P(Rot (r))　　　Ⓑ P(Grau (g))
Ⓒ P(nicht Grau (g))　Ⓓ P(Grün (gr))
Ⓔ P(Rot, Blau oder Grau; (r), (b) oder (g))
c) Ordne den Ereignissen Ⓐ bis Ⓔ jeweils einen der Begriffe „unmögliches Ereignis", „mög-liches Ereignis" oder „sicheres Ereignis" zu.
d) Finde und beschreibe ein Ereignis mit der Wahrscheinlichkeit $\frac{2}{10}$ und ein Ereignis mit der Wahrscheinlichkeit $\frac{7}{10}$.

6 Fünf Kinder wollen ihre Hausaufgabe vorlesen. Frau Bohn wählt zufällig jemanden aus.

Nuur　Tim　Karim　Mary　Sophie

a) Nenne die Ergebnisse, die zu dem Ereignis gehören. Gib dann die Wahrscheinlichkeit an.
Ⓐ Das Kind hat ein r im Namen.
Ⓑ Das Kind hat kurze, braune Haare.
Beispiel　Der Name endet auf -im.
2 Ergebnisse: Tim, Karim
$P = \frac{2}{5} = \frac{40}{100} = 40\,\%$
b) Zu einem Ereignis gehören die Ergebnisse Nuur, Tim, Mary. Beschreibe das Ereignis.
c) Finde und beschreibe ein Ereignis mit der Wahrscheinlichkeit $\frac{2}{5}$.

Sprachhilfen zu **1** : Ich kann vorhersagen, ob ●. Ich kann nicht vorhersagen, ob ●.
Die möglichen Ergebnisse sind ●. Ich kann das Zufallsexperiment ●.
▶ 💡 Tipp zu **2** , **3**

1 Entscheide zuerst, ob es sich um ein Zufalls-experiment handelt. Begründe.
Ist es auch ein Laplace-Experiment?

a) den Becher werfen

b) eine Kugel ziehen

c) den Würfel werfen

d) die Hand mit der Münze wählen

▶ 🔊 **2** Jolanda hat auf ihrem Smartphone ein neues Spiel installiert.
In einem der vier Felder erscheint ein ☺. Darauf muss Jolanda möglichst schnell tippen.
Jolanda weiß, wie oft der ☺ die letzten Male in den vier Feldern aufblinkte.

40 % ☺	15 % ☺
15 % ☺	30 % ☺

a) Stelle die Prozentzahlen an einem Wahrscheinlichkeits-Streifen dar.

b) Über welches Feld sollte Jolanda ihren Finger beim Start halten? Begründe.

c) 👥 Jolanda meint: „Die Felder kommen unterschiedlich häufig vor. Also kann es kein Laplace-Experiment sein."
Was meint ihr dazu?

▶ **2** ☒

3 Dieses Netz gehört zu einem Quader.
Emil würfelt mit dem Quader. Die Wahr-scheinlichkeit, Grün (gr) zu werfen, beträgt 40 %.

a) Begründe, welche Farbe die gleiche Wahr-scheinlichkeit hat wie „Grün (gr)".

b) Bestimme die Wahrscheinlichkeit für die dritte Farbe. Erkläre dein Vorgehen.

4 Untersuche die Ereignisse Ⓐ bis Ⓓ.

Ⓐ mit einem Spielwürfel eine 5 oder 6 würfeln	Ⓑ mit einem Spielwürfel eine 3 oder 7 würfeln
Ⓒ aus einer Kiste mit 30 Murmeln eine von den 10 grünen Murmeln ziehen	Ⓓ aus den 27 Kindern einer Klasse, in der 9 Mädchen sind, einen Jungen auswählen

a) Erkläre am Beispiel Ⓐ den Begriff Ereignis.

b) Für welche Ereignisse beträgt die Wahr-scheinlichkeit $\frac{1}{3}$? Begründe.

c) Finde und beschreibe zwei weitere Ereignisse mit der Wahrscheinlichkeit $\frac{1}{3}$.
👥 Vergleicht eure Ereignisse.
▶ **6** ☒

5 Jan zieht eine Karte ohne hinzusehen.

blau: Karten 1 bis 4
grün: Karten 5 bis 8
rot: Karten 9 bis 12

a) Gib zu Ⓐ bis Ⓓ die Wahrscheinlichkeit an. Gib zuerst alle günstigen Ergebnisse an.
Ⓐ P(blaue 3)
Ⓑ P(gerade Zahl)
Ⓒ P(rote Karte)
Ⓓ P(Grün und durch drei teilbar)

b) Gib zwei unmögliche Ereignisse an.

c) Finde und beschreibe ein Ereignis mit der Wahrscheinlichkeit $\frac{1}{6}$ und ein Ereignis mit der Wahrscheinlichkeit $\frac{3}{4}$.

6 Ordne gleiche Chancen einander zu.

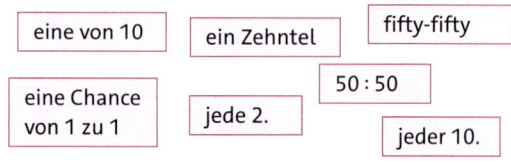

eine von 10   ein Zehntel   fifty-fifty

eine Chance von 1 zu 1   jede 2.   50 : 50   jeder 10.

7 Finde und beschreibe jeweils drei Ereignisse mit einer Wahrscheinlichkeit von $\frac{1}{2}$.

a) Du würfelst mit einem Spielwürfel.

b) Du ziehst ein Los aus einer Lostrommel mit 50 Losen, auf denen Zahlen von 1 bis 50 stehen.

1 Entscheide, ob es sich um ein Zufallsexperiment handelt. Ist es auch ein Laplace-Experiment? Begründe.
a) eine Kerze anzünden und nach 2 Stunden messen, wie weit sie abgebrannt ist
b) am Morgen nachschauen, ob es regnet
c) eine Seite aus diesem Buch auswählen

2 Ina behauptet, dass es Laplace-Experimente gibt, die keine Zufallsexperimente sind. Hat sie recht? Begründe.

🔊 **3** In Enzos Kühlschrank stehen viele Grillsoßen. Es gibt die drei Sorten BBQ, Chili und Senf.

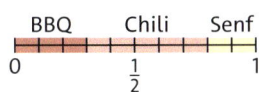

a) Enzo nimmt ohne hinzusehen eine Soße aus dem Kühlschrank. Lies am Wahrscheinlichkeits-Streifen für jede Sorte die Wahrscheinlichkeit ab.
b) Wie viele Flaschen von jeder Sorte könnten im Kühlschrank stehen? Begründe.
c) Enzo möchte die Wahrscheinlichkeit dafür erhöhen, dass er die BBQ-Soße erwischt. Erkläre ihm zwei verschiedene Möglichkeiten dafür.

4 Glücksräder und Laplace-Experimente

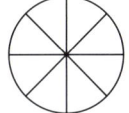

a) Skizziere die Glücksräder in dein Heft. Färbe oder gestalte jedes Glücksrad so, dass du damit ein Laplace-Experiment durchführen kannst. Gib jeweils die Wahrscheinlichkeit für ein Ergebnis an.
b) Skizziere ein Glücksrad, mit dem du kein Laplace-Experiment durchführen kannst. Beschreibe, wie sich dieses Glücksrad von den anderen Glücksrädern unterscheidet.

5 Das Glücksrad wird einmal gedreht.

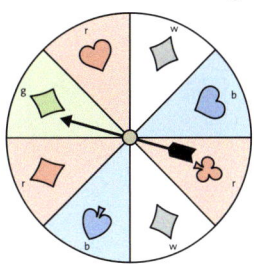

a) Gib die drei Wahrscheinlichkeiten an.
P(Herz)   P(Blau (b))   P(Raute und grün (g))
b) Finde und beschreibe ein Ereignis mit der Wahrscheinlichkeit $\frac{1}{2}$ und ein Ereignis mit der Wahrscheinlichkeit $\frac{3}{8}$.
c) Beschreibe ein unmögliches Ereignis.
d) 👥 Jeder beschreibt drei weitere Ereignisse. Bestimmt dann gegenseitig die Wahrscheinlichkeiten und überprüft eure Lösungen.

6 Erkläre den Unterschied zwischen einem Ergebnis und einem Ereignis. Du kannst dafür das Glücksrad aus Aufgabe 5 nutzen.

7 Ben, Liz und Killian können sich nicht entscheiden, ob sie eine Radtour machen, ins Kino gehen oder Eis essen sollen. Erkläre, wie sie das mithilfe eines Würfels zufällig entscheiden können.

8 Die 7 b möchte beim Schulfest eine Losbude aufbauen. $\frac{4}{5}$ der 500 Lose sollen Nieten sein.
a) Wie groß ist die Wahrscheinlichkeit für einen Gewinn, wenn man das 1. Los zieht?
b) Um Müll zu vermeiden, entscheidet sich die 7 b lieber für ein Glücksrad. Dann müssen keine Lose gedruckt werden.
Weiß gewinnt.
Bei welchem Glücksrad beträgt die Wahrscheinlichkeit zu verlieren $\frac{4}{5}$? Begründe.

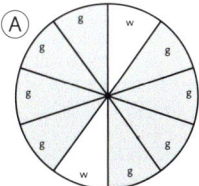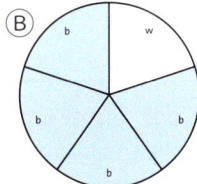

c) Überlege dir ein anderes Zufallsexperiment. Die Wahrscheinlichkeit zu verlieren soll weiterhin $\frac{4}{5}$ sein.

►💡 Tipp zu **1**, **7**

Glücksräder

Alex, Felix und Ben sind auf einem Jahrmarkt. Dort entdecken sie einen Stand mit Glücksrädern.

Glücksrad 1

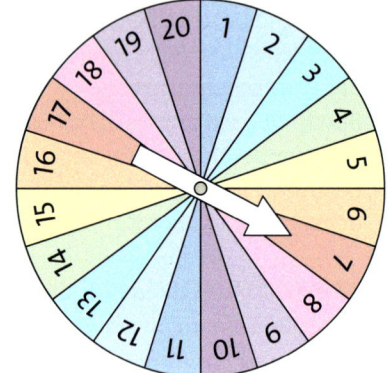

Glücksrad 2

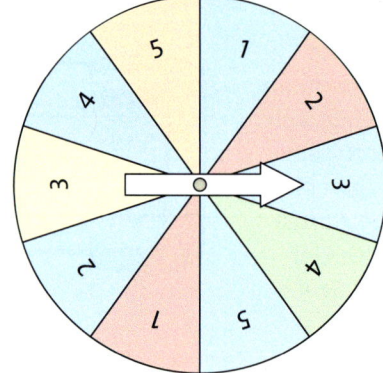

A Betrachte das Glücksrad 1. Gib die Wahrscheinlichkeit als Bruch, Dezimalzahl und Prozentzahl an.

Beispiel $P(3) = \frac{1}{20} = \frac{5}{100} = 0{,}05 = 5\,\%$

a) $P(7)$ b) $P(\text{kleiner als } 3)$ c) $P(\text{größer als } 19)$
d) $P(\text{gerade Zahl})$ e) $P(\text{durch 5 teilbar})$

B Nenne für das Glücksrad 1 ein sicheres Ereignis und ein unmögliches Ereignis.

C Beim Glücksrad 2 musst du zuerst tippen, was du drehen wirst. Wenn dein Tipp kommt, dann hast du gewonnen.
Ben: Ich drehe eine 1 oder eine 2.
Felix: Ich drehe eine 5.
Alex: Meine Zahl ist durch 2 teilbar.
Ordne die Ereignisse nach ihrer Wahrscheinlichkeit.

D Betrachte das Glücksrad 2. Finde und beschreibe ein Ereignis mit der angegebenen Wahrscheinlichkeit.

a) $P = \frac{1}{2}$
b) $P = \frac{1}{10}$
c) $P = 0{,}4$

E Zufallsexperiment oder nicht? Laplace-Experiment oder nicht? Ergänze die Sätze in deinem Heft:
Wenn bei einem Glücksrad die Felder alle die gleiche Farbe und die gleiche Zahl haben, dann handelt es sich um ●.
Wenn die verschiedenfarbigen Felder bei einem Glücksrad alle ●, dann handelt es sich um ein Laplace-Experiment.

F Alex hat nun schon 4-mal das Glücksrad 2 gedreht und noch immer war keine 5 dabei.
Ben meint: „Die Wahrscheinlichkeit für eine 5 ändert sich nicht, auch wenn du schon 100-mal keine 5 gedreht hast."
Begründe, dass Ben recht hat.

1 Welcher Gegenstand passt nicht zu einem Zufallsexperiment? Begründe.

2 Eine Reißzwecke landet mit einer Wahrscheinlichkeit von $\frac{3}{5}$ = 0,6 auf dem Kopf.
a) Markiere auf einem Wahrscheinlichkeits-Streifen das Ergebnis „Kopf".
b) Paul sagt: „Wenn ich „Kopf" werfen möchte, dann nehme ich lieber eine Reißzwecke als eine Münze." Erkläre, warum das stimmt.

3 Welcher Gegenstand passt zu einem Laplace-Experiment? Begründe.

den Zylinder werfen   einen Stift ziehen

4 Du gewinnst mit einer 1. Welches der beiden Zufallsexperimente wählst du? Begründe.

   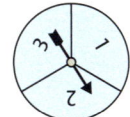

5 Untersuche das Glücksrad.
a) Nenne alle möglichen Ergebnisse.
b) Gib die Wahrscheinlichkeiten P(rosa (r)) und P(nicht weiß (w)) an.
c) Finde die Farbe mit der kleinsten Wahrscheinlichkeit.

1 Beschreibe die drei Merkmale eines Zufallsexperiments. Wähle dazu selbst ein Beispiel.

2 In einer Box sind 10 Kugeln: blaue, rote und grüne.

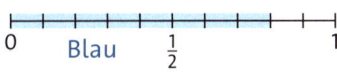

a) Gib die Wahrscheinlichkeit für „Blau" an. Nutze den Wahrscheinlichkeits-Streifen.
b) Begründe, wie viele Kugeln in der Box rot oder grün sind.

3 Erkläre anhand der Gegenstände, was ein Laplace-Experiment ist und was nicht.

4 Vergleiche die Wahrscheinlichkeit für eine 4 an der Spitze mit der Wahrscheinlichkeit für eine blaue Kugel (b). Erkläre.

   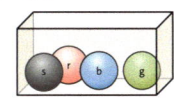

5 Am Glücksrad
a) Gib die Wahrscheinlichkeiten P(5), P(gerade Zahl) und P(<2) an.
b) Finde und beschreibe ein Ereignis mit der Wahrscheinlichkeit $\frac{3}{5}$.

1 Erkläre den Unterschied zwischen Zufallsexperimenten und Experimenten, die keine Zufallsexperimente sind.

2 Die sechs Flächen eines Würfels sind grün, gelb oder rot gefärbt. Es ist P(Grün) = $\frac{1}{3}$ und P(Gelb) = $\frac{1}{6}$.
a) Stelle die Wahrscheinlichkeiten an einem Streifen dar, der 12 Kästchen lang ist.
b) Bestimme P(Rot) und erkläre dein Vorgehen.
c) Zeichne ein mögliches Netz dieses Würfels.

3 Skizziere ein Glücksrad, mit dem du ein Laplace-Experiment durchführen kannst, und ein Glücksrad, mit dem du kein Laplace-Experiment durchführen kannst.
Beschreibe den Unterschied.

4 Beschreibe ein passendes Laplace-Experiment.
a) Ein Ergebnis hat eine Wahrscheinlichkeit von $\frac{1}{8}$.
b) Ein Ereignis hat eine Wahrscheinlichkeit von $\frac{2}{5}$.

5 Ein Kartenspiel besteht aus 32 Karten: 8 Kreuz-Karten, 8 Pik-Karten, 8 Herz-Karten und 8 Karo-Karten.
a) Gib an: P(Pik), P(eine 7) und P(rote Zahl).
b) Finde und beschreibe zwei Ereignisse mit P = $\frac{1}{4}$.

→ Lösungen auf Seite 245 und 246

Zufall und Wahrscheinlichkeit → Seite 146

So erkennst du ein **Zufallsexperiment**:
① Du kannst das Ergebnis nicht vorhersagen oder beeinflussen.
② Du kennst alle möglichen Ergebnisse.
③ Du kannst das Experiment beliebig oft wiederholen.

Wenn du eine Reißzwecke wirfst, dann ist das ein Zufallsexperiment.
① Du kannst nicht vorhersagen oder beeinflussen, wie die Reißzwecke landet.
② mögliche Ergebnisse: Kopf, auf der Seite
③ Du kannst die Reißzwecke immer wieder werfen.

Bei einem Zufallsexperiment gilt:
Die **Wahrscheinlichkeit** für ein Ergebnis ist eine Zahl (als Prozentzahl, Bruch oder Dezimalzahl). Mit dieser Zahl kannst du schätzen, wie groß die Chance für ein Ergebnis ist.

Jan wirft eine Reißzwecke.
Die Wahrscheinlichkeit für „auf der Seite" beträgt $\frac{3}{5} = \frac{6}{10} = 0,6 = 60\%$.

Mit einem **Wahrscheinlichkeits-Streifen** kannst du die Chancen für die Ergebnisse darstellen.

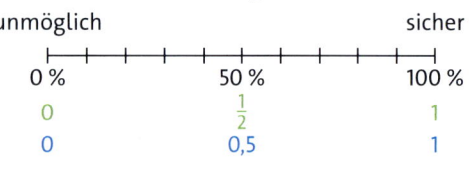

Der Wahrscheinlichkeits-Streifen zeigt die Wahrscheinlichkeiten beim Werfen der Reißzwecke.

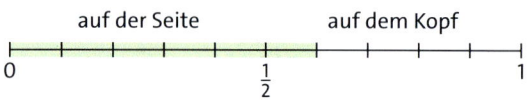

Laplace-Experimente → Seite 152

Wenn bei einem Zufallsexperiment jedes Ergebnis gleich wahrscheinlich ist, dann ist es ein **Laplace-Experiment.**

Die Wahrscheinlichkeit für 1 Ergebnis kannst du als Bruch angeben:

$$P(\text{Ergebnis}) = \frac{1}{\text{Anzahl aller möglichen Ergebnisse}}$$

Wenn du mehrere Ergebnisse zusammenfasst, dann entsteht ein **Ereignis**.

So berechnest du bei einem Laplace-Experiment die **Wahrscheinlichkeit für ein Ereignis**:
① Zähle alle einzelnen Ergebnisse, die zu dem Ereignis gehören. Das sind die günstigen Ergebnisse.
② Zähle alle möglichen Ergebnisse.
③ Rechne so:
$$P(\text{Ereignis}) = \frac{\text{Anzahl der günstigen Ergebnisse}}{\text{Anzahl aller möglichen Ergebnisse}}$$

Ein **unmögliches Ereignis** tritt nicht ein.
Ein **sicheres Ereignis** tritt auf jeden Fall ein.

Wenn du einen Würfel wirfst, dann ist das ein Laplace-Experiment, weil jede Zahl mit der gleichen Wahrscheinlichkeit oben liegen kann.

Es gibt 6 mögliche Ergebnisse.
Die Wahrscheinlichkeit für eine Zahl (hier: die 4) beträgt $P(4) = \frac{1}{6}$.

Das Ereignis „ungerade Zahl" besteht aus den Ergebnissen 1, 3 und 5.

Wie groß ist die Wahrscheinlichkeit für das Ereignis „gerade Zahl"?

① 3 günstige Ergebnisse: 2, 4, 6

② insgesamt 6 mögliche Ergebnisse

③ $P(\text{gerade Zahl}) = \frac{3}{6} = \frac{1}{2} = 0,5 = 50\%$

Das Ereignis „Augenzahl größer als 7" ist unmöglich. Das Ereignis „Augenzahl kleiner als 7" tritt auf jeden Fall ein.

Terme und Gleichungen

▶ Zum Geburtstag möchte Maja ihrer Oma Hilde einen Blumenstrauß schenken.
Oma Hilde liebt Tulpen. Maja hat verschiedene Tulpen zur Auswahl.
Die gelben Tulpen kosten 1 € und die roten Tulpen kosten 1,50 €.
Wenn Maja 8 Tulpen kauft, dann bekommt sie 4 rosa Tulpen gratis dazu.
Maja hat 10 €.
Wie viele gelbe und rote Tulpen kann Maja kaufen?

In diesem Kapitel lernst du ...

- die Fachbegriffe Variable und Term kennen,

- Werte von Termen zu berechnen,

- Terme aufzustellen und umzuformen,

- Terme zu vereinfachen,

- Sachaufgaben mit Gleichungen Schritt für Schritt zu lösen.

Kompetenz	Aufgabe	Lies und übe:

1 Ich kenne die Fachbegriffe zur Addition und Subtraktion.	**1** Ordne jeder Zahl den richtigen Fachbegriff zu.
	 a) Addition: 15 + 23 = 38
	     [1. Summand] [Wert der Summe] [2. Summand]
	
	 b) Subtraktion: 121 − 29 = 92
	     [Subtrahend] [Wert der Differenz] [Minuend]
		→ Seite 208
		 Nr. 56

2 Ich kann im Kopf addieren und subtrahieren.	**2** Berechne im Kopf. a) 23 + 5 b) 27 + 9 c) 38 + 26 d) 102 + 18 e) 42 − 7 f) 73 − 38 g) 35 − 2 h) 54 − 8 i) 225 − 55	→ Seite 208 Nr. 57–59

3 Ich kenne die Fachbegriffe zur Multiplikation und Division.	**3** Ordne den Zahlen die richtigen Fachbegriffe zu.
	 a) Multiplikation: 25·5 = 125
	     [2. Faktor] [Wert des Produkts] [1. Faktor]
	
	 b) Division: 24 : 6 = 4
	     [Wert des Quotienten] [Dividend] [Divisor]
		→ Seite 210
		 Nr. 64

4 Ich beherrsche das kleine Einmaleins.	**4** Berechne und gib das Ergebnis an. a) 3·5 b) 10·4 c) 9·2 d) 7·7 e) 9·6 f) 8·9 g) 5 : 1 h) 56 : 8 i) 30 : 5	→ Seite 210 Nr. 65, 66
5 Ich kann im Kopf multiplizieren und dividieren.	**5** Berechne. Falls nötig, zerlege in Teilaufgaben. a) 13·5 b) 26·3 c) 38·5 d) 15·7 e) 96 : 8 f) 208 : 4 g) 39 : 3 h) 120 : 5 i) 168 : 7	→ Seite 211 Nr. 71, 72
6 Ich kann die **Vorrangregeln** anwenden.	**6** Berechne. Gib die passende **Vorrangregel** an: Ⓐ Klammern zuerst Ⓑ Punktrechnung vor Strichrechnung a) 4·5 + 31 b) 90 − (16 + 14) c) 20 + 18 : 9 d) 75 − 25 : 5 e) 2·(44 − 36) f) (1000 − 800) : 20	→ Seite 213 Nr. 79
7 Ich kann Brüche addieren und subtrahieren.	**7** Addiere oder subtrahiere die Brüche. a) $\frac{2}{5} + \frac{1}{5}$ b) $\frac{6}{7} - \frac{2}{7}$ c) $\frac{2}{3} + \frac{2}{9}$ d) $\frac{8}{15} - \frac{2}{5}$	→ Seite 213 Nr. 80–83

Kompetenz	Aufgabe	Lies und übe:
8 Ich kann Brüche multiplizieren und dividieren.	**8** Multipliziere oder dividiere die Brüche. a) $\frac{4}{5} \cdot \frac{3}{7}$ b) $\frac{5}{8} : \frac{7}{9}$ c) $\frac{5}{9} \cdot \frac{11}{30}$ d) $\frac{27}{32} : \frac{20}{9}$	→ Seite 214 Nr. 84, 85 → Seite 214 Nr. 86, 87
9 Ich kann Dezimalzahlen im Kopf addieren und subtrahieren.	**9** Berechne im Kopf. a) $3,2 + 1,5$ b) $2,8 - 1,3$ c) $4 + 3,6$ d) $5 - 0,3$ e) $3,6 + 5,9$ f) $2,6 - 0,2$ g) $3,8 - 0,4$ h) $7,1 + 3,9$ i) $0,5 - 0,01$	→ Seite 215 Nr. 88
10 Ich kann Dezimalzahlen im Kopf multiplizieren und dividieren.	**10** Berechne im Kopf. a) $4 \cdot 0,3$ b) $0,6 \cdot 0,7$ c) $1,4 \cdot 0,5$ d) $3,2 : 8$ e) $0,45 : 5$ f) $0,4 : 8$ g) $2,4 : 6$ h) $0,5 \cdot 5$ i) $1,4 : 7$	→ Seite 215 Nr. 91, 92 → Seite 216 Nr. 94, 96
11 Ich kann mit rationalen Zahlen rechnen.	**11** Berechne und gib das Ergebnis an. a) $3 - 7$ b) $(-5) - 8$ c) $(-10) + 6$ d) $(-5) + (-3)$ e) $(+7) - (-4)$ f) $(-9) + (+5)$ g) $(+7) \cdot (-3)$ h) $(-4) \cdot (-6)$ i) $35 : (-7)$	→ Seite 20; Seite 21 Nr. 1, 2, 5 → Seite 24; Seite 25 Nr. 4, 7

12 Ich kann den Umfang von Quadraten, Rechtecken und Dreiecken berechnen.	**12** Berechne den Umfang u des Vierecks.
	a) Quadrat mit a = 6 cm
	    Formel: u = 4 · a
	b) Rechteck mit a = 5 cm und b = 7 cm
	    Formel: u = 2 · a + 2 · b
	c) Dreieck mit a = 3 cm, b = 11 cm und c = 8 cm
	    Formel: u = a + b + c
		→ Seite 221
		Nr. 110,
		111

13 Ich kann den Flächeninhalt von Quadraten und Rechtecken berechnen.	**13** Berechne den Flächeninhalt A des Vierecks.
	a) Berechne den Flächeninhalt des Rechtecks mit
	    a = 10 cm und b = 6 cm.
	    Formel: A = a · b
	b) Berechne den Flächeninhalt des Quadrats
	    mit a = 12 cm.
	    Formel: A = a · a
		→ Seite 222
		Nr. 112,
		113

→ Lösungen auf Seite 271

Terme aufstellen und berechnen

Die Klasse 7b plant eine Klassenfahrt
an den Bodensee zu einer Jugendherberge.
Die Busfahrt dorthin kostet insgesamt 700 €.
Der Aufenthalt in der Jugendherberge kostet
für jeden Jugendlichen 120 €.
Die Anzahl der Jugendlichen kann sich
noch verändern und damit auch die Kosten
für die Jugendherberge. Deswegen stehen auch die Gesamtkosten noch nicht fest.

*Das Wort **variabel**
bedeutet
veränderlich.
Man kann Variablen
auch mit einem
Platzhalter
darstellen:*
120 · ■ + 700

W | **Variablen und Terme**
Eine **Variable** ist eine
veränderliche Größe.
Schreibe kleine Buchstaben
für Variablen,
zum Beispiel x, y, a, b ...

Die Anzahl der Jugendlichen ist veränderlich.
Die Variable x steht für die Anzahl der Jugendlichen.

Die Kosten für die Jugendherberge werden
je nach Anzahl der Jugendlichen so berechnet:

für 1 Jugendlichen:	120 · 1
für 25 Jugendliche:	120 · 25
für x Jugendliche:	120 · x

Beispiele für Terme:
23
(3 + 7) : 9
a · 45
−2y + 3b
2x + 3

Ein **Term** ist ein sinnvoller
Rechenausdruck und kann
aus Zahlen, Variablen,
Rechenzeichen und
Klammern bestehen.

Der **Term für die Kosten der Jugendherberge** ist:
120 · x

Die 700 € Buskosten sind nicht veränderlich und
kommen dazu. Der **Term für die Gesamtkosten**
für x Jugendliche ist: 120 · x + 700

Kosten der Jugend-
herberge pro Person | Anzahl der
Jugendlichen | Buskosten

▶ Terme
aufstellen

Du kannst den Malpunkt vor
einer Variablen weglassen.
Du kannst auch den Faktor 1
weglassen.

120 · x = 120x   a · 7 = 7 · a = 7a
1 · x = 1x = x

▶ **Aufgabe** Die Klasse 7a fährt in die Berge. Der Aufenthalt im Jugendhotel kostet für
jeden Jugendlichen 110 €. Die Busfahrt kostet insgesamt 600 €.
Stelle den Term für die Gesamtkosten auf.

▶ **1** ▶ **1** ▶ **1**

W | **Werte von Termen mit
Variablen berechnen**
Wenn du in einem Term die
Variable durch eine Zahl
ersetzt, dann kannst du den
Wert des Terms berechnen.

Wie groß sind die Gesamtkosten für die Klassen-
fahrt, wenn 20 Jugendliche mitfahren?
Term: 120 · x + 700
Setze x = 20 ein. Berechne   120 · 20 + 700
den **Wert des Terms**.   = 2400 + 700
                              = 3100
Die Gesamtkosten betragen 3100 €.

▶ Werte von
Termen
berechnen

▶ **Aufgabe** In einer anderen Klasse fahren 30 Jugendliche an die Nordsee.
Die Busfahrt kostet insgesamt 700 € und jeder Jugendliche zahlt 100 €.
Stelle den Term für die Gesamtkosten auf
und berechne die Gesamtkosten.

▶ **4** ▶ **4** ▶ **3**

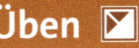
1 Notiere, ob es ein Term ist oder nicht.
a) 10 − m   b) 7   c) x + · 2y
d) 8 + : 4x   e) 6 − 4   f) Udo_123

2 Wo kannst du den Malpunkt weglassen?
a) 4 · y   b) x · 5   c) 3 · 10a

3 Welche Terme bedeuten dasselbe?

| x | 1 · x + 1 · v | 1x | 8 · x |

| 8x | x + v | 1x + 1v | 1 · x |

4 Berechne den Wert des Terms für x = 2.
a) x + 4   b) 4 · x
c) 18 : x   d) 2 · x + 1

5 Gegeben ist der Term 2y + 3.
Setze für die Variable die angegebene Zahl ein.
Berechne den Wert des Terms.
a) y = 1   b) y = 3   c) y = 15

6 Vervollständige die Tabelle im Heft.   ▶ **6**
Berechne jeweils den Wert des Terms.

		x = 3	x = 8	x = 10	x = 20
a)	x + 8	11			
b)	x − 5				
c)	3 · x				
d)	5x				

7 👥 Ordnet jedem Satz einen Term zu.
Besprecht, durch welches Wort im Satz ihr den zugehörigen Term erkennt.
Beispiel Ole ist 10 cm größer als Peer.
          x steht für die Größe von Peer.
          Der Term für die Größe von Ole ist:
          x + 10
Ⓐ Lisa ist 3 Jahre jünger als Leo.
   x steht für das Alter von Leo.
Ⓑ Das grüne T-Shirt ist 3 € teurer als das rote T-Shirt. x steht für den Preis des roten T-Shirts.
Ⓒ Marie hat dreimal so viel Geld wie Hanna.
   x steht für das Geld von Hanna.

| 3 · x | | x − 3 | | x + 3 |

8 Stelle den zugehörigen Term auf.
Beispiel: Paul ist 10 kg schwerer als Loris.
           x steht für das Gewicht von Loris.
           Term für Pauls Gewicht: x + 10
a) Der Rucksack ist 5 € teurer als die Tasche.
   x ist der Preis für die Tasche.
b) Tom ist 10 kg leichter als John.
   x steht für das Gewicht von John.
c) Tanja ist 5 Jahre älter als Devina.
   x steht für das Alter von Devina.
d) Susanne ist 5 Jahre jünger als Soraya.
   x steht für das Alter von Soraya.

9 Stelle den Term für die Anzahl insgesamt auf.
Beispiel *Jedes Kind hat 5 Bonbons.*
1 Kind   hat   5 · 1   Bonbons.
2 Kinder   haben zusammen   5 · 2   Bonbons.
x Kinder   haben zusammen   5 · x   Bonbons.
Der Term für die Anzahl der Bonbons ist 5 · x.
a) Jedes Kind hat 6 Schokoriegel. Nutze die Variable y für die Anzahl der Kinder.
b) In jedem Käfig sitzen 2 Vögel. Nutze die   ▶ **10** Variable k für die Anzahl der Käfige.

10 Stelle den Term auf für den Gesamtpreis Eintritt im Zoo.
a) mehrere Kinder
b) mehrere Erwachsene

Eintritt

Kinder
8€
Erwachsene
12€

11 Stelle den Term für die Gesamtkosten auf.
Benutze x für die Anzahl der Jugendlichen.
a) Ausflug ins Schwimmbad mit dem Bus

25€ insgesamt   4€ 4€ 4€

b) Ausflug ins Museum mit dem Zug

72 € insgesamt   7€ 7€ 7€

Sprachhilfe zu **7** und **8**: An diesen Worten erkennst du das Rechenzeichen im Term: „+" steht für größer, teurer, älter, schwerer … „−" steht für kleiner, billiger, jünger, leichter … „·" steht für doppelt so viel, dreimal so groß …
Tipp zu **10**: Verwende x für die Anzahl der Kinder und y für die Anzahl der Erwachsenen.

▶ 💡 Tipp zu **1**, **4**, **5**, **6**, **11**

1 Notiere alle Ausdrücke, die Terme sind.
Gib zu jedem Term die Variable an.
a) $7 + 2 \cdot x$ b) $(z +) : 8$ c) $y - 2 \cdot z$
d) $5 \cdot (2 + r)$ e) $(5 \cdot a) \cdot 1$ f) 18

2 Wo kannst du den Malpunkt weglassen?
a) $5 + 4 \cdot y$ b) $4 \cdot x + 3$ c) $3 \cdot 5 \cdot x$

3 👥 Nimm dir ein Blatt Papier.
Schreibe vermischt 5 Terme auf und
5 Ausdrücke, die keine Terme sind. Tauscht
dann eure Blätter. Unterstreicht die 5 Terme.
Kontrolliert gemeinsam.

4 Setze die Zahlen für x in den Term ein. Berechne
und vergleiche die Werte der Terme.

$x = 6$	$x = 1,5$	$x = 4\frac{1}{2}$

a) $3 \cdot x$ b) $24 - x$ c) $2 \cdot x + 6$ d) $9 \cdot (x - 3)$

5 Vervollständige die Tabelle im Heft. ▶ **4**
Berechne jeweils den Wert des Terms. ☒

		$x = 8$	$x = 2,5$	$x = 1,3$
a)	**20 + x**			
b)	**32 − x**			
c)	**3x**			
d)	**2x + 1**			

6 Suche den
Weg durch
das Labyrinth.
Du darfst nur
durch die Tür
gehen, die den
Wert des
Terms hat.

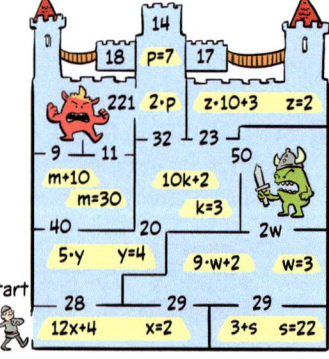

7 Ordne jedem Term einen passenden Text zu.
Erkläre, wie du das erkannt hast. Schreibe dann
auf, wofür die Variable und der Term stehen.

$x : 20$	$x - 20$	$20 - x$

a) Das Training endet heute 20 Minuten früher.
b) In der Packung sind 20 Bonbons.
    Lisa nimmt sich welche davon.
c) Die 20 Jugendlichen der Klasse 7a teilen sich
    die Kosten der Klassenfahrt.

8 Stelle einen Term für den Umfang auf.

a)   b)   c)

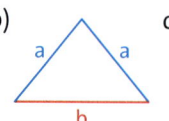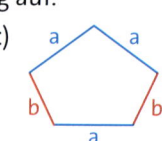

Berechne jeweils den Wert des Terms
für $a = 6\,\text{cm}$ und $b = 11\,\text{cm}$.

9 Lege die Variable fest. Stelle den Term auf.
Beispiel *Eine Schulstunde hat 45 Minuten.*
*Stelle einen Term für die Anzahl der Minuten von
mehreren Schulstunden auf.*
Die Variable x steht für die Anzahl der Schulstunden. Der Term ist $45 \cdot x$.
a) In jeder Kiste sind 5 kg. Stelle einen Term für
    das Gewicht von mehreren Kisten auf.
b) Jeden Tag hat Niclas 2 Stunden Training.
    Stelle einen Term für die Anzahl der
    Trainingsstunden von mehreren Tagen auf.
c) Mia hat beim Start ihres Spiels zwei Münzen.
    In jeder Runde bekommt sie 4 Münzen.
    Stelle einen Term für die Anzahl der
    Münzen nach mehreren Runden auf. ▶ **9** ☒

10 Cornelia vergleicht die Gewichte ihrer Katzen:
• Kater Blue wiegt 0,5 kg weniger als Bella.
• Kater Lui wiegt doppelt so viel wie Bella.
• Kater Simba wiegt 4 kg mehr mehr als Bella.
a) Stelle Terme für die einzelnen Aussagen auf.
    Benutze x für Bellas Gewicht.
b) Bestimme das Gewicht von Blue, Lui und
    Simba. Setze für x in jeden Term 3,5 kg ein.

11 Eine Ferienwohnung kostet pro Tag 65 €. ▶ 🔊
Die Endreinigung kostet einmalig 48 €.
a) Stelle den Term für eine beliebige Anzahl
    von Tagen auf. Benutze dafür die Variable x.
b) Berechne mit dem Term die Kosten für 7,
    14 und 21 Tage Aufenthalt.

12 👥 Erfindet gemeinsam eine passende Aufgabe.
Setzt dann x = 10 in den Term ein. Erklärt euch
gegenseitig, was der Wert des Terms angibt.
Beispiel $1,5 \cdot x + 3$
Im Park ist eine Runde 1,5 km lang. Ich renne
3 km bis zum Park.
$x = 10$: $1,5 \cdot 10 + 3 = 18$
Nach 10 Runden bin ich 18 km gerannt.
a) $x \cdot 12$ b) $3 \cdot x + 4,5$ c) $200 : x$

1 Hier gibt es Terme und Ausdrücke, die keine Terme sind. Schreibe die Terme ohne Malpunkt, wenn das möglich ist.
a) $22 + 8 \cdot w + 2 \cdot 9$ b) $4 \cdot x + y \cdot 3$
c) $3 \cdot - 4 \cdot x$ d) $24 : x \cdot 5$

2 👥 Nimm dir ein Blatt Papier. Schreibe vermischt 3 Terme auf und 3 Ausdrücke, die keine Terme sind. Tauscht dann eure Blätter. Unterstreicht die 3 Terme. Kontrolliert gemeinsam.

3 Vervollständige die Tabelle im Heft. Berechne jeweils den Wert des Terms.
Beispiel Term: $2x + 3$; $x = -5$
Wert des Terms: $2 \cdot (-5) + 3 = -10 + 3 = -7$

		x = 9	x = 2,5	x = -2	x = 0
a)	**x + 4**	13			
b)	**2x + 3,5**				
c)	**5,5 − 3x**				
d)	**4x − 2,5**				

4 Bestimme den Wert des Terms für $x = 9$ und $y = 7$.
a) $2x + y$ b) $x + 2y$ c) $2x \cdot y$

5 Stelle einen Term für den Umfang der Figur auf. Gleiche Farben bedeuten gleiche Längen. Du brauchst also manchmal mehrere Variablen
a)   b)   c)

 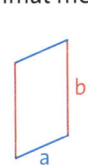 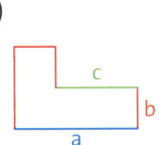

6 Stelle einen Term auf. Lege zuerst die Variable fest. Formuliere dann den Text aus der Sicht der anderen Person und gib dazu den Term an.
Beispiel *Ricci ist 3 Jahre älter als Manu:*
x ist das Alter von Manu.
Riccis Alter ist x + 3
Manu ist 3 Jahre jünger als Ricci:
y ist das Alter von Ricci.
Manus Alter ist y − 3
a) Katja ist 25 Jahre jünger als ihr Vater.
b) Andrej ist 15 Sekunden schneller als Sean.
c) Marc ist halb so alt wie sein Bruder.
d) Olli hat dreimal so viele Fehler wie Hanna.

7 Bei einem Online-Spiel wird jede Runde mit der Durchschnittszeit verglichen.
a) Stelle Terme auf. Alle Aussagen sind der Vergleich zur Durchschnittszeit x.
  • Aram war 6 s schneller.
  • Jenny brauchte anderthalb mal so lang.
  • Nino war 11,5 s langsamer.
  • Sandy brauchte nur 80 % der Zeit.
b) Die Durchschnittszeit betrug 45,5 s. Bestimme die anderen Zeiten.

8 Stelle einen Term zur Situation auf.
Beispiel *Eine Runde auf der Laufbahn ist 400 m lang. Timothy joggt 500 m bis zur Laufbahn und läuft ein paar Runden.*
Gesucht: Term für die Gesamtstrecke nach mehreren Runden
Ich benutze die Variable r für die Anzahl der Runden. Der Term ist $400 \cdot r + 500$.
a) Ramon bekommt jeden Monat 25 € Taschengeld. Er hat schon 50 € gespart. Stelle einen Term für Ramons Geld nach mehreren Monaten auf.
b) Gina erhält in ihrem Computer-Spiel jeden Tag 5 Bonusspiele. Sie hat noch 4 Bonusspiele übrig. Stelle einen Term für die Anzahl von Ginas Bonusspielen nach mehreren Tagen auf.
c) Jeden Tag darf Sinan zwei Bonbons aus dem Glas nehmen. Im Glas sind 150 Bonbons. Stelle einen Term für die Anzahl der Bonbons im Glas nach mehreren Tagen auf.

9 Hier musst du mit mehreren Variablen arbeiten. Im Getränkemarkt zahlt man so viel Pfand:

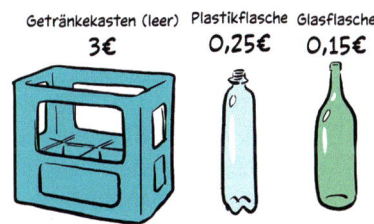

Getränkekasten (leer) 3 €   Plastikflasche 0,25 €   Glasflasche 0,15 €

a) Stelle einen Term für das gesamte Pfand auf.
b) Bestimme das Pfand für 2 Getränkekästen, 6 Plastikflaschen und 24 Glasflaschen.

10 Schreibe zu dem Term einen Text. Erkläre, wofür die Variable steht.
a) $4 \cdot a + 13$ b) $7 \cdot b - 3$ c) $200 : c$

► 💡 Tipp zu **1 5 7 9**

Terme vereinfachen

Tom und Marta kaufen Sammelkarten.
Tom nimmt 4 rote Päckchen und 2 blaue Päckchen.
Marta nimmt 3 rote Päckchen und 5 blaue Päckchen. Leider hat sie nicht genug Geld und legt 1 blaues Päckchen wieder zurück.
Wie viele rote Päckchen und blaue Päckchen kaufen Tom und Marta zusammen? Wie viele Sammelkarten sind das insgesamt?

Inhalt:
immer
6 Karten

Inhalt:
immer
9 Karten

---

*Die Zahl vor einer Variablen heißt **Koeffizient**. Beim Term 4x ist 4 der Koeffizient.*

W | **Terme vereinfachen durch Addieren und Subtrahieren**

x ist die Anzahl der Sammelkarten in einem roten Päckchen.
y ist die Anzahl der Sammelkarten in einem blauen Päckchen.

In Termen kannst du gleiche Variablen zusammenfassen.

Tom nimmt 4 rote und 2 blaue Päckchen:	$4x + 2y$
Marta nimmt 3 rote und 5 blaue Päckchen.	$3x + 5y$
Marta legt 1 blaues Päckchen zurück:	$- y$
Tom und Marta haben zusammen so viele Päckchen:	$4x + 2y + 3x + 5y - y$

① Sortiere nach den gleichen Variablen.
② Fasse zusammen: Addiere und subtrahiere die Zahlen vor gleichen Variablen.

Term vereinfachen
① sortieren: $= 4x + 3x + 2y + 5y - y$
② zusammenfassen: $= 7x + 6y$

Tom und Marta haben 7 rote und 6 blaue Päckchen gekauft.
Für die Anzahl der Karten $x = 6$ und $y = 9$ in den Term $7x + 6y$ einsetzen: $7 \cdot 6 + 6 \cdot 9 = 42 + 54 = 96$
Es sind zusammen 96 Karten.

 Terme vereinfachen

▶ **Aufgabe** Svenja nimmt 7 rote Päckchen und 4 blaue Päckchen. Sie legt 3 rote Päckchen zurück und nimmt lieber noch 2 blaue. Wie viele blaue und rote Päckchen hat sie dann? Stelle dafür einen Term auf und vereinfache ihn. ▶**1** ▶**1** ▶**1**

W | **Terme vereinfachen durch Auflösen von Klammern**

Manchmal kommen in Termen auch Klammern vor.

 Terme vereinfachen durch Auflösen von Klammern

Du kannst die Koeffizienten vor gleichen Variablen addieren oder subtrahieren.

Wenn vor einer Klammer ein Plus-Zeichen steht, dann kannst du das Plus-Zeichen und die Klammer weglassen.

Term mit Plus vor der Klammer: $5a + 3b + (-2a + 6b)$
① Klammer auflösen: $= 5a + 3b - 2a + 6b$
② sortieren: $= 5a - 2a + 3b + 6b$
③ zusammenfassen: $= 3a + 9b$

Wenn vor einer Klammer ein Minus-Zeichen steht, dann kannst du das Minus-Zeichen und die Klammer weglassen, wenn du die Vorzeichen und Rechenzeichen in der Klammer änderst: Aus + wird − und aus − wird +.

Term mit Minus vor der Klammer: $9a + 2b - (3a - 5b)$
① Klammer auflösen, dabei
Vor- und Rechenzeichen ändern: $= 9a + 2b - 3a + 5b$
② sortieren: $= 9a - 3a + 2b + 5b$
③ zusammenfassen: $= 6a + 7b$

▶ **Aufgabe** Fasse die Terme zusammen.
a) $4a - 6b + (2a + 6b)$ b) $3a - 7b - (-4a + 8b)$ ▶**10** ▶**8** ▶**10**

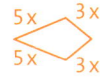
1 Vereinfache den Term durch Addieren.
a) 2a + 3a + 4a
b) 3b + 5b + 2b
c) 11c + 12c + 9c
d) 25d + 8d + 14d

2 Vereinfache den Term durch Subtrahieren.
a) 6w – 3w
b) 7x – 4x
c) 10y – 5y
d) 13z – 9z

3 Ergänze die Rechenmauer im Heft. Addiere.

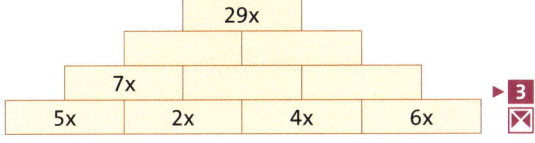

▶ **3**

4 Stelle einen Term für den Umfang auf. Vereinfache den Term.
Beispiel u = 5x + 3x + 3x + 5x
u = 16x

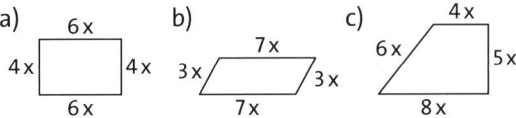

a)

b)

c)

5 Sortiere nach den gleichen Variablen. Vereinfache dann die Terme durch Addieren und Subtrahieren.
Beispiel   2t + 3u + 4u – 2u + 3t – 2t
Sortieren: = 2t + 3t – 2t + 3u + 4u – 2u
Addieren und subtrahieren: = 3t + 5u
a) 7x + 5y + 4x + 2
b) 7x + 5y + 4x – 2y
c) 7x + 5y – 4x – 2
d) 7x – 5y – 4x – 2y
e) 9a – 3b + 2a + 5b – 4
f) 6i + 5k + 8i – 2k – 9i

6 Auf einer Party gibt es rote Tüten und grüne Tüten mit Gummibärchen. Stian nimmt 6 rote Tüten und 4 grüne Tüten. Später legt er 2 rote Tüten und 3 grüne Tüten wieder zurück.
Wie viele rote und wie viele grüne Tüten hat er dann noch? Berechne und gib die Antwort an.

7 Berechne den Wert des Terms.
Beispiel Term: 8x + 6y mit x = 2; y = 4
Wert des Terms: 8 · 2 + 6 · 4 = 16 + 24 = 40
a) Term: 2x + 4y   x = 5; y = 2
b) Term: 6v + 10w   v = 2; w = 4
c) Term: 10s – 2t   s = 3; t = 5

▶ **7**

8 👥 Berechnet den Wert des Terms für x = 5 und y = 2 auf zwei Wegen. Entscheidet vorher, wer nach Rechenweg Ⓐ und wer nach Rechenweg Ⓑ vorgeht. Vergleicht eure Rechenwege.
Beispiel Term: 6x + 3y – 4x + 2y
Ⓐ gleich einsetzen   Ⓑ erst vereinfachen
  6 · 5 + 3 · 2 – 4 · 5 + 2 · 2   6x – 4x + 3y + 2y
= 30 + 6 – 20 + 4   = 2x + 5y
= 20   = 2 · 5 + 5 · 2 = 20
a) 5x + 3y + 4x – 2y
b) 6x + 3y + 2y – 5x

9 Bei einem Spiel mit Sammelkarten gibt es drei verschiedene Päckchen.

Magier Kreaturen Zauber

Pia hat 7 Magier-Päckchen, 8 Kreaturen-Päckchen und 12 Zauber-Päckchen. Asha hat 5 Magier-Päckchen, 10 Kreaturen-Päckchen und 5 Zauber-Päckchen. Pia und Asha geben Pias Bruder 2 Magier-Päckchen und 3 Kreaturen-Päckchen ab.
a) Wie viele Päckchen haben Pia und Asha zusammen? Verwende 3 unterschiedliche Variablen, weil es 3 Arten Päckchen gibt.
b) In einem Magier-Päckchen sind 4 Karten, in einem Kreaturen-Päckchen sind 3 Karten und in einem Zauber-Päckchen sind 5 Karten. Wie viele Karten haben Pia und Asha zusammen? Berechne.

10 Löse die Klammer auf.
Beispiel Ⓐ 5a + (9b – 6c) = 5a + 9b – 6c
         Ⓑ 5a – (9b – 6c) = 5a – 9b + 6c
a) 7a + (2b + 3c)
b) 7a – (2b + 3c)
c) 7a + (2b – 3c)
d) 7a – (–2b – 3c)   ▶ **9**

11 Vereinfache den Term. Berechne den Wert des Terms für x = 2 und y = 3.
Beispiel Term: 7x – (3y + 4x)
Klammern auflösen: = 7x – 3y – 4x
Sortieren: = 7x – 4x – 3y
Addieren und subtrahieren: = 3x – 3y
a) 6x + (3x + 4y)
b) 8x + (5x – 3y)
c) 5x – (3x + 5y)
d) 9x – (6x – 3y)
e) 12x + (7y – 11x)
f) 4x – (–2x – 12y)

Sprachhilfe zu **8**: Verwende zum Beispiel: Bei Rechenweg ● müssen ● Zahlen addiert, subtrahiert und multipliziert werden als bei Rechenweg ●. Bei Rechenweg ● muss man zuerst mit Variablen rechnen.

1 🔊 Vereinfache den Term durch Addieren und Subtrahieren.
a) 5a + 8a + 12a
b) 13b + 4b − 6b
c) 32c − 14c + 23c
d) 47d − 18d − 16d

2 Ergänze die Rechenmauer im Heft. Addiere.

22x + 10			
x − 2	2x	3x + 4	6x

3 Stelle einen Term für den Umfang auf. ▶ **4** ☒
Vereinfache den Term.
Beispiel u = 5x + 2x + 5x + 2x
u = 14x

a)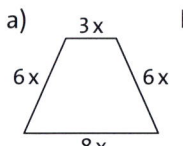
b)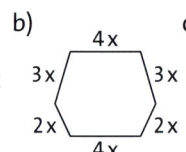
c)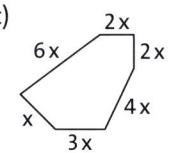

4 Vereinfache den Term durch Addieren und Subtrahieren.
Beispiel   7x + 4y − 3y − 2x + 9 + 3x
Sortieren: = 7x − 2x + 3x + 4y − 3y + 9
Addieren und subtrahieren: = 8x + y + 9
a) 6x + 2y − x − y + 3y + 4x
b) 22 + 3x + 5y − x + 2y − 8
c) 9a + 7b − 2a − 4b + 11 − b + 7a − 4b
d) 5z + 6x − 3y − 2x + 4z + 8y

5 Liam lädt seine vier Freunde ins Kino ein. Er bezahlt für jeden den Eintritt und ein Getränk. Für alle zusammen bezahlt er eine große Portion Popcorn.
a) Stelle einen Term für den Gesamtpreis auf.
b) Berechne den Gesamtpreis, wenn der Eintritt pro Person 7 Euro kostet, ein Getränk 3 € und eine große Portion Popcorn 8 €.

6 Berechne den Wert des Terms.
Beispiel Term: 4x + 6y − 2z mit x = 1; y = 5; z = 3
Wert des Terms: 4 · 1 + 6 · 5 − 2 · 3 = 28
a) Term: 3x + 5y + z   x = 2; y = 1; z = 4
b) Term: 2u + 8v − 9w   u = 10; v = 2; w = 3
c) Term: 10r − 5s − 3t   r = 4; s = 6; t = 3   ▶ **8** ☒

7 👥 Berechnet den Wert des Terms auf zwei Wegen. Entscheidet, wer nach Rechenweg Ⓐ und wer nach Rechenweg Ⓑ vorgeht. Vergleicht eure Rechenwege.
Beispiel   6a + 2b − 4a + 3b mit a = 2; b = 3
Ⓐ gleich einsetzen   Ⓑ erst vereinfachen
   6 · 2 + 2 · 3 − 4 · 2 + 3 · 3   6a − 4a + 2b + 3b
= 12 + 6 − 8 + 9   = 2a + 5b
= 19   = 2 · 2 + 5 · 3 = 19
a) 2a + 3b + 4a − b   a = 6; b = 5
b) 16b + 18a − 14b − 12a   a = 2; b = 5
c) 4a + 7b + 6c − 4b + 3a − 5c   a = 2; b = 3, c = 4

8 Löse die Klammer auf.
a) 12a + (9b + 3c)
b) 27b − (13c + 5d)
c) 19c + (11d − 7e)
d) 25d − (−12e − 8f) ▶ **10** ☒

9 Löse die Klammer auf.
Vereinfache dann den Term.
Beispiel Term: 5b + 8a − (2b + 6a)
Klammer auflösen: = 5b + 8a − 2b − 6a
Sortieren: = 8a − 6a + 5b − 2b
Addieren und subtrahieren: = 2a + 3b
a) 9a + 7b + (11a + 8b)
b) 22d + 19c − (16c + 3d)
c) 21d − (19d − 6e) − 2e
d) 35e + 20f − 18g − (−17f − 26g + 22e)

10 Bei einem Spiel mit Sammelkarten gibt es drei verschiedene Päckchen. Im Laden gibt diese Päckchen:

Heldinnen   Werkzeuge   Tränke

120 Heldinnen, 150 Werkzeuge und 240 Tränke.
a) So viele Karten sind in den Päckchen:
   • Heldinnen: immer 3 Karten
   • Werkzeuge: immer 4 Karten
   • Tränke: immer 6 Karten
   Wie viele Karten sind in den Päckchen des Ladens insgesamt?
b) Zusätzlich zu den Karten, die bereits im Laden sind, werden noch 130 Heldinnen-Päckchen, 80 Werkzeuge-Päckchen und 40 Tränke-Päckchen neu bestellt. Dann werden 80 Heldinnen-Päckchen, 120 Werkzeuge-Päckchen und 230 Tränke-Päckchen verkauft. Schreibe als Term mit Klammern. Wie viele Päckchen sind danach noch im Laden?

1 Vereinfache durch Addieren und Subtrahieren.
a) 56a + 23a − 14a − 29a
b) 134b − 79b + 56b − 21b
c) 65c − 5c + 23c − 42c
d) 100d − 140d + 54d − 8d

2 Ergänze die Rechenmauer im Heft. Addiere.

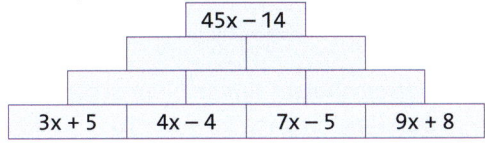

| | 45x − 14 | | |
| 3x + 5 | 4x − 4 | 7x − 5 | 9x + 8 |

3 Stelle einen Term für den Umfang auf.
Vereinfache den Term.
Beispiel u = 5x + 2x + 3x + 4x + 6x
u = 20x

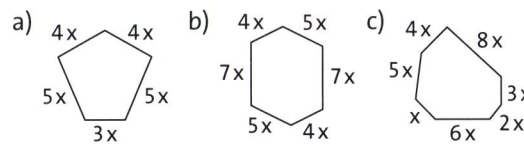

a)   b)   c)

4 👥 Ein Vieleck hat einen Umfang von 10x.
Gebt die Seitenlängen von drei möglichen
Vielecken als Terme an. Wie geht ihr vor?

5 ▼ Den Wert des Terms 97y + 3 + 85y − 71y + 7 − 11y
kann Silke schnell angeben: „Für y = 2 ist er
210, für y = 5 ist er 510 und für y = 34 ist er
3410." Beschreibe Silkes Rechnung.
Benutze den Begriff **Koeffizient.**

6 Vereinfache durch Addieren und Subtrahieren.
a) 13x + 20y − 9x − 7y + 12 + 11y + 8x
b) 8x + 19 − 10y − 7x + 12y − 14
c) 32a − 17b − 14a + 24b − 6 − b + 16a − 4b + 17

7 Im Kiosk neben der Schule gibt es am Morgen
75 Tüten mit Bonbons, 92 Tüten mit Nüssen
und 73 Tüten mit Riegeln. Davon werden bis
zum Abend 12 Tüten mit Bonbons, 24 Tüten mit
Nüssen und 24 Tüten mit Riegeln verkauft.
a) Stelle einen Term für die Gesamtanzahl der
Tüten von jeder Sorte am Morgen auf.
b) Wie viele Tüten von jeder Sorte sind am
Abend noch da?

8 Berechne den Wert des Terms.
Beschreibe dein Vorgehen.
a) 8x + 11y + (−7y) + 2x   x = 4; y = 7
b) 54b + 28a − 44b − 18a   a = 8; b = 6
c) 25r + 8s + 30t − 5s + 25r   r = 2; s = 7; t = 8

9 Ergänze im Heft so mit einem Term, dass das
Gleichheitszeichen stimmt.
Beispiel 11x + 4y − 5x ▒▒▒▒ = 10x + y
Ich ergänze die Lücke mit + 4x − 3y, denn:
11x + 4y − 5x + 4x − 3y = 10x + y
a) 4x + 8y ▒▒▒▒ = 7x + 6y
b) 11x + 9y − 7x ▒▒▒▒ = 3x + 20y
c) 21x − 7y + 9x − 20y ▒▒▒▒ = 12x + 8y

10 Löse die Klammer auf. Vereinfache den Term.
Beispiel Term: 9b + 18a − (4b − 12a)
Klammern auflösen: = 9b + 18a − 4b + 12a
Sortieren: = 18a + 12a + 9b − 4b
Addieren und subtrahieren: = 30a + 5b
a) 15x + 8y − 9x − (7y − 6x + 85)
b) 23u + 12v − 8w + (34w − 42v − 16u)
c) 36a − (27b − 52a − 40c) + (16c − 25b + 56a)
d) 19 + (−6t − 12s + 63r) − (33r + 11s − 46t)
e) 12 + (4z − 11y + 46x) − (−24x + 14y − 61z)

11 Bei einem Spiel mit
Sammelkarten gibt
es drei verschiedene
Päckchen.

Wesen   Orte   Kräfte

Bei einer Spielemesse gibt es zu Beginn
400 Päckchen mit Wesen, 350 Päckchen mit
Orten und 500 Päckchen mit Kräften.
a) Von den Päckchen werden 285 mit Wesen,
142 mit Orten und 302 mit Kräften
verschenkt und weitere 104 mit Wesen,
95 mit Orten und 126 mit Kräften verkauft.
Wie viele Päckchen sind jeweils am Ende der
Messe noch vorhanden? Schreibe als Term
mit Klammern.
b) In einem Päckchen mit Wesen sind 6 Karten,
mit Orten 5 Karten und mit Kräften 4 Karten.
Wie viele Karten sind insgesamt in den
Päckchen zu Beginn der Messe. Wie viele
sind es am Ende der Messe?

Sprachhilfe zu **5**: Die Zahl vor einer Variablen heißt **Koeffizient**. Silke addiert und subtrahiert die Koeffizienten von y.
Der vereinfachte Term von Silke ist ●. Damit lässt es sich leichter rechnen.

► 💡 Tipp zu **1**, **6**, **7**, **9**

Gleichungen lösen

In den beiden Schachteln liegen gleich viele Streichhölzer. Aber wie viele es sind, weißt du nicht. Auf der linken Seite und auf der rechten Seite des Gleichheitszeichens sollen gleich viele Streichhölzer sein. Wie viele Streichhölzer liegen dann in jeder Schachtel?

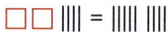

linke Seite   rechte Seite

Bei einer Gleichung stellst du dir die Frage:
Für welche Zahl sind die Werte des linken Terms und des rechten Terms gleich?
*Wenn du diese Zahl gefunden hast, kennst du die **Lösung** einer Gleichung.*

W **Gleich**ungen lösen durch Probieren

☐☐ |||| = ||||| |||||

Eine **Gleichung** besteht aus zwei Termen und einem Gleichheitszeichen dazwischen.

Die **Lösung einer Gleichung** ist eine Zahl für die Variable, sodass der Wert des linken Terms gleich dem Wert des rechten Terms ist.

Eine Gleichung durch Probieren lösen heißt: Setze für die Variable verschiedene Zahlen ein, bis der Wert links gleich dem Wert rechts ist.

x Streichhölzer sind in einer Schachtel.
Die Gleichung ist: $2x + 4 = 10$
Die Gleichung enthält die Variable x.

linker Term: $2x + 4$ rechter Term: 10

x	$2 \cdot x + 4$	Ist das Ergebnis 10?
1	$2 \cdot 1 + 4 = 6$	nein, Ergebnis zu klein
5	$2 \cdot 5 + 4 = 14$	nein, Ergebnis zu groß
3	$2 \cdot 3 + 4 = 10$	ja

Die Lösung ist: $x = 3$
In jeder Schachtel sind 3 Streichhölzer.

▸ 🖥 Gleichungen durch Probieren lösen

▶ **Aufgabe** Wie viele Streichhölzer liegen in jeder Schachtel?

☐☐☐ |||| = ||||| ||||| |||

Probiere folgende Anzahlen aus: 2, 3 und 5.

▸**1** ▸**1** ▸**1**

W **Gleichungen lösen durch Äquivalenzumformungen**
Du formst die Gleichung so um, bis nur noch die Variable auf der einen Seite und eine Zahl auf der anderen Seite steht. Dann kennst du die Lösung der Gleichung. Du darfst nur so umformen, dass sich die Lösung der Gleichung nicht ändert. Solche Umformungen heißen Äquivalenzumformungen.

Das Wort **äquivalent** *bedeutet „gleichwertig".*

Du kannst auf beiden Seiten …
- gleich viele Streichhölzer hinzulegen oder wegnehmen.
- gleich viele Streichhölzer in jede Schachtel verteilen.

Du kannst auf beiden Seiten …
- dieselbe Zahl addieren oder subtrahieren.
- durch dieselbe Zahl dividieren oder mit derselben Zahl multiplizieren.

☐☐ |||| = ||||||||| Nimm auf jeder Seite 4 Streichhölzer weg.

☐☐ = ||||| Verteile in 2 Schachteln gleich viele Streichhölzer.

☐ = ||| In jeder Schachtel sind 3 Streichhölzer.

$2x + 4 = 10$ | -4 Rechne auf beiden Seiten -4.

$2x = 6$ | $: 2$ Dividiere beide Seiten durch 2.

$x = 3$ Die Lösung ist $x = 3$.

▸ 🖥 Gleichungen durch Äquivalenzumformungen lösen

▶ **Aufgabe** Löse die Gleichungen ☐☐ || = ||||| ||||| und $2x + 2 = 10$ durch Äquivalenzumformungen.

▸ **6** ▸ **8** ▸ **8**

1 Sind in jeder Schachtel 3 Streichhölzer?
Überprüfe und formuliere eine Antwort.

Beispiel ☐☐|| = ||||| |||
$x + x + 2 = 8$ $x = 3$?
$3 + 3 + 2 = 8$ Das stimmt.
3 Streichhölzer sind in
jeder Schachtel.

a) ☐☐☐ = ||||| |||| b) ☐☐|| = ||||| |||

c) ☐☐☐☐|| = ||||| ||||| | d) ☐☐☐| = ||||| |||||

2 Wie viele Streichhölzer sind in jeder Schachtel?
Sind es 1, 2, 3 oder 4 Streichhölzer? Löse durch
Probieren und formuliere eine Antwort.

Beispiel ☐☐||| = ||||| ||
$x + x + 3 = 7$

x	x + x + 3	Ist das Ergebnis 7?
1	1 + 1 + 3 = 5	nein, zu klein
2	2 + 2 + 3 = 7	ja

2 Streichhölzer sind in jeder Schachtel.

a) ☐☐| = ||||| || b) ☐ |||| = |||||

c) ☐☐☐ = ||||| ||||| || d) ☐☐☐||| = ||||| ||||

3 Zeichne erst eine passende Gleichung mit
Streichhölzern in dein Heft.

Beispiel a) $3x + 1 = 13$
☐☐☐| = ||||| ||||| |||

Löse dann die Gleichung durch Probieren.
Die Lösung ist 1, 2, 3 oder 4.

a) $3x + 1 = 13$ b) $5x + 4 = 14$
c) $6x + 5 = 11$ d) $2x + 4 = 10$ ▶ **4** ☒

4 Löse die Gleichung durch Probieren.
Erstelle dazu eine Tabelle wie im Beispiel.
Setze für x die Zahlen 1, 2, 3 und 4 ein.
Prüfe, für welche Zahl die Gleichung stimmt.

Beispiel $2 \cdot x + 5 = 11$

x	2 · x + 5	Ist das Ergebnis 11?
1	2 · 1 + 5 = 7	nein, zu klein
2	2 · 2 + 5 = 9	nein, zu klein
3	2 · 3 + 5 = 11	ja

Die Lösung ist x = 3.

a) $3 \cdot x + 5 = 14$ b) $6 \cdot x - 8 = 4$
c) $2x + 8 = 10$ d) $3x - 7 = 5$

5 Wähle zu jeder Gleichung die Lösung aus.

| x = 5 | x = 6 | x = 8 | x = 10 | x = 12 | x = 20 |

a) $4x = 48$ b) $2x = 16$
c) $3x + 5 = 20$ d) $23 + x = 33$
e) $19 = 25 - x$ f) $x - 17 = 3$

6 Wie viele Streichhölzer sind in jeder Schachtel?
Löse durch Äquivalenzumformungen.

Beispiel ☐☐| = ||||| |||| jeweils 1 | wegnehmen
☐☐ = ||||| ||| gleichmäßig aufteilen
☐ = ||||

In jeder Schachtel sind 4 Streichhölzer.

a) ☐☐ = ||||| ||||| b) ☐||| = ||||
c) ☐☐☐||| = ||||| | d) ☐☐| = ||||| ▶ **9** ☒

7 👥 Erfindet jeweils eine Gleichung mit
Streichhölzern und Streichholzschachteln
oder mit Stiften und Federtaschen.
Tauscht die Gleichungen untereinander.
Löst durch Äquivalenzumformungen.

8 Löse durch Äquivalenzumformungen.
▼
Beispiel $2x + 7 = 29$ jeweils 7 subtrahieren
$2x = 22$ durch 2 dividieren
$x = 11$

a) $2x + 5 = 23$ b) $3x + 6 = 18$
c) $13 + 2x = 85$ d) $3x - 7 = 11$
e) $2x - 4 = 20$ f) $5x - 2 = 33$

9 Olivia und Muhammed haben Gleichungen
▼ gelöst.
Übertrage in dein Heft. Schreibe neben die
Zeilen, was sie gerechnet haben.

Olivia: Muhammed:
$4x + 8 = 16$ $3x - 6 = 15$
$4x = 8$ $3x = 21$
$x = 2$ $x = 7$

10 Welche Äquivalenzumformungen sind falsch?
Korrigiere im Heft.

a) $10x + 5 = 25$ b) $12x + 4 = 28$
$10x = 30$ $8x = 24$
$x = 3$ $x = 3$

c) $3x + 15 = 18$ d) $10x - 12 = 8$
$3x = 3$ $10x = 20$
$x = 9$ $x = 200$

Die Lösungen zu **8** ergeben eine Stadt in Europa: 7 (O); 6 (A); 4 (O); 12 (C); 9 (M); 36 (N).
Sprachhilfe zu **9**: Benutze die Worte zuerst, dann, auf beiden Seiten der Gleichung, subtrahiert, dividiert.

▶ 💡 Tipp zu **1**, **3**, **4**, **10**

1 Prüfe, ob die Lösung 4 ist.

Beispiel □□|| = ||||| |||||

$4 + 4 + 2 = 14$

$2 \cdot 4 + 2 = 10$ Das stimmt.

$10 = 10$ Die Lösung ist 4.

a) □| = ||||| b) □□□||| = ||||| ||||| ||

c) $3x + 5 = 17$ d) $5x - 11 = 14$

2 Löse die Gleichung durch Probieren.
Die Lösung ist 1, 2, 3, 4 oder 5.

a) □□□□ = ||||| ||| b) □ ||||| = ||||| |

c) □□| = ||||| |||| d) □□□||| = ||||| ||||| ||

3 Zeichne erst eine passende Gleichung mit Streichhölzern in dein Heft.

Beispiel   a) $4x + 2 = 18$

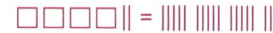 □□□□|| = ||||| ||||| ||||| |||

Löse dann die Gleichung durch Probieren.   ►**3** ☒
Tipp: Die Lösung ist kleiner als 6.

a) $4x + 2 = 18$ b) $3x + 5 = 8$ c) $5x + 1 = 11$

4 Löse die Gleichung. Setze dazu für x die Zahlen 2, 4, 5 oder 7 ein.

a) $3x + 7 = 22$ b) $3x + 12 = 24$

c) $7x - 14 = 35$ d) $4x - 8 = 12$

5 Ordne jeder Gleichung das passende Lösungskärtchen zu. Ein Kärtchen bleibt übrig.

$x = 5$	$x = 6$	$x = 7$	$x = 9$	$x = 11$	$x = 17$	$x = 19$

a) $7x = 77$ b) $3x = 15$ c) $5x + 6 = 36$

d) $8 + 2x = 46$ e) $7 = 25 - 2x$ f) $3x - 30 = 21$

6 Svenja soll die Gleichung lösen: $2x + 5 = 17$
Sie probiert erst x = 3 aus: $2 \cdot 3 + 5 = 11$
Dann probiert sie x = 8 aus: $2 \cdot 8 + 5 = 21$

a) Svenja möchte als Nächstes x = 10 ausprobieren. Begründe, ob sie das machen sollte oder nicht.

b) Löse die Gleichung durch Probieren.

7 👥 Löst durch Probieren. Sprecht euch ab, welche Zahl ihr als nächste für x einsetzen wollt. Tipp: Alle Lösungen sind größer als 10.

a) $3x + 7 = 40$ b) $5x + 2 = 92$

c) $4x - 12 = 48$ d) $7x - 3 = 172$

e) $8x + 13 = 133$ f) $20 + 5x = 100$

8 Wie viele Streichhölzer sind in jeder Schachtel?
Löse durch Äquivalenzumformungen.

Beispiel □□|| = ||||| ||| | −2

□□ = ||||| | | : 2

□ = |||

In jeder Schachtel sind 3 Streichhölzer.

a) □□||| = ||||| |||| b) □|| = ||||| |||

c) □□□□|| = ||||| ||||| d) □□□|| = ||||| ►**9** ☒

9 👥 Erfinde für deinen Partner eine Gleichung mit Streichhölzern und Streichholzschachteln oder mit Stiften und Federtaschen. Tauscht die Gleichungen aus. Findet die Lösungen durch Äquivalenzumformungen.
Nehmt dann eine eurer Gleichungen. Verändert die Gleichung, ohne dass sich die Lösung ändert. Besprecht, wie ihr vorgegangen seid.

10 Ben, Sven, Tanja und Leonie haben vier Gleichungen richtig gelöst. Ergänze im Heft, welche Äquivalenzumformungen sie benutzt haben.

Ben: $5x + 7 = 42$ | $- ■$ Sven: $4x - 16 = 8$ | $+ ■$

$5x = 35$ | $: ■$ $4x = 24$ | $: ■$

$x = 7$ $x = 6$

Tanja: $1 + 11x = 89$ | $...$ Leonie: $-4 + 8x = 12$ | $...$

$11x = 88$ | $...$ $8x = 16$ | $...$

$x = 8$ $x = 2$

11 Löse die Gleichung durch Äquivalenzumformungen.

a) $2x + 4 = 14$ b) $3x + 12 = 39$

c) $7x - 4 = 80$ d) $4x - 7 = 93$

e) $8x + 11 = 83$ f) $20x - 2 = 78$ ►**10** ☒

12 Tim und Rita haben Fehler bei den Äquivalenzumformungen gemacht. Beschreibe die Fehler und korrigiere sie im Heft.

Tim: $5x - 10 = 30$ Rita: $4x + 26 = 34$

$5x = 20$ $4x = 8$

$x = 4$ $x = 4$

13 👥 Hier ist die Lösung schon vorgegeben. Stellt drei Gleichungen auf, die diese Lösung haben. Besprecht, wie ihr vorgehen wollt.

a) Lösung x = 5   b) Lösung x = 8

c) Lösung x = 3,5   d) Lösung x = 0

Tipp zu **8**, **10** und **11**: Der senkrechte Strich | ... neben der Gleichung bedeutet: Rechne auf beiden Seiten ...

1 Prüfe, ob die Lösung 4 ist.

Beispiel □□□|| = |||| |||| ||||

$$4 + 4 + 4 + 2 = 14$$
$$3 \cdot 4 + 2 = 14 \quad \text{Das stimmt.}$$
$$14 = 14 \quad \text{Die Lösung ist 4.}$$

a) □□□| = |||| |||| | b) □□| = |||| ||||
c) $7x + 2 = 30$ d) $11x - 9 = 46$

2 Löse die Gleichung durch Probieren.

a) □□□□||| = |||| |||| | b) □□□|| = |||||
c) $6x - 12 = 18$ d) $12x + 8 = 44$

3 Schau dir die beiden Gleichungen an.

Ⓐ $4x + 2 = 14$ Ⓑ $2x + 4 = 14$

a) Stelle die Gleichungen jeweils mit Streichhölzern dar. Beschreibe den Unterschied.
b) Löse die Gleichungen durch Probieren.
Vergleiche die Lösungen.

4 Hier sind links und rechts Schachteln.
Löse die Gleichung durch Probieren.

Beispiel □□□|| = □□||||

$$3 \cdot 2 + 2 = 2 \cdot 2 + 4$$
$$8 = 8 \quad \text{Die Lösung ist 2.}$$

a) □□| = □|||| | b) □□□||||| = □□□□||

5 Ordne jeder Gleichung das passende Lösungskärtchen zu. Ein Kärtchen bleibt übrig.

| x = 8 | x = 11 | x = 15 | x = 16 | x = 21 | x = 24 | x = 26 |

a) $3x = 72$ b) $4x + 7 = 51$
c) $3x + 6 = 54$ d) $8 + 4x = 40$
e) $67 = 22 + 3x$ f) $3x - 45 = 33$

6 Sinan löst die Gleichung $4x + 22 = 68$ so:

$x = 5$: $4 \cdot 5 + 22 = 42$ *zu klein*
$x = 20$: $4 \cdot 20 + 22 = 102$ *zu groß*
$x = 10$: ....

a) Erkläre Sinans Vorgehen.
b) Führe Sinans Vorgehen fort und bestimme
die Lösung.

7 👥 Löst durch Probieren. Sprecht euch ab,
welche Zahlen ihr für x einsetzen wollt.

a) $4x + 6 = 110$ b) $6x - 4 = 98$
c) $3x - 15 = 78$ d) $5x + 9 = 219$

8 Wie viele Streichhölzer sind in jeder Schachtel?
Löse durch Äquivalenzumformungen.

Beispiel □□□|||| = |||| |||| ||| | − 4

$$\square\square\square = |||| |||| \quad | : 3$$
$$\square = |||$$

In jeder Schachtel sind 3 Streichhölzer.

a) □□□||| = |||| |||| b) □□|||| = |||| |||
c) □□□□□|| = |||| || d) □□□|| = □ |||| |||

9 Löse die Gleichung durch Äquivalenzumformungen.

a) $4x + 4 = 40$ b) $5x + 12 = 122$
c) $3x - 4 = 92$ d) $15x - 35 = 115$
e) $8x + 11 = 499$ f) $2x - 99 = 77$

10 👥 Denkt euch eigene Gleichungen aus.

a) Die Lösung soll sein:

| x = 12 | | x = 23 | | x = 11,5 |

b) Verwendet eine selbst gewählte Lösung.
c) Nehmt eine eurer Gleichungen. Verändert
die Gleichung, ohne dass sich die Lösung
ändert.
Besprecht, wie ihr vorgegangen seid.

11 Kann diese Gleichung stimmen? Begründe.

□□□□□||||| |||| ||| = |||| |||

12 Lena und Timo haben Fehler bei den
Äquivalenzumformungen gemacht. Beschreibe
die Fehler und korrigiere sie im Heft.

Lena: $8x - 4 = 20$ Timo: $4x = 10 + 2x$
       $8x = 16$ $4x = 10$
       $x = 2$ $x = 2,5$

13 John hat zwei Gleichungen gelöst.

Ⓐ $4x - 12 = 16$ | :4   Ⓑ $6x + 42 = 72$ | :6
   $x - 3 = 4$ | +3 $x + 7 = 12$ | −7
   $x = 7$ $x = 5$

a) Beschreibe, wie John vorgegangen ist.
Erkläre, warum John so vorgehen konnte.
b) Löse wie John:
   Ⓒ $5x + 55 = 80$ Ⓓ $7x - 49 = 21$
c) Erkläre Johns Vorgehen auch für
Gleichungen mit Streichholzschachteln.

Tipp zu **8** , **9** und **13**: Der senkrechte Strich | ... neben der Gleichung bedeutet: Rechne auf beiden Seiten ...

▶ 💡 Tipp zu **5** , **6** , **12**   **179**

Sachaufgaben mit Gleichungen lösen

Herr Nasir fragt Jan, Lea und Timo, wie alt sie sind.
Lea liebt Rätsel und antwortet ihm:
„Das dürfen wir wegen des Datenschutzes nicht sagen.
Aber ein kleiner Tipp: Wir sind zusammen 39 Jahre alt.
Jan ist ein Jahr jünger als ich und Timo ist ein Jahr älter als ich."

W | **Das Sechs-Schritte-Verfahren**

" … zusammen 39 Jahre …
… Jan ist ein Jahr jünger als ich …
… Timo ist ein Jahr älter als ich. "

• Lies den Text genau.

• Verschaffe dir einen Überblick.
  – Was ist gegeben? — *gegeben*: 39 Jahre (alle drei zusammen)
  – Was ist gesucht? — *gesucht*: das Alter von Lea, Jan und Timo
  – Was ist noch wichtig? — *Wichtig*: Lea vergleicht ihr Alter mit dem Alter von Jan und mit dem Alter von Timo.

• Stelle die Rechnung auf und löse:
  ① **Die Variable festlegen** — Lege das Alter von Lea als Variable x fest.

  ② **Die Terme aufstellen** — Alter von Lea: x (in Jahren)
  Alter von Jan: $x - 1$ (1 Jahr jünger als Lea)
  Alter von Timo: $x + 1$ (1 Jahr älter als Lea)

▶ Sachaufgaben mit Gleichungen lösen

  ③ **Die Gleichung aufstellen** — Leas Alter + Jans Alter + Timos Alter = 39
  $$x + x - 1 + x + 1 = 39$$

  ④ **Die Gleichung lösen**
  Sortiere und fasse zusammen. — sortieren: $x + x + x - 1 + 1 = 39$
  Forme die Gleichung so um, — zusammenfassen: $3x = 39$
  dass x einzeln steht. — durch 3 teilen: $x = 13$

• Überprüfe das Ergebnis.
  ⑤ **Die Lösung überprüfen** — Alter von Lea: 13 Jahre
  Setze die Lösung für x in die — Alter von Jan: $13 - 1 = 12$ Jahre
  Gleichung ein. — Alter von Timo: $13 + 1 = 14$ Jahre

  Der Wert des linken Terms muss — $13 + 13 - 1 + 13 + 1 = 39$
  gleich dem Wert des rechten Terms — $13 + 12 + 14 = 39$
  sein. — $39 = 39$ Stimmt.

• Formuliere einen Antwortsatz. — Lea ist 13 Jahre alt.
  ⑥ **Die Antwort formulieren** — Jan ist 12 Jahre alt.
  Nutze die Wörter aus der Frage. — Timo ist 14 Jahre alt.

▶ **Aufgabe** Jetzt will Lea natürlich auch das Alter von Herrn Nasir wissen.
Er sagt: „Mein Sohn Marco und ich sind zusammen 60 Jahre alt.
Ich bin 4-mal so alt wie Marco."
Löse das Rätsel mit dem Sechs-Schritte-Verfahren.
Lege als Variable x das Alter von Marco fest.

1 Mira ist x Jahre alt.

Tom ist drei Jahre älter: x + 3

Sarah ist 5 Jahre jünger als Mira: x − 5

a) Stelle jeweils eine Gleichung auf.
- (A) Mira und Tom sind zusammen 25 Jahre alt.
- (B) Mira und Sarah sind zusammen 17 Jahre alt.
- (C) Tom und Sarah sind zusammen 20 Jahre alt.

b) Löse eine der Gleichungen aus a).
Bestimme das Alter von Mira, Tom und Sarah.

2 Das ist Laras Familie mit ihrem Hund Rudi.

(A) Rudi: „Ich bin halb so alt wie Lara."

(B) Hans: „Ich bin fünfmal so alt wie Lara."

(C) Lena: „Ich bin 25 Jahre älter als Lara."

(D) Tobi: „Ich bin fünf Jahre jünger als Lara."

Lara

a) Verwende x für Laras Alter. Stelle für (A) bis (D) jeweils einen Term für das Alter auf.

b) Lara und ihre Mutter Lena sind zusammen 49 Jahre alt. Welche Gleichung wählst du und warum?
- (E) x + x + 25 = 49
- (F) x − x + 25 = 49

c) Prüfe, ob die Lösung der Gleichung x = 14 oder x = 12 ist. Wie alt ist Lara? Wie alt sind die anderen? ▶ **3** ⊠

3 Löse die Aufgaben mit dem Sechs-Schritte-Verfahren.
Bestimme so, wie alt die Menschen sind.

a) Tobias ist 24 Jahre jünger als seine Mutter. Zusammen sind sie 46 Jahre alt.
Beginne so:
- ① *Variable festlegen: Alter der Mutter x*
- ② *Terme aufstellen: Alter von Tobias x − 24*
- ③ *Gleichung aufstellen: x + x − 24 = 46*

b) Der Cousin von Juri ist 9 Jahre älter als Juri. Zusammen sind sie 43 Jahre alt.

4 Hanna, Irina und Ceyda sind Freundinnen. Zusammen sind sie 48 Jahre alt.
Hanna ist ein Jahr jünger als Irina.
Ceyda ist ein Jahr älter als Irina.
Bestimme das Alter jedes Mädchens mit dem Sechs-Schritte-Verfahren. Beginne so:
- ① *Variable festlegen: Alter von Irina: x*
- ② *Terme aufstellen: Alter von Hanna: x − 1*
- ...   *Alter von Ceyda: x + 1*

5 👥 Altersrätsel: Formuliert Sätze zum Alter von euren Freunden oder eurer Familie.
Beispiel Mein Bruder ist x Jahre alt.
                Meine Oma ist 52 Jahre älter.
                Zusammen sind sie 68 Jahre alt.
Lasst die anderen dann die Altersrätsel lösen und kontrolliert die Lösungen gemeinsam.

6 Sina sagt zu ihrer Schwester Cheyenne: „Ich habe 10 Sticker mehr als du."
Cheyenne: „Zusammen haben wir 60 Sticker!"
Bestimme mit dem Sechs-Schritte-Verfahren die Anzahl der Sticker von Cheyenne und die Anzahl der Sticker von Sina. ▶ **6** ⊠

7 👥 Mia, Chris und Jan sind Geschwister. Jan ist 4 Jahre älter als Chris. Chris ist 2 Jahre älter als Mia. Zusammen sind sie 26 Jahre alt.

a) Berechnet beide mit dem Sechs-Schritte-Verfahren das Alter der drei Geschwister. Entscheidet vorher, wer die Variable x für das Alter von Mia nimmt und wer für das Alter von Chris.

b) Vergleicht eure Lösungen und eure Rechenschritte.

8 Das kleine Känguru wiegt zusammen mit der Mama 28 kg. Das kleine Känguru ist 25 kg leichter als die Mama. Bestimme, wie viel die Kängurus jeweils wiegen. Formuliere eine Antwort.

9 👥 Opa Hans ist 80 Jahre alt. Er hat eine Tochter und drei Enkel.
Erfinde dazu eine Rätselaufgabe. Tauscht die Rätsel untereinander aus und löst sie.

Sprachhilfe zu **8**: Du kannst den Antwortsatz so schreiben: Das kleine Känguru wiegt ■ kg. Die Mama wiegt ■ kg.
Sprachhilfe zu **9**: Verwendet Wörter wie älter, jünger, schwerer, leichter, teurer, billiger, länger, kürzer.

▶ 💡 Tipp zu **1**, **2**, **3**, **6**

1 Lege die Variable fest. Stelle den Term auf.
a) Nina läuft 200 m weiter als Tim.
b) Der Elefant Natumi wiegt doppelt so viel wie der Elefant Edo.
c) Sofia bekommt dreimal so viele Bonbons wie Keno.

2 Victor ist x Jahre alt.

Victors Mutter ist 26 Jahre älter.

Victors Bruder ist 4 Jahre jünger als Victor.
a) Stelle je einen Term für das Alter von Victors Mutter und Victors Bruder auf.
b) Stelle jeweils eine Gleichung auf.
   ⒜ Victor und seine Mutter sind zusammen 54 Jahre alt.
   ⒝ Victor und sein Bruder sind zusammen 24 Jahre alt.
   ⒞ Victors Mutter und Victors Bruder sind zusammen 50 Jahre alt.
c) Kann Victors Mutter 52 Jahre alt sein? Begründe.
d) Löse eine der Gleichungen aus b). Bestimme so das Alter von Victor, seiner Mutter und seinem Bruder. ▶ **2** ☒

3 Löse mit dem Sechs-Schritte-Verfahren.
a) David ist 31 Jahre jünger als seine Mutter. Zusammen sind sie 57 Jahre alt. Bestimme das Alter der beiden.
   Beginne so:
   ① *Variable festlegen: Alter von David x*
   ② *Terme aufstellen: Alter der Mutter x + 31*
   ③ *Gleichung aufstellen: ...*
b) Die Klasse wählt ihren Klassensprecher oder ihre Klassensprecherin. Berat und Laura bekommen zusammen 29 Stimmen. Berat bekommt 5 Stimmen mehr als Laura. Bestimme die Anzahl der Stimmen für Berat und für Laura.
c) Matheo ist 30 cm kleiner als sein Vater. Zusammen sind sie 330 cm groß. Wie groß sind die beiden jeweils?

4 👥 Denke dir ein Altersrätsel aus. Tauscht die Rätsel untereinander und löst sie. Überprüft die Lösungen gemeinsam.

5 Lorenz hat für einen Filmabend eingekauft. Seine Mutter wollte aber, dass auch etwas Gesundes dabei ist. Bestimme die Preise.

a) Die Limonade war sechsmal so teuer wie das Wasser.
b) Die Chips waren fünfmal so teuer wie der Apfel.

6 Die Freundinnen Ena, Anita und Jenny sparen ihr Taschengeld von einem Monat und wollen davon zusammen in den Hochseilgarten gehen. Zusammen bekommen sie 92 € Taschengeld im Monat. Ena erhält 5 € mehr als Anita. Jenny bekommt 3 € weniger als Anita. Bestimme, wie viel Taschengeld jede Freundin im Monat bekommt. ▶ **5** ☒

7 👥 Marcel ist 29 Jahre jünger als seine Mutter. Sein Vater ist 31 Jahre älter als Marcel. Die Drei sind zusammen 72 Jahre alt.
a) Bestimmt auf drei Wegen das Alter der Personen mit dem Sechs-Schritte-Verfahren. Die Variable x soll dabei einmal für Marcel, einmal für den Vater und einmal für die Mutter stehen. Teilt die drei Rechenwege unter euch auf.
b) Vergleicht eure Lösungen und eure Rechenschritte. Was ist gleich und was ist anders?

8 👥 Denkt euch eigene Rätsel zu Alter, Gewicht, Geld, Länge oder Zeit aus. Beginnt mit dieser Figur aus einem Online-Spiel. Tauscht eure Rätsel und löst sie.

Alter: 200 Jahre
Gewicht: 54 Tonnen
Größe: 5,40 m
Geld: 32 Goldmünzen
Er kann 20 mal in der Minute mit den Ohren wackeln

Tipp zu **1a**: Lege die Strecke von Tim als Variable x fest. Stelle dann den Term für Ninas Strecke auf.

1 Tolga ist x Jahre alt.

Tolgas Mutter ist 22 Jahre älter.

Victor ist 3 Jahre jünger als Tolga.
a) Stelle je einen Term für das Alter von Tolgas Mutter und Tolgas Bruder Victor auf.
b) Stelle jeweils eine Gleichung auf.
   Ⓐ Tolga und seine Mutter sind zusammen 48 Jahre alt.
   Ⓑ Tolga und sein Bruder sind zusammen 23 Jahre alt.
   Ⓒ Tolgas Mutter und Tolgas Bruder sind zusammen 45 Jahre alt.
c) Kann Tolgas Mutter 46 Jahre alt sein? Begründe.
d) Löse eine der Gleichungen aus b). Bestimme so das Alter von Tolga, Tolgas Mutter und Victor.

2 Löse mit dem Sechs-Schritte-Verfahren.
a) Samy ist 62 Jahre jünger als sein Opa. Zusammen sind sie 96 Jahre alt. Bestimme das Alter der beiden.
b) Nora und Jonas haben zusammen 60 € gespart. Jonas hat 8 € mehr gespart als Nora. Wie viel haben sie jeweils gespart?
c) Die Seite b eines Rechtecks ist 3 cm länger als die Seite a. Der Umfang des Rechtecks beträgt 22 cm. Bestimme die Längen der beiden Seiten.

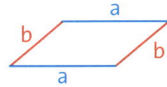

d) Nino fährt mit dem ICE und dann mit dem Bus. Die Fahrkarte für den ICE kostet fünfmal so viel wie die Fahrkarte für den Bus. Nino bezahlt insgesamt 18 €. Wie viel kostet eine Fahrkarte für den ICE und eine für den Bus?

3 Die Geschwister Ben, Tina und Mia sind zusammen 46 Jahre alt. Mia ist 4 Jahre älter als Tina. Ben ist 7 Jahre jünger als Mia.
a) Bevor du rechnest: Schreibe die Namen der Geschwister geordnet von jung nach alt.
b) Lege x als Variable für Mias Alter fest. Berechne Bens, Tinas und Mias Alter.
c) Prüfe, ob du in a) die Namen in der richtigen Reihenfolge aufgeschrieben hast.

4 👥 Denkt euch ein Altersrätsel aus, in dem es um drei Personen geht. Tauscht die Rätsel, löst sie und kontrolliert die Lösungen gemeinsam.

5 Der Hahn wiegt 10 kg weniger als der Hund. Die Katze wiegt 4 kg mehr als der Hahn. Der Esel wiegt 114 kg mehr als die Katze. Alle zusammen wiegen 140 kg. Bestimme das Gewicht der vier Tiere.

6 👥 Ein Delphin hat 32 Zähne mehr als ein Weißer Hai. Ein Gürteltier hat 116 Zähne weniger als ein Weißer Hai. Die drei haben zusammen 576 Zähne.
a) Die Variable x soll einmal für die Anzahl der Zähne eines Delphins, einmal für die Anzahl der Zähne eines Weißen Hais und einmal für die Anzahl der Zähne eines Gürteltiers stehen. Teilt das unter euch auf. Löst dann mit dem Sechs-Schritte-Verfahren.
b) Vergleicht eure Lösungen und eure Rechenschritte.

7 Younes hat endlich den perfekten Saft gemischt. Sein Rezept lautet:
Für 500 mℓ Mischsaft brauchst du 2-mal so viel Apfelsaft wie Kirschsaft. Du musst 25 mℓ mehr Apfelsaft als Orangensaft nehmen.
Bestimme jeweils die Menge in mℓ.

8 Bei einem Online-Spiel liest Aaron diesen Text, bevor er startet:
Für die nächsten drei Quests hast du insgesamt 9 Minuten Zeit. Jede Quest ist dabei 30 Sekunden länger als die Quest davor. Viel Glück!
Bestimme jeweils die Zeit, die er für eine Quest hat.

9 👥 Denkt euch selbst Rätsel mit Größen wie Gewicht, Geld, Zeit oder Volumen aus. Schreibt die Aufgaben auf Karteikarten mit der Lösung auf die Rückseite.
Tauscht die Rätsel untereinander und löst sie.

Zahlenfolgen mit Variablen beschreiben

Milo legt im 1. Schritt acht runde Spielsteine zu einem Quadrat.
Er erweitert das Muster schrittweise um jeweils zwei Spielsteine:

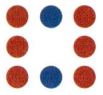  

1. Schritt   2. Schritt   3. Schritt

1 Lege Milos Muster nach. Du kannst dafür Plättchen oder Münzen verwenden.
   a) Vervollständige die Tabelle im Heft. Verlängere das Muster für den 4. und 5. Schritt.

	1. Schritt **(n = 1)**	**2. Schritt** **(n = 2)**	**3. Schritt** **(n = 3)**	**4. Schritt** **(n = 4)**	**5. Schritt** **(n = 5)**
Berechnung	$6 + 1 \cdot 2$	$6 + 2 \cdot 2$	$6 + 3 \cdot 2$		
Anzahl Steine s	s = 8	s = 10	s = 12		

   b) Notiere die Berechnung für den 10. Schritt. Wie viele Spielsteine benötigt Milo dafür?

Um die Anzahl der Steine nach beliebig vielen Schritten zu berechnen, kannst du für die Anzahl der Schritte
die Variable n schreiben. Damit lässt sich eine allgemeine Formel aufstellen:
Summe der Spielsteine $s = 6 + n \cdot 2$

2 Setze für n die entsprechende Zahl in die Formel ein und überprüfe damit die Ergebnisse aus deiner
   Tabelle in Aufgabe 1 b).

3 Sarah hat die ersten drei Schritte eines Musters aus
   Spielsteinen gelegt.
   a) Wie viele Spielsteine braucht sie für das
   6. Muster (n = 6)?

1. Schritt   2. Schritt   3. Schritt

   b) Mit welcher Formel kann Sarah die Anzahl der Steine s für einen beliebigen Schritt n berechnen?

   Ⓐ $s = 2 \cdot (n - 1)$ Ⓑ $s = 2 \cdot n - 1$ Ⓒ $s = 1 + 2 \cdot n$ Ⓓ $s = 3 \cdot (n - 1) + 1$

   c) Ⓔ Emre fällt auf, dass es sich hier um die Folge der ungeraden Zahlen handelt.
   Er sagt: „Die Formel für die geraden Zahlen ist noch einfacher."
   Welche Formel hat er wohl gefunden? Begründe.

4 Leni legt ein Muster mit quadratischen Karten.
   a) Wie viele Karten braucht sie für das 7. Muster?
   b) Mit welcher Formel kann Leni die Anzahl s der
   benötigten Karten für einen beliebigen
   Schritt n berechnen?

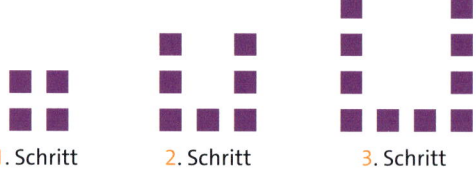

1. Schritt   2. Schritt   3. Schritt

   Ⓐ $s = 3 \cdot (n + 1)$ Ⓑ $s = 2 \cdot (n - 1) + 4$ Ⓒ $s = 4 \cdot (n - 1) + 1$ Ⓓ $s = 3 \cdot (n + 1) - 2$

5 👥 Denke dir ein Muster mit farbigen Quadraten aus und zeichne es auf ein Blatt Karopapier.
   Deine Partnerin oder dein Partner notiert eine Formel, mit der sich die Anzahl der benötigten
   Quadrate für einen beliebigen Schritt berechnen lässt. Kontrolliert gemeinsam.

6 Jonas hat mit Plättchen ein Muster gelegt, das er bei jedem Schritt erweitert.

a) Wie viele Plättchen braucht Jonas für sein 9. Muster?

b) Mit welchen Formeln kann Jonas die Anzahl s der benötigten Karten für einen beliebigen Schritt n berechnen?

1. Schritt   2. Schritt   3. Schritt

| Ⓐ $s = 5 \cdot n - 4$ | Ⓑ $s = 6 - 5 \cdot n$ | Ⓒ $s = -(2n + 4) + 7n$ | Ⓓ $s = 5 \cdot n + 1$ |

7 Maja hat Figuren aus Streichhölzern gelegt. Gib eine Formel an, mit der du die Anzahl der Streichhölzer für einen beliebigen Schritt n berechnen kannst.

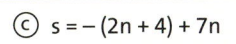

1. Schritt: 2. Schritt: 3. Schritt:

a)

b)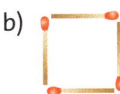

c)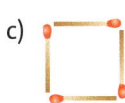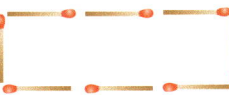

d)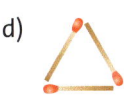

e)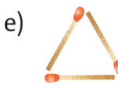

8 Leon hat Muster mit Sternen gelegt. Gib eine Formel an, mit der du die Anzahl der Seiten eines Sterns für einen beliebigen Schritt n berechnen kannst.

1. Schritt: 2. Schritt: 3. Schritt:

a)

b)

c) Vergleiche die Formeln zu a) und b). Erkläre den Unterschied.

9 👥 Erstelle die ersten drei Schritte eines Musters zur gegebenen Formel.

a) $s = 4 \cdot n + 4$ b) $s = 3 \cdot n - 1$

Vergleicht eure Muster untereinander. Beschreibt euch gegenseitig, wie ihr vorgegangen seid.

Kompetenz	☑
1 Ich kann den Wert eines Terms berechnen. → Lies auf **Seite 168** nach	**1** Berechne den Wert des Terms für x = 2. a) 4x + 3 b) 6 − 2x c) 10x : 5
2 Ich kann Terme mit Variablen aufstellen. → Lies auf **Seite 168** nach.	**2** Stelle einen passenden Term auf. a) In jeder Box liegen gleich viele Stifte. Lege die Anzahl der Stifte in einer Box als Variable x fest. Peter besitzt 15 solcher Boxen. Stelle einen Term für die Anzahl der Stifte von Peter auf. b) Tanja ist zwei Jahre älter als Marta. Lege die Variable x für das Alter von Marta fest. Stelle einen Term für Tanjas Alter auf.
3 Ich kann Terme vereinfachen durch Addieren und Subtrahieren. → Lies auf **Seite 172** nach.	**3** Vereinfache die Terme durch Addieren und Subtrahieren. a) 3a + 9a − 5a b) a + 2a + b + 3b + a + b c) 7a + 3b − 4a + 2b − b
4 Ich kann Terme vereinfachen durch Auflösen von Klammern. → Lies auf **Seite 172** nach.	**4** Vereinfache die Terme. Löse die Klammer auf. a) 6a + (5 − 2b) b) 12a − (4b + 6) c) 15a − (9b − 17c)
5 Ich kann Gleichungen durch Probieren lösen. → Lies auf **Seite 176** nach.	**5** Löse die Gleichung durch Probieren. Setze die Zahlen 1, 2, 3, 4 oder 5 für die Variable x ein. a) 5x + 3 = 23 b) 6x − 4 = 20
6 Ich kann Gleichungen durch Äquivalenzumformungen lösen. → Lies auf **Seite 176** nach.	**6** Löse die Gleichung durch Äquivalenzumformungen. a) x + 3 = 7 b) 5x = 35 c) 2x + 8 = 12
7 Ich kann Sachaufgaben mit dem Sechs-Schritte-Verfahren lösen. → Lies auf **Seite 180** nach.	**7** Max besitzt 4 Karten mehr als Mila. Dorotea hat eine Karte mehr als Mila. Alle zusammen haben 26 Karten. Bestimme die Anzahl der Karten von Max, Mila und Dorotea mit dem Sechs-Schritte-Verfahren.

→ Lösungen auf Seite 247

☒

1 Berechne den Wert des Terms.
a) 5 + 8a − 3   für a = 2
b) 22 − 5b + 9   für b = 4
c) 18 : (2c) + 16 für c = 3

2 Stelle einen passenden Term auf.
Benutze eine Variable deiner Wahl.
a) Lisa besitzt 10 gleiche Päckchen mit
   Sammelkarten. Sie verschenkt
   9 Sammelkarten an Marta.
   Stelle einen Term für die Gesamtzahl
   der Sammelkarten von Lisa auf.
b) Opa Jörg ist 55 Jahre älter als Ben.
   Stelle einen Term für das Alter von Jörg auf.

3 Vereinfache durch Addieren und
Subtrahieren.
a) 8a + 12b + 5a − 6b − 4a
b) 12 + 6a − 11b + 4 + 25b − a
c) 17a + 5b − a + 5c − 4b − 2c

4 Löse die Klammer auf. Fasse dann zusammen.
a) 25a + 9b − (3b + 16a)
b) 25b + (5c − 22b) + 8c
c) 17c − 5b − (11c − 9b)

5 Löse die Gleichung durch Probieren.
Die Lösung ist kleiner als 6.
a) 5x + 33 = 53   b) 8x − 4 = 36

6 Löse die Gleichung durch
Äquivalenzumformungen.
a) 3x + 5 = 17
b) 5x − 4 = 51
c) 17 + 4x = 65

7 Max, Leo und Susanne verschicken 83
Einladungen. Leo verschickt dreimal so viele
Einladungen wie Max. Susanne verschickt 3
Einladungen mehr als Max. Bestimme die
Anzahl der Einladungen von Max, Leo und
Susanne mit dem Sechs-Schritte-Verfahren.

☒

1 Berechne den Wert des Terms.
a) 72 − 7a − 8   für a = 9
b) 29 + 99 : (11b) für b = 3
c) 4c − 6d + 5   für c = 5; d = 2

2 Stelle einen passenden Term auf.
Beschreibe, was der Term bedeutet.
a) Eine Eintrittskarte in einen Erlebnispark
   kostet 3,50 € für Erwachsene und 1,20 € für
   Kinder. Die Busfahrt dorthin kostet
   insgesamt 30 €.
b) In der Schokoladentafel sind 200 g mehr drin
   als in der Packung mit Erdnüssen.
c) Timo ist 25 Jahre jünger als sein Onkel.

3 Vereinfache durch Addieren und
Subtrahieren.
a) 9x + 4 + 8y + 12 − 7x − 4x + 11y
b) 11c + 28a − 12b + 13c + 14b − 19a
c) 7u − 11 + 6v − 23w + 15 − 8v + 8w + 12u

4 Löse die Klammer auf. Fasse dann zusammen.
a) 30a − (13b − 2a) + 40b
b) 15 + (6x − 18y) − (5x + 10y)
c) 24u + (32v − 60w + 10u) − (11u + 22v − 18w)

5 Löse die Gleichung durch Probieren.
a) 9x − 11 = 43
b) 17 + 24 : x = 20

6 Löse die Gleichung durch
Äquivalenzumformungen.
a) 4x + 8 = 104
b) 18 + 3x = 72
c) 6x + 43 = 31

7 Serafina, Adrian und Milan erzielen beim
Bowling insgesamt 280 Punkte. Milan hat
doppelt so viele Punkte wie Adrian, Adrian hat
20 Punkte weniger als Serafina erzielt.
Bestimme die Punktezahl für Serafina, Adrian
und Milan mit dem Sechs-Schritte-Verfahren.

→ Lösungen auf Seite 247 und 248

Die Aufgaben kannst du auch digital machen. ▶ 🖳

⚙ Gleichungen lösen mit einer Tabellenkalkulation

Hier lernst du, wie du mit einer Tabellenkalkulation Werte von Termen berechnen und Gleichungen lösen kannst. Das spart Zeit, denn du musst nicht mehr selbst rechnen. Im Grundwissen findest du die ersten Schritte zum Arbeiten mit einer Tabellenkalkulation (Seiten 225, 226).

Werte von Termen berechnen

Auf dem Schulfest kostet jedes Würstchen 2€. Die Schülerinnen und Schüler bezahlen einmalig 3€ für Getränke. Stelle zuerst den Term für den Gesamtpreis auf. Übertrage ihn dann in die Tabellenkalkulation.

Variable für die Anzahl der Würstchen:	x		Term für den Gesamtpreis:	$2 \cdot x + 3$
Zelle mit der Anzahl der Würstchen:	A2		Formel für den Gesamtpreis:	$= 2* A2 + 3$

In der Tabellenkalkulation steht in der Zelle **A2** die Anzahl der Würstchen. In der Zelle **B2** wird der Gesamtpreis berechnet.

	A	B
1	Anzahl der Würstchen	Gesamtpreis in €
2		4 =2*A2+3

1 Berechne mit einer Tabellenkalkulation jeweils den Gesamtpreis für Würstchen und Getränke.

Sandra: 1 Würstchen   Hakim: 5 Würstchen   Olga, Max und Kim: insgesamt 12 Würstchen

2 Auf der Weihnachtsfeier bezahlt man für jedes Stück Kuchen 1,50€. Für den Tee muss jede Person einmalig 3€ bezahlen. Stelle den Term für den Gesamtpreis auf. Berechne jeweils den Gesamtpreis für Kuchen und Tee mit einer Tabellenkalkulation.

Maja: 4 Stücke Kuchen   Sam: 6 Stücke Kuchen   Jakub: 2 Stücke Kuchen   Pia: 5 Stücke Kuchen

Gleichungen lösen durch Probieren

Du löst die Gleichung $7x + 3 = 31$ durch Probieren. Die Tabellenkalkulation hilft dir dabei.

Variable:	x		linker Term der Gleichung:	$7 \cdot x + 3$
Zelle:	A2		Formel:	=7*A2+3

In der Zelle **A2** steht der Wert 1.
In der Zelle **B2** wird nun $7 \cdot 1 + 3$ berechnet.
Prüfe, ob der Computer das Ergebnis 31 ausgibt:
$7 \cdot 1 + 3 = 10$
Nein, das Ergebnis ist nicht 31. Die Lösung ist nicht x = 1. Du musst weitersuchen.

	A	B
1	x	7x+3
2	1 =7*A2+3	

	A	B
1	x	7x+3
2	1	10

Trage in die Spalte **A** untereinander die Zahlen 1, 2, 3 … ein.
Klicke mit der linken Maustaste auf die Zelle **B2** und ziehe die Markierung herunter. Du erhältst in der Spalte **B** die Ergebnisse für $7 \cdot 1 + 3$; $7 \cdot 2 + 3$ …
Prüfe, bei welcher Zahl das Ergebnis 31 in der Spalte **B** steht.
Bei x = 4 ist das Ergebnis 31. Die Lösung der Gleichung ist also x = 4.

	A	B
1	x	7x + 3
2	1	10
3	2	17
4	3	24
5	4	31
6	5	38

3 Löse die Gleichung durch Probieren mit einer Tabellenkalkulation.

a) $2x + 7 = 15$ b) $4x - 3 = 29$ c) $3x - 4 = 17$ d) $2x + 14 = 32$

4 Eine Tabellenkalkulation hilft dir auch bei Gleichungen, deren Lösung nicht eine der Zahlen 1, 2, 3, 4 oder 5 ist.

a) Löse die Gleichung $6x - 174 = 66$ durch Probieren. Beschreibe dein Vorgehen.

b) 👥 Versucht gemeinsam, die Gleichung $10x + 5 = 30$ zu lösen. Beschreibt, was euch auffällt.

1 Berechne den Wert des Terms.
a) x + 2   für y = 12   b) y − 1   für y = 8
c) 2a   für a = 6   d) 3b + 10   für b = 7
e) 5z − 3   für z = 3   f) 3 + 8d   für d = 2

2 Berechne den Term für a = 1 und für a = 3.
a) 5 + a   b) 6 · a   c) 15 : a
d) 13 − a   e) 2 · a + 3   f) 12 − 3 · a

3 Ordne den Term und fasse zusammen.
a) s + s + 3t + 2s + 5s + 4t
b) 4e + 3f + 2e + 2f + 5f
c) 5a + 2b − 3a + 3b − 4b
d) 12x − 4y + 2x − 3y − 8x

4 Vereinfache den Term.
a) 6d + (3d + 2f)   b) 6d + (3e − 2d)
c) 6d − (3d + 2f)   d) 6d − (3e − 2d)

5 Die 7c macht eine Klassenfahrt.
Die Buskosten betragen insgesamt 600 €.
Für die Jugendherberge bezahlt jede Schülerin
und jeder Schüler 100 €.
a) Stelle einen Term für die Gesamtkosten der
    Klassenfahrt auf.
b) In der Klasse sind 20 Schülerinnen und
    Schüler. Berechne die Gesamtkosten für die
    Klassenfahrt.   ▶ **5** ☒

6 Stelle immer einen Term für Ayla und einen
Term für Zain auf.
Beginne bei Ⓐ immer mit Ayla.
Beginne bei Ⓑ immer mit Zain.
Beispiel   Zains Mütze kostet
           1 € mehr als Aylas Mütze.
           Ⓐ Preis für Aylas Mütze: x
              Preis für Zains Mütze: x + 1
           Ⓑ Preis für Zains Mütze: y
              Preis für Aylas Mütze: y − 1
a) Zain ist 2 Jahre älter als Ayla.
    Ⓐ Alter von Ayla: x
    Ⓑ Alter von Zain: y
b) Zains Schulweg ist 500 m kürzer als der
    Schulweg von Ayla.
    Ⓐ Länge des Schulwegs von Ayla: x
    Ⓑ Länge des Schulwegs von Zain: y

7 Löse die Gleichung durch Probieren oder mit
Äquivalenzumformungen. Gib die Lösung an.
a) 3x + 4 = 19   b) 12 + 2x = 18
c) x + 7 = 13   d) 14 + x = 25
e) 2x + 3 = 17   f) 5x − 13 = 27

8 Stelle eine Gleichung auf.
Finde die gedachte Zahl.
a) Ich denke mir eine Zahl x.
    Die Zahl x multipliziere ich mit 4.
    Dann addiere ich 12. Das Ergebnis ist 44.
b) Ich denke mir eine Zahl x.
    Ich addiere zu der Zahl x die Zahl 2.
    Zusammen ergibt das 26.   ▶ **8**

9 Am Zoo-Eingang steht ein Schild mit den
▼ Eintrittspreisen.

PREISE
Eintritt: 8 €
Eintritt Erwachsene: 12 €
Schulgruppe: Schüler und
               Schülerinnen

a) Familie Coskun besteht aus 2 Erwachsenen
    und 3 Kindern. Berechne, wie viel Eintritt die
    Familie insgesamt bezahlen muss.
b) Eine Schulgruppe geht mit 30 Schülerinnen
    und Schülern und zwei Lehrerinnen in
    den Zoo. Die zwei Lehrerinnen zahlen 24 €.
    Die Gruppe bezahlt insgesamt 204 €.
    Bestimme den Eintrittspreis, den eine
    Schülerin oder ein Schüler bezahlen muss.
    Stelle zuerst eine Gleichung auf.

10 Beni, Leon und Jan sind zusammen 41 Jahre alt.
Beni ist 2 Jahre jünger als Leon. Jan ist ein Jahr
älter als Leon. Bestimme das Alter der Jungen
mit dem Sechs-Schritte-Verfahren.
Lege als Variable das Alter von Leon fest.

11 Das Team „Super-Player" spielt gegen das Team
„Winner Duo". Die Super-Player gewinnen
doppelt so oft wie das Winner-Duo.
Insgesamt spielen sie 60 Runden.
Wie viele Runden hat jedes Team gewonnen?

Tipp für **9b**: Lege die Variable x für den Eintrittspreis einer Schülerin oder eines Schülers fest.
    Die Gleichung ist dann: 30x + 24 = 204

1 Berechne.
a) 12x + 3 für x = 7   b) 6x + 12   für x = 4
c) 5x − 2   für x = 0,5   d) 14,2 − 3x für x = 2,5

2 Vereinfache den Term.
a) 5k + 2l − k + 3l − l
b) 2,5m + 3,5n + 1,5n − 0,5m − n − 1,5n
c) 12x + (6x − 4)
d) 5y − (4x + 3y) + 7 x
e) 15 + 11x + (−16y − 11 + 8x) − 7y
f) 33x − (9 + 6x − 22y) + 5y − 7
g) (1,5y − 6,25x + 8,5x) − 0,5y

3 Stelle einen Term auf.
a) Der Eintritt in den Freizeitpark kostet pro Person 25 €. Die Busfahrt kostet insgesamt 300 €.
b) Die Pizza Margarita kostet 12 €. Jeder Belag extra kostet 1,50 €.

4 Wettbewerb bei der Computer-Spielemesse

Der Wettbewerb für Teams läuft so ab:
Jedes Team spielt zunächst 90 Sekunden zusammen. Danach spielt jedes Team-Mitglied nacheinander 30 Sekunden allein.
a) Stelle einen Term für die Gesamtzeit eines Teams auf.
b) Ein Team hat 8 Mitglieder.
Gib die Gesamtzeit des Teams an.   ▸ **6**

5 Stelle einen Term für Sonja und einen Term für Niko auf.
Beispiel Sonja ist 4 Jahre älter als Niko.
Alter von Sonja: x   Alter von Niko: x − 4
Alter von Niko: y   Alter von Sonja: y + 4
a) Sonjas Pizza hat einen 3 cm größeren Durchmesser als die Pizza von Niko.
b) Das Sandwich von Sonja kostet 50 ct weniger als das Sandwich von Niko.
c) Nikos Schulweg dauert 15 min länger als Sonjas Schulweg.

6 Löse die Gleichung und prüfe die Lösung.
a) 2x + 1 = 23   b) 33 = 15 + 3x
c) 7x − 29 = 62   d) 28 − 3x = 16

7 Stelle einen Term auf. Finde die gesuchte Zahl. ▸◁
a) Bilde die Summe aus 3 und einer Zahl. Multipliziere die Summe mit 7. Das Ergebnis ist 49.
b) Das Produkt aus 12 und einer Zahl ist gleich der Summe aus 55 und der Zahl. ▸ **9**

8 Ein Handwerker hat eine Liste für die Berechnung seiner Arbeitszeit erstellt.

TARIFE
Grundpreis 25€
Anfahrt pro KM 2€
Kosten pro Arbeitsstunde 60 €

a) Der Handwerker fährt 15 km zum Haus der Familie Berger. Er arbeitet dort 2 Stunden. Berechne die Gesamtkosten.
b) Bei Familie Mallam muss eine Wasserleitung erneuert werden. Die Wohnung ist 12 km von der Werkstatt entfernt. Die Familie bezahlt insgesamt 229 €. Bestimme, wie viele Stunden der Handwerker gearbeitet hat.
c) Im Badezimmer von Frau Sprang wird ein neuer Durchlauferhitzer eingebaut. Die Arbeit dauert 1,5 Stunden. Frau Sprang bezahlt insgesamt 139 €. Bestimme die Länge der Anfahrt.

9 Drei Erdmännchen wiegen zusammen 1590 g. Das erste Erdmännchen wiegt 120 g weniger als das zweite. Das dritte Erdmännchen wiegt 60 g mehr als das zweite. Bestimme das Gewicht von jedem Erdmännchen mit dem Sechs-Schritte-Verfahren. Lege das Gewicht des zweiten Erdmännchens als Variable x fest.

10 Eine Buche ist 7 m höher als eine Birke. Eine Eiche ist 5 m höher als die Buche. Insgesamt sind sie 88 m hoch. Wie hoch ist jeder Baum?

1 Berechne den Wert des Terms für x = 4.
a) $6x + 3 \cdot 7$
b) $(6 + x) \cdot 3 + 7$
c) $6(x + 3) \cdot 7$
d) $6 + (-x - 3) \cdot 7$

2 Vereinfache den Term.
a) $24y - (9 + 5x - 3y) + 12x - 17 + (6x - 2 + 6y)$
b) $76 + 2x + (45 - 7x + 43y) - (31x - 15y + 11)$

3 Sina hat Terme falsch zusammengefasst. Finde und beschreibe ihre Fehler. Korrigiere im Heft.
a) $4b + 3 = 7b$
b) $8c - c = 8$
c) $3e + 2e + 4g = 9eg$
d) $f - 9f = 8f$

4 Tjerko ist 3 Jahre älter als Jan und doppelt so alt wie Lena. Wie alt sind alle zusammen?
Stelle einen Term auf und fasse ihn zusammen.

5 Auf einem Feld werden Blumen zum Pflücken angeboten.
Die Preise sind:

    Tulpe 0,70 €
    Narzisse 0,90 €
    Sonnenblume 1,80 €
a) Stelle einen Term für den Gesamtpreis auf.
b) Jakob pflückt für seine Mutter einen Strauß aus 8 Tulpen, 6 Narzissen und einer Sonnenblume. Berechne den Preis für den Strauß.
c) Anissa hat 5 € und möchte jede Blume im Strauß dabei haben. Gib drei Möglichkeiten für Sträuße an, die sie kaufen kann.
d) Soraya bezahlt 12,70 €. Sie hat 5 Narzissen und 3 Sonnenblumen gepflückt. Bestimme die Anzahl der Tulpen, die Soraya gepflückt hat.

6 Überlege dir eine Situation. Berechne den Wert des Terms.
Schreibe einen Antwortsatz.
Beispiel *Term: 2a + b   für a = 8; für b = 4*
Sachzusammenhang: Erwachsene zahlen 8 € Eintritt, Kinder 4 €. Gesucht ist der Eintrittspreis für zwei Erwachsene und ein Kind.
Wert des Terms: $2 \cdot 8€ + 4€ = 20€$
Antwortsatz: Zwei Erwachsene und …
a) Term: $4x + 3y$ für x = 10 und y = 7
b) Term: $3a + 5b + 10$ für a = 5 und b = 6
c) Term: $v - 2w$ für v = 15 und w = 5

7 👥 Gebt vier Terme an, die für x = 5 und für y = 10 den Wert 30 haben. Vergleicht eure Terme untereinander.

8 Ermittle die Lösung der Gleichung.
a) $5x + 64 = 124$
b) $7x - 220 = -115$
c) $75 = 24x + 3$
d) $12x + 40 = 16$

9 Sonja und Manuel sollten die Gleichung $2x + 4 = 16$ lösen. Beschreibe ihr Vorgehen.
Sonja:
$2x + 4 = 16 \;|-4$
$2x = 12 \;|:2$
$x = 6$

Manuel:
$2x + 4 = 16 \;|:2$
$x + 2 = 12 \;|-2$
$x = 6$

10 Finde die gesuchten Zahlen.
a) Drei aufeinanderfolgende Zahlen ergeben als Summe 54.
b) Drei aufeinanderfolgende Zahlen ergeben als Produkt 990. Löse durch Probieren.

11 Ein Weg führt vom Parkplatz bis zu einer Hütte (erste Teilstrecke), weiter zu einem See (zweite Teilstrecke) und wieder bis zum Parkplatz zurück (dritte Teilstrecke). Die zweite Teilstrecke ist doppelt so lang wie die erste Teilstrecke. Die dritte Teilstrecke ist 2 km länger als die zweite Teilstrecke. Der Weg ist insgesamt 32 km lang. Bestimme die Länge der drei Teilstrecken mit dem Sechs-Schritte-Verfahren.

12 ▼ Anja spart für eine **VR-Brille**, die 70 € kostet. Von ihrem Taschengeld spart sie jeden Monat die Hälfte. Anjas Oma gibt 20 € dazu. In 5 Monaten will Anja die Brille kaufen. Bestimme, wie viel Taschengeld sie im Monat erhält.

13 Fast alle der 780 Schülerinnen und Schüler kommen mit dem Schulbus, mit dem Fahrrad oder zu Fuß zur Schule. Nur 15 von ihnen werden mit dem Auto gebracht. Es fahren dreimal so viele Schülerinnen und Schüler mit dem Bus wie mit dem Fahrrad. Es kommen 75 Schülerinnen und Schüler weniger zu Fuß als mit dem Bus.
Wie viele Schülerinnen und Schüler kommen zu Fuß, mit dem Bus und mit dem Fahrrad?

Sprachhilfe zu **12**: Mit einer VR-Brille kannst du die Computer-Welten so sehen, als wären sie die Wirklichkeit.

► 💡 Tipp zu **2**, **8**, **11**

Familienausflug mit Freunden

Familie Stern schenkt Oma Hilde zu ihrem Geburtstag einen Ausflug in einen Wildpark. Alle kommen mit. Majas Freundin Melanie und Melanies kleine Schwester Rita sind auch dabei.

Am Eingang des Wildparks steht eine Tafel mit den Eintrittspreisen.

WILDPARK EINTRITTSPREIS

FÜR KINDER 5€

FÜR ERWACHSENE 8€

Rita gibt ihrem großen Bruder ein Rätsel auf:
„13 Hasen haben gleich viele Möhren bekommen. Das einzige Kaninchen lief weg und bekam 2 Möhren weniger. Insgesamt wurden 54 Möhren verteilt. Wie viel hat jedes Tier bekommen?"

A Die Familie Stern besteht aus 6 Kindern und 4 Erwachsenen.
  a) Stelle einen Term auf: Wie viel bezahlt die Familie für den Eintritt in den Wildpark?
  b) Stelle einen Term auf: Wie viel bezahlt Familie Stern zusammen mit Melanie und Rita? Wie verändert sich der Term gegenüber dem Term aus a)?

B Zum Mittagessen lädt Familie Stern Oma Hilde in das Restaurant ein. Für die Pizzen zahlt Familie Stern insgesamt 90 €. Dazu kommen dann noch 4 € für jedes Getränk. Die Familie kauft 12 Getränke. Wie viel bezahlt Familie Stern insgesamt?

C Melanie ist ein Jahr älter als ihre Freundin Maja. Rita ist zwei Jahre jünger als ihre Schwester Melanie. Zusammen sind sie 33 Jahre alt. Überprüfe den Lösungsansatz. Korrigiere die Fehler.

x: Alter von Melanie   x + 1: Alter von Maja   x – 2: Alter von Rita
Gleichung: x + x + 1 + x – 2 = 33

D Im Wildpark spielen Florian und Adrian mit Sammelkarten:
Zu Beginn hat Florian 46 Karten und Adrian 76 Karten.
Nach jeder Runde bekommt der Gewinner 8 Karten des Verlierers.

Runde:	1	2	3	4	5
Gewinner:	Adrian	Florian	Florian	Adrian	Adrian

a) Stelle je einen Term für die Anzahl der Karten von Florian und die Anzahl der Karten von Adrian nach 5 Runden auf.
b) Wie viele Karten hat jeder nach 5 Runden?

E In einem Tiergehege befinden sich Rehe und Gänse. Es sind zusammen 18 Tiere. Die Anzahl der Gänse ist doppelt so groß wie die Anzahl der Rehe. Wie viele Rehe und wie viele Gänse sind im Gehege? Stelle eine Gleichung auf. Löse die Gleichung durch Probieren.

F Löse Ritas Rätsel durch Probieren oder mit dem Sechs-Schritte- Verfahren.

▣

1 Berechne den Wert des Terms.
a) $5x - 2x + 2$ für $x = 3$
b) $x + (5x - 3)$ für $x = 2$
c) $4x + 3y + 8$ für $x = 2; y = 4$

2 Vereinfache die Terme.
a) $5x - 2x + x + 6x$
b) $8x - (12 - 4x)$
c) $4y + 3x - 2y + 8x$
d) $9x + 5y + (12y - 8x)$

3 Rebecca hat 7 gleiche Packungen mit Pralinen.
a) Stelle einen Term für die Anzahl der Pralinen in 7 Packungen auf.
b) In jeder Packung sind 5 Pralinen.
Wie viele Pralinen hat Rebecca insgesamt?

4 Löse die Gleichung und überprüfe die Lösung.
a) $x + 3 = 18$
b) $2x + 3 = 11$
c) $5x - 3 = 7$
d) $15 + 4x = 35$

5 Joy, Katharina und Helena sind zusammen 42 Jahre alt. Joy ist zwei Jahre jünger als Katharina. Helena ist zwei Jahre älter als Katharina. Bestimme das Alter von jedem der drei Mädchen mit dem Sechs-Schritte-Verfahren. Lege Katharinas Alter als Variable x fest.

▣

1 Berechne den Wert des Terms.
a) $6x + (4x - 5)$ für $x = 3$
b) $3x - y + 18$ für $x = 3; y = 5$
c) $5x - (4y + 2)$ für $x = 4; y = 6$

2 Vereinfache die Terme.
a) $5x + 3x + 2x - 4x + 6x$
b) $18x + 5y - (9x - 2)$
c) $4y + (15x - 2y) - 13x$
d) $6 + (18x - 10y) - (7y + 4x)$

3 Regina hat bereits 30 Sticker. Sie kauft 10 gleiche Packungen mit Stickern.
a) Stelle einen Term für die Gesamtanzahl der Sticker von Regina auf.
b) In jeder Packung sind 10 Sticker.
Wie viele Sticker hat Regina insgesamt?

4 Löse die Gleichung und überprüfe die Lösung.
a) $6x + 15 = 51$
b) $3x - 16 = 32$
c) $19 + 7x = 33$
d) $5x - 16 = 9$

5 Annika ist 2 Jahre älter als ihr Bruder Lars. Ihr Opa ist 5-mal so alt wie Annika. Alle drei zusammen sind 82 Jahre alt. Bestimme das Alter von Annika, von Lars und von Annikas Opa mit dem Sechs-Schritte-Verfahren. Lege Annikas Alter als Variable x fest.

▣

1 Berechne den Wert des Terms.
a) $10x - (3y - 2)$
für $x = 5; y = 7$
b) $4y + (5x - y) - 3x$
für $x = 2; y = 4$
c) $8x - (x + 2y) - 4x$
für $x = 3; y = 8$

2 Vereinfache die Terme.
a) $11y + 9x - 12y + 21x$
b) $13x + (14 - 2x) - (3x - 7)$
c) $15 - (22y + 15x) + (6y + 24x)$
d) $(30y + 15x) - (26y + 15x)$

3 Die Tierpflegerin Antonia füttert Hunde. Am Anfang hat sie insgesamt 5000 g Futter. Jeder Hund bekommt davon 400 g Futter.
a) Stelle einen Term für das übrige Futter auf, wenn Antonia mehrere Hunde gefüttert hat.
b) Antonia hat 6 Hunde gefüttert. Wie viel Futter ist noch übrig?

4 Löse die Gleichung und überprüfe die Lösung.
a) $5x + 3 = 23$
b) $12x - 49 = -13$
c) $60 = 4x + 44$
d) $4x + 55 = 65$

5 Opa Heinz ist 10-mal so alt wie sein Enkel Mattheo und 26 Jahre älter als sein Sohn Bernd. Die drei sind zusammen genau 100 Jahre alt. Bestimme das Alter von Opa Heinz, Sohn Bernd und Enkel Mattheo mit dem Sechs-Schritte-Verfahren oder durch Probieren.

→ Lösungen auf Seite 248 und 249

Variablen und Terme → Seite 168

Eine **Variable** ist eine veränderliche Größe.
Schreibe kleine Buchstaben für Variablen:
x, y, a, b …
Ein **Term** ist ein sinnvoller Rechenausdruck.
Wenn du eine Zahl für die Variable einsetzt,
dann erhältst du den **Wert des Terms**.

Beispiel: In einem Päckchen sind x Karten. Es sind
insgesamt Päckchen. 3 Karten werden verschenkt.
Term: $5x - 3$
Bei 10 Karten pro Päckchen beträgt der
Wert des Terms $5 \cdot 10 - 3 = 47$
Es sind also insgesamt 47 Kärtchen.

Terme mit Variablen vereinfachen durch Addieren und Subtrahieren → Seite 172

In Termen kannst du gleiche Variablen
zusammenfassen.
① Sortiere nach den gleichen Variablen
② Fasse zusammen: Addiere oder subtrahiere
   die Zahlen vor gleichen Variablen.

Term:
① Sortiere:
② Fasse zusammen:

$5x + 8y - 2x - 3y$
$= 5x - 2x + 8y - 3y$
$= 3x + 5y$

Wenn vor einer Klammer ein Plus-Zeichen steht,
dann kannst du die Klammer weglassen.

$16y + 8x + (4 - 7x)$
$= 16y + 8x + 4 - 7x$
$= x + 16y + 4$

Klammer weglassen

Wenn vor einer Klammer ein Minus-Zeichen
steht, dann ändere alle Vorzeichen und Rechenzeichen: Aus + wird − und aus − wird +.

$5y + 3x - (2y - 13x)$
$= 5y + 3x - 2y + 13x$
$= 16x + 3y$

aus 2y wird −2y
aus − 13x wird + 13x

Gleichungen lösen durch Äquivalenzumformungen → Seite 176

Du formst die Gleichung so um, bis nur noch die Variable auf der einen Seite und eine Zahl auf
der anderen Seite der Gleichung steht. Dann kennst du die **Lösung der Gleichung**.
Du darfst dabei nur so umformen, dass sich die Lösung der Gleichung nicht ändert. Solche Umformungen heißen **Äquivalenzumformungen**:

- Du kannst auf beiden Seiten der Gleichung
  dieselbe Zahl addieren oder subtrahieren.

$4x + 7 = 19 \quad \mid -7$	Rechne auf beiden Seiten −7.

- Du kannst die beide Seiten der Gleichung
  durch dieselbe Zahl dividieren oder mit
  derselben Zahl multiplizieren (außer 0).

$4x = 12 \quad \mid : 4$	Rechne auf beiden Seiten dividiert durch 4.
$x = 3$	Die Lösung ist $x = 3$.

Sachaufgaben mit Gleichungen lösen → Seite 180

Das **Sechs-Schritte-Verfahren**:

In der zweiten Box liegen 6 Stifte mehr als in der
ersten Box. Zusammen sind es 14 Stifte.

① Variable festlegen

x: Anzahl der Stifte in der ersten Box

② Terme aufstellen

x + 6: Anzahl der Stifte in der zweiten Box

③ Gleichung aufstellen

$x + x + 6 = 14$

④ Gleichung lösen

$2x + 6 = 14 \quad \mid - 6$
$2x \quad = 8 \quad \mid : 2$
$x \quad = 4$

⑤ Lösung überprüfen

Lösung einsetzen in den Term: $x + 6 = 4 + 6 = 10$
Lösung prüfen mit der Gleichung: $4 + 4 + 6 = 14$
$14 = 14 ✓$

⑥ Antwort formulieren

In der 1. Box liegen 4 Stifte, in der 2. Box 10 Stifte.

Grundwissen

▶ Hier findest du einfache, anschauliche Erklärungen zur Mathematik aus den vergangenen Schuljahren. Es gibt viele Beispiele und Aufgaben, mit denen du weiter üben kannst.
Die Lösungen findest du hinten ab Seite 250. So kannst du deine Ergebnisse selbst überprüfen.

Die Erklärungen und Aufgaben gehören zu vier Bereichen:
Zahlen und Daten: darstellen, vergleichen, ordnen, umwandeln
Größen: Länge, Fläche, Gewicht, Zeit
Rechnen: Addition, Subtraktion, Multiplikation, Division, Sachaufgaben
Geometrie: Linien, Figuren, Flächeninhalt, Koordinatensystem

Seite 6
: 2, 3, 4

Am
en-
l
sen

Natürliche Zahlen auf dem Zahlenstrahl ablesen und eintragen

Finde heraus, in welchen Schritten der Zahlenstrahl zählt (Einer-Schritte, Zweier-Schritte, Fünfer-Schritte, Zehner-Schritte ...).

Suche die beiden Zahlen, zwischen denen deine Zahl steht.
Starte bei der kleineren der beiden Zahlen.
Zähle ab, wo deine Zahl steht.

Welche Zahl ist hier markiert?

Es wird in Zehner-Schritten gezählt.
Das Kreuz steht zwischen 10 und 50.
2 Schritte hinter der 10 liegt die 30.

Trage die Zahl 300 und die Zahl 450 ein:

Es wird in 50er Schritten gezählt.
300 liegt zwei 50er Schritte hinter der 200.
450 liegt einen 50er Schritt vor der 500.

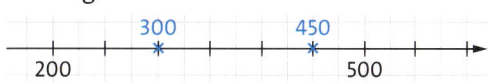

1 Welche Zahlen sind hier mit Kreuzen markiert?

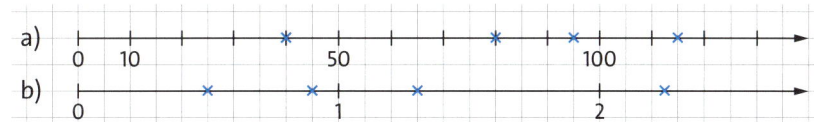

2 Übertrage den Zahlenstrahl in dein Heft.
a) Trage ein: 20; 60; 85; 135

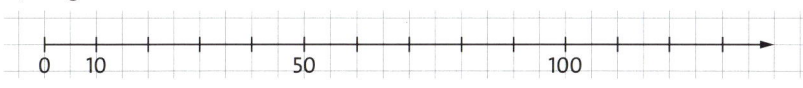

b) Trage ein: 900; 700; 600; 750; 1050

3 Zeichne für jede Aufgabe einen passenden Zahlenstrahl in dein Heft. Trage die Zahlen ein.
a) 20; 30; 60; 90; 110   b) 102; 106; 110; 113   c) 0,2; 0,6; 0,9; 1,1; 1,5

→ Seite 6
Nr. 1

► 🖳 *Dezi-
malzahlen
vergleichen*

Natürliche Zahlen und Dezimalzahlen miteinander vergleichen

Zwei Zahlen können **gleich groß** sein.
Oder die erste Zahl ist **kleiner** als die zweite.
Oder die erste Zahl ist **größer** als die zweite.

=	<	>
gleich	kleiner	größer

Wenn du natürliche Zahlen oder Dezimalzahlen vergleichen möchtest, kannst du ihre Stellenwerte der Größe nach von links nach rechts vergleichen.

Finde den Stellenwert, ab dem sich die Zahlen zum ersten Mal unterscheiden. Alle darauf folgenden Stellenwerte haben keinen Einfluss auf den Vergleich.

Merke dir:
In die große Öffnung passt mehr. Dort steht die größere Zahl.

$16 = 16$ $20 < 50$ $13 > 8$

Vergleiche die Zahlen 12,3 und 12,13.

Z	E	,	z	h
1	2	,	3	
1	2	,	1	3

Die Zehner (**Z**) und Einer (**E**) sind gleich.

Bei den Zehnteln (z) gibt es den ersten Unterschied. Weil $3 > 1$ ist, ist $12,3 > 12,13$.
Die Hundertstel (h) haben keinen Einfluss auf den Vergleich.

4 Vergleiche die Zahlen. Setze im Heft <, > oder = ein.
   a) 67 ● 76   b) 132 ● 123   c) 3546 ● 3564   d) 2,34 ● 2,43   e) 1,2 ● 1,23   f) 1,2 ● 1,200

5 Fülle im Heft aus. Trage mindestens drei passende Zahlen ein.
   a) 27 < ●   b) ● < 100   c) ● < 3   d) 1 > ●   e) ● < 2,3   f) 1 < ● < 1,2

→ Seite 145
Nr. 12

Natürliche Zahlen und Dezimalzahlen der Größe nach sortieren

Zahlen kannst du der **Größe nach sortieren**.

Beginne mit der kleinsten Zahl.

Suche dann unter den restlichen Zahlen wieder die kleinste Zahl.

Arbeite so weiter.

Sortiere die Zahlen der Größe nach:
709; 970; 7,09; 7,9

Die kleinste Zahl ist 7,09.   7,09 < ...

Dann folgt 7,9. Denn 7,9   7,09 < 7,9 < ...
ist kleiner als 709 und 970.

Es bleiben noch 709 und 970   7,09 < 7,9 < 709 < 970
übrig. 709 ist kleiner als 970.

6 Ordne die Zahlen. Beginne mit der kleinsten Zahl.
   a) 13; 31; 3; 1   b) 245; 24; 452; 254   c) 119; 1109; 911; 191; 1091

   d) 44; 40; 444; 404; 400; 440   e) 3,21; 2,31; 1,23; 1,32; 2,13   f) 8,9; 0,98; 0,8; 0,9; 8,09; 0,89

7 Bilde Zahlen aus den Ziffern 1, 2, 3 und 0. Jede Ziffer soll genau einmal vorkommen.
   a) Bilde aus den Ziffern sechs vierstellige Zahlen.
   b) Ordne deine sechs Zahlen der Größe nach. Beginne mit der kleinsten Zahl.
   c) Bilde sechs Dezimalzahlen mit mindestens zwei Nachkommastellen.
   d) Ordne deine sechs Dezimalzahlen der Größe nach. Beginne mit der kleinsten Zahl.

Seite 40
Nr. 1

eite 113
Nr. 12

*Im
rdina-
system
kte
esen*

Werte aus einem Diagramm ablesen

Wenn du ein Diagramm lesen sollst,
dann kannst du so vorgehen:
① Lies die Überschrift.
    Dort erfährst du, um was es geht.
② Lies, was an den Achsen steht.
③ Schaue, in welchen Schritten die Achse
    mit den Zahlen eingeteilt ist.
④ Lies den gesuchten Wert ab.

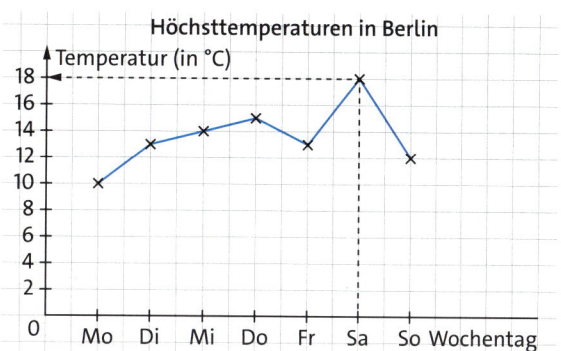

Höchsttemperaturen in Berlin

① Das Diagramm stellt die Höchsttemperaturen
    in Berlin im Verlauf einer Woche dar.
② Auf der unteren Achse stehen die Wochentage.
    Auf der Hochachse steht die Temperatur (in °C).
③ Die Hochachse (y-Achse) ist in 2er-Schritten
    unterteilt. 1 Kästchenhöhe entspricht 2 °C.
④ Die Höchsttemperatur lag am Samstag bei 18 °C.

8 Betrachte das Diagramm oben. Lies ab und ergänze die Sätze im Heft.
   a) Jedem Wochentag wird die ● (in °C) zugeordnet.
   b) Am Montag lag die Höchsttemperatur bei ● °C.
   c) Am Freitag betrug die Höchsttemperatur ● °C.
   d) Am ● lag die Höchsttemperatur bei 12 °C.

Seite 40
Nr. 2

*Im
-dina-
system
kte
ragen*

Werte aus einer Tabelle in einem Koordinatensystem darstellen

① Lege fest: Was soll auf welche Achse?
    Meistens sind die Angaben der 1. Zeile auf
    der unteren Achse (x-Achse) und die der 2.
    Zeile auf der Hochachse (y-Achse).
② Finde den **größten y-Wert**.
    Überlege dir eine gleichmäßige Einteilung.
    Zeichne die y-Achse etwas höher als nötig
    und beschrifte sie. Beginne mit 0.
③ Plane die Breite. Zeichne die x-Achse
    etwas breiter als nötig und beschrifte sie.
④ Zeichne die Werte ein und verbinde sie,
    wenn das sinnvoll ist.
⑤ Gib deinem Diagramm eine Überschrift.

Stelle die Zuordnung aus der Tabelle im Koordinatensystem dar.

Wochentag	Mo.	Di.	Mi.	Do.	Fr.	Sa.	So.
Sonnenstunden	4	6	8	9	9	0	3

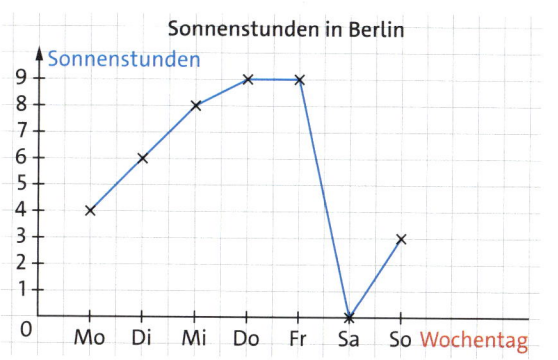

Sonnenstunden in Berlin

9 Stelle die Zuordnung aus der Tabelle im Koordinatensystem dar. Sie gibt die durchschnittliche
Anzahl an Regentagen in Berlin an.

Monat	Jan.	Febr.	März	April	Mai	Juni	Juli	Aug.	Sept.	Okt.	Nov.	Dez.
Regentage	17	15	12	13	12	12	14	14	12	14	16	15

→ Seite 113
Nr. 9

→ Seite 145
Nr. 7

▷ *Bruchteile einfärben und ablesen*

Brüche als Teil eines Ganzen angeben

Brüche sind Teile eines Ganzen.
Der Nenner gibt an, in wie viele gleich große Teile das Ganze aufgeteilt wurde.
Der Zähler gibt an, um wie viele Teile des Ganzen es geht.

$$\frac{2}{3} \quad \begin{matrix} \text{der Zähler} \\ \text{der Bruchstrich} \\ \text{der Nenner} \end{matrix}$$

Welcher Teil des Ganzen ist rot?

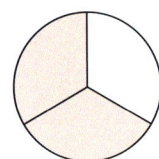

Der ganze Kreis wurde in 3 gleich große Teile aufgeteilt. 2 Teile des Ganzen sind rot markiert.

$\frac{2}{3}$ des Ganzen sind rot.

10 Betrachte die Brüche: $\frac{3}{5}$; $\frac{5}{7}$; $\frac{4}{7}$; $\frac{5}{8}$; $\frac{1}{5}$; $\frac{5}{9}$; $\frac{2}{5}$

    a) Gib die Brüche an, bei denen der Nenner 5 ist.

    b) Gib die Brüche an, bei denen der Zähler 5 ist.

    c) Gib die Brüche an, bei denen der Zähler gerade und der Nenner ungerade ist.

11 Welcher Teil des Ganzen ist rot? Schreibe als Bruch.

a) 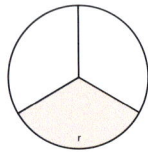   b) 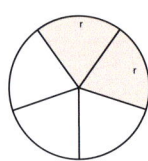   c) 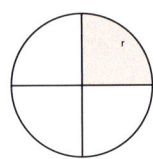   d) 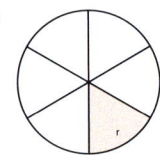   e)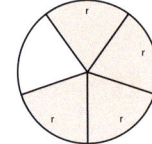

→ Seite 113
Nr. 10

Einen Bruch in einem Rechteck darstellen

So kannst du einen Bruch in einem Rechteck darstellen.
① Schaue dir den Nenner an. Das ist die Zahl unter dem Bruchstrich.
In so viele Teile soll das Rechteck geteilt werden.
② Überlege: Wie kannst du das Rechteck in so viele gleich große Teile aufteilen, wie der Nenner angibt?
③ Teile das Rechteck in gleich große Teile.
④ Schaue dir den Zähler an. Das ist die Zahl über dem Bruchstrich.
Markiere so viele Teile des Ganzen, wie es der Zähler angibt.

Markiere den Bruchteil $\frac{2}{5}$ rot.

① Das Rechteck muss in 5 gleich große Teile aufgeteilt werden.
② Das Rechteck hat eine Länge von 10 Kästchen und eine Breite von 6 Kästchen. 10 lässt sich gut durch 5 teilen, 6 nicht.
③ Teile das Rechteck entlang der Länge in 5 gleich große Teile.
④ Markiere 2 der 5 Teile.

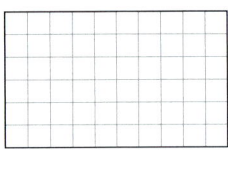
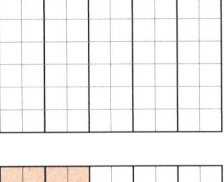
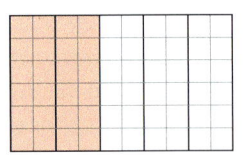

12 Übertrage das Rechteck in dein Heft. Markiere den Bruchteil rot.

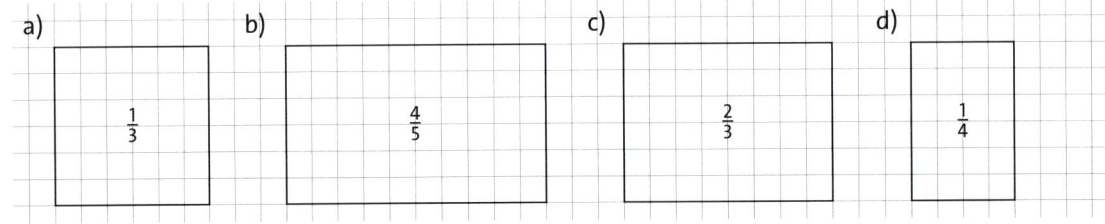

a) $\frac{1}{3}$ b) $\frac{4}{5}$ c) $\frac{2}{3}$ d) $\frac{1}{4}$

Prozentzahlen in einem Quadrat darstellen

Seite 113
Nr. 10

Das Prozent-Zeichen (%) steht für Hundertstel.
Es bedeutet: von hundert.
Eine Prozentzahl ist also ein Bruch mit dem Nenner 100.

Wenn du eine Prozentzahl in einem Quadrat mit 100 Kästchen darstellen möchtest, dann gibt die Zahl vor dem Prozentzeichen an, wie viele Kästchen du markieren musst.

Stelle 27 % in einem Quadrat dar.

$27\% = \frac{27}{100}$

Das Quadrat hat eine Seitenlänge von 10 Kästchen. Insgesamt besteht das Quadrat aus $10 \cdot 10 = 100$ Kästchen. Du färbst also 27 Kästchen grün.

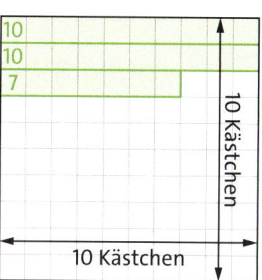

13 Zeichne ein Quadrat mit einer Seitenlänge von 10 Kästchen.
- a) Färbe 5 % des Quadrats grün ein.
- b) Färbe dann weitere 25 % des Quadrats blau ein.
- c) Färbe zuletzt weitere 30 % des Quadrats grau ein.
- d) Bestimme den Anteil der nicht gefärbten Fläche.
  Gib den Anteil der nicht gefärbten Fläche in Prozent an.

14 Zeichne ein Rechteck mit Seitenlänge a = 2,5 cm (5 Kästchen) und b = 10 cm (20 Kästchen).
- a) Färbe 10 % des Rechtecks grün ein.
- b) Färbe dann weitere 20 % des Rechtecks blau ein.
- c) Färbe zuletzt weitere 40 % des Rechtecks grau ein.
- d) Bestimme den Anteil der nicht gefärbten Fläche.
  Gib den Anteil der nicht gefärbten Fläche in Prozent an.

Prozentsätze als Teil einer Strecke darstellen

So kannst du einen Prozentsatz als Teil einer Strecke darstellen:
① Zeichne eine 10 cm lange Strecke.
② Markiere den Anfangspunkt der Strecke mit 0 % und den Endpunkt mit 100 %.
③ Zwei Kästchen entsprechen 10 %.
Ergänze nach je zwei Kästchen einen Strich. Beschrifte den 50 %-Strich.
④ Markiere den angegebenen Prozentsatz.

Markiere 35 % auf einer Strecke.

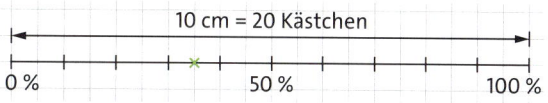

35 % von 10 cm
35 % von 100 mm   Also sind 35 mm = 3,5 cm.

Du kannst vorgehen wie beim Markieren auf dem Zahlenstrahl.

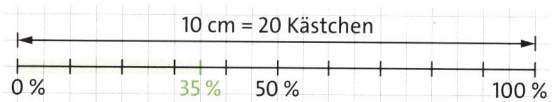

15 Zeichne jeweils eine 10 cm lange Strecke. Markiere den Prozentsatz auf der Strecke.
- a) 20 %
- b) 55 %
- c) 90 %
- d) 32 %
- e) 97 %
- f) 12 %
- g) 63 %
- h) 5 %
- i) 86 %
- j) 74 %

→ Seite 113
Nr. 11

Bruchteile von Größen berechnen

Wie viel sind $\frac{2}{5}$ von 15 Murmeln?

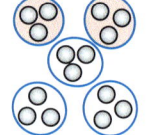

So berechnest du Bruchteile von Größen:
① Teile die gegebene Größe durch den Nenner.
② Multipliziere das Ergebnis mit dem Zähler.

① 15 Murmeln : 5 = 3 Murmeln
② 3 Murmeln · 2 = 6 Murmeln

▶ *Bruch-teile von Größen berechnen*

Manchmal lässt sich die gegebene Größe nicht durch den Nenner des Bruchs teilen. Häufig hilft dann, die gegebene Größe in eine kleinere Einheit umzurechnen.

Wie viel sind $\frac{2}{5}$ von 3 kg?
3 lässt sich nicht durch 5 teilen.
Aber 3 kg = 3000 g
① 3000 g : 5 = 600 g
② 600 g · 2 = 1200 g

16 Berechne den Bruchteil.
a) $\frac{3}{4}$ von 20 Murmeln   b) $\frac{3}{5}$ von 30 Schülern   c) $\frac{3}{8}$ von 80 Autos   d) $\frac{9}{10}$ von 70 Bussen

17 Rechne zuerst in die kleinere Einheit um. Berechne dann den Bruchteil.
Beispiel $\frac{2}{3}$ von 5 min   5 min in s: 5 min = 5 · 60 s = 300 s
Bruchteil: ① 300 s : 3 = 100 s
② 100 s · 2 = 200 s

a) $\frac{1}{2}$ von 1 kg   b) $\frac{2}{5}$ von 3 cm   c) $\frac{3}{4}$ von 2 min   d) $\frac{7}{10}$ von 2 €

Eine gemischte Zahl in einen Bruch umwandeln

Eine gemischte Zahl besteht aus einer natürlichen Zahl und einem Bruch.

   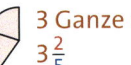

3 Ganze und 2 Fünftel
$3\frac{2}{5}$

So wandelst du eine gemischte Zahl in einen Bruch um:
① Der Nenner des Bruchs bleibt gleich.
② Berechne den neuen Zähler: Multipliziere die natürliche Zahl mit dem Nenner. Addiere dann noch den Zähler des Bruchs.

17 Fünftel
$\frac{17}{5}$

Der Nenner ist 5.
Der neue Zähler ist 3 · 5 + 2 = 17

$3\frac{2}{5} = \frac{3 \cdot 5 + 2}{5} = \frac{17}{5}$

18 Gib als gemischte Zahl und als Bruch an.
a)   b)   c)   d)

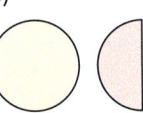   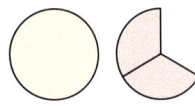   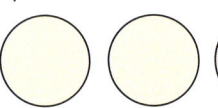   

19 Schreibe als Bruch.
a) $3\frac{1}{2}$ b) $2\frac{1}{3}$ c) $1\frac{3}{8}$ d) $2\frac{4}{5}$ e) $4\frac{5}{6}$ f) $7\frac{2}{3}$ g) $4\frac{7}{10}$ h) $4\frac{5}{12}$

Einen Bruch in eine gemischte Zahl umwandeln

Wenn bei einem Bruch der Zähler und der Nenner gleich sind, dann hat der Bruch den Wert 1.
Wenn bei einem Bruch der Zähler größer ist als der Nenner, dann ist der Bruch größer als 1.

Bei $\frac{7}{7}$ sind Zähler 7 und Nenner 7 gleich, also $\frac{7}{7} = 1$.
Bei $\frac{5}{3}$ ist der Zähler 5 größer als der Nenner 3, also $\frac{5}{3} > 1$.

Du kannst den Bruch als gemischte Zahl schreiben.
① Teile den Zähler durch den Nenner.
② Du erhältst die natürliche Zahl.
③ Der Rest ist der neue Zähler des Bruchs.
④ Der Nenner bleibt gleich.

Schreibe $\frac{5}{3}$ als gemischte Zahl.
5 : 3 = 1 Rest 2
1 ist die natürliche Zahl.
2 ist der neue Zähler.
Also: $\frac{5}{3} = 1\frac{2}{3}$

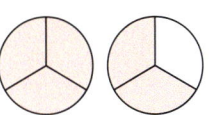

20 Übertrage die Tabelle in dein Heft. Trage die Brüche ein.

$\frac{1}{2}$; $\frac{2}{5}$; $\frac{4}{4}$; $\frac{5}{3}$; $\frac{5}{8}$; $\frac{9}{4}$; $\frac{6}{6}$; $\frac{10}{7}$; $\frac{16}{13}$; $\frac{13}{17}$; $\frac{19}{19}$

kleiner als 1	gleich 1	größer als 1

21 Wandle in eine gemischte Zahl um.

a) $\frac{6}{6}$ b) $\frac{5}{3}$ c) $\frac{7}{4}$ d) $\frac{8}{4}$ e) $\frac{9}{2}$ f) $\frac{18}{5}$ g) $\frac{31}{6}$ h) $\frac{73}{10}$

Absolute und relative Häufigkeiten unterscheiden

Die Anzahl ins**gesamt** heißt **Gesamtzahl**.
Die **absolute Häufigkeit** ist die Anzahl, wie häufig etwas vorkommt.

Frau Weller hat **vier** Joghurts gekauft.
Drei Joghurts sind Erdbeerjoghurts.

Der An**teil** an der Gesamtzahl ist die **relative Häufigkeit**. Du kannst sie als Bruch oder in Prozent angeben.

$\frac{3}{4}$ der Joghurts sind Erdbeerjoghurts.

75 % der Joghurts sind Erdbeerjoghurts.

22 Handelt es sich bei den **markierten Zahlen** um die Gesamtzahl, um die absolute Häufigkeit oder um die relative Häufigkeit?

Beispiel Im Zoo leben **50** Pinguine.   **20** Pinguine sind weiblich.   Das sind **40 %** der Pinguine.
Gesamtzahl: 50   absolute Häufigkeit: 20   relative Häufigkeit: 40 %

a) Selina kauft **10** Lose. **7** Lose sind Nieten. **70 %** der Lose sind Nieten.
b) Alex wirft **20**-mal auf den Basketballkorb. **80 %** der Würfe sind Treffer. Alex trifft **16-mal**.
c) $\frac{2}{3}$ der Schülerinnen und Schüler kommen mit öffentlichen Verkehrsmitteln zur Schule.
d) Pedro hat in der Klassenarbeit **85%** der möglichen Punkte erreicht. Das sind **34** von **40** Punkten.
e) Von den **16** Fischen in Maries Aquarium sind $\frac{1}{4}$ Goldfische.

→ Seite 145
Nr. 8

Relative Häufigkeiten als Bruch angeben

So gibst du relative Häufigkeiten als Bruch an: Ebru hat die Farben von 25 Autos aufgeschrieben.
① Schreibe die Gesamtzahl in den Nenner.   3 Autos waren braun.
   Die Zahl steht oft hinter dem Wort „**von**".   Ebru sagt: „3 **von** 25 Autos waren braun."
② Schreibe die Anzahl der Teile in den Zähler.   Dann ist der Anteil der braunen Autos $\frac{3}{25}$.

23 Gib den Anteil als Bruch an.
   a) 7 von 25 Autos sind weiß.   b) 17 von 30 Schülerinnen haben Turnschuhe an.
   c) 23 von 500 Jugendlichen sind heute krank.   d) Von 25 Schülern haben 8 als Lieblingsfach Sport.
   e) Von zehn Elfmetern hat Jakob drei gehalten.   f) Von 20 Elfmetern hat Eda einen verfehlt.

→ Seite 112
Nr. 6

→ Seite 144
Nr. 4

Brüche erweitern

Der Nenner gibt an, in wie viele gleich große
Teile ein Ganzes aufgeteilt wurde.
Erweitern bedeutet:
Du teilst das Ganze in mehr gleich große Teile ein.
Der Nenner wird größer.

▶ ▶ Brüche
erweitern
und kürzen

So erweiterst du einen Bruch:
Multipliziere den Zähler und den Nenner
mit der gleichen Zahl. Diese Zahl darf nicht 0 sein.
Der Wert des Bruchs bleibt gleich.

Erweitere den Bruch $\frac{2}{5}$ mit 3.

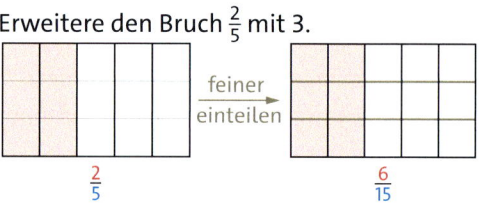

$\frac{2}{5}$ $\xrightarrow{\text{feiner einteilen}}$ $\frac{6}{15}$

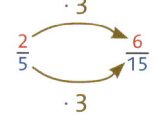

$\frac{2}{5}$ $\xrightarrow{\cdot 3}$ $\frac{6}{15}$ *mit 3 erweitern*

$\frac{2}{5} = \frac{2 \cdot 3}{5 \cdot 3} = \frac{6}{15}$

24 Erweitere den Bruch mit 3.
   a) $\frac{2}{3}$ b) $\frac{3}{5}$ c) $\frac{6}{7}$ d) $\frac{1}{2}$ e) $\frac{4}{9}$ f) $\frac{10}{13}$

25 Mit welcher Zahl wurde erweitert? Notiere im Heft.

   Beispiel $\frac{2}{5} = \frac{8}{20}$ 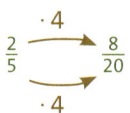 $\frac{2}{5} \xrightarrow{\cdot 4} \frac{8}{20}$ erweitert mit 4

   a) $\frac{2}{5} = \frac{4}{10}$ b) $\frac{4}{5} = \frac{16}{20}$ c) $\frac{2}{7} = \frac{20}{70}$ d) $\frac{3}{8} = \frac{21}{56}$ e) $\frac{9}{10} = \frac{54}{60}$

26 Erweitere den Bruch. Fülle die Lücken im Heft.
   a) $\cdot 4$ b) $\cdot 2$ c) $\cdot \blacksquare$ d) $\cdot \blacksquare$ e) $\cdot 5$ f) $\cdot \blacksquare$

   $\frac{2}{3}$ $\frac{8}{\blacksquare}$ $\frac{3}{4}$ $\frac{6}{\blacksquare}$ $\frac{1}{5}$ $\frac{\blacksquare}{30}$ $\frac{4}{9}$ $\frac{40}{\blacksquare}$ $\frac{3}{8}$ $\frac{\blacksquare}{\blacksquare}$ $\frac{5}{9}$ $\frac{\blacksquare}{36}$

   $\cdot \blacksquare$ $\cdot \blacksquare$ $\cdot 6$ $\cdot \blacksquare$ $\cdot \blacksquare$ $\cdot \blacksquare$

27 Erweitere den Bruch auf den Nenner 100.
   a) $\frac{7}{50} = \frac{\blacksquare}{100}$ b) $\frac{3}{10} = \frac{\blacksquare}{100}$ c) $\frac{1}{20} = \frac{\blacksquare}{100}$ d) $\frac{11}{25} = \frac{\blacksquare}{100}$ e) $\frac{2}{5} = \frac{\blacksquare}{100}$

28 Erweitere die beiden Brüche so, dass sie den gleichen Nenner haben.
   Beispiel $\frac{2}{3}$ und $\frac{1}{2}$ Ein gleicher Nenner ist 6. $\frac{2}{3} = \frac{4}{6}$ und $\frac{1}{2} = \frac{3}{6}$
   a) $\frac{1}{2}$ und $\frac{2}{5}$ b) $\frac{2}{3}$ und $\frac{3}{4}$ c) $\frac{1}{3}$ und $\frac{4}{5}$ d) $\frac{3}{5}$ und $\frac{3}{10}$ e) $\frac{3}{4}$ und $\frac{7}{10}$

Brüche kürzen

Der Nenner gibt an, in wie viele gleich große Teile ein Ganzes aufgeteilt wurde.
Kürzen bedeutet:
Du teilst das Ganze in weniger gleich große Teile ein.
Der Nenner wird kleiner.

So kürzt du einen Bruch:
Teile Zähler und Nenner durch die gleiche Zahl.
Diese Zahl darf nicht 0 sein.
Der Wert des Bruchs bleibt gleich.

Kürze den Bruch $\frac{4}{10}$ mit 2.

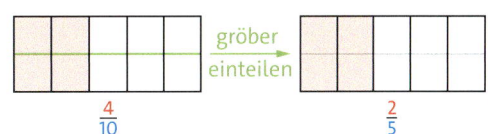

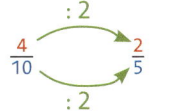

$$\frac{4}{10} = \frac{4:2}{10:2} = \frac{2}{5}$$

29 Kürze den Bruch mit 2.

a) $\frac{4}{6}$ b) $\frac{8}{14}$ c) $\frac{2}{20}$ d) $\frac{6}{16}$ e) $\frac{10}{12}$ f) $\frac{18}{26}$

30 Mit welcher Zahl wurde gekürzt? Notiere im Heft.

Beispiel $\frac{6}{9} = \frac{2}{3}$ $\frac{6}{9} \nearrow^{:3} \searrow_{:3} \frac{2}{3}$ gekürzt mit 3

a) $\frac{2}{4} = \frac{1}{2}$ b) $\frac{8}{12} = \frac{2}{3}$ c) $\frac{5}{20} = \frac{1}{4}$ d) $\frac{22}{33} = \frac{2}{3}$ e) $\frac{15}{42} = \frac{5}{14}$

31 Kürze den Bruch. Fülle die Lücken im Heft.

a) :3
$\frac{3}{12} \rightarrow \frac{1}{\blacksquare}$:$\blacksquare$

b) :5
$\frac{15}{20} \rightarrow \frac{3}{\blacksquare}$:$\blacksquare$

c) :$\blacksquare$
$\frac{4}{10} \rightarrow \frac{\blacksquare}{5}$:2

d) :$\blacksquare$
$\frac{28}{36} \rightarrow \frac{7}{\blacksquare}$:$\blacksquare$

e) :10
$\frac{30}{80} \rightarrow \frac{\blacksquare}{\blacksquare}$:$\blacksquare$

f) :$\blacksquare$
$\frac{45}{54} \rightarrow \frac{\blacksquare}{6}$:$\blacksquare$

32 Kürze den Bruch so weit wie möglich.

Beispiel $\frac{30}{90} = \frac{3}{9} = \frac{1}{3}$

a) $\frac{60}{90}$ b) $\frac{24}{40}$ c) $\frac{20}{32}$ d) $\frac{50}{100}$ e) $\frac{24}{80}$ f) $\frac{48}{120}$

g) $\frac{38}{76}$ h) $\frac{72}{90}$ i) $\frac{14}{56}$ j) $\frac{25}{150}$ k) $\frac{11}{77}$ l) $\frac{300}{5000}$

33 Kürze den Bruch auf den Nenner 100.

a) $\frac{50}{200} = \frac{\blacksquare}{100}$ b) $\frac{9}{300} = \frac{\blacksquare}{100}$ c) $\frac{120}{400} = \frac{\blacksquare}{100}$ d) $\frac{70}{1000} = \frac{\blacksquare}{100}$ e) $\frac{800}{2000} = \frac{\blacksquare}{100}$

34 Mit welcher Zahl wurde erweitert oder gekürzt? Notiere im Heft.

Beispiel $\frac{2}{5} = \frac{8}{20}$ $\frac{2 \cdot 4}{5 \cdot 4} = \frac{8}{20}$ Der Bruch $\frac{2}{5}$ wurde mit 4 erweitert.

a) $\frac{3}{9} = \frac{1}{3}$ b) $\frac{2}{5} = \frac{4}{10}$ c) $\frac{4}{6} = \frac{12}{18}$ d) $\frac{6}{10} = \frac{3}{5}$ e) $\frac{7}{63} = \frac{1}{9}$ f) $\frac{3}{33} = \frac{12}{132}$

g) $\frac{38}{64} = \frac{19}{32}$ h) $\frac{48}{120} = \frac{6}{15}$ i) $\frac{13}{16} = \frac{52}{64}$ j) $\frac{45}{99} = \frac{5}{11}$ k) $\frac{125}{500} = \frac{1}{4}$ l) $\frac{3}{4} = \frac{63}{84}$

→ Seite 145
Nr. 11

▸ 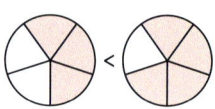 Brüche vergleichen

Brüche vergleichen

Sind die Nenner **gleich**, dann ist der Bruch mit dem größeren Zähler größer.

Sind die Nenner **ungleich**, dann kannst du die Brüche so vergleichen:
① Finde einen gemeinsamen Nenner.
② Erweitere beide Brüche auf den gemeinsamen Nenner.
③ Vergleiche die Zähler.

Vergleiche die Brüche $\frac{3}{5}$ und $\frac{4}{5}$.

Die Nenner sind gleich.

Weil $3 < 4$ ist, ist $\frac{3}{5} < \frac{4}{5}$.

Vergleiche die Brüche $\frac{3}{5}$ und $\frac{5}{7}$.
Die Nenner sind ungleich.
① Ein gemeinsamer Nenner ist 35, denn $5 \cdot 7 = 35$.
② $\frac{3}{5} = \frac{3 \cdot 7}{5 \cdot 7} = \frac{21}{35}$ $\frac{5}{7} = \frac{5 \cdot 5}{7 \cdot 5} = \frac{25}{35}$
③ Weil $21 < 25$ ist, ist $\frac{21}{35} < \frac{25}{35}$. Also ist $\frac{3}{5} < \frac{5}{7}$.

---

35 Welche Brüche sind dargestellt? Welcher der beiden Brüche ist größer?

a) 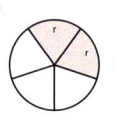   b) 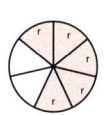   c)    d)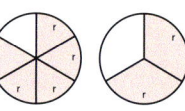

36 Setze im Heft < oder > ein.
a) $\frac{3}{4} \bullet \frac{1}{4}$ b) $\frac{2}{5} \bullet \frac{4}{5}$ c) $\frac{3}{8} \bullet \frac{1}{8}$ d) $\frac{5}{9} \bullet \frac{4}{9}$ e) $\frac{7}{10} \bullet 1$ f) $\frac{13}{10} \bullet 1$

37 Vergleiche die Brüche. Erweitere zuerst den ersten Bruch. Vergleiche dann die Zähler.
a) $\frac{1}{2}$ und $\frac{3}{8}$ b) $\frac{3}{4}$ und $\frac{5}{8}$ c) $\frac{2}{3}$ und $\frac{5}{6}$ d) $\frac{1}{3}$ und $\frac{5}{12}$ e) $\frac{2}{5}$ und $\frac{7}{20}$ f) $\frac{3}{10}$ und $\frac{19}{50}$

38 Vergleiche die Brüche. Erweitere zuerst beide Brüche auf einen gemeinsamen Nenner.
a) $\frac{2}{5}$ und $\frac{3}{7}$ b) $\frac{1}{2}$ und $\frac{2}{3}$ c) $\frac{7}{10}$ und $\frac{2}{3}$ d) $\frac{3}{4}$ und $\frac{5}{7}$ e) $\frac{5}{6}$ und $\frac{7}{9}$ f) $\frac{3}{4}$ und $\frac{7}{10}$

→ Seite 144
Nr. 6

Dezimalzahlen in Brüche umwandeln

Du kannst Dezimalzahlen in eine erweiterte Stellenwerttafel eintragen.
Nach dem Komma stehen die Nachkommastellen
Zehntel (z),
Hundertstel (h),
Tausendstel (t) ...

Schreibe als Bruch: 0,7; 1,3; 0,39; 4,063

Ganze		,	Nachkommastellen		
Z	E	,	z	h	t
	0	,	7		
	1	,	3		
	0	,	3	9	
	4	,	0	6	3

Du kannst Dezimalzahlen auch als Brüche mit den Nennern 10, 100, 1000 ... schreiben.

$0{,}7 = \frac{7}{10}$ $1{,}3 = 1\frac{3}{10}$

$0{,}39 = \frac{39}{100}$ $4{,}063 = 4\frac{63}{1000}$

39 Wandle die Dezimalzahl in einen Bruch oder in eine gemischte Zahl um.
Eine Stellenwerttafel kann dir helfen.
a) 0,3   b) 2,9   c) 0,47   d) 1,29   e) 0,123   f) 7,567   g) 0,03   h) 2,001

te 144
Nr. 5

Brüche in Dezimalzahlen umwandeln

Du hast zwei Möglichkeiten, um einen Bruch in eine Dezimalzahl umzuwandeln.

1. Möglichkeit:
   - Kürze oder erweitere den Nenner auf 10, 100, 1000 ...
   - Schreibe dann den Bruch als Dezimalzahl.

2. Möglichkeit:
   - Dividiere den Zähler durch den Nenner.
   - Setze hinter dem Zähler ein Komma.
   - Ergänze so viele Nullen, wie du brauchst.
   - Wenn du über das Komma gehst,
     dann setze ein Komma im Ergebnis.

Wandle $\frac{3}{4}$ in eine Dezimalzahl um.

$$\frac{3}{4} \qquad \frac{75}{100} \qquad \frac{75}{100} = 0,75$$

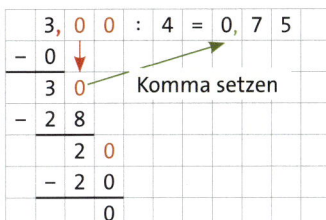

Komma setzen

Brüche
zimal-
n um-
deln –
itern
Kürzen

Brüche
zimal-
n um-
deln –
ftliches
ieren

40 Wandle den Bruch in eine Dezimalzahl um. Erweitere zuerst auf den Nenner 10 oder 100.

Nenner 10: a) $\frac{1}{2}$ b) $\frac{2}{5}$ c) $\frac{3}{5}$

Nenner 100: d) $\frac{31}{50}$ e) $\frac{7}{20}$ f) $\frac{11}{25}$

41 Wandle den Bruch in eine Dezimalzahl um.
Kürze zuerst auf einen Bruch mit dem Nenner 10 oder 100.

a) $\frac{14}{20}$ b) $\frac{12}{30}$ c) $\frac{7}{70}$ d) $\frac{68}{200}$ e) $\frac{50}{200}$ f) $\frac{21}{300}$

42 Wandle den Bruch in eine Dezimalzahl um. Dividiere dazu den Zähler durch den Nenner.

a) $\frac{1}{4}$ b) $\frac{4}{5}$ c) $\frac{3}{8}$ d) $\frac{7}{5}$ e) $\frac{9}{4}$ f) $\frac{11}{8}$

te 112
Nr. 7

te 113
Nr. 8

Prozentzahlen in Brüche und Dezimalzahlen umwandeln

Das Prozent-Zeichen (%) steht für Hundertstel.
Du kannst eine Prozentzahl also als
Bruch mit dem Nenner 100 schreiben.

Wenn du die Prozentzahl in eine Stellenwerttafel
einträgst, kannst du die **Dezimalzahl** ablesen.
Du darfst an den freien Stellen **Nullen** ergänzen.

Wandle 2 % und 129 % jeweils in einen Bruch und in eine Dezimalzahl um.

$2\,\% = 2$ Hundertstel $= \frac{2}{100} = \frac{1}{50}$

$129\,\% = 129$ Hundertstel $= \frac{129}{100} = 1\frac{29}{100}$

Bruch	E	,	z	h	Dezimalzahl
2 %	0	,	0	2	0,02
129 %	1	,	2	9	1,29

43 Wandle die Prozentzahl in einen Bruch und in eine Dezimalzahl um.

Beispiel $39\,\% = \frac{39}{100} = 0,39$

a) 37 % b) 49 % c) 73 % d) 1 % e) 9 % f) 207 %

44 Wandle den Bruch oder die Dezimalzahl in eine Prozentzahl um.

a) $\frac{25}{100}$ b) $\frac{4}{100}$ c) $1\frac{65}{100}$ d) 0,78 e) 0,83 f) 1,45

→ Seite 72
Nr. 3

▸ 📺 *Längen umrechnen – Umrechnungszahl*

▸ 📺 *Längen umrechnen – Einheitentabelle*

Einheiten für Längen umrechnen

Die Umrechnungszahl zwischen den Längen mm, cm, dm und m ist 10. Zwischen km und m ist die Umrechnungszahl 1000.

$1\,km = 1000\,m$
$1\,m = 10\,dm$
$1\,dm = 10\,cm$
$1\,cm = 10\,mm$

Eine Einheitentabelle hilft dir beim Umrechnen.

km			m			dm	cm	mm	
H	Z	E	H	Z	E	E	E	E	
							3	0	$3\,cm = 30\,mm$
				5	0	0			$5\,m = 500\,cm$
		7	0	0	0				$7\,km = 7000\,m$
						2	4		$2\,dm\ 4\,cm$ $= 2{,}4\,dm = 24\,cm$
		0	0	5	6				$56\,m = 0{,}056\,km$

45 Rechne in die nächstkleinere Einheit um.
Beispiel $6\,m = 6 \cdot 10\,dm = 60\,dm$
a) $5\,cm = \blacksquare\,mm$
b) $3\,m = \blacksquare\,dm$
c) $28\,dm = \blacksquare\,cm$
d) $5\,km = \blacksquare\,m$
e) $17\,km = \blacksquare\,m$
f) $2{,}8\,dm = \blacksquare\,cm$
g) $4{,}1\,km = \blacksquare\,m$
h) $5\,m\ 6\,dm = \blacksquare\,dm$

46 Rechne in die nächstgrößere Einheit um.
Beispiel $800\,cm = 80\,dm$, denn $800 : 10 = 80$
a) $70\,mm = \blacksquare\,cm$
b) $50\,dm = \blacksquare\,m$
c) $2000\,m = \blacksquare\,km$
d) $900\,cm = \blacksquare\,dm$
e) $400\,m = \blacksquare\,km$
f) $21\,mm = \blacksquare\,cm$
g) $5\,mm = \blacksquare\,cm$
h) $5\,m\ 6\,dm = \blacksquare\,m$

47 Rechne in die Einheit in der Klammer um.
a) $1\,m$ (cm)
b) $300\,mm$ (dm)
c) $3{,}4\,km$ (m)
d) $1{,}5\,dm$ (mm)
e) $7{,}5\,m$ (mm)
f) $1\,km\ 10\,m$ (m)

→ Seite 167
Nr. 13

▸ 📺 *Flächeneinheiten umrechnen – Umrechnungszahl*

▸ 📺 *Flächeneinheiten umrechnen – Einheitentabelle*

Einheiten für Flächeninhalte umrechnen

Die Umrechnungszahl bei Flächen ist 100.

$1\,m^2 = 100\,dm^2$
$1\,dm^2 = 100\,cm^2$
$1\,cm^2 = 100\,mm^2$

Eine Einheitentabelle hilft dir beim Umrechnen.

m²		dm²		cm²		mm²		
Z	E	Z	E	Z	E	Z	E	
				5	0	0		$5\,dm^2 = 500\,cm^2$
				4	0	0	0	0	$4\,dm^2 = 40\,000\,mm^2$
	0	3	5					$35\,dm^2 = 0{,}35\,m^2$
					1	4	5	$1\,cm^2\ 45\,mm^2$ $= 1{,}45\,cm^2 = 145\,mm^2$

48 Rechne in die nächstkleinere Einheit um.
Beispiel $4\,m^2 = 4 \cdot 100\,dm^2 = 400\,dm^2$
a) $9\,m^2 = \blacksquare\,dm^2$
b) $5\,cm^2 = \blacksquare\,mm^2$
c) $20\,dm^2 = \blacksquare\,cm^2$
d) $35\,m^2 = \blacksquare\,dm^2$
e) $0{,}2\,cm^2 = \blacksquare\,mm^2$
f) $1{,}8\,dm^2 = \blacksquare\,cm^2$
g) $3\,dm^2\ 40\,cm^2 = \blacksquare\,cm^2$
h) $3\,m^2\ 2\,dm^2 = \blacksquare\,dm^2$

49 Rechne in die nächstgrößere Einheit um.
Beispiel $200\,cm^2 = 2\,dm^2$, denn $200 : 100 = 2$
a) $500\,cm^2 = \blacksquare\,dm^2$
b) $900\,mm^2 = \blacksquare\,cm^2$
c) $3000\,dm^2 = \blacksquare\,m^2$
d) $70\,cm^2 = \blacksquare\,dm^2$
e) $250\,mm^2 = \blacksquare\,cm^2$
f) $1230\,dm^2 = \blacksquare\,m^2$
g) $5\,dm^2\ 10\,cm^2 = \blacksquare\,dm^2$
h) $4\,m^2\ 5\,dm^2 = \blacksquare\,m^2$

50 Rechne in die Einheit in der Klammer um.
a) $2\,m^2$ (cm²)
b) $60000\,mm^2$ (dm²)
c) $0{,}3\,m^2$ (dm²)
d) $0{,}8\,dm^2$ (mm²)
e) $5\,m^2\ 7\,dm^2$ (cm²)

Einheiten für Gewichte (Massen) umrechnen

Die Umrechnungszahl bei Gewichten ist 1000. Es gilt also:

1 t = 1000 kg
1 kg = 1000 g
1 g = 1000 mg

Eine Einheitentabelle hilft dir beim Umrechnen.

t			kg			g			mg			
H	Z	E	H	Z	E	H	Z	E	H	Z	E	
		2	0	0	0							2 t = 2000 kg
					3	0	0	0	0	0	0	3 kg = 3 000 000 mg
		0	4	0	0							400 kg = 0,4 t
								1	2	5	8	1 g 258 mg = 1,258 g = 1258 mg

51 Rechne in die nächstkleinere Einheit um.
Beispiel 5 g = 5 · 1000 mg = 5000 mg
a) 8 g = ■ mg
b) 2 t = ■ kg
c) 25 kg = ■ g
d) 15 t = ■ kg
e) 0,1 t = ■ kg
f) 7,5 g = ■ mg
g) 1 kg 500 g = ■ g
h) 4 t 50 kg = ■ kg

52 Rechne in die nächstgrößere Einheit um.
Beispiel 2000 kg = 2 t, denn 2000 : 1000 = 2
a) 7000 kg = ■ t
b) 3000 mg = ■ g
c) 2000 g = ■ kg
d) 900 kg = ■ t
e) 800 mg = ■ g
f) 6500 g = ■ kg
g) 1 g 200 mg = ■ g
h) 2 kg 75 g = ■ kg

53 Rechne in die Einheit in der Klammer um.
a) 7 kg (g)
b) 10 000 mg (g)
c) 120 000 kg (t)
d) 0,5 t (g)
e) 2 t 34 kg (kg)

Zeiteinheiten umrechnen

Seite 41
Nr. 9

Die Umrechnungszahlen bei Zeiteinheiten sind verschieden.

Ein Jahr hat 12 Monate.

3 Jahre = 3 · 12 Monate = 36 Monate
60 Monate = 5 Jahre, denn 60 : 12 = 5

Ein Tag (d) hat 24 Stunden (h).

2 d = 2 · 24 h = 48 h
240 h = 10 d, denn 240 : 24 = 10

Eine Stunde (h) hat 60 Minuten (min).

0,5 h = 0,5 · 60 min = 30 min
420 min = 7 h, denn 420 : 60 = 7

Eine Minute (min) hat 60 Sekunden (s).

5 min = 5 · 60 s = 300 s
120 s = 2 min, denn 120 : 60 = 2

54 Rechne in die nächstkleinere Einheit um.
a) 2 Jahre = ■ Monate
b) 3 d = ■ h
c) 3 h = ■ min
d) 4 min = ■ s
e) 0,5 Jahre = ■ Monate
f) 0,5 d = ■ h
g) 1 h 15 min = ■ min
h) 2 min 30 s = ■ s

55 Rechne in die nächstgrößere Einheit um.
Beispiel 36 Monate = 3 Jahre, denn 36 : 12 = 3
a) 48 Monate = ■ Jahre
b) 120 h = ■ d
c) 360 min = ■ h
d) 300 s = ■ min
e) 12 h = ■ d
f) 600 s = ■ min
g) 2 h 30 min = ■ h
h) 1 d 12 h = ■ d

→Seite 166
Nr. 1

Fachbegriffe der Addition und Subtraktion

Fachbegriffe bei der Addition

$$17 \quad + \quad 21 \quad = \quad 38$$

1. Summand   2. Summand   Wert der Summe

Summe

Fachbegriffe bei der Subtraktion

$$27 \quad - \quad 11 \quad = \quad 16$$

Minuend   Subtrahend   Wert der Differenz

Differenz

56 Übertrage die Rechnung in dein Heft. Ordne jeder Zahl den Fachbegriff zu.
a) $16 + 25 = 41$ b) $40 + 10 = 50$ c) $37 - 10 = 27$ d) $30 = 50 - 20$

→ Seite 7
Nr. 7

→ Seite 166
Nr. 2

Im Kopf addieren und subtrahieren

Kleinere Zahlen kannst du einfach im Kopf addieren.
Zerlege dazu den zweiten Summanden in Einer und Zehner.
Addiere zum ersten Summanden zuerst die Einer des zweiten
Summanden und dann die Zehner.

$$38 + 67 = ?$$
$$38 + 7 = 45$$
$$45 + 60 = 105$$

▶ Im
Kopf
addieren

Wenn du mehrere Summanden addieren möchtest,
dann versuche Rechenvorteile zu nutzen.
Vertausche dazu Summanden.

$$38 + 77 + 62$$
$$= \underline{38 + 62} + 77$$
$$= 100 + 77$$
$$= 177$$

Du kannst kleinere Zahlen auch im Kopf subtrahieren.
Zerlege den Subtrahenden.
Subtrahiere vom Minuenden zuerst die Einer des Subtrahenden
und dann die Zehner.

$$45 - 28 = ?$$
$$45 - 8 = 37$$
$$37 - 20 = 17$$

57 Addiere im Kopf.
a) $21 + 6$ b) $32 + 45$ c) $35 + 5$ d) $56 + 15$ e) $72 + 19$ f) $46 + 48$
g) $66 + 91$ h) $57 + 53$ i) $87 + 54$ j) $111 + 55$ k) $138 + 17$ l) $153 + 192$

58 Addiere im Kopf. Nutze Rechenvorteile.
a) $21 + 45 + 9$ b) $49 + 13 + 7$ c) $54 + 16 + 11$ d) $45 + 78 + 55$
e) $34 + 19 + 16 + 21$ f) $66 + 8 + 32 + 14$ g) $67 + 28 + 33 + 32$ h) $78 + 88 + 12 + 22$

59 Subtrahiere im Kopf.
a) $37 - 6$ b) $56 - 7$ c) $67 - 34$ d) $58 - 28$ e) $51 - 12$ f) $53 - 15$
g) $67 - 29$ h) $70 - 33$ i) $100 - 42$ j) $164 - 53$ k) $206 - 53$ l) $245 - 27$

Seite 7
Nr. 8

Schriftlich addieren

Aufgabe: 453 + 2374

Wenn du zwei oder mehr Summanden schriftlich addieren möchtest, dann gehe so vor:

① Schreibe Einer unter Einer, Zehner unter Zehner und so weiter.

② Beginne rechts bei den Einern. Addiere die Einer, dann die Zehner und so weiter.

③ Wenn die Summe der Ziffern 10 oder größer ist, dann schreibe den **Übertrag** in die nächste Spalte und addiere ihn dort hinzu.

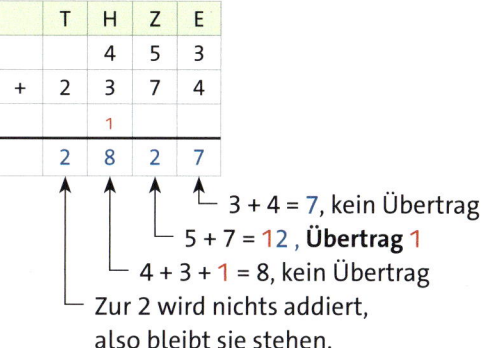

3 + 4 = 7, kein Übertrag
5 + 7 = 12 , **Übertrag** 1
4 + 3 + 1 = 8, kein Übertrag
Zur 2 wird nichts addiert, also bleibt sie stehen.

60 Schreibe die Aufgaben in dein Heft und addiere schriftlich.

a)	H	Z	E		b)	H	Z	E		c)	H	Z	E		d)	T	H	Z	E		e)	T	H	Z	E
	1	3	5				8	3				1	6	7			1	4	6	0			3	5	8	4
+	3	1	4		+	5	0	6		+		2	9		+		3	8	4		+	2	8	0	8

61 Addiere schriftlich im Heft.

a) 146 + 231   b) 264 + 38   c) 542 + 275   d) 789 + 174   e) 1084 + 362 + 273

Seite 7
Nr. 8

Schriftlich subtrahieren

Aufgabe: 1538 – 473

Wenn du schriftlich subtrahieren möchtest, dann gehe so vor:

① Schreibe Einer unter Einer, Zehner unter Zehner und so weiter.

② Beginne rechts bei den Einern. Finde die fehlende Zahl, die du von unten nach oben ergänzen musst. Dann die Zehner ...

③ Wenn ein **Übertrag** entsteht, dann notiere ihn in der nächsten Spalte.

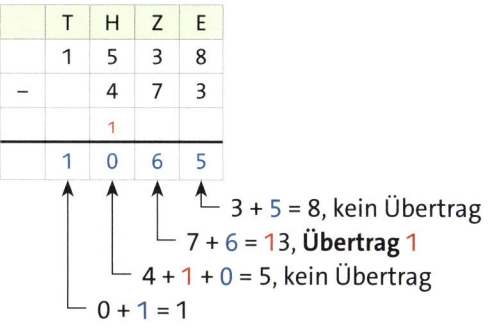

3 + 5 = 8, kein Übertrag
7 + 6 = 13, **Übertrag** 1
4 + 1 + 0 = 5, kein Übertrag
0 + 1 = 1

62 Schreibe die Aufgaben in dein Heft und subtrahiere schriftlich.

a)	H	Z	E		b)	H	Z	E		c)	H	Z	E		d)	T	H	Z	E		e)	T	H	Z	E
	3	6	5			4	4	4			6	5	4			1	6	7	0			4	1	3	8
–		4	1		–		2	9		–		9	4		–		3	5	5		–	2	4	6	6

63 Subtrahiere schriftlich im Heft.

a) 383 – 61   b) 365 – 47   c) 708 – 253   d) 1026 – 519   e) 5384 – 2746

→ Seite 166
Nr. 3

Fachbegriffe der Multiplikation und Division

Fachbegriffe bei der Multiplikation

7	·	9	=	63
1. Faktor		2. Faktor		Wert des Produkts

Produkt

Fachbegriffe bei der Division

35	:	7	=	5
Dividend		Divisor		Wert des Quotienten

Quotient

64 Übertrage die Rechnung in dein Heft. Ordne jeder Zahl den Fachbegriff zu.

a) $6 \cdot 5 = 30$ b) $48 = 12 \cdot 4$ c) $4 = 20 : 5$ d) $9 : 1 = 9$

→ Seite 166
Nr. 4

Das kleine Einmaleins beherrschen

In der Tabelle stehen alle Malaufgaben mit den Zahlen 1 bis 10.
In den Zeilen findest du die Einmaleins-Reihen.
So findest du ein Ergebnis: Suche die beiden Zahlen, die du miteinander malnehmen willst, eine in der Spalte ganz links, eine in der obersten Zeile. Finde die Stelle, an der sich die Pfeile treffen. Es ist egal, ob du $6 \cdot 8$ oder $8 \cdot 6$ rechnest, weil das Ergebnis gleich ist.
Das kleine Einmaleins solltest du auf jeden Fall auswendig können.

mal	1	2	3	4	5	6	7	8	9	10
1	1	2	3	4	5	6	7	8	9	10
2	2	4	6	8	10	12	14	16	18	20
3	3	6	9	12	15	18	21	24	27	30
4	4	8	12	16	20	24	28	32	36	40
5	5	10	15	20	25	30	35	40	45	50
6	6	12	18	24	30	36	42	48	54	60
7	7	14	21	28	35	42	49	56	63	70
8	8	16	24	32	40	48	56	64	72	80
9	9	18	27	36	45	54	63	72	81	90
10	10	20	30	40	50	60	70	80	90	100

65 Berechne.

a) $4 \cdot 5$ b) $6 \cdot 8$ c) $9 \cdot 2$ d) $7 \cdot 7$ e) $8 \cdot 9$ f) $8 \cdot 0$

66 Berechne.

a) $36 : 9$ b) $35 : 5$ c) $54 : 6$ d) $14 : 2$ e) $32 : 4$ f) $30 : 10$

67 Setze die Einmaleins-Reihe im Heft fort.

a) 3; 6; 9; ■; ■; ■; ■; ■   b) 8; 16; ■; ■; 40; ■; ■   c) ■; ■; 21; 28; 35; ■; ■

d) ■; ■; 12; ■; 20; ■; 28   e) 30; 40; 50; ■; ■; ■; ■   f) ■; 10; ■; 20; ■; ■; 35

68 Finde möglichst viele Mal-Aufgaben mit dem angegebenen Ergebnis.

Beispiel $20 = 2 \cdot 10 = 4 \cdot 5 = 1 \cdot 20$

$20 = 10 \cdot 2 = 5 \cdot 4 = 20 \cdot 1$

a) 35   b) 28   c) 20   d) 56   e) 36   f) 72

Seite 40
Nr. 3, 4

Zahlen verdoppeln und halbieren

Eine Zahl **verdoppeln** bedeutet:
Rechne mal 2.

Verdopple die Zahl 38.
Rechne: $2 \cdot 38 = 2 \cdot 30 + 2 \cdot 8 = 60 + 16 = 76$

Eine Zahl **halbieren** bedeutet:
Teile durch 2.

Halbiere die Zahl 58.
Rechne: $58 : 2 = 50 : 2 + 8 : 2 = 25 + 4 = 29$

69 Verdopple die Zahlen: 23; 40; 314; 35; 28; 75; 67; 209

70 Halbiere die Zahlen: 28; 62; 460; 70; 58; 120; 152; 114

Seite 7
Nr. 7

Seite 41
Nr. 5, 6

Im
pf
ltipli-
ren

Im
pf
idieren

Im Kopf multiplizieren und dividieren

Wenn du im Kopf multiplizieren möchtest,	$26 \cdot 3 =$ _____	Im Kopf:
dann zerlege die Aufgabe in Teilaufgaben.	$20 \cdot 3 = 60$	$26 \cdot 3 = 20 \cdot 3 + 6 \cdot 3$
Rechne die Teilaufgaben und addiere die Ergebnisse.	$6 \cdot 3 = 18$	$= 60 + 18$
	78	$= 78$
Wenn du im Kopf dividieren möchtest,	$72 : 6 =$ _____	Im Kopf:
dann zerlege den Dividenden in zwei Zahlen,	$60 : 6 = 10$	$72 : 6 = 60 : 6 + 12 : 6$
die beide durch den Divisor teilbar sind.	$12 : 6 = 2$	$= 10 + 2$
Rechne die Teilaufgaben und addiere die Ergebnisse.	12	$= 12$

71 Zerlege in Teilaufgaben und multipliziere.
a) $23 \cdot 4$ b) $17 \cdot 3$ c) $18 \cdot 6$ d) $26 \cdot 5$ e) $42 \cdot 8$ f) $58 \cdot 9$

72 Zerlege in Teilaufgaben und dividiere.
a) $42 : 2$ b) $69 : 3$ c) $128 : 4$ d) $78 : 6$ e) $105 : 7$ f) $198 : 9$

eite 112
Nr. 1

ache
Teiler

Teiler bestimmen

Es gibt Zahlen, durch die du einen Dividenden ohne Rest teilen kannst. Das sind die **Teiler** des Dividenden.

5 ist ein **Teiler** von 30, denn du kannst 30 ohne Rest durch 5 teilen: $30 : 5 = 6$
7 ist kein Teiler von 30, denn $30 : 7 = 4$ Rest 2

Du kannst die Teiler einer Zahl als **Teilermenge** (T_{Zahl}) aufschreiben. Suche dazu alle Produkte von zwei Zahlen, die als Ergebnis die Zahl haben.

$T_{30} = \{1; 2; 3; 5; 6; 10; 15; 30\}$, denn
$30 = 1 \cdot 30; 30 = 2 \cdot 15;$
$30 = 3 \cdot 10; 30 = 5 \cdot 6$

73 Ergänze die fehlenden Teiler im Heft.
a) $T_{15} = \{1; 3; \blacksquare; \blacksquare\}$ b) $T_{16} = \{1; 2; \blacksquare; \blacksquare; \blacksquare\}$ c) $T_{20} = \{\blacksquare; \blacksquare; 4; \blacksquare; 10; \blacksquare\}$ d) $T_{25} = \{\blacksquare; \blacksquare; \blacksquare\}$

74 Bestimme alle Teiler der Zahl.
a) 9   b) 14   c) 28   d) 49   e) 56   f) 23   g) 100

→ Seite 7
Nr. 9

→ Seite 41
Nr. 7

→ Seite 112
Nr. 2

▶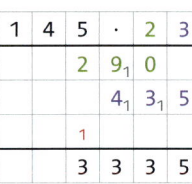
Schriftlich
multipli-
zieren

Schriftlich multiplizieren

So multiplizierst du schriftlich:
Multipliziere jede Stelle des zweiten Faktors
einzeln mit dem ersten Faktor.
① Multipliziere zuerst mit der höchsten Stelle.
② Multipliziere dann mit der nächsten Stelle.
   Schreibe das Ergebnis unterhalb und eine
   Stelle weiter nach rechts.
③ Addiere alle Ergebnisse und Überträge.

Aufgabe: 145 · 23

① Rechne 2 · 145.
② Rechne 3 · 145.
③ Addiere die beiden
   Ergebnisse und
   den Übertrag.

---

75 Schreibe ins Heft. Multipliziere schriftlich.

a)  5 2 4 · 3

b) 4 1 2 · 4

c) 6 3 2 · 2 4

d) 3 0 8 · 4 5

76 Multipliziere schriftlich.

a) 513 · 2   b) 621 · 8   c) 576 · 30   d) 790 · 84   e) 407 · 173

→ Seite 7
Nr. 9

→ Seite 41
Nr. 8

→ Seite 112
Nr. 3

▶
Schriftlich
dividieren

Schriftlich dividieren

Aufgabe: 17 325 : 5

So dividierst du schriftlich:
① Behandle die Ziffern der ersten Zahl
   (also des Dividenden) schrittweise
   von links nach rechts.
② Teile die erste Zahl. Notiere das
   Ergebnis und schreibe das Vielfache
   unter die erste Zahl.
③ Subtrahiere. Schreibe den Rest auf.
④ Hole von oben die nächste Ziffer.
⑤ Rechne, bis alles aufgeteilt ist.

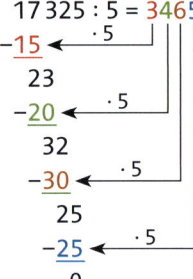

17 325 : 5 = 3465
−15   · 5
  23
−20   · 5
  32
−30   · 5
  25
−25   · 5
   0

1 kannst du nicht durch 5 teilen.
5 passt 3-mal in die 17.   3 · 5 = 15
17 − 15 = 2, hole 3 von oben.
5 passt 4-mal in die 23.   4 · 5 = 20
23 − 20 = 3, hole 2 von oben.
5 passt 6-mal in die 32.   6 · 5 = 30
32 − 30 = 2, hole 5 von oben.
5 passt 5-mal in die 25.   5 · 5 = 25
25 − 25 = 0, kein Rest.

---

77 Übertrage in dein Heft. Ergänze die Ziffern in den grauen Kästchen.

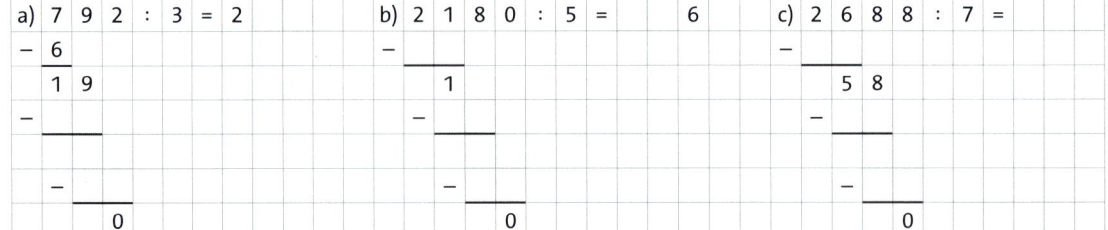

a) 7 9 2 : 3 = 2
− 6
  1 9
−

          0

b) 2 1 8 0 : 5 =   6
−
    1
−

        0

c) 2 6 8 8 : 7 =
−
  5 8
−

        0

78 Dividiere schriftlich im Heft. Es gibt keinen Rest.

a) 2540 : 10   b) 2540 : 4   c) 2292 : 6   d) 5648 : 8   e) 16 506 : 9

→ Seite 7
Nr. 12

eite 166
Nr. 6

rang-
eln

Vorrangregeln anwenden

Die Vorrangregeln sind:

① Klammern zuerst

② Punktrechnung ($\cdot$, :)
vor Strichrechnung (+, -)
Das heißt: Wenn keine Klammer steht,
dann multipliziere oder dividiere zuerst.

③ Wenn du keine Vorrangregel nutzen kannst,
dann rechne von links nach rechts.

$$14 - 2 \cdot 5 + (10 - 7) \quad \text{zuerst die Klammer}$$
$$= 14 - 2 \cdot 5 + \quad 3 \quad \text{dann Punktrechnung}$$
$$= 14 - 10 + \quad 3 \quad \text{dann von links nach rechts}$$
$$= \quad 4 + 3$$
$$= \quad 7$$

79 Berechne. Notiere die Vorrangregeln, die du genutzt hast.

a) $45 - 3 \cdot 4$ b) $2 \cdot (25 - 12)$ c) $34 + 28 : 7$ d) $40 : (17 - 12)$

e) $37 - 24 : 4 + (52 - 28)$ f) $50 - 5 \cdot 7 + 30 : 6$ g) $(46 - 18) + 12 : 2$ h) $24 : (15 - 7) \cdot (36 : 4)$

→ Seite 7
Nr. 10

eite 166
Nr. 7

chnami-
Brüche
ieren
subtra-
en

gleich-
nige
che
ieren

Brüche addieren und subtrahieren

So **addierst** du Brüche mit gleichem Nenner:
Addiere nur die Zähler. Der Nenner bleibt gleich.

$\frac{1}{5} + \frac{2}{5} = \frac{3}{5}$

Genauso **subtrahierst** du Brüche mit gleichem Nenner:
Subtrahiere nur die Zähler. Der Nenner bleibt gleich.

$\frac{4}{5} - \frac{1}{5} = \frac{3}{5}$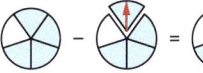

Wenn die beiden Brüche unterschiedliche Nenner
haben, dann musst du die Brüche durch Erweitern oder
Kürzen auf einen gemeinsamen Nenner bringen.
Rechne dann wie oben.

$\frac{1}{2} + \frac{1}{3} = \frac{3}{6} + \frac{2}{6} = \frac{5}{6}$

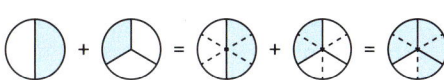

80 Berechne. Kürze das Ergebnis, wenn möglich.

a) $\frac{2}{7} + \frac{3}{7}$ b) $\frac{6}{7} - \frac{4}{7}$ c) $\frac{4}{9} + \frac{3}{9}$ d) $\frac{8}{9} - \frac{5}{9}$ e) $\frac{7}{8} - \frac{3}{8}$ f) $\frac{1}{8} + \frac{5}{8}$

g) $\frac{3}{10} + \frac{1}{10}$ h) $\frac{10}{11} - \frac{6}{11}$ i) $\frac{7}{12} + \frac{1}{12}$ j) $\frac{11}{12} - \frac{7}{12}$ k) $\frac{7}{23} + \frac{14}{23}$ l) $\frac{11}{15} - \frac{8}{15}$

81 Finde zuerst einen gemeinsamen Nenner. (Du musst nur einen Bruch erweitern.) Berechne dann.

Beispiel $\frac{3}{10} + \frac{2}{5} = \frac{3}{10} + \frac{4}{10} = \frac{7}{10}$

a) $\frac{4}{5} + \frac{1}{10}$ b) $\frac{2}{5} - \frac{3}{10}$ c) $\frac{2}{9} + \frac{2}{3}$ d) $\frac{1}{2} - \frac{1}{8}$ e) $\frac{7}{10} + \frac{3}{20}$ f) $\frac{17}{18} - \frac{1}{3}$

82 Finde einen gemeinsamen Nenner. (Du musst beide Brüche erweitern.) Berechne dann.

Beispiel $\frac{3}{5} - \frac{1}{4} = \frac{12}{20} - \frac{5}{20} = \frac{7}{20}$

a) $\frac{2}{5} + \frac{1}{4}$ b) $\frac{1}{2} + \frac{1}{3}$ c) $\frac{3}{4} - \frac{2}{3}$ d) $\frac{4}{5} - \frac{1}{4}$ e) $\frac{3}{4} + \frac{1}{10}$ f) $\frac{1}{4} - \frac{1}{6}$

83 Berechne. Kürze das Ergebnis, wenn möglich.

a) $\frac{4}{5} - \frac{3}{10}$ b) $\frac{1}{2} + \frac{1}{6}$ c) $\frac{5}{6} - \frac{2}{3}$ d) $\frac{1}{4} + \frac{2}{3}$ e) $\frac{5}{6} - \frac{5}{9}$ f) $\frac{3}{8} + \frac{7}{12}$

→ Seite 7
Nr. 11

→ Seite 167
Nr. 8

▸ Brüche
mit einer
natürlichen
Zahl
multiplizie-
ren

▸ Brüche
multiplizie-
ren

Brüche multiplizieren

Eine natürliche Zahl mit einem Bruch multiplizieren
Schreibe zuerst die natürliche Zahl
mit auf den Bruchstrich. Multipliziere dann
die natürliche Zahl mit dem Zähler.
Der Nenner bleibt gleich.

$$12 \cdot \frac{1}{32}$$

$$= \frac{{}^{3}12 \cdot 1}{32_{8}} \qquad | \text{Kürzen mit 4}$$

$$= \frac{3 \cdot 1}{8} = \frac{3}{8}$$

Zwei Brüche multiplizieren
Schreibe zuerst die Brüche **auf einen**
gemeinsamen **Bruchstrich.** Rechne dann:
Zähler mal Zähler und Nenner mal Nenner.

$$\frac{2}{3} \cdot \frac{4}{5} = \frac{2 \cdot 4}{3 \cdot 5} = \frac{8}{15}$$

Du kannst in der Rechnung kürzen. Dadurch wird
die Rechnung oft einfacher.
Du kannst aber auch im Ergebnis kürzen.

$$\frac{5}{6} \cdot \frac{9}{10} = \frac{{}^{1}5 \cdot 9^{3}}{{}_{2}6 \cdot 10_{2}} = \frac{1 \cdot 3}{2 \cdot 2} = \frac{3}{4}$$

84 Multipliziere. Kürze, wenn möglich.

a) $8 \cdot \frac{5}{6}$ b) $3 \cdot \frac{4}{5}$ c) $\frac{2}{3} \cdot 7$ d) $\frac{5}{8} \cdot 2$ e) $3 \cdot \frac{1}{6} \cdot 5$

85 Multipliziere. Kürze, wenn möglich.

a) $\frac{4}{7} \cdot \frac{5}{6}$ b) $\frac{2}{7} \cdot \frac{3}{5}$ c) $\frac{3}{4} \cdot \frac{4}{3}$ d) $5 \cdot \frac{2}{9}$ e) $\frac{2}{13} \cdot \frac{1}{2}$

→ Seite 7
Nr. 11

→ Seite 167
Nr. 8

▸ Brüche
dividieren

▸ Brüche
durch eine
natürliche
Zahl
dividieren

Brüche dividieren

Eine natürliche Zahl durch einen Bruch dividieren
Multipliziere mit dem Kehrwert des Bruchs:
Ersetze das Geteilt-Zeichen durch ein Mal-Zeichen.
Vertausche beim Bruch Zähler und Nenner.
Multipliziere dann wie im Kasten oben.

$$4 : \frac{1}{2} = 4 \cdot \frac{2}{1} = \frac{4 \cdot 2}{1} = 8$$

Bruch: $\frac{1}{2}$ *Kehrwert:* $\frac{2}{1}$

Einen Bruch durch einen Bruch dividieren
Multipliziere den Bruch mit dem Kehrwert
des zweiten Bruchs.

$$\frac{1}{5} : \frac{3}{4} = \frac{1}{5} \cdot \frac{4}{3} = \frac{1 \cdot 4}{5 \cdot 3} = \frac{4}{15}$$

Einen Bruch durch eine natürliche Zahl dividieren
Multipliziere den Bruch mit dem Kehrwert
der natürlichen Zahl

$$\frac{3}{4} : 2 = \frac{3}{4} : \frac{2}{1} = \frac{3}{4} \cdot \frac{1}{2} = \frac{3 \cdot 1}{4 \cdot 2} = \frac{3}{8}$$

Du kannst in der Rechnung kürzen. Dadurch wird
die Rechnung oft einfacher.
Du kannst aber auch im Ergebnis kürzen.

$$\frac{8}{9} : \frac{10}{21} = \frac{8}{9} \cdot \frac{21}{10}$$

$$= \frac{{}^{4}8 \cdot 21^{7}}{{}_{3}9 \cdot 10_{5}} = \frac{28}{15}$$

86 Dividiere. Kürze, wenn möglich.

a) $5 : \frac{1}{4}$ b) $3 : \frac{2}{7}$ c) $\frac{2}{3} : 4$ d) $\frac{1}{7} : 2$ e) $8 : \frac{2}{7}$

87 Dividiere. Kürze, wenn möglich.

a) $\frac{7}{3} : \frac{10}{3}$ b) $\frac{4}{9} : \frac{3}{8}$ c) $\frac{4}{3} : 8$ d) $\frac{6}{5} : \frac{7}{10}$ e) $\frac{5}{6} : \frac{3}{4}$

Seite 7
Nr. 8

Dezimalzahlen addieren und subtrahieren

So **addierst** du Dezimalzahlen schriftlich:
① Schreibe die Dezimalzahlen untereinander.
   Schreibe Komma unter Komma.
② Addiere schriftlich. Beginne rechts und addiere Stelle für Stelle.
   Wenn die Summe 10 oder größer ist, dann denke an den Übertrag.
③ Setze auch im Ergebnis das Komma.

Aufgabe: 14,9 + 5,78

Z	E	,	z	h
1	4	,	9	
	5	,	7	8
1	1			
2	0	,	6	8

Genauso **subtrahierst** du Dezimalzahlen schriftlich:
① Schreibe Komma unter Komma.
② Subtrahiere schriftlich. Beginne rechts und subtrahiere
   Stelle für Stelle. Denke an den Übertrag.
③ Setze auch im Ergebnis das Komma.

Aufgabe: 51,8 – 24,59

Z	E	,	z	h
5	1	,	8	0
2	4	,	5	9
1			1	
2	7	,	2	1

88 Berechne im Kopf.
a) 0,4 + 0,3   b) 1,8 – 0,4   c) 0,5 + 0,6   d) 1 – 0,8   e) 3 – 0,5   f) 0,4 + 0,09

89 Addiere schriftlich. Schreibe Komma unter Komma.
a) 7,5 + 15,9   b) 24,3 + 39,84   c) 9,402 + 16,83   d) 4,85 + 13 + 45,7   e) 9,074 + 5,8 + 34,18

90 Subtrahiere schriftlich. Schreibe Komma unter Komma.
a) 15,76 – 8,43   b) 37,59 – 9,3   c) 56,4 – 27,26   d) 20 – 14,39   e) 45,8 – 29,09

Seite 7
Nr. 9

Seite 41
Nr. 7, 10

Dezimalzahlen multiplizieren

So multiplizierst du Dezimalzahlen
schriftlich:
① Multipliziere die Zahlen,
   ohne das Komma zu beachten.
② Zähle bei beiden Faktoren
   die Stellen nach dem Komma ab.
③ Setze das Komma im Ergebnis.
   Das Ergebnis hat so viele
   Stellen nach dem Komma wie
   beide Faktoren zusammen.
   Zähle dabei die Nullen am Ende mit.

Aufgabe: 2,45 · 2,9

2 Stellen   +   1 Stelle nach dem Komma

E	z	h		E	z
2,	4	5	·	2,	9
	4	9	0		
	2	2	0	5	
	1				
7,	1	0	5		

3 Stellen nach dem Komma

Aufgabe: 2,5 · 0,2
25 · 2 = 50
2,5 · 0,2 = 0,50 = 0,5
        2 Stellen nach dem Komma

91 Übertrage ins Heft. Setze das Komma im Ergebnis.
a) 2,6 · 1,3 = 338   b) 8 · 2,9 = 232   c) 0,35 · 5,7 = 1995   d) 4,24 · 8,67 = 367608

92 Multipliziere im Kopf.
a) 0,4 · 6   b) 5 · 0,7   c) 0,8 · 10   d) 0,06 · 11   e) 0,7 · 0,7   f) 12 · 0,8

93 Multipliziere schriftlich.
a) 6,9 · 4   b) 2,08 · 7   c) 4,7 · 1,6   d) 2,35 · 7,1   e) 0,84 · 4,8   f) 143,6 · 2,6

Grundwissen

→ Seite 7
Nr. 9

→ Seite 41
Nr. 8, 11

Dezimalzahlen dividieren

So dividierst du eine Dezimalzahl durch eine natürliche Zahl:

- Dividiere schriftlich.
- Wenn du bei der ersten Ziffer nach dem Komma ankommst, dann setze im Ergebnis ein Komma.

Aufgabe: 57,68 : 7

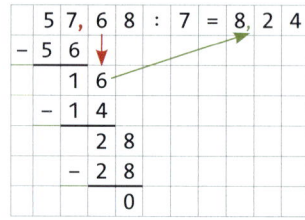

Die 6 ist die erste Ziffer nach dem Komma.
Setze also im Ergebnis ein Komma.

▶ Dezimalzahlen schriftlich dividieren

So dividierst du eine Dezimalzahl durch eine andere Dezimalzahl:

- Verschiebe zuerst das Komma bei beiden Zahlen um gleich viele Stellen nach rechts. Das heißt: Wandle den Divisor in eine natürliche Zahl um. Das Ergebnis ändert sich dadurch nicht.
- Dividiere dann wie gewohnt.

Aufgabe: 0,48 : 0,6

$$·10 \underset{4,8 : 6}{\overset{0,48 : 0,6}{\curvearrowright}} ·10$$

4,8 : 6 = 0,8
Also ist auch 0,48 : 0,6 = 0,8.

Aufgabe: 4,8 : 0,12

$$·100 \underset{480 : 12}{\overset{4,80 : 0,12}{\curvearrowright}} ·100$$ Denke an die Null!

480 : 12 = 40
Also ist auch 4,8 : 0,12 = 40.

---

94 Berechne zuerst im Kopf ohne Komma.
Setze dann das Komma im Ergebnis.
Beispiel 2,8 : 7 = 0,4
Im Kopf: 28 : 7 = 4

a) 1,4 : 2	b) 4,5 : 5	c) 8,1 : 9	d) 1,8 : 6	e) 6,4 : 8	f) 3,6 : 3
g) 0,42 : 7	h) 0,32 : 8	i) 0,36 : 3	j) 0,56 : 4	k) 0,48 : 3	l) 0,108 : 9

95 Dividiere schriftlich.

a) 7,02 : 3   b) 6,48 : 4   c) 62,5 : 5   d) 3,48 : 6   e) 22,274 : 7   f) 17,2 : 8

96 Verschiebe das Komma. Rechne im Kopf.
Beispiel 2,4 : 0,6 = 4
Im Kopf: 24 : 6 = 4

a) 0,6 : 0,2	b) 1,2 : 0,3	c) 3,5 : 0,5	d) 0,27 : 0,09	e) 0,24 : 0,03	f) 3,9 : 1,3
g) 1,6 : 0,04	h) 1,2 : 0,06	i) 2,5 : 0,05	j) 7,2 : 1,8	k) 9,6 : 0,8	l) 0,018 : 0,009

97 Verschiebe erst das Komma.
Dividiere dann schriftlich.

a) 0,54 : 0,3   b) 2,052 : 0,4   c) 0,465 : 0,5   d) 0,1043 : 0,7   e) 1,29 : 0,6   f) 0,588 : 0,08

→ Seite 7
Nr. 13

Sachaufgaben lösen

Fünf Schritte helfen dir, wenn du eine
Sachaufgabe lösen musst.

① **Lies den Text genau.**
Markiere wichtige Textstellen.
Gibt es zusätzliche Hinweise, zum Beispiel
eine Zeichnung, ein Bild oder eine Tabelle?

② **Verschaffe dir einen Überblick.**
Was ist gegeben?
Was ist gesucht?
Was musst du noch wissen?

③ **Stelle eine Rechnung auf und löse sie.**
Musst du fehlende Angaben berechnen?
Kennst du ähnliche Aufgaben?

④ **Überprüfe das Ergebnis.**
Du kannst das Ergebnis überschlagen
oder die Umkehraufgabe rechnen.

⑤ **Formuliere einen Antwortsatz.**

Aufgabe:
Jan möchte einen Computer für 490 € kaufen.
Der Händler senkt den Preis um 49 €.
Auf Jans Sparbuch sind 350 €.
Zum Geburtstag hat er 60 € geschenkt bekommen.
Wie viel Geld muss Jan noch sparen?

gegeben: Preis des Computers: 490 €
Preissenkung: 49 €
Geld, das Jan hat: 350 € und 60 €
gesucht: fehlendes Geld

Rechnung:
Jans Geld: 350 € + 60 € = 410 €

fehlendes Geld = Preis – Preissenkung – Jans Geld
= 490 € – 49 € – (350 € + 60 €)
= 490 € – 49 € – 410 €
= 441 € – 410 €
= 31 €

Probe:
350 € + 60 € + 31 € = 441 €
490 € – 49 € = 441 €

Jan muss noch 31 € sparen.

---

98 Jakob möchte eine Spielekonsole für 500 € kaufen. Der Händler senkt den Preis um 25 €.
Jakob hat 380 € auf seinem Sparbuch. Wie viel Geld muss Jakob noch sparen?

99 Nadja unternimmt eine 40 km lange Wanderung. Nach 12 km der Strecke macht sie ihre erste
Pause. Danach läuft sie weitere 16 km bis zur zweiten Pause.
Wie viele Kilometer muss Nadja nach der zweiten Pause noch wandern?

100 Ben, Sarah und Lars kaufen für ihre Mutter ein Geburtstagsgeschenk.
Jedes Kind gibt gleich viel Geld hinzu.
Sie kaufen einen Blumenstrauß für 13,50 € und eine Tasse mit einem Foto der Kinder für 12,90 €.
Wie viel Geld muss jedes Kind für das Geschenk bezahlen?

→ Seite 72
Nr. 3

Längen mit dem Geodreieck messen

So kannst du Längen mit dem Geodreieck oder mit dem Lineal messen:
① Lege die Null der Längenskala auf den Anfangspunkt, hier auf Punkt A.
② Die Längenskala muss ganz genau auf der Linie liegen.
③ Lies die Länge am Endpunkt ab, hier bei Punkt B.

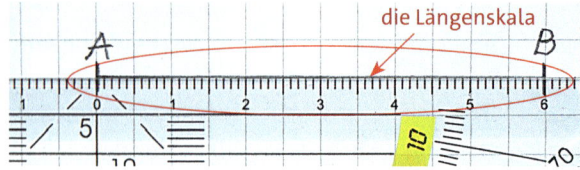

die Längenskala

Die Strecke ist 6 cm lang.

101 Schätze die Länge der Strecke. Miss dann nach.

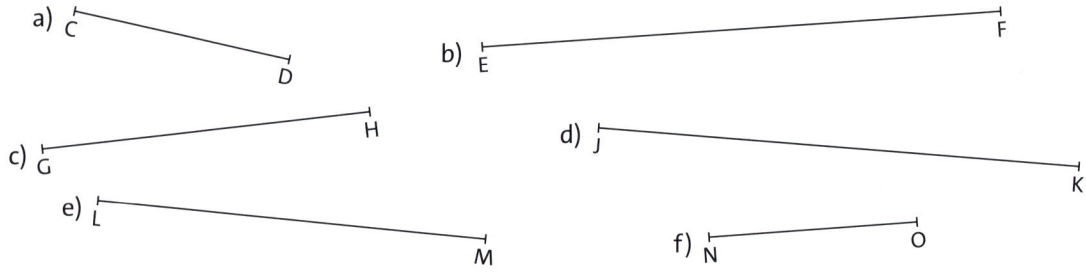

a) C — D
b) E — F
c) G — H
d) J — K
e) L — M
f) N — O

102 Bestimme die Längen der Strecken.

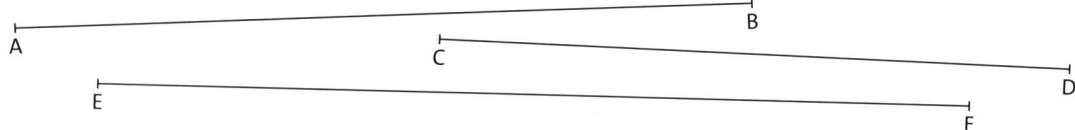

A — B
C — D
E — F

→ Seite 72
Nr. 4

Strecken mit einer bestimmten Länge zeichnen

So zeichnest du eine Strecke mit einer bestimmten
Länge: Nutze ein Lineal oder ein Geodreieck.
① Markiere zuerst einen Anfangspunkt, hier A.
② Lege die Null auf den Anfangspunkt.
③ Zeichne eine Strecke bis zum Endpunkt bei 3,5 cm.
④ Markiere den Endpunkt mit einem weiteren
   Buchstaben, hier B.

Zeichne eine Strecke $\overline{AB}$, die 3,5 cm
lang ist.

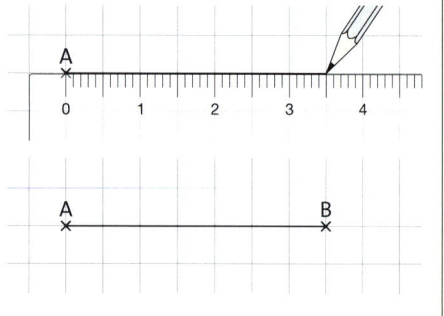

103 Zeichne die Strecke in dein Heft.
   a) Strecke $\overline{AB}$ mit den Endpunkten A und B; Länge 5 cm
   b) Strecke $\overline{CD}$ mit den Endpunkten C und D; Länge 6,5 cm
   c) Strecke $\overline{EF}$ mit den Endpunkten E und F; Länge 3,7 cm
   d) Strecke $\overline{GH}$ mit den Endpunkten G und H; Länge 8 cm 4 mm

eite 72
Nr. 6

**Den Abstand von einem Punkt zu einer
Geraden bestimmen**

Die kürzeste Entfernung von einem Punkt P zu
einer Geraden g heißt **Abstand**.
So bestimmst du den Abstand des Punktes P
zur Geraden g:
① Zeichne eine Strecke zwischen P und g.
   Die Strecke muss senkrecht auf g stehen.
② Miss die Länge dieser Strecke.

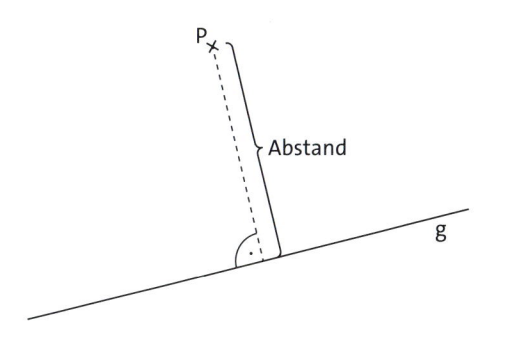

104 Übertrage die Abbildung in dein Heft.
Bestimme den Abstand der Punkte A, B und C
zur Geraden g.

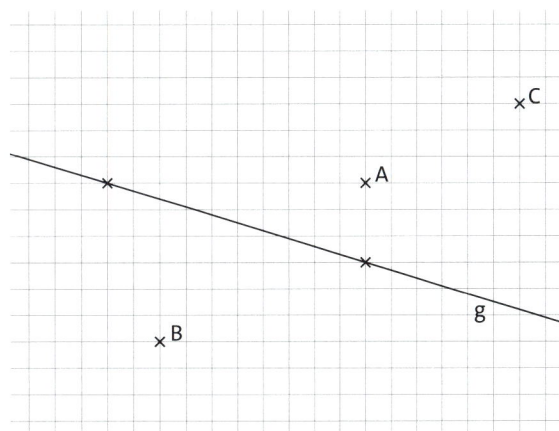

eite 72
Nr. 5

Einen Kreis mit dem Zirkel zeichnen

Wenn der Durchmesser d des Kreises gegeben ist, dann teile den Durchmesser durch 2,
um den Radius zu berechnen: Also r = d : 2

① Markiere den Mittelpunkt M   ② Stelle den Zirkel auf   ③ Ziehe den Kreis um
   des Kreises.   die Länge des Radius ein.   den Mittelpunkt.

Zeichne einen Kreis mit dem Radius r = 3 cm.

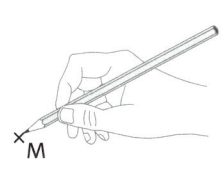
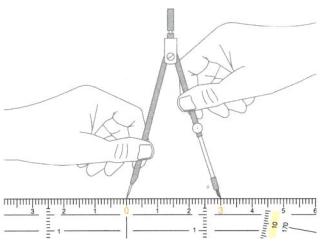
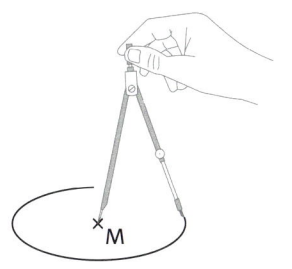

105 Zeichne den Kreis.
   a) r = 4 cm   b) r = 5,5 cm   c) d = 10 cm   d) d = 7 cm   e) d = 5,8 cm   f) r = 12 cm

→ Seite 72
Nr. 1

► ▷ Paralle-
le und
Geodreieck
► ▷ Senk-
rechte und
Geodreieck

Untersuchen, ob Geraden parallel zueinander sind

Zwei Geraden g und h sind parallel zueinander, wenn sie überall den gleichen Abstand voneinander haben. Parallele Geraden schneiden sich nie. Nutze die parallelen Hilfslinien am Geodreieck.

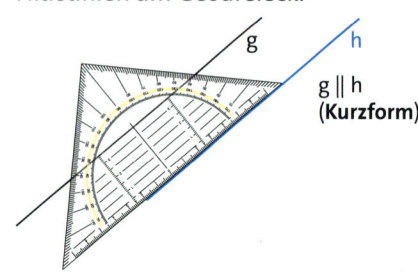

g ∥ h
(**Kurzform**)

Untersuchen, ob Geraden senkrecht aufeinander stehen

Zwei Geraden g und h stehen senkrecht aufeinander, wenn sie einen rechten Winkel bilden. Nutze die Mittellinie des Geodreiecks.

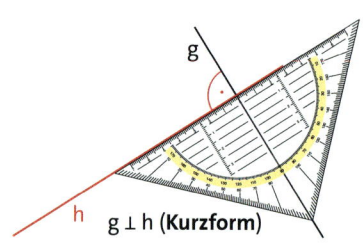

g ⊥ h (**Kurzform**)

106 Prüfe mit deinem Geodreieck.
  a) Welche Geraden verlaufen parallel zueinander?
     Schreibe in Kurzform auf (Kurzform g ∥ h).
  b) Welche Geraden stehen senkrecht aufeinander?
     Schreibe in Kurzform auf (Kurzform g ⊥ h).

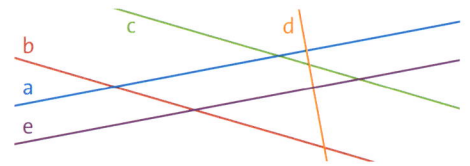

→ Seite 6
Nr. 5

→ Seite 7
Nr. 6

→ Seite 72
Nr. 2

► ▷

Im Koordi-
natensys-
tem Punk-
te ablesen

► ▷

Im Koordi-
natensys-
tem
Punkte
eintragen

Punkte im Koordinatensystem ablesen und einzeichnen

Ein Koordinatensystem besteht aus zwei Zahlenstrahlen. Sie heißen x-Achse und y-Achse. Beide Achsen beginnen im Nullpunkt. Den Nullpunkt nennt man **Ursprung**, kurz O(0|0). Die Achsen stehen senkrecht aufeinander. Jeder Punkt im Koordinatensystem ist durch zwei Zahlen (**Koordinaten**) festgelegt. Bei jedem Punkt P(x|y) wird zunächst die x-Koordinate und dann die y-Koordinate angegeben.

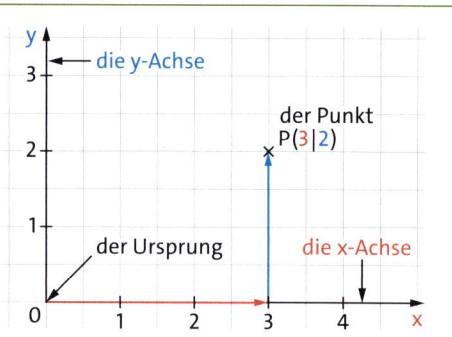

Der Punkt P hat die Koordinaten P(3|2). Das bedeutet: Gehe von (0|0) zuerst 3 Einheiten nach rechts und danach 2 Einheiten nach oben.

107 Schreibe die Koordinaten der Punkte A bis I ins Heft.

108 Zeichne ein Koordinatensystem.
  Die x-Achse soll von 0 bis 9 gehen, die y-Achse von 0 bis 6.
  a) Trage die Punkte A(2|1); B(4|1); C(4|5) und D(0|5) ein.
     Verbinde sie zu einem Viereck.
  b) Trage die Punkte E(5|0); F(9|2,5) und G(6,5|6) ein.
     Verbinde sie zu einem Dreieck.

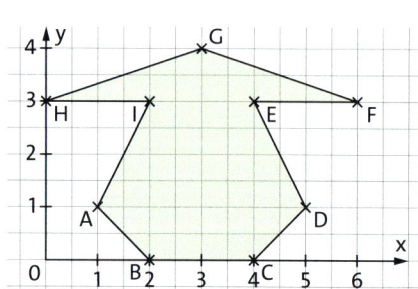

eite 72
Nr. 2

Rechtecke und Quadrate mithilfe ihrer Eigenschaften beschreiben

Ein Rechteck hat vier rechte Winkel. Deshalb stehen die benachbarten Seiten senkrecht aufeinander. Die gegenüber-liegenden Seiten sind zueinander parallel und gleich lang.

Ein Quadrat ist ein Rechteck mit vier gleich langen Seiten.

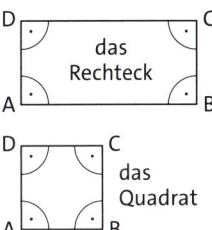

109 Welche dieser Vierecke sind Rechtecke? Welche der Vierecke sind Quadrate? Begründe.

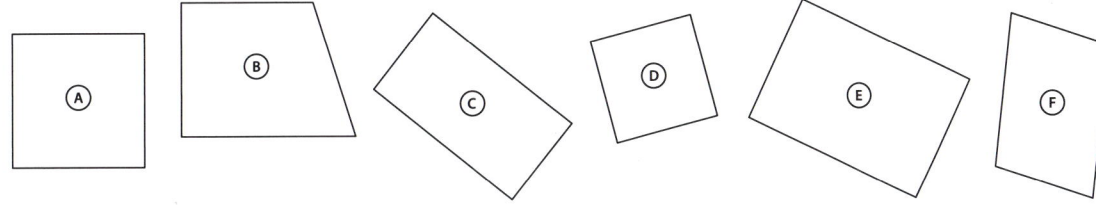

eite 167
Nr. 12

Umfang von Rechtecken und Quadraten berechnen

ang
Recht-
und
drat
immen

Den **Umfang u eines Rechtecks** mit den Seitenlängen a und b berechnest du so:
Du musst alle Seitenlängen addieren.
$u = a + b + a + b = 2 \cdot a + 2 \cdot b$
Umfang = 2 · Länge + 2 · Breite

gegeben: $a = 3\,cm$
$b = 2\,cm$
gesucht: u
$u = 2 \cdot 3\,cm + 2 \cdot 2\,cm$
$u = 6\,cm + 4\,cm = 10\,cm$

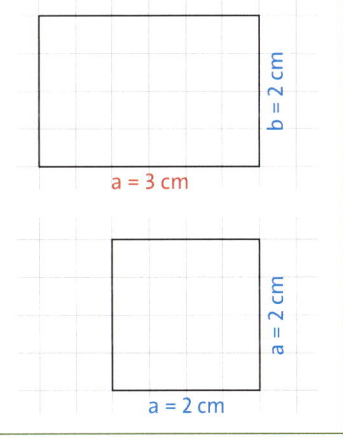

Den **Umfang u eines Quadrats** mit der Seitenlänge a berechnest du so:
$u = a + a + a + a = 4 \cdot a$
Umfang = 4 · Seitenlänge

gegeben: $a = 2\,cm$
gesucht: u
$u = 4 \cdot 2\,cm$
$u = 8\,cm$

110 Berechne den Umfang des Rechtecks.
a) $a = 2\,cm; b = 4\,cm$ b) $a = 5\,cm; b = 6\,cm$ c) $a = 3\,m; b = 12\,m$ d) $a = 10\,dm; b = 13\,dm$
e) $a = 7\,mm; b = 12\,mm$ f) $a = 8\,km; b = 3\,km$ g) $a = 20\,cm; b = 3\,dm$ h) $a = 2\,km; b = 3000\,m$

111 Berechne den Umfang des Quadrats.
a) $a = 3\,cm$ b) $a = 7\,cm$ c) $a = 12\,m$ d) $a = 13\,dm$
e) $a = 21\,mm$ f) $a = 19\,km$ g) $a = 35\,cm$ h) $a = 43\,dm$

→ Seite 167
Nr. 13

Flächen-
halt von
Rechteck
und
Quadrat
bestimmen

Flächeninhalt von Quadraten und Rechtecken berechnen

Den **Flächeninhalt A eines Rechtecks** mit den Seitenlängen a und b berechnest du so: Multipliziere die beiden Seitenlängen.
A = a · b
Flächeninhalt = Länge mal Breite

gegeben:
$a = 3\,cm$, $b = 2\,cm$
gesucht: A
$A = 3\,cm \cdot 2\,cm$
$A = 6\,cm^2$

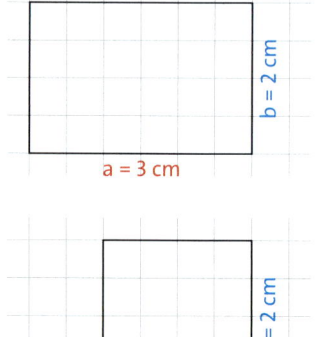

Den **Flächeninhalt A eines Quadrats** berechnest du so:
Multipliziere die Seitenlänge mit sich selbst.
A = a · a
Flächeninhalt = Länge mal Länge

gegeben: $a = 2\,cm$
gesucht: A
$A = 2\,cm \cdot 2\,cm$
$A = 4\,cm^2$

112 Berechne den Flächeninhalt des Rechtecks.
a) $a = 3\,cm$; $b = 4\,cm$ b) $a = 8\,cm$; $b = 7\,cm$ c) $a = 11\,m$; $b = 6\,m$ d) $a = 20\,dm$; $b = 9\,dm$

113 Berechne den Flächeninhalt des Quadrats.
a) $a = 4\,cm$ b) $a = 8\,cm$ c) $a = 10\,m$ d) $a = 20\,m$

→ Seite 73
Nr. 7, 8, 9

Die Winkelarten

spitzer Winkel
größer als 0°
und
kleiner als 90°

rechter Winkel
genau 90°,
die Schenkel
stehen
senkrecht aufeinander

stumpfer Winkel
größer als 90°
und
kleiner als 180°

gestreckter Winkel
genau 180°,
die Schenkel
bilden eine gerade Linie

überstumpfer Winkel
größer als
180° und
kleiner als 360°

Vollwinkel
genau 360°,
die Schenkel
liegen aufeinander

114 Bestimme die Winkelart. Begründe.
a)   b)   c)   d)   e)   f)   g)

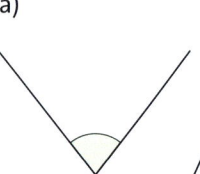
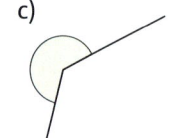
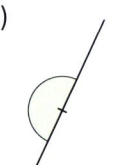
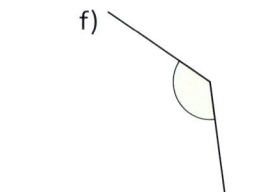
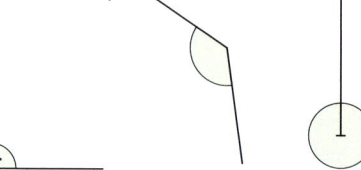

115 Bestimme die Winkelart.
a) $\alpha = 90°$ b) $\beta = 104°$ c) $\gamma = 27°$ d) $\delta = 191°$ e) $\varepsilon = 180°$

Seite 73
Nr. 10

Winkel
ssen

Winkelgrößen messen

Winkelgrößen misst du in **Grad**, kurz °.
Ein Kreis hat 360°.
Wenn du den Kreis in 360 gleich große Teile
teilst, so hat jedes Teil eine Winkelgröße von 1°.

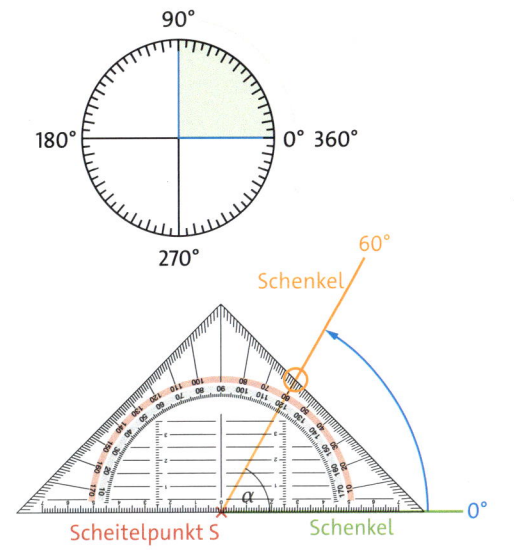

So kannst du die Winkelgröße messen:
① Lege die Zeichenkante des Geodreiecks genau
 an einen Schenkel.
 Der Nullpunkt des Geodreiecks muss genau
 auf dem Scheitelpunkt des Winkels liegen.
② Wähle die Skala, die beim angelegten Schenkel
 mit 0° beginnt.
③ Lies die Winkelgröße am anderen Schenkel ab.

Die Winkelgröße beträgt 60°.

116 a) Zeichne einen Winkel. Markiere den Winkelbogen. Beschrifte den Scheitelpunkt und die
 Schenkel.
 b) Überlege zuerst, ob der Winkel spitz oder stumpf ist. Miss dann die Winkelgröße.

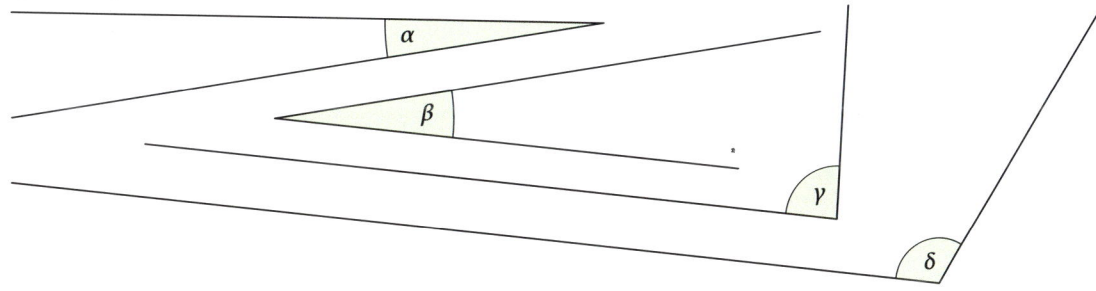

Seite 73
Nr. 11

Winkel
chnen

Winkel zeichnen

So kannst du einen Winkel zeichnen:
① Zeichne einen Schenkel mit dem Scheitelpunkt S.
② Lege die Zeichenkante des Geodreiecks
 auf den Schenkel.
 Der Nullpunkt des Geodreiecks muss genau auf
 dem Scheitelpunkt des Winkels liegen.
③ Wähle die Skala, die beim angelegten Schenkel
 mit 0° beginnt.
④ Markiere einen Strich an der Gradzahl.
⑤ Verbinde deine Markierung mit dem Scheitelpunkt S.
 Das ist der zweite Schenkel des Winkels.
⑥ Trage den Winkelbogen ein und beschrifte den Winkel.

Zeichne einen Winkel von 60°.

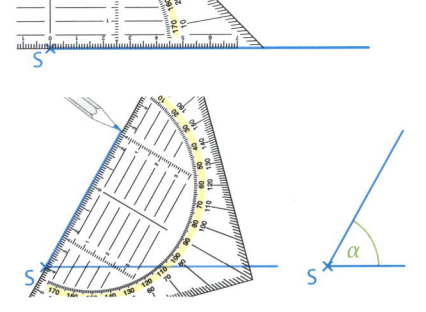

117 Zeichne den Winkel in dein Heft.
 a) α = 80° b) β = 130° c) γ = 65° d) δ = 125° e) ε = 73°

🔧 Dynamische Geometrie-Software

Mit einer dynamischen Geometrie-Software (DGS) kannst du Figuren zeichnen und verändern.
So sieht das Fenster aus, in dem du arbeitest.

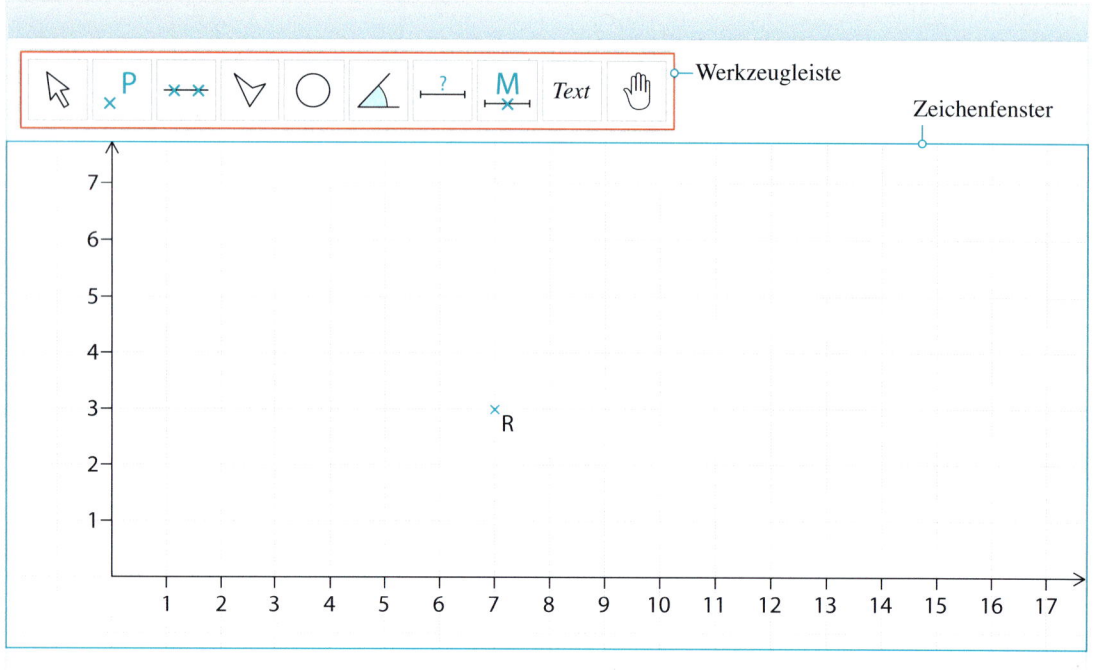

Wichtige Werkzeuge

① **Einen Punkt zeichnen** Klicke in der Werkzeugleiste auf das Symbol und wähle „Punkt". Klicke dann auf die Stelle im Zeichenfenster, an der der Punkt gesetzt werden soll.	P ×
② **Eine Strecke zeichnen** Klicke in der Werkzeugleiste auf das Symbol und wähle „Strecke". Klicke dann erst auf den Anfangspunkt und danach auf den Endpunkt der Strecke.	×—×
③ **Einen Punkt verschieben** Klicke in der Werkzeugleiste auf das Symbol und wähle „Bewege". Klicke dann auf den Punkt, den du verschieben möchtest. Halte die linke Maustaste gedrückt und verschiebe den Punkt.	⬚

118 Öffne die Dynamische Geometrie-Software.

    a) Klicke auf ×P und zeichne die Punkte A(1|1), B(4|1), C(4|7) und D(1|7).

    b) Klicke auf ×—× und zeichne die Strecken $\overline{AB}$, $\overline{BC}$, $\overline{CD}$ und $\overline{AD}$. Welches Viereck ist entstanden?

    c) Klicke auf ⬚ und verschiebe mit gedrückter Maustaste
    den Punkt C auf (4|4) und den Punkt D auf (1|4).
    Welches Viereck ist entstanden?

119 Zeichne das Haus. Wenn du das Rädchen der Maus drehst,
dann kannst du die Einteilung der Achsen verfeinern und
vergröbern.

120 Zeichne einen Stern oder einen Tannenbaum.

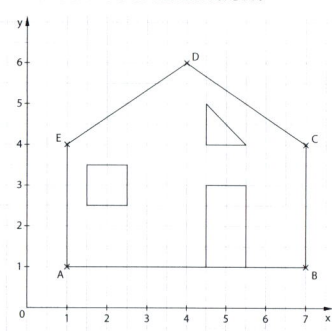

🖳 Tabellenkalkulation

Mit einer Tabellenkalkulation kannst du Daten eingeben und verarbeiten.
Wenn du das Programm öffnest, siehst du ein Tabellenblatt mit Spalten (A, B, C …) und Zeilen (1, 2, 3 …).
Die Schnittstelle zwischen einer Zeile und einer Spalte heißt Zelle.
Wenn du eine Zelle anklickst, dann kannst du Wörter, Zahlen und Formeln eingeben.
Das Wort „Hallo" steht in Spalte **B** und Zeile **3**. Also heißt die Zelle B3.

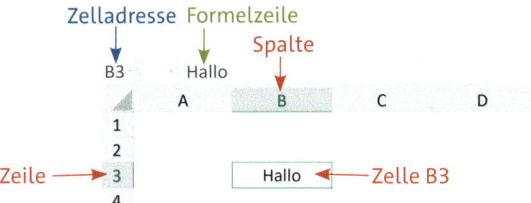

Die Zelladresse zeigt an,
welche Zelle du gerade bearbeitest.

Die Formelzeile zeigt an,
was du in die Zelle einträgst.

Mit **Formeln** kannst du etwas **berechnen**. Formeln in Tabellenkalkulationen beginnen immer mit =.
Zum Beispiel kannst du 12 und 3 miteinander multiplizieren:
① Trage 12 in **A1** und 3 in **A2** ein.
② Trage in **A3** =A1*A2 ein.
   (* steht für „Mal": Halte die Shift-Taste gedrückt
   und drücke gleichzeitig die Plus-Taste)
③ Drücke ENTER.
④ Das Ergebnis steht nun in der Zelle **A3**.
   Die Formel siehst du weiterhin in der Formelzeile.

A3		=A1*A2
	A	B
1	12	
2	3	
3	=A1*A2	

A3		=A1*A2
	A	
1	12	
2	3	
3	36	

121 Mit einer Tabellenkalkulation kannst du den Umfang
und den Flächeninhalt von Rechtecken berechnen.
Übertrage die Eingaben in deine Tabellenkalkulation.
a) In welcher Zelle steht das Wort „Seitenlängen"?
b) Was steht in der Zelle **B6**?
c) In welcher Zelle steht die Formel =2*C3+2*C4?
d) Welche Formel steht in der Zelle **C7**?
e) Berechne den Umfang und den Flächeninhalt für
   ein Rechteck mit den Seitenlängen a = 23 cm
   und b = 47 cm.

C6		▼	⋮	× ✓	f_x	=2*C3+2*C4

	A	B	C	D
1	**Umfang und Flächeninhalt von Rechtecken**			
2				
3	Seitenlängen		a	6 cm
4			b	7 cm
5				
6	Umfang		u	26 cm
7	Flächeninhalt		A	42 cm²

122 Vier Freundinnen gehen am Wochenende zelten.
Sie haben eine Kiste Wasser und eine Kiste
Limonade gekauft.
Eine Flasche Wasser kostet 0,50 €.
Eine Flasche Limonade kostet 0,80 €.
Hanna nutzt für die Abrechnung die Tabellenkalkulation.
Übertrage die Eingaben in deine Tabellenkalkulation.
Formatiere die Preise in **C2** und **C3** als Währung.
a) In welcher Zelle steht der Name Hanna?
b) Was steht in der Zelle **B3**?
c) In welche Zelle hat Hanna =B6+B7+B8+B9 eingetragen? Was berechnet sie hier?
d) In welche Zelle hat Hanna =B7*C2+C7*C3 eingetragen? Was berechnet sie hier?
e) Welche Formel hat Hanna in die Zelle **C11** eingetragen? Was berechnet sie hier?
f) Welche Formel hat Hanna in die Zelle **D6** eingetragen? Was berechnet sie hier?

B11		=B6+B7+B8+B9

	A	B	C	D
1			**Preise**	
2		Wasser	0,50 €	
3		Limonade	0,80 €	
4				
5		Wasser	Limonade	zu zahlen
6	Kimberly	3	1	2,30 €
7	Vanesse	2	2	2,60 €
8	Celina	0	3	2,40 €
9	Hanna	4	0	2,00 €
10				
11	insgesamt	9	6	9,30 €

Die Computertastatur

Hier siehst du die wichtigsten Tasten einer Computertastatur auf einen Blick. Zum Beispiel verwendest du für die Multiplikation in einem Tabellenblatt oft die Shift-Taste und die Plus-Taste.

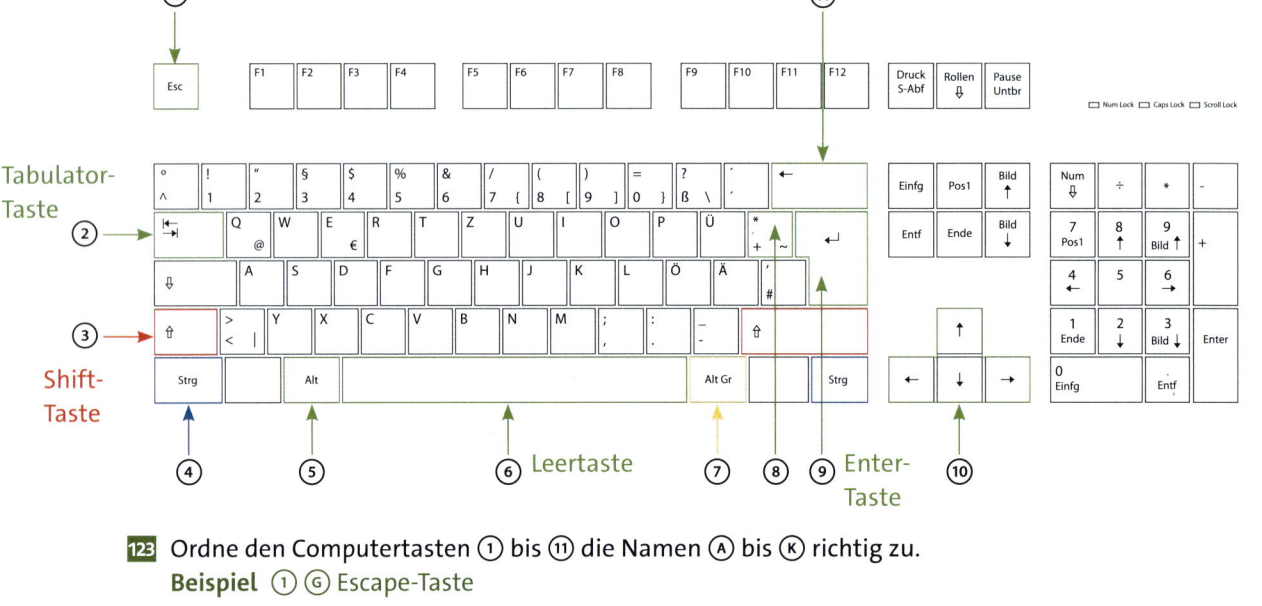

123 Ordne den Computertasten ① bis ⑪ die Namen Ⓐ bis Ⓚ richtig zu.
Beispiel ① Ⓖ Escape-Taste

Ⓐ Leertaste   Ⓑ Enter-Taste   Ⓒ Pfeiltasten   Ⓓ Löschtaste   Ⓔ Alt-Taste   Ⓕ Strg-Taste

Ⓖ Escape-Taste   Ⓗ Tabulator-Taste   Ⓘ Shift-Taste   Ⓙ Plus-Taste   Ⓚ Alt-Gr-Taste

Oft brauchst du typische Befehle oder besondere Zeichen wie das Prozentzeichen.
Hier findest du Beispiele für Tastenkombinationen besonderer Zeichen:

Tastenkombination mit Shift	Zeichen
⇧ + ! 1	!
⇧ + / 7 {	/
⇧ + * + ~	* (Sternchen)

Tastenkombinationen mit Alt-Gr	Zeichen
Alt Gr + Q @ @	@ („at")
Alt Gr + E €	€ (Euro)
Alt Gr + * + ~	~ (Tilde)

124 Gib die Tastenkombination an für …
a) das Prozentzeichen %   b) die runde Klammer (c) das Gleichheitszeichen =

Das sind Tastenkombinationen mit der Strg-Taste für typische Befehle:

Tastenkombination mit Strg	Bedeutung	Das heißt, so kannst du …
Strg + C	kopieren	… deine markierten Inhalte kopieren.
Strg + X	ausschneiden	… deine markierten Inhalte ausschneiden und kopieren.
Strg + V	einfügen	… deine ausgeschnittenen oder kopierten Inhalte einfügen.
Strg + Z	rückgängig	… deine Aktion rückgängig machen.
Strg + A	alles markieren	… alle Inhalte im Dokument oder im Tabellenblatt markieren.
Strg + S	speichern	… deine Datei speichern.

1 Rationale Zahlen

▶ **Seite 8/9 Wiederholung**

1 a) 4 < 9   b) 3,5 > 2,5   c) 0 < 0,1

    d) $\frac{1}{3} < \frac{1}{2}$ e) $\frac{3}{4} > \frac{2}{3}$ f) $0,5 = \frac{1}{2}$

2 a) Nein, der Zahlenstrahl ist nicht richtig gezeichnet.

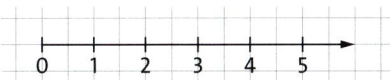

    b) Ja, der Zahlenstrahl ist richtig.
    c) Nein, der Zahlenstrahl ist nicht richtig eingeteilt.

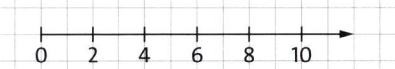

3 a) A = 20; B = 35; C = 55
    b) D = 0,3; E = 0,6; F = 0,9

4 Zum Beispiel:

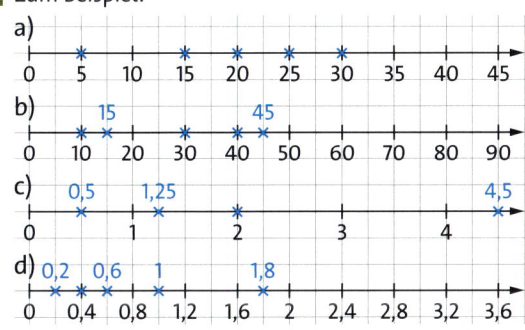

5 A(2|1); B(4|0); C(6|2); D(8|3); E(0|3)

6

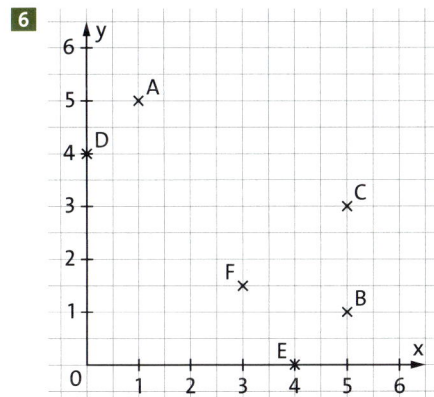

7 a) 68   b) 7   c) 110   d) 2
    e) 88   f) 4   g) 8,8   h) 3,3

8

a)
```
    2 3 0
  + 1 6 5
    3 9 5
```

b)
```
    5 8 3
  - 2 9 3
      1
    2 9 0
```

c)
```
    3 4 5
  + 1 2 5
      1
    4 7 0
```

d)
```
    6 4 4
  - 3 0 7
      1
    3 3 7
```

e)
```
      4 0 9
  + 2 2 1 1
        1
    2 6 2 0
```

f)
```
  1 5 5 5
  -   2 9 7
      1 1
  1 2 5 8
```

g)
```
    7 2, 2
  + 1 8, 9
    1 1
    9 1, 1
```

h)
```
  1 5 3, 5
  -   8 3, 6
    1 1 1
    6 9, 9
```

i)
```
    5 7 8, 4
  + 3 2 3, 7
    1 1 1
    9 0 2, 1
```

9

a)
```
  1 2 5 · 3
      3 7 5
```

b)
```
  1 4 6 5 2 : 9 = 1 6 2 8
  - 9
    5 6
  - 5 4
      2 5
    - 1 8
        7 2
        7 2
          0
```

c)
```
  2 3 5 · 5
  1 1 7 5
```

d)
```
  1 3 1 8 4 : 8 = 1 6 4 8
    8
    5 1
  - 4 8
      3 8
    - 3 2
        6 4
      - 6 4
          0
```

e)
```
  6 4 3 · 2 1
    1 2 8 6
        6 4 3
      1 1
  1 3 5 0 3
```

f)
```
1 4 4 0 : 1 2 = 1 2 0
1 2
  2 4
- 2 4
  0 0
-   0
    0
```

g)
```
2 1, 3 · 1, 5
2 1 3
1 0 6 5
3 1, 9 5
```

h)
```
1 1 5, 0 5 : 5 = 2 3, 0 1
1 0
  1 5
- 1 5
  0 0
-   0
    0 5
-     5
      0
```

i)
```
1 5, 6 · 7, 8
1 0 9 2
  1 2 4 8
  1
1 2 1, 6 8
```

10 a) $\frac{5}{6}$ b) $\frac{3}{8}$ c) $\frac{25}{10} = \frac{5}{2}$

d) $\frac{14}{12} = \frac{7}{6}$ e) $\frac{14}{8} = \frac{7}{4}$ f) $\frac{76}{6} = \frac{38}{3}$

11 a) $\frac{1}{3}$ b) $\frac{9}{32}$ c) $\frac{9}{8}$

d) 16 e) $\frac{5}{7}$ f) $\frac{8}{25}$

12 a) $14 + 6 \cdot 3 = 14 + 18 = \mathbf{32}$
b) $32 - 10 \cdot 2 = 32 - 20 = \mathbf{12}$
c) $8 \cdot (17 - 7) = 8 \cdot 10 = \mathbf{80}$
d) $24 + 16 : 2 - 7 = 24 + 8 - 7 = \mathbf{25}$
e) $10 + 2 \cdot (15 + 5) = 10 + 2 \cdot 20 = 10 + 40 = \mathbf{50}$
f) $40 - 4 \cdot (30 - 25) = 40 - 4 \cdot 5 = 40 - 20 = \mathbf{20}$

13 Vor dem Regen waren es:
$15\,°C + 12\,°C = 27\,°C$.
Die Temperatur ist um $27\,°C - 11\,°C = \mathbf{16\,°C}$ gesunken.

▶ **Seite 30 Zwischentest**

1 a) $A = -17$; $B = -5$; $C = 5$
b)

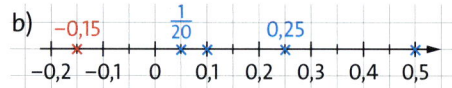

2 $-5,1 < -1,5 < -0,5 < 1,3 < 3 < 17$

3 a) $A(3\,|\,2)$; $B(-2\,|\,2)$; $C(-3\,|\,-2)$
b)

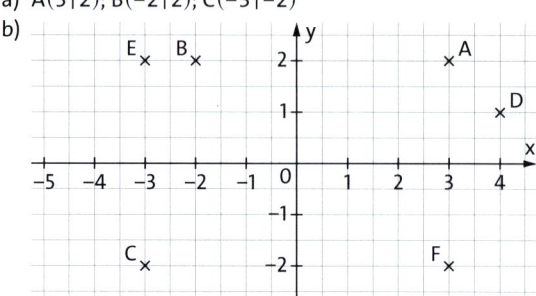

4 $3 - 5 = -2$. Du bist dann in der -2. Etage

5 a) 2 b) 4 c) 6

6 a) -15 b) 24 c) -26

7 a) -6 b) 3 c) -7

▶ **Seite 31 Zwischentest**

1 a) $A = -1,9$; $B = -0,5$; $C = -0,1$; $D = 0,5$
b)

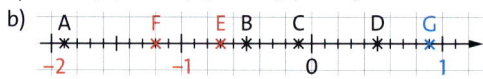

2 $-19 < -3,0 < -0,3 < 0,1 < 0,3 < 19$

3 a) $A(2,5\,|\,1,5)$ im 1. Quadranten;
$B(-3,5\,|\,-2)$ im 3. Quadranten;
$C(3,5\,|\,-2)$ im 4. Quadranten
b)

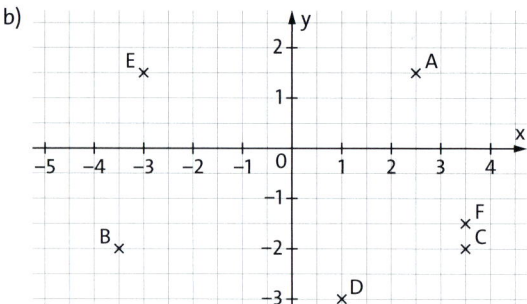

4 $-1,5\,°C + 3\,°C - 1,2\,°C = 0,3\,°C$. Am Abend sind es $0,3\,°C$.

5 a) $-2,2$ b) $3,7$ c) -11 d) $12,7$

6 a) $-7,5$ b) -26 c) $1,12$ d) $-11,66$

7 a) -15 b) $-0,9$ c) 12 d) -720

▶ **Seite 31 Zwischentest**

1 Zum Beispiel:

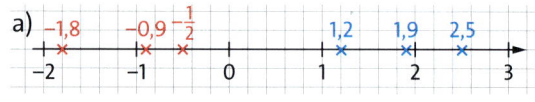

2 $-\frac{17}{2} < -7,21 < -2,71 < -1,27 < 0,127 < 1,72 < 2,17$

3 a) $A(1,5|-0,5)$; $B(-1,5|0,75)$; $C(-0,75|-1,25)$

b)
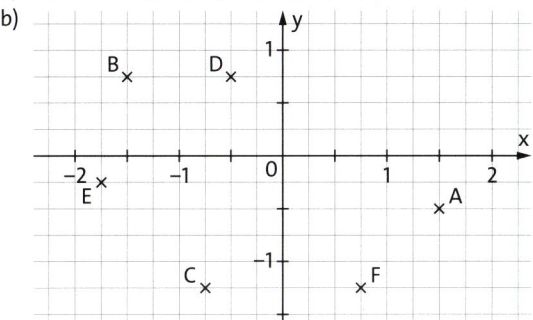

A: 4. Quadrant; B: 2. Quadrant;
C: 3. Quadrant; D: 2. Quadrant;
E: 3. Quadrant; F: 4. Quadrant

4 $75,50\,€ - 115,50\,€ = -40\,€$
Sein neuer Kontostand lautet $-40\,€$.

5 a) $-2,6$ b) $-3,25$
c) $-\frac{1}{4}$ d) $\frac{15}{16}$

6 a) $-0,45$ b) $3,52$
c) $-\frac{4}{11}$ d) $-\frac{13}{40} = -0,325$

7 a) -123 b) $0,67$
c) $-\frac{18}{3} = -6$ d) $-\frac{3}{2}$

▶ Seite 37 Abschlusstest ▣

1 a) $-4 < -1 < +2 < +3 < +6$
b) und c) Zum Beispiel:
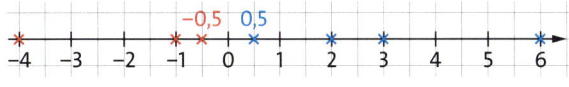

2 a) $A(-2\,|\,1)$; $B(1\,|\,-1)$

b)
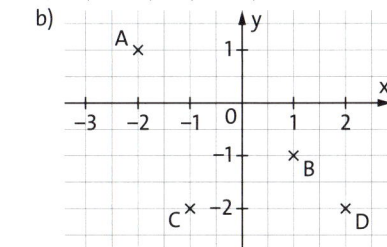

3 a) -12
b) 8
c) -33
d) 13

4 a) $(-20\,€) + 120\,€ = \mathbf{100\,€}$
Frau Stein hat am Dienstag 100 € auf ihrem Konto.
b) $100\,€ - 70\,€ = \mathbf{30\,€}$
Am Mittwoch hat Frau Stein 30 € auf dem Konto.

▶ Seite 37 Abschlusstest ▣

1 a) $-2,1 < -1,2 < -0,1 < 0,1 < 0,7$
b) und c) Zum Beispiel liegen $-0,05$ und 0 zwischen
$-0,1$ und $0,1$.
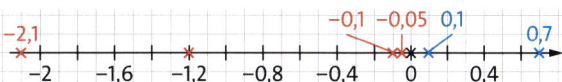

2 a) $A(1|-1,5)$; $B(-2,5|1)$

b)
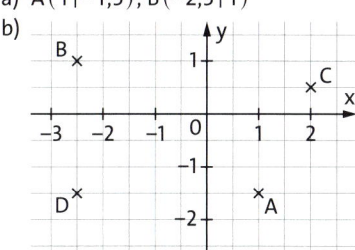

3 a) $-4,1$
b) $0,4$
c) $-0,5$
d) $-0,4$

4 a) $65\,€ - 290\,€ = -225\,€$
Sein Kontostand beträgt $-225\,€$.
b) $225\,€ : 5 = 45\,€$.
Er muss fünfmal 45 € überweisen, sodass er danach
bei 0 € ist.

▶ Seite 37 Abschlusstest ▣

1 a) $-1,25 < -\frac{3}{4} < -0,5 < 0,25 < 1,75$
b) und c) Zum Beispiel:
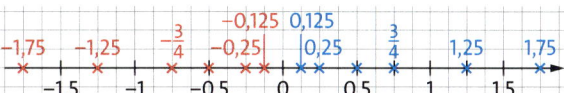

2 a) $A(-0,5|-1,5)$; $B(-2,25|1)$

b)
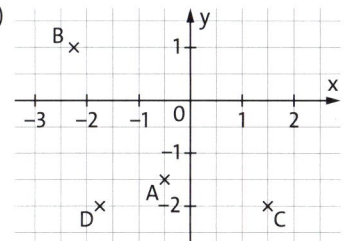

3 a) $-5,6$
b) $-10,6$
c) $-31,25$
d) $\frac{1}{2} = 0,5$

4 $54,39\,€ - 12 \cdot 6,99\,€ = 54,39\,€ - 83,88\,€ = \mathbf{-29,49\,€}$
Niklas Kontostand beträgt am Ende des
Jahres $-29,49\,€$.

2 Zuordnungen

▶ Seite 40/41 Wiederholung

1 a) Jedem Alter (in Monaten) wird das **Gewicht (in kg)** zugeordnet.
b) Bei ihrer Geburt wog Mara **3,5** kg.
c) Mit 2 Monaten wog Mara **4** kg.
d) Mit **5** Monaten wog Mara 7 kg.

2

3 12; 30; 38; 70; 80; 86; 108; 154; 178; 190

4 4; 7; 13; 16; 26; 35; 40; 43; 60

5 a) 28   b) 40   c) 63   d) 48
e) 70   f) 33   g) 60   h) 75

6 a) 5   b) 6   c) 9   d) 7
e) 10   f) 8   g) 9   h) 6

7
a)
```
3, 7 · 6
  2 2, 2
```
b)
```
4, 8 · 3
  1 4, 4
```

c)
```
5, 9 · 3, 2
    1 7 7
    1 1 8
  1 8, 8 8
```
d)
```
1 2 5 · 0, 9
    1 1 2, 5
```

e)
```
1 0 8 · 2, 5
    2 1 6
    5 4 0
      1
  2 7 0, 0
```
f)
```
6, 2 · 0, 5 5
     3 1
     3 1
  3, 4 1
```

8
a)
```
1 3, 4 : 2 = 6, 7
- 1 2
    1 4
  - 1 4
      0
```

b)
```
2 0, 4 : 6 = 3, 4
- 1 8
    2 4
  - 2 4
      0
```

c)
```
3, 7 8 : 9 = 0, 4 2
- 0
  3 7
- 3 6
    1 8
  - 1 8
      0
```

d)
```
1 2 9, 2 : 4 = 3 2, 3
- 1 2
    0 9
  - 8
    1 2
  - 1 2
      0
```

e)
```
0, 5 3 : 5 = 0, 1 0 6
- 0
  0 5
- 5
  0 3
- 0
  3 0
- 3 0
    0
```

f)
```
2, 4 0 8 : 4 = 0, 6 0 2
- 2 4
  0 0
- 0
  0 8
- 8
  0
```

9 a) 2 Tage = **48** h   b) 3 h = **180** min
c) 5 min = **300** s   d) 4 Jahre = **48** Monate
e) 240 s = **4** min   f) 72 h = **3** Tage
g) 420 min = **7** h   h) 24 Monate = **2** Jahre

10 a) 20; 2; 0,2
    b) 75; 7,5; 0,75
    c) 5600; 56; 0,56
    d) 18; 0,18; 0,0018

11 a) 30; 3; 0,3
    b) 8; 0,8; 0,08
    c) 5; 0,5; 0,05
    d) 12; 12; 12

▶ Seite 62 Zwischentest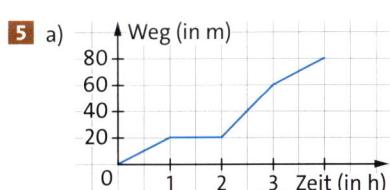

1 a) Die Zuordnung
    Anzahl der Personen → Preis ist proportional, denn
    wenn sich die Anzahl der Personen verdoppelt,
    verdoppelt sich auch der Preis und so weiter.
    Die Anzahl der Personen wird um denselben Faktor
    vervielfacht wie der Preis.
    b) Die Zuordnung Anzahl → Preis (in €) ist proportional,
    denn je größer die Anzahl ist, desto höher ist der
    Preis. Der Proportionalitätsfaktor ist gleich 1.
    c) Die Zuordnung Anzahl der Pakete → Preis (in €) ist
    proportional, denn wenn sich die Anzahl der Pakete
    verdoppelt, dann verdoppelt sich auch der Preis und
    so weiter. Der Proportionalitätsfaktor ist 6.

2

Anzahl der Blumen	Preis (in €)
3	6
1	2
2	4

: 3 / · 2 (links), : 3 / · 2 (rechts)

Antwort: 2 Blumen kosten 4 €.

3 a) Die Zuordnung Anzahl der Freunde → Zeit für einen
    Umzug ist antiproportional. Je mehr Freunde
    mithelfen, desto kürzer dauert ein Umzug.
    b) Die Zuordnung Anzahl → Zeit (in h) ist antipro-
    portional, weil alle Punkte im Koordinatensystem
    auf einer fallenden Kurve (Hyperbel) liegen.
    c) Die Zuordnung Anzahl der Bagger → Zeit (in h) ist
    antiproportional. Wenn du den oberen Wert mit
    dem unteren Wert der Wertetabelle multiplizierst,
    dann erhältst du immer 12 h als Ergebnis.

4

Anzahl der Arbeiter	Zeit (in h)
3	8
1	24
4	6

: 3 / · 4 (links), · 3 / : 4 (rechts)

Antwort: 4 Arbeiter brauchen 6 Stunden.

5 a)

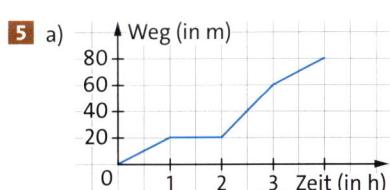

Weg (in m) gegen Zeit (in h)

b) ① 20 m; ② Pause; ③ … die Schnecke 60 m zurückgelegt.

▶ Seite 63 Zwischentest

1 a) Die Zuordnung gelaufene Strecke (in km) → Zeit
    (in h) ist proportional, wenn die Geschwindigkeit,
    mit der die Strecke gelaufen wird, konstant ist.
    Je länger die gelaufene Strecke ist, desto mehr Zeit
    braucht man.
    b) Die Zuordnung ist nicht proportional, weil die
    Punkte nicht auf einer Geraden durch den Ursprung
    (0 | 0) liegen. Eine andere Begründung ist: Der
    Quotient aus zugeordnetem Wert und Ausgangs-
    wert ist nicht für alle Wertepaare gleich.
    c) Die Zuordnung ist proportional. Begründung: Der
    Quotient aus zugeordnetem Wert und Ausgangs-
    wert ist für alle Wertepaare 1,5.
    Der Proportionalitätsfaktor ist 1,5.

2

Anzahl der Brötchen	Preis (in €)
2	2,60
1	1,30
5	6,50

: 2 / · 5 (links), : 2 / · 5 (rechts)

Antwort: 5 Brötchen kosten 6,50 €.

3 a) Die Zuordnung Anzahl der Gäste → Preis für die
    Getränke ist nicht antiproportional. Begründung:
    Bei mehr Gästen steigt der Gesamtpreis für die
    Getränke.
    b) Die Zuordnung ist nicht antiproportional, weil für
    alle Wertepaare das Produkt aus Ausgangsgröße
    und zugeordneter Größe unterschiedlich ist. Zum
    Beispiel liefert das Wertepaar (1 | 5) das Produkt
    1 · 5 = 5 und das Wertepaar (2 | 4) das Produkt
    2 · 4 = 8.
    c) Die Zuordnung ist antiproportional, für alle
    Wertepaare das Produkt aus Ausgangsgröße und
    zugeordneter Größe gleich ist. Wenn du den oberen
    Wert mit dem unteren Wert der Wertetabelle
    multiplizierst, dann erhältst du immer die 18 als
    Ergebnis.

4

Anzahl der Lkw	Anzahl der Fahrten
6	20
1	120
8	15

: 6 / · 8 (links), · 6 / : 8 (rechts)

Antwort: Jeder Lkw muss 15-mal fahren.

5 a)

Weg (in km) gegen Zeit (in min)

b) Nach 30 Minuten hat Frau Malek 2 km zurückgelegt.
Frau Malek hält nach 10 Minuten an. Sie redet
5 Minuten mit einer Bekannten.

▶ Seite 63 Zwischentest ☒

1 a) Ja, die Zuordnung ist proportional, denn verdoppelt sich die Größe der Datei, dann verdoppelt sich auch die benötigte Downloadzeit und so weiter.

b) Die Zuordnung ist nicht proportional. Begründung: Der Quotient aus zugeordnetem Wert und Ausgangswert ist nicht für alle Wertepaare gleich. Zum Beispiel liefert das Wertepaar $(1|5)$ den Quotienten $5 : 1 = 5$ und das Wertepaar $(2|7)$ den Quotienten $7 : 2 = 3,5$.

c) Die Zuordnung ist proportional. Begründung: Der Quotient aus zugeordnetem Wert und Ausgangswert ist für alle Wertepaare 7,5.
Der Proportionalitätsfaktor ist 7,5.

2

Euro in €	australische Dollar in AUD
250	400
1	1,6
300	480

: 250 (links oben), : 250 (rechts oben)
· 300 (links unten), · 300 (rechts unten)

Antwort: Herr Schoofs erhält 480 AUD.

3 a) Die Zuordnung ist antiproportional, denn bei doppelter Downloadgeschwindigkeit pro Sekunde halbiert sich die Downloadzeit in Sekunden und so weiter.

b) Die Zuordnung ist antiproportional, da für alle Wertepaare das Produkt aus Ausgangsgröße und zugeordneter Größe gleich ist. Wenn du den oberen Wert mit dem unteren Wert der Wertetabelle multiplizierst, dann erhältst du immer 30 als Ergebnis.

c) Die Zuordnung ist nicht antiproportional, weil nicht für alle Wertepaare das Produkt aus Ausgangsgröße und zugeordneter Größe gleich ist. Zum Beispiel liefert das Wertepaar $(1|40)$ das Produkt $1 \cdot 40 = 40$ und das Wertepaar $(2|30)$ das Produkt $2 \cdot 30 = 60$.

4 $20\,cm \cdot 20\,cm = 400\,cm^2$.
$30\,cm \cdot 30\,cm = 900\,cm^2$.

Flächeninhalt in cm × cm	Anzahl der Fliesen
400	450
1	180 000
900	200

: 400 (links oben), · 400 (rechts oben)
· 900 (links unten), : 900 (rechts unten)

Antwort: Sie braucht mindestens 200 Fliesen.

5 a)

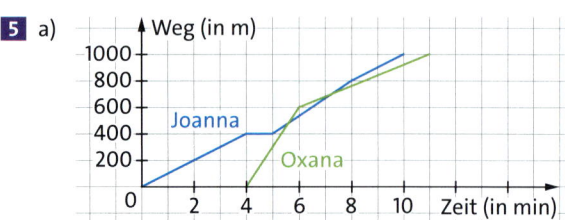

b) Zum Beispiel:
Oxana fährt 4 Minuten nach Joanna los. Sie überholt Joanna etwa 1,5 Minuten später. Kurz danach trifft sie eine Freundin und schiebt ihr Fahrrad bis zur Schule.
Joanna geht früher los. Nach 4 Minuten muss sie an einer Ampel warten. Danach geht sie etwas zügiger weiter. Die letzten 2 Minuten geht sie wieder so schnell wie zu Beginn.

▶ Seite 69 Abschlusstest 🏁

1 a)

1. Größe	1	2	3	4
2. Größe	8	16	24	32

b)

1. Größe	1	2	3	4
2. Größe	24	12	8	6

2

Gewicht (in kg)	Preis (in €)
2	14
1	7
5	35

: 2 (links oben), : 2 (rechts oben)
· 5 (links unten), · 5 (rechts unten)

Antwort: 5 kg Kirschen kosten 35 €.

3

Anzahl der Lkw	Zeit (in h)
4	6
1	24
3	8

: 4 (links oben), · 4 (rechts oben)
· 3 (links unten), : 3 (rechts unten)

Antwort: 4 Lkw brauchen 6 h, um einen Berg Kies wegzufahren. 3 Lkw brauchen dafür **8 h**.

4 langsam;
1,5 Minuten;
50 m

▶ Seite 69 Abschlusstest ☒

1 a)

1. Größe	1	2	3	4
2. Größe	3,4	4,2	10,2	13,6

b)

1. Größe	1	2	3	4
2. Größe	60	30	20	15

2

	KiBa (in mℓ)	Kirschsaft (in mℓ)	
: 2	100	55	: 2
· 7	50	27,5	· 7
	350	192,5	

Antwort: Man braucht **192,5 mℓ** Kirschsaft.
Also braucht man 350 mℓ – 192,5 mℓ = **157,5 mℓ**
Bananensaft.

3 a) Die Zuordnung ist proportional, denn wenn man die
doppelte Menge Honig kauft, bezahlt man auch
doppelt so viel. 250 g sind 0,25 kg.

	Gewicht (in kg)	Preis (in €)	
· 0,25	1	15	· 0,25
	0,25	3,75	

Antwort: 250 g Honig kosten **3,75 €**.

b) Die Zuordnung ist antiproportional, denn wenn man
die die Anzahl der Gärtner verdoppelt, dann halbiert
sich die benötigte Arbeitszeit.

	Anzahl der Gärtner	Zeit (in h)	
: 3	3	6	· 3
· 4	1	18	: 4
	4	4,5	

Antwort: 4 Gärtner brauchen für die gleiche Arbeit
4,5 Stunden (4 Stunden und 30 Minuten).

4 – Julia ist nach 10 Minuten **1 km** gelaufen.
– Tom hat für 2 km **15 Minuten** gebraucht.
– Julia überholt Tom nach **etwa 26 Minuten** und **nach
2,4 km**. (Denn dort schneiden sich die Graphen.)
– Am Anfang ist **Tom** schneller.

▶ Seite 69 Abschlusstest ☒

1 a)

x	1	2	3	4	5
y	0,6	1,2	1,8	2,4	3

b)

x	1	2	3	4	5
y	27	13,5	9	6,75	5,4

2 Die Zuordnung ist antiproportional.

	Wasser (in l / min)	Zeit (in min)	
: 5	50	36	· 5
· 4	10	180	: 4
	40	45	

Antwort: Das Wasser reicht dann **45 min**.

3 a) Die Zuordnung ist proportional, denn kauft man die
doppelte Menge Himbeeren, dann verdoppelt sich
auch der Preis.

	Himbeeren (in kg)	Preis (in €)	
: 1,5	1,5	13,50	: 1,5
· 0,25	1	9	· 0,25
	0,25	2,25	

Antwort: 250 g (0,25 kg) Himbeeren kosten **2,25 €**.

b) Die Zuordnung ist antiproportional. Je mehr Bagger
an der Arbeit beteiligt sind, desto weniger Zeit
benötigen sie.

	Anzahl Bagger	Zeit (in h)	
: 4	4	3,5	· 4
· 3	1	14	: 3
	3	$4\frac{2}{3}$	

Antwort: 3 Bagger benötigen dafür **$4\frac{2}{3}$ h** (4 Stunden
und 40 Minuten).

4 a) Eine Tabelle kann dir helfen:

Zeit in min	0	5	15	19	20
Weg in m	0	500	500	2500	2600

b) – Er kommt um 16:20 Uhr an.
– Er legt 2,6 km zurück.

3 Dreiecke und Vierecke

► **Seite 72/73 Wiederholung**

1 zueinander parallele Geraden: a∥e, f∥d
zueinander senkrechte Geraden: c⊥b, f⊥a, f⊥e, d⊥a, d⊥e

2

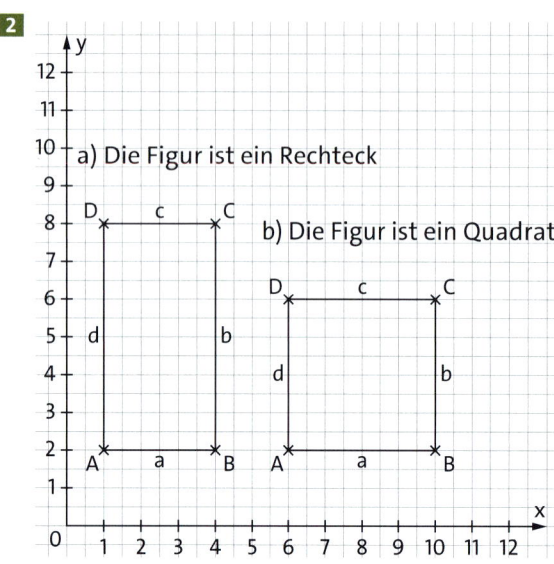

a) Die Figur ist ein Rechteck

b) Die Figur ist ein Quadrat

3 a) 4 cm   b) 7 cm

4 Die Abbildungen sind aus Platzgründen verkleinert.

a)

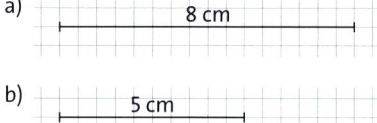

8 cm

b)

5 cm

c) Rechne in cm um: 42 mm = 4,2 cm.

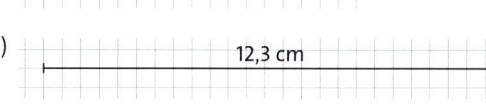

4,2 cm

d)

12,3 cm

e)

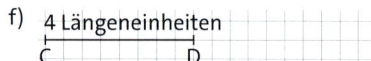

12 Längeneinheiten

A   B

f) 4 Längeneinheiten

C   D

5 Beachte: Der Radius ist die Länge,
die du mit dem Zirkel einstellst.
d) r = d : 2 = 6 cm : 2 = **3 cm**
e) r = d : 2 = 7 cm : 2 = **3,5 cm**
f) r = d : 2 = 15 cm : 2 = **7,5 cm**

Hier siehst du drei Zeichnungen als Beispiele.

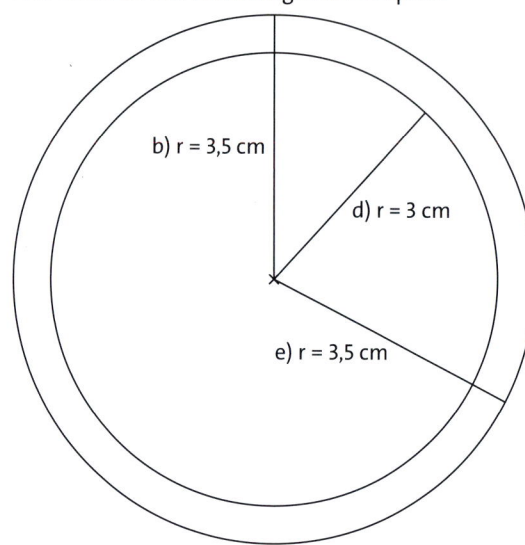

b) r = 3,5 cm

d) r = 3 cm

e) r = 3,5 cm

6 a) Der Abstand vom Punkt P zur Geraden g beträgt
ungefähr **1,6 cm.**
b) Die Abbildung ist aus Platzgründen verkleinert.

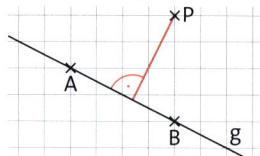

Der Abstand von Punkt P zur Geraden g beträgt
ungefähr **1,8 cm.**

7

der Schenkel

der Scheitelpunkt

α der Winkelbogen

der Schenkel

8 a) Ein **spitzer** Winkel ist größer
als 0° und kleiner als 90°.
b) Ein **stumpfer** Winkel ist größer
als 90° und kleiner als 180°.
c) Ein **überstumpfer** Winkel ist größer
als 180° und kleiner als 360°.

9 stumpfer Winkel – γ – Der Winkel ist größer als 90°
und kleiner als 180°.
rechter Winkel – β – Der Winkel ist 90°.
spitzer Winkel – α – Der Winkel ist größer als 0° und
kleiner als 90°.

10 a) 50°   b) 115°

11

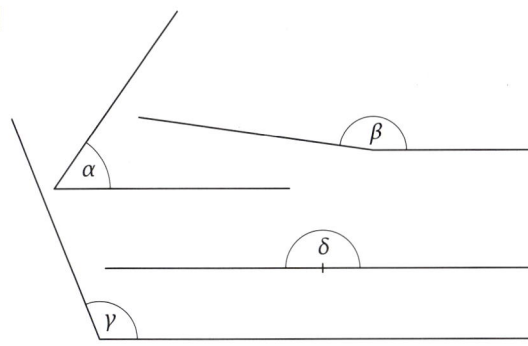

▶ Seite 98 Zwischentest

1 α und γ sind Scheitelwinkel: $\gamma = \alpha = $ **40°**
α und β sind Nebenwinkel:
$\beta = 180° - \alpha = 180° - 40° = $ **140°**
α und α_1 sind Stufenwinkel an zwei parallelen
Geraden g und h:
$\alpha_1 = \alpha = $ **40°**

2 a) $\gamma = 180° - 90° - 50° = 180° - 140° = 40°$
  b) $\alpha = 180° - 60° - 60° = 180° - 120° = 60°$

3 a) Das Dreieck ist rechtwinklig und gleichschenklig.
  b) Das Dreieck ist spitzwinklig und gleichseitig.

4 Die Abbildung ist aus Platzgründen verkleinert.

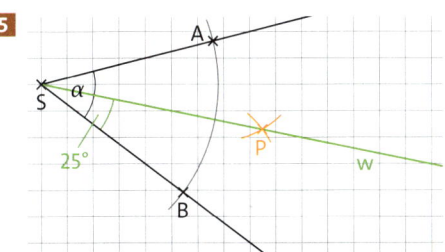

5

6 a) Raute
  b) Trapez
  c) Parallelogramm
  d) Drachenviereck

▶ Seite 99 Zwischentest

1 δ und der Winkel 32° sind Nebenwinkel:
$\delta = 180° - 32° = $ **148°**
δ und β_1 sind Wechselwinkel und gleich groß, weil die
Gerade g parallel zu h ist: $\beta_1 = \delta = $ **148°**
Der Winkel 32° und α_1 sind Wechselwinkel und gleich
groß, weil die Gerade g parallel zu h ist: $\alpha_1 = $ **32°**

2 a) $\beta = 180° - 110° - 47° = 180° - 157° = 23°$
  b) $\alpha = 180° - 103° - 48° = 180° - 151° = 29°$

3 a) Das Dreieck ist stumpfwinklig und gleichschenklig.
  b) Das Dreieck ist spitzwinklig und unregelmäßig.
    Es fehlen hier ein rechtwinkliges Dreieck und ein
    gleichseitiges Dreieck.

4 Die Abbildung ist aus Platzgründen verkleinert.

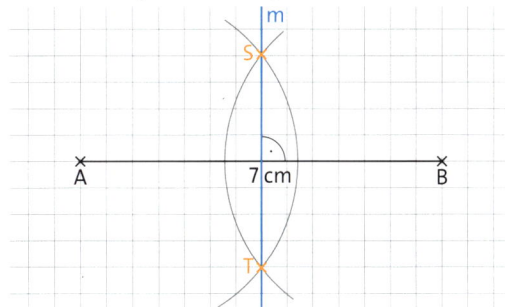

5

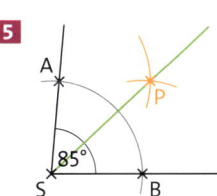

6 a) Eigenschaften eines Drachenvierecks:
    • 2 Paare benachbarter Seiten sind gleich lang.
    • 2 gegenüberliegende Winkel sind gleich groß.
    • Die Diagonalen sind zueinander senkrecht.
    • Eine Diagonale wird durch die andere Diagonale
      halbiert.
    • Es ist achsensymmetrisch.
  b) Vierecksarten, deren gegenüberliegende Winkel
    gleich groß sind:
    • Quadrat
    • Rechteck
    • Parallelogramm
    • Raute
    • Drachenviereck (mit nur einem Paar gleich großer
      Winkel)
  c) Vierecksarten, deren Diagonalen gleich lang
    • sind:
    • Quadrat
    • Rechteck

▶ Seite 99 Zwischentest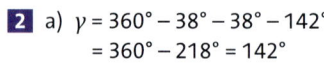

1 α ist ein **Stufenwinkel** von 78° und g ist parallel zu h.
Also ist α = **78°**.
β ist ein **Nebenwinkel** von α.
Also ist β = 180° − α = 180° − 78° = **102°**.
Die Gerade g ist parallel zu h. Also ist der Stufenwinkel
des 118° großen Winkels ebenfalls 118° groß.
Der Stufenwinkel von β_2 ist ein Nebenwinkel des
118° großen Winkels. Also ist β_2 = 180° − 118° = **62°**.

2 a) γ = 360° − 38° − 38° − 142°
    = 360° − 218° = 142°
b) δ = 360° − 45° − 140° − 110°
    = 360° − 295° = 65°

3 a) Zum Beispiel:
    Zu c) Das Dreieck ist gleich-
    schenklig, weil die Seiten b
    und c gleich lang sind.
    Das Dreieck ist rechtwinklig,
    weil der Winkel bei A 90° ist.

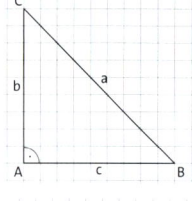

b) Zum Beispiel:
    Zu c) Das Dreieck ist spitz-
    winklig, weil alle Winkel
    zwischen 0° und 90° sind.
    Das Dreieck ist nicht
    gleichseitig, weil die Seite c
    kürzer ist als die Seite b.

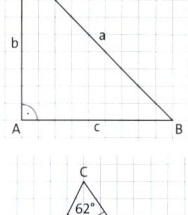

4

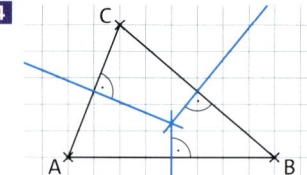

5

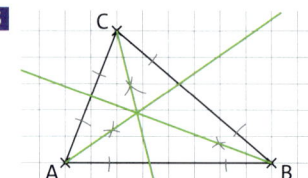

6 a) Gemeinsamkeiten
    • Beide Figuren sind Vierecke.
    • mindestens ein Paar zueinander paralleler Seiten
    • Innenwinkelsumme 360°
    Unterschiede:
    • Beim Trapez sind 2 Seiten zueinander parallel,
      also ein Paar Seiten. Bei einem Parallelogramm
      sind alle gegenüberliegende Seiten zueinander
      parallel, also zwei Paar Seiten.
    • Beim Parallelogramm sind gegenüberliegende
      Seiten gleich lang, beim Trapez nicht.
    • Beim Parallelogramm sind gegenüberliegende
      Winkel gleich groß, beim Trapez nicht.

• Beim Parallelogramm halbieren sich
  die Diagonalen, beim Trapez nicht.
• Das Parallelogramm ist punktsymmetrisch,
  das Trapez nicht.
b) Gemeinsamkeiten:
    • Beide Figuren sind Vierecke.
    • Innenwinkelsumme 360°
    • Bei der Raute und beim Drachenviereck sind die
      Diagonalen zueinander senkrecht.
    Unterschiede:
    • Bei der Raute sind alle Seiten gleich lang, beim
      Drachenviereck sind es jeweils 2 Paare benachbar-
      ter Seiten.
    • Bei der Raute sind gegenüberliegende Winkel
      immer gleich groß, beim Drachenviereck sind es
      nur 2 der gegenüberliegenden Winkel.
    • Bei der Raute sind gegenüberliegende Seiten
      zueinander parallel, beim Drachenviereck gibt es
      keine zueinander parallelen Seiten.
    • Bei der Raute halbieren sich die Diagonalen
      gegenseitig, beim Drachenviereck halbiert nur
      eine Diagonale die andere Diagonale.

▶ Seite 109 Abschlusstest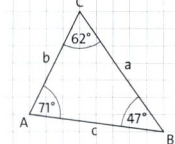

1 a) α und α_1 sind **Stufenwinkel**.
b) α_1 und δ_1 sind **Nebenwinkel**.
c) α und γ sind **Scheitelwinkel**.

2 α = **80°**; β = 180° − 80° = **100°**

3 γ = 180° − 70° − 45° = **65°**

4 δ = 360° − 70° − 50° − 120° = **120°**

5 A: Drachenviereck
    B: rechtwinkliges, unregelmäßiges Dreieck
    C: Quadrat (auch: Rechteck, Parallelogramm,
      Raute, Trapez)
    D: Parallelogramm (auch: Trapez)
    E: Rechteck (auch: Parallelogramm, Trapez)
    F: gleichschenkliges, spitzwinkliges Dreieck

6 Die Abbildung ist aus Platzgründen verkleinert.

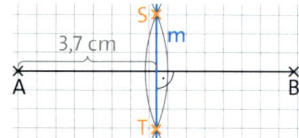

7 Die Abbildung ist aus Platzgründen verkleinert.

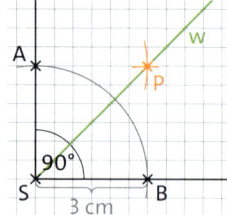

▶ Seite 109 Abschlusstest ⋈

1 a) α und δ sind **Nebenwinkel**.
b) α_1 und γ_1 sind **Scheitelwinkel**.
c) α und γ_1 sind **Wechselwinkel**.

2 α und der Winkel 125° sind Nebenwinkel. Also ist $\alpha = 180° - 125° = \textbf{55°}$. Der Winkel β_1 und 125° sind Stufenwinkel und die Gerade g ist parallel zu h. Also ist $\beta_1 = \textbf{125°}$.

3 $\alpha = 180° - \beta - \gamma = 180° - 85° - 37° = \textbf{58°}$

4 $\delta = 360° - 120° - 90° - 60° = \textbf{90°}$

5 a) gleichschenkliges Dreieck
b) Möglichkeiten: Rechteck, Quadrat, Raute, Parallelogramm
c) stumpfwinkliges Dreieck

6 Die Abbildung ist aus Platzgründen verkleinert.

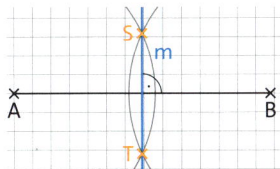

7

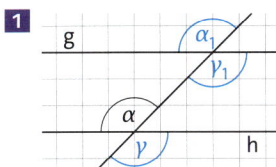

▶ Seite 109 Abschlusstest ⊠

1

g
α_1
γ_1
α
γ
h

2 $\alpha_3 = \textbf{78°}$, denn α_3 ist ein Wechselwinkel zu 78°.
$\beta = \textbf{93°}$, denn β und 93° sind Stufenwinkel und die Gerade k ist parallel zu g.
β und γ sind Nebenwinkel.
Also ist $\gamma = 180° - 93° = \textbf{87°}$.

3 *gegeben*: $\gamma = 82°$
gesucht: α und β
Das Dreieck ist gleichschenklig.
Also sind die Basiswinkel α und β gleich groß.
Rechnung:
$180° - 82° = 2\alpha$ (Summe der Innenwinkel)
$\qquad 98° = 2\alpha$ $|: 2$
$\qquad \alpha = \textbf{49°}$
Also ist $\beta = \textbf{49°}$.

4 Die Summe der Innenwinkel im Viereck ist 360°:
$\alpha + \beta + \gamma + \delta = 360°$.
Im Parallelogramm sind gegenüberliegende Winkel gleich groß. Also ist $\alpha = \gamma$ und $\beta = \delta$.
Deshalb ist $2\alpha + 2\beta = 360°$.
Rechnung:
$360° - 2 \cdot 65° = 2 \cdot \beta$
$\qquad 230° = 2 \cdot \beta$ $|: 2$
$\qquad \textbf{115°} = \beta$
β und δ sind **115°** groß.
α und γ sind **65°** groß.

5 a) gleichseitiges, spitzwinkliges Dreieck
b) Quadrat, Rechteck, Parallelogramm, Raute
c) gleichschenkliges, rechtwinkliges Dreieck
d) Quadrat, Rechteck, Raute, Drachenviereck, gleichschenkliges Trapez

6 Die Abbildung ist aus Platzgründen verkleinert.

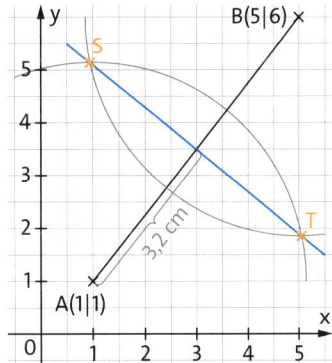

7

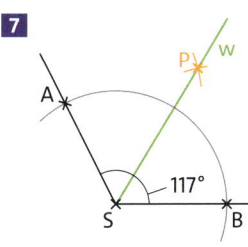

4 Prozentrechnung

▶ Seite 112/113 Wiederholung

1 a) Die Teiler von 4 sind 1, 2 und 4.
b) Die Teiler von 12 sind 1, 2, 3, 4, 6 und 12.
c) Die Teiler von 21 sind 1, 3, 7 und 21.
d) Die Teiler von 32 sind 1, 2, 4, 8, 16 und 32.
e) Die Teiler von 47 sind 1 und 47.
f) Die Teiler von 60 sind 1, 2, 3, 4, 5, 6, 10, 12, 15, 20, 30 und 60.

2 a)
5	3	1	·	3
	1	5	9	3

b)
1	9	8	·	6
	1	1	8	8

c)
1	2	4	·	8
		9	9	2

d)
1	2	·	4	5
			4	8
			6	0
				1
			5	4	0

e)
3	7	1	·	6	1
		2	2	2	6
			3	7	1
					1
		2	2	6	3	1

f)
8	7	2	·	3	9
		2	6	1	6
			7	8	4	8
			1	1	1
		3	4	0	0	8

3 a)
	3	9	2	:	4	=	9	8
−	3	6						
		3	2					
	−	3	2					
			0					

b)
	4	9	3	2	:	9	=	5	4	8
−	4	5								
		4	3							
	−	3	6							
			1							
			7	2						
		−	7	2						
				0						

c)
	7	3	1	0	:	5	=	1	4	6	2
−	5										
	2	3									
−	2	0									
		3	1								
	−	3	0								
			1	0							
		−	1	0							
				0							

4 a)

	Pommes Portionen	Preis (in €)	
: 3	3	12	: 3
· 25	1	4	· 25
	25	100	

Antwort: 25 Portionen Pommes kosten 100 €

b)

	Basketbälle	Preis (in €)	
: 7	7	140	: 7
· 23	1	20	· 23
	23	460	

Antwort: 23 Basketbälle kosten 460 €.

5 a) $\frac{5}{100} = 5\,\%$ b) $\frac{65}{100} = 65\,\%$ c) $\frac{87}{100} = 87\,\%$

6 a) $\frac{30}{100} = 30\,\%$ b) $\frac{12}{100} = 12\,\%$
c) $\frac{50}{100} = 50\,\%$ d) $\frac{80}{100} = 80\,\%$
e) $\frac{40}{100} = 40\,\%$ f) $\frac{75}{100} = 75\,\%$
g) $\frac{43}{100} = 43\,\%$ h) $\frac{30}{100} = 30\,\%$

7

$\frac{25}{100}$	0,25	25 %
$\frac{1}{50}$	0,02	2 %
$\frac{1}{2}$	0,5	50 %
$\frac{2}{5}$	0,4	40 %
$\frac{1}{20}$	0,05	5 %

8 a) $\frac{50}{100} = \frac{1}{2}$ b) $\frac{25}{100} = \frac{1}{4}$
c) $\frac{65}{100} = \frac{13}{20}$ d) $\frac{80}{100} = \frac{8}{10} = \frac{4}{5}$
e) $\frac{36}{100} = \frac{9}{25}$

9 a) blau: $\frac{1}{4} = \frac{25}{100} = 25\,\%$;
rot: $\frac{3}{4} = \frac{75}{100} = 75\,\%$
b) blau: $\frac{8}{10} = \frac{80}{100} = 80\,\%$;
rot: $\frac{2}{10} = \frac{20}{100} = 20\,\%$
c) blau: $\frac{2}{5} = \frac{40}{100} = 40\,\%$;
rot: $\frac{3}{5} = \frac{60}{100} = 60\,\%$
d) blau: $\frac{16}{25} = \frac{64}{100} = 64\,\%$;
rot: $\frac{9}{25} = \frac{36}{100} = 36\,\%$

10 Es müssen 65 Kästchen blau sein, 25 rot und 10 grün.

11 a) $\frac{1}{2} \cdot 74\,€ = \mathbf{37\,€}$
b) $\frac{3}{4} \cdot 80\,kg = \mathbf{60\,kg}$
c) $\frac{2}{3} \cdot 99\,m = \mathbf{66\,m}$
d) $\frac{5}{7} \cdot 791\,min = \mathbf{565\,min}$

12 a) Die Jugendlichen nutzen am liebsten soziale Netzwerke.
b) 5 % der Jugendlichen lesen gerne.
c) 35 % der Jugendlichen treiben gerne Sport.

▶ Seite 130 Zwischentest 🏳

1 a) G = 25 Schülerinnen und Schüler,
W = 16 Schülerinnen und Schüler,
p % = 64 %
b) G = 25 Schülerinnen und Schüler,
W = 20 Schülerinnen und Schüler,
p % = 80 %

2 a) Das sind 30 %.   b) Das sind 4 Karten.

3 a) W = 72 km, G = 200 km

Länge (in km)	Anteil
200	100 %
1	$\frac{1}{2}$ %
72	36 %

: 200 ⟍ ⟋ : 200
· 72 ⟍ ⟋ · 72

Mit der Formel: $p \% = \frac{72}{200} = \frac{36}{100} = \mathbf{36\,\%}$

72 km von 200 km sind 36 %.

b) W = 45 Fahrräder, G = 150 Fahrräder

Anzahl	Anteil
150	100 %
1	$\frac{2}{3}$ %
45	30 %

: 150 ⟍ ⟋ : 150
· 45 ⟍ ⟋ · 45

Mit der Formel: $p \% = \frac{45}{150} = \frac{3}{10} = \frac{30}{100} = \mathbf{30\,\%}$
30 % der Fahrräder sind nicht verkehrssicher.

4 a) G = 400 €, p % = 20 %

Anteil	Wert (in €)
100 %	400
1 %	4
20 %	80

: 100 ⟍ ⟋ : 100
· 20 ⟍ ⟋ · 20

Mit der Formel: $W = 400\,€ \cdot \frac{20}{100} = \mathbf{80\,€}$
20 % von 400 € sind 80 €.

b) G = 200 g, p % = 45

Anteil	Zucker (in g)
100 %	200
1 %	2
45 %	90

: 100 ⟍ ⟋ : 100
· 45 ⟍ ⟋ · 45

Mit der Formel: $W = 200\,g \cdot \frac{45}{100} = \mathbf{90\,g}$
In einer 200-g-Tafel sind 90 g Zucker.

5 a) W = 54 €, p % = 6 %

Anteil	Wert (in €)
6 %	54
1 %	9
100 %	900

: 6 ⟍ ⟋ : 6
· 100 ⟍ ⟋ · 100

Mit der Formel: $G = 54\,€ : \frac{6}{100} = \mathbf{900\,€}$

900 € sind 100 %.

b) W = 5 €, p % = 20 %

Anteil	Taschengeld (in €)
20 %	5
1 %	0,25
100 %	25

: 20 ⟍ ⟋ : 20
· 100 ⟍ ⟋ · 100

Mit der Formel: $G = 5\,€ : \frac{20}{100} = \mathbf{25\,€}$
Janna bekommt 25 € Taschengeld.

▶ Seite 131 Zwischentest ✉

1 a) G = 1020 Smartphones, W = 306 Smartphones,
p % = 30 %
b) W = 459 Smartphones, p % = 45 %, G fehlt.

2 a) Zum Beispiel: Frieda nimmt sich 56 € aus ihrer Spardose. Das sind 70 % des Geldes in der Dose. Wie viel Geld hat Frieda insgesamt?
b) Zum Beispiel: Eine 200-g-Tafel Schokolade besteht zu 40 % aus Zucker. Wie viel Gramm Zucker sind in der Tafel?

3 a) G = 25 Lose, W = 7 Lose

Anzahl der Lose	Anteil
25	100 %
1	4 %
7	28 %

: 25 ⟍ ⟋ : 25
· 7 ⟍ ⟋ · 7

Mit der Formel: $p \% = \frac{7}{25} = \frac{28}{100} = \mathbf{28\,\%}$
28 % ihrer Lose sind Gewinne.

b) 100-g-Tafel Schokolade:

Zucker (in g)	Anteil
100	100 %
1	1 %
58	58 %

: 100 ⟍ ⟋ : 100
· 58 ⟍ ⟋ · 58

Mit der Formel: $p \% = \frac{58\,g}{100\,g} = 58\,\%$

20g-Schokoriegel:

Zucker (in g)	Anteil
20	100 %
1	5 %
11	55 %

: 20 ⟍ ⟋ : 20
· 11 ⟍ ⟋ · 11

Mit der Formel: $p \% = \frac{11\,g}{20\,g} = \frac{55\,g}{100\,g} = 55\,\%$
Die Tafel Schokolade enthält im Verhältnis zum Gewicht mehr Zucker als der Schokoriegel.

239

4 a) G = 4600 g, p % = 12 %

	Anteil	Gewicht (in g)	
: 100	100 %	4600	: 100
· 12	1 %	46	· 12
	12 %	552	

Mit der Formel: W = 4600 g · $\frac{12}{100}$ = **552 g**
Die Verpackung wiegt 552 g.

b) Moritz: G = 320 Seiten, p % = 15 %

	Anteil	Anzahl	
: 100	100 %	320	: 100
· 15	1 %	3,2	· 15
	15 %	48	

Mit der Formel: W = 320 · $\frac{15}{100}$ = 48

Leonie: G = 140 Seiten, p % = 30 %

	Anteil	Anzahl	
: 10	100 %	140	: 10
· 3	10 %	14	· 3
	30 %	42	

Mit der Formel: W = 140 · $\frac{30}{100}$ = 42
Moritz hat mehr Seiten gelesen als Leonie.

5 a) p % = 12 %, W = 240 g

	Anteil	Gewicht (in g)	
: 12	12 %	240	: 12
· 100	1 %	20	· 100
	100 %	2000	

Mit der Formel: G = 240 g : $\frac{12}{100}$ = **2000 g**
Der Grundwert beträgt 2000 g.

b) p % = 35 %, W = 24,50 €

	Anteil	Preis (in €)	
: 35	35 %	24,50	: 35
· 100	1 %	0,7	· 100
	100 %	70	

Mit der Formel: G = 24,50 € : $\frac{35}{100}$ = **70 €**
Die Jeans hat ursprünglich 70 € gekostet.

▶ Seite 131 Zwischentest ⊠

1 a) W = 2 Schülerinnen und Schüler, p % = 8 %, G fehlt
b) p % = 25 %, W und G fehlen
c) G = 3 Mathearbeiten, W = 2 Mathearbeiten, p % fehlt

2 a)

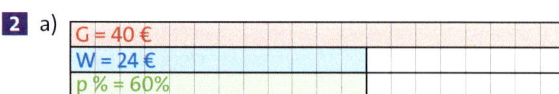

G = 40 €	
W = 24 €	
p % = 60 %	

b)

G = 300 g	
W = 120 g	
p % = 40 %	

3 a) In der Klasse sind 25 Kinder.
Jungen: G = 25 Kinder, W = 13 Kinder

	Anzahl	Anteil	
: 25	25	100 %	: 25
· 13	1	4 %	· 13
	13	52 %	

Mit der Formel: p % = $\frac{13}{25}$ = $\frac{52}{100}$ = **52 %**
Die Klasse besteht zu 52 % aus Jungen. Also besteht
die Klasse zu 100 % − 52 % = 48 % aus Mädchen.

b) Mädchen: G = 25 Kinder, W = 15 Kinder

	Anzahl	Anteil	
: 25	25	100 %	: 25
· 15	1	4 %	· 15
	15	60 %	

Mit der Formel: p % = $\frac{15}{25}$ = $\frac{60}{100}$ = **60 %**
Die Klasse besteht jetzt zu 60 % aus Mädchen. Also
besteht die Klasse zu 100 % − 60 % = 40 %
aus Jungen.

4 a) p % = 8 %, G = 610 m

	Anteil	Länge (in m)	
: 100	100 %	610	: 100
· 8	1 %	6,1	· 8
	8 %	48,8	

Mit der Formel: W = 610 m · $\frac{8}{100}$ = **48,8 m**
8 % von 610 m sind 48,8 m.

b) p % = 75 %, G = 260 Fahrradplätze

	Anteil	Anzahl	
: 100	100 %	260	: 100
· 75	1 %	2,6	· 75
	75 %	195	

Mit der Formel: W = 260 · $\frac{75}{100}$ = **195**
Auf dem Schulhof stehen 195 Fahrräder.

5 a) p % = 120 %, W = 4800 mg

	Anteil	Gewicht (in mg)	
: 120	120 %	4800	: 120
· 100	1 %	40	· 100
	100 %	4000	

Mit der Formel: G = 4800 mg : $\frac{120}{100}$ = **4000 mg**
Der Grundwert beträgt 4000 mg.

b) p % = 6 %, W = 420 m

	Anteil	Länge (in m)	
: 6	6 %	420	: 6
· 100	1 %	70	· 100
	100 %	7000	

Mit der Formel: G = 420 m : $\frac{6}{100}$ = **7000 m**
Der gesamte Weg ist 7000 m (7 Kilometer) lang.

▶ **Seite 141 Abschlusstest**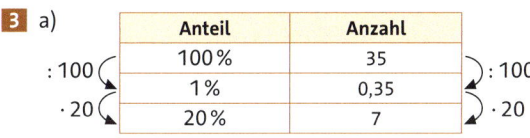

1 G = 200 g, W = 120 g, p % = 60 %

2 a)

Anzahl	Anteil
25	100 %
1	4 %
13	52 %

: 25 ⟶ : 25 (for 25→1)
· 13 ⟶ · 13 (for 1→13)

Mit der Formel: p % = $\frac{13}{25}$ = $\frac{52}{100}$ = **52 %**

b) G = 20 Mandarinen, W = 5 Mandarinen

Anzahl	Anteil
20	100 %
1	5 %
5	25 %

: 20, · 5

Mit der Formel: p % = $\frac{5}{20}$ = $\frac{25}{100}$ = **25 %**

3 a)

Anteil	Anzahl
100 %	35
1 %	0,35
20 %	7

: 100, · 20

Mit der Formel: W = 35 · $\frac{20}{100}$ = **7**

b) p % = 9 %, G = 800 €

Anteil	Wert (in €)
100 %	800
1 %	8
9 %	72

: 100, · 9

Mit der Formel: W = 800 € · $\frac{9}{100}$ = **72 €**

4 a)

Anteil	Anzahl
60 %	360
1 %	6
100 %	600

: 60, · 100

Mit der Formel: G = 360 : $\frac{60}{100}$ = **600**

b) p % = 40 %, W = 28 €

Anteil	Wert (in €)
40 %	28
10 %	7
100 %	70

: 4, · 10

Mit der Formel: G = 28 € : $\frac{40}{100}$ = **70 €**

5 G = 28 Jugendliche, W = 7 Jugendliche

Anzahl	Anteil
28	100 %
7	25 %

: 4

Mit der Formel: p % = $\frac{7}{28}$ = $\frac{1}{4}$ = $\frac{25}{100}$ = **25 %**
25 % der Handys von Jugendlichen haben einen Displayschaden.

6 G = 35 €, p % = 60 %

Anteil	Wert (in €)
100 %	35
1 %	0,35
60 %	21

: 100, · 60

Mit der Formel: W = 35 € · $\frac{60}{100}$ = **21 €**
Das Computerspiel kostet 21 €.

7 W = 42, p % = 70 %

Anteil	Anzahl
70 %	42
1 %	0,6
100 %	60

: 70, · 100

Mit der Formel: G = 42 : $\frac{70}{100}$ = **60**
Es gab insgesamt 60 Punkte.

8 G = 30 €, p % = 20 %

Anteil	Wert (in €)
100 %	30
1 %	0,3
20 %	6

: 100, · 20

Mit der Formel: W = 30 € · $\frac{20}{100}$ = **6 €**
Louisa bekommt 6 € Rabatt.

▶ **Seite 141 Abschlusstest**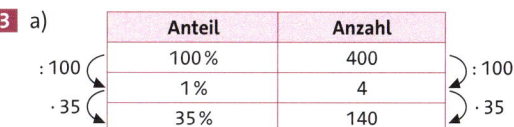

1 W = 528 km, p % = 55 %, G fehlt

2 a)

Anzahl	Anteil
40	100 %
1	$\frac{5}{2}$ %
28	70 %

: 40, · 28

Mit der Formel: p % = $\frac{28}{40}$ = $\frac{7}{10}$ = $\frac{70}{100}$ = **70 %**

b) G = 30 Bananen, W = 6 Bananen

Anzahl	Anteil
30	100 %
1	$\frac{10}{3}$ %
6	20 %

: 30, · 6

Mit der Formel: p % = $\frac{6}{30}$ = $\frac{1}{5}$ = $\frac{20}{100}$ = **20 %**

3 a)

Anteil	Anzahl
100 %	400
1 %	4
35 %	140

: 100, · 35

Mit der Formel: W = 400 · $\frac{35}{100}$ = **140**

b) p % = 16 %, G = 250 m²

Anteil	Fläche (in m²)
100 %	250
1 %	2,5
16 %	40

: 100, · 16

Mit der Formel: W = 250 m² · $\frac{16}{100}$ = **40 m²**

4 a)

Anteil	Anzahl
70 %	560
1 %	8
100 %	800

: 70 und · 100 (links), : 70 und · 100 (rechts)

Mit der Formel: $G = 560 : \frac{70}{100} = \mathbf{800}$

b) p % = 40 %, W = 38 kg

Anteil	Gewicht (in kg)
40 %	38
1 %	0,95
100 %	95

: 40 und · 100 (links und rechts)

Mit der Formel: $G = 38\,kg : \frac{40}{100} = \mathbf{95\,kg}$

5 a) G = 550 Fahrradplätze, W = 418 Fahrradplätze

Anzahl	Anteil
550	100 %
1	$\frac{2}{11}$ %
418	76 %

: 550 und · 418 (links und rechts)

Mit der Formel: $p\% = \frac{418}{550} = \frac{19}{25} = \frac{76}{100} = \mathbf{76\,\%}$
76 % der Plätze sind belegt.

b) Es sind noch 100 % − 76 % = **24 %** der Plätze frei.

6 männlich: G = 1250 Jugendliche, p % = 54 %

Anteil	Anzahl
100 %	1250
1 %	12,5
54 %	675

: 100 und · 54 (links und rechts)

Mit der Formel: $W = 1250 \cdot \frac{54}{100} = \mathbf{675}$
675 Jugendliche sind männlich.
Also sind 1250 − 675 = 575 Jugendliche weiblich.

7 W = 132 Fragen, p % = 75 %

Anteil	Anzahl
75 %	132
25 %	44
100 %	176

: 3 und · 4 (links und rechts)

Mit der Formel: $G = 132 : \frac{75}{100} = \mathbf{176}$
Es gab 176 Fragen.

8 G = 65 €, p % = 100 % − 12 % = 88 %

Anteil	Preis (in €)
100 %	65
1 %	0,65
88 %	57,2

: 100 und · 88 (links und rechts)

Mit der Formel: $W = 65\,€ \cdot \frac{88}{100} = \mathbf{57,2\,€}$
Der Preis neue Preis ist 57,20 €.

▶ **Seite 141 Abschlusstest**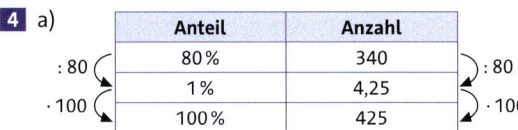

1 W = 400 m, G = 1200 m, p % fehlt

2 a)

Anzahl	Anteil
60	100 %
1	$\frac{5}{3}$ %
27	45 %

: 60 und · 27 (links und rechts)

Mit der Formel: $p\% = \frac{27}{60} = \frac{9}{20} = \frac{45}{100} = \mathbf{45\,\%}$

b) W = 42 Äpfel, G = 56 Äpfel

Anzahl	Anteil
56	100 %
14	25 %
42	75 %

: 4 und · 3 (links und rechts)

Mit der Formel: $p\% = \frac{42}{56} = \frac{3}{4} = \frac{75}{100} = \mathbf{75\,\%}$

3 a)

Anteil	Anzahl
100 %	70
1 %	0,7
45 %	31,5

: 100 und · 45 (links und rechts)

Mit der Formel: $W = 70 \cdot \frac{45}{100} = \frac{63}{2} = \mathbf{31,5}$

b) p % = 83 %, G = 200 g

Anteil	Gewicht (in g)
100 %	200
1 %	2
83 %	166

: 100 und · 83 (links und rechts)

Mit der Formel: $W = 200\,g \cdot \frac{83}{100} = \mathbf{166\,g}$

4 a)

Anteil	Anzahl
80 %	340
1 %	4,25
100 %	425

: 80 und · 100 (links und rechts)

Mit der Formel: $G = 340 : \frac{80}{100} = \mathbf{425}$

b) p % = 35 %, W = 84 €

Anteil	Wert (in €)
35 %	84
1 %	2,4
100 %	240

: 35 und · 100 (links und rechts)

Mit der Formel: $G = 84\,€ : \frac{35}{100} = \mathbf{240\,€}$

5 G = 650 Bäume, W = 39 Bäume

	Anzahl	Anteil	
: 650	650	100 %	: 650
· 39	1	$\frac{2}{13}$ %	· 39
	39	6 %	

Mit der Formel: $p\% = \frac{39}{650} = \frac{3}{50} = \frac{6}{100} = 6\%$

6 % der Bäume sind nicht angewachsen, also sind 100 % − 6 % = **94 %** der Bäume angewachsen.

6 G = 65,00 €, p % = 100 % − $\frac{1}{4}$ = 100 % − 25 % = 75 %

	Anteil	Anzahl (in €)	
: 100	100 %	65	: 100
· 75	1 %	0,65	· 75
	75 %	48,75	

Mit der Formel: $W = 65\,€ \cdot \frac{75}{100} = \textbf{48,75 €}$

Der Preis wird um ein Viertel reduziert, das heißt die Jacke kostet 75 % von 65 €.
Der neue Preis ist also 48,75 €.

7 Es waren 65 % der Aufgaben richtig, also waren 100 % − 65 % = 35 % der Aufgaben falsch.
W = 91, p % = 35 %

	Anteil	Anzahl	
: 7	35 %	91	: 7
· 20	5 %	13	· 20
	100 %	260	

Mit der Formel: $G = 91 : \frac{35}{100} = \textbf{260}$
Es gab 260 Aufgaben.

8 G = 400 €, p % = 15 %

	Anteil	Wert (in €)	
: 100	100 %	400	: 100
· 15	1 %	4	· 15
	15 %	60	

Mit der Formel: $W = 400\,€ \cdot \frac{15}{100} = 60\,€$
Zuerst wird der Preis auf 400 € − 60 € = **340 €** reduziert.
G = 340 €, p % = 5 %

	Anteil	Wert (in €)	
: 100	100 %	340	: 100
· 5	1 %	3,4	· 5
	5 %	17	

Mit der Formel: $W = 340\,€ \cdot \frac{5}{100} = 17\,€$
Der Preis ist am Ende 340 € − 17 € = **323 €**.

5 Zufall

▶ Seite 144/145 Wiederholung

1 8 Kinder essen am liebsten Pudding,
11 Kinder essen am liebsten Eis und
5 Kinder essen am liebsten Obst.

2
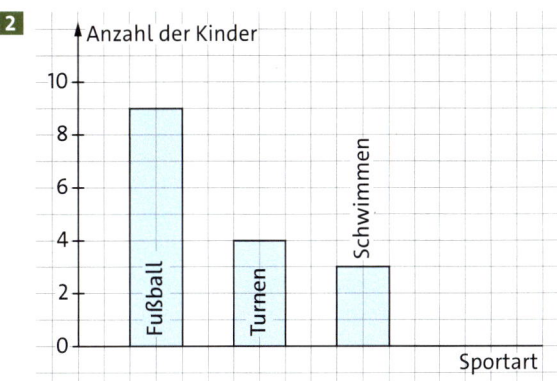

3 a) $\frac{2}{5}$ b) $\frac{1}{3}$ c) $\frac{3}{4}$ d) $\frac{2}{3}$

4 a) $\frac{4}{100}$ b) $\frac{70}{100}$ c) $\frac{15}{100}$ d) $\frac{80}{100}$

5 a) $\frac{1}{10} = 0,1$; $\frac{1}{10} = \frac{10}{100} = 10\%$

   b) $\frac{3}{5} = \frac{6}{10} = 0,6$; $\frac{3}{5} = \frac{60}{100} = 60\%$

   c) $\frac{3}{2} = \frac{15}{10} = 1,5$; $\frac{3}{2} = \frac{150}{100} = 150\%$

   d) $\frac{7}{20} = \frac{35}{100} = 0,35$; $\frac{7}{20} = \frac{35}{100} = 35\%$

   e) $\frac{3}{50} = \frac{6}{100} = 0,06$; $\frac{3}{50} = \frac{6}{100} = 6\%$

   f) $\frac{24}{200} = \frac{12}{100} = 0,12$; $\frac{24}{200} = \frac{12}{100} = 12\%$

6 a) $0,12 = \frac{12}{100} = 12\%$; $0,12 = \frac{12}{100} = \frac{3}{25}$

   b) $0,08 = \frac{8}{100} = 8\%$; $0,08 = \frac{8}{100} = \frac{2}{25}$

   c) $0,75 = \frac{75}{100} = 75\%$; $0,75 = \frac{75}{100} = \frac{3}{4}$

   d) $0,2 = \frac{20}{100} = 20\%$; $0,2 = \frac{2}{10} = \frac{1}{5}$

   e) $1,25 = \frac{125}{100} = 125\%$; $1,25 = \frac{125}{100} = \frac{5}{4}$

7 a) $\frac{2}{10} = \frac{1}{5}$ b) $\frac{1}{4}$ c) $\frac{2}{5}$

8 a) $\frac{3}{20} = \frac{15}{100} = \textbf{0,15}$ b) $\frac{7}{10} = \textbf{0,7}$

   c) $\frac{120}{200} = \frac{60}{100} = \frac{6}{10} = \textbf{0,6}$ d) $\frac{25}{250} = \frac{1}{10} = \textbf{0,1}$

9 $A = \frac{1}{8}$; $B = \frac{4}{8} = \frac{1}{2}$; $C = \frac{13}{16}$; $D = 1\frac{2}{8} = 1\frac{1}{4}$

10

11 a) $\frac{5}{8} > \frac{3}{8}$ b) $\frac{2}{5} = \frac{6}{15}$, denn $\frac{2}{5} = \frac{6}{15}$

   c) $\frac{4}{3} > \frac{6}{5}$; denn $\frac{4}{3} = \frac{20}{15}$ und $\frac{6}{5} = \frac{18}{15}$

   d) $\frac{7}{9} < \frac{7}{8}$ (Neuntel sind kleiner als Achtel.)

12 a) $\frac{1}{4} < \frac{1}{2} < \frac{2}{3} < \frac{4}{5} < \frac{7}{8}$

   b) $0,08 < 0,18 < 0,21 < 0,8 < 0,82$

   c) $0,49 < 0,5 < \frac{3}{5} < \frac{7}{10} < 0,71 < \frac{3}{4}$

▶ **Seite 156 Zwischentest** 🖼

1 a) kein Zufallsexperiment (ich kann vorhersagen, dass ich eine blaue Kugel ziehe)
b) Zufallsexperiment

2 a) blaues Feld; grünes Feld; oranges Feld
b) zum Beispiel: ein schwarzes Feld

3 a)

Heft vergessen			
0 %	30 %	50 %	100 %
0	$\frac{3}{10}$	$\frac{1}{2}$	1
0	0,3	0,5	1

b) individuelle Lösung

4 a) Laplace-Experiment
b) kein Laplace-Experiment
c) Laplace-Experiment

5 a) $P(2) = \frac{1}{5}$ b) $P(2) = \frac{1}{3}$

6 a) $P(\text{Rot}) = \frac{5}{10} = 0,5 = 50\%$
b) $P(\text{Grün oder Rot}) = \frac{8}{10} = 0,8 = 80\%$
c) $P(\text{nicht Grün}) = \frac{7}{10} = 0,7 = 70\%$

▶ **Seite 157 Zwischentest** ⊠

1 a) Zufallsexperiment
b) kein Zufallsexperiment (Ich kann vorhersagen, dass der Chip auf der blauen Seite landet.)
c) Zufallsexperiment

2 a) vierseitiger Würfel: 1, 2, 3, 4
sechsseitiger Würfel: A, E, I, O, U
b) zum Beispiel: vierseitiger Würfel: 5;
sechsseitiger Würfel: B

3 a)

Hannover			
0 %	10 %	50 %	100 %
0	$\frac{1}{10}$	$\frac{1}{2}$	1
0	0,1	0,5	1

b) individuelle Lösungen

4 Bei einem Laplace-Experiment ist jedes Ergebnis gleich wahrscheinlich.
Bei einem Würfel ist jede der sechs Zahlen gleich wahrscheinlich (weil die Seiten eines Würfels gleich groß sind). Es ist ein Laplace-Experiment.
Bei einer Reißzwecke ist es wahrscheinlicher, dass sie auf dem Kopf landet als auf der Seite. Es ist kein Laplace-Experiment.

5 Du solltest das Experiment mit den Kugeln wählen. Denn bei den Kugeln beträgt die Wahrscheinlichkeit für eine blaue Kugel $\frac{1}{5}$. Beim Glücksrad beträgt die Wahrscheinlichkeit für ein blaues Feld nur $\frac{1}{6}$.

6 Es gibt insgesamt 10 Zahlen.
a) Es gibt 5 gerade Zahlen.
Also ist $P(\text{gerade Zahl}) = \frac{5}{10} = 0,5 = 50\%$.
b) Es gibt 4 Zahlen, die größer als 6 sind.
Also ist $P(\text{größer als 6}) = \frac{4}{10} = 0,4 = 40\%$.
c) Es gibt 3 durch 3 teilbare Zahlen, nämlich 3; 6; 9.
Also ist $P(\text{durch 3 teilbar}) = \frac{3}{10} = 0,3 = 30\%$.

▶ **Seite 157 Zwischentest** ⊠

1 Zum Beispiel: einen Flaschendeckel werfen
Das Ergebnis ist nicht vorhersagbar oder beeinflussbar. Du kennst alle möglichen Ergebnisse (Öffnung oben, Öffnung unten). Ein Wurf kann beliebig oft wiederholt werden.
Kein Zufallsexperiment wäre zum Beispiel eine Lotterie, bei der es nur Nieten gibt, weil das Ergebnis vorhersagbar ist.

2 Zum Beispiel:
a) Ein Würfel mit 6 Seiten: zwei Seiten sind gelb, zwei sind rot und zwei sind blau.
b) In einer Box liegen 9 Kugeln: 2 Kugeln sind gelb, 3 Kugeln sind rot und 4 Kugeln sind blau.
c) Das Ergebnis „die schwarze Seite liegt oben" ist unmöglich beim Würfel.
Das Ergebnis „eine schwarze Kugel" ist unmöglich bei der Box.

3 a), b)

	gelb 50 %	grün 20 %	rot 30 %
0 %		50 %	100 %
0		$\frac{1}{2}$	1
0		0,5	1

b) Wenn man die Prozentzahlen von Gelb und Grün addiert, kommt man auf 70 %. Es fehlen also noch 30 %. Das ist die Wahrscheinlichkeit für Rot.

4 Dieses Glücksrad hat vier unterschiedlich große Felder. Deshalb ist die Wahrscheinlichkeit für die Ergebnisse unterschiedlich groß. Bei einem Glücksrad für ein Laplace-Experiment müssen alle Felder gleich groß sein.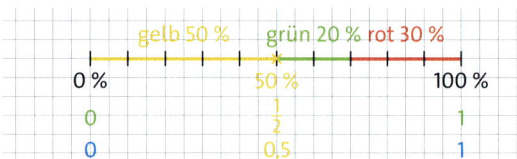

5 a) In der Tüte können zum Beispiel 8, 16 oder 24 Bonbons sein. (Die Anzahl muss durch 8 teilbar sein.)
b) Es können zum Beispiel 6 Kirsch-Bonbons sein (wenn 8 Bonbons in der Tüte sind). Oder 12 Kirsch-Bonbons (wenn 16 Bonbons in der Tüte sind). Oder 18 Kirsch-Bonbons …
Die Kirsch-Bonbons machen immer $\frac{3}{4}$ der Bonbons in der Tüte aus.

6 a) $P(4 \text{ oder } 12) = \frac{2}{5} = 0,4 = 40\,\%$

b) $P(\text{Zahl} < 18) = \frac{4}{5} = 0,8 = 80\,\%$

c) Eine Wahrscheinlichkeit von $60\,\% = \frac{60}{100} = \frac{3}{5}$ bedeutet, dass das Ereignis aus drei einzelnen Ergebnissen (Feldern) besteht.
Zum Beispiel: Es gibt 3 Zahlen, die größer als 10 sind, also ist $P(\text{Zahl} > 10) = 60\,\%$.

▶ Seite 163 Abschlusstest

1 Mit dem blauen Chip in der Mitte ist kein Zufallsexperiment möglich, weil das Ergebnis vorhersagbar ist. Bei jedem Wurf wird eine blaue Seite oben liegen.

2 a)

b) Die Wahrscheinlichkeit für „Kopf" beträgt bei einer Münze $P(\text{Kopf}) = 50\,\%$.
Bei einer Reißzwecke ist die Wahrscheinlichkeit für „Kopf" höher, weil sie häufiger auf dem Kopf als auf der Seite landet.

3 Einen Stift zu ziehen ist ein Laplace-Experiment. Jede Farbe ist einmal vorhanden. Die Wahrscheinlichkeit ist für jeden Stift gleich groß. (Der Zylinder wird wohl häufiger auf der Seite als auf einer Kreisfläche landen.)

4 Du wählst am besten das Glücksrad.
Die Wahrscheinlichkeit für eine 1 beim Glücksrad beträgt $\frac{1}{3}$. Die Wahrscheinlichkeit für eine 1 bei den Kugeln beträgt nur $\frac{1}{5}$.

5 a) mögliche Ergebnisse: Rosa, Weiß, Blau

b) $P(\text{Rosa}) = \frac{2}{5} = \frac{4}{10} = 0,4 = 40\,\%$
$P(\text{nicht Weiß}) = \frac{3}{5} = \frac{6}{10} = 0,6 = 60\,\%$

c) $P(\text{Blau}) = \frac{1}{5} = \frac{2}{10} = 0,2 = 20\,\%$

▶ Seite 163 Abschlusstest

1 Zum Beispiel Münzwurf:
Das Ergebnis ist nicht vorhersagbar oder beeinflussbar.
mögliche Ergebnisse: Wappen; Zahl
Du kannst eine Münze beliebig oft werfen.

2 a) $P(\text{Blau}) = \frac{8}{10} = 80\,\%$

b) In der Box müssen 8 blaue Kugeln sein.
Von den anderen beiden Kugeln muss eine Kugel rot und eine Kugel grün sein.

3 Beim Ziehen der Spielkarten ist jede Karte gleich wahrscheinlich. Deshalb handelt es sich um ein Laplace-Experiment. Wenn du den Anspitzer wirfst, dann wird er häufiger auf der Oberseite oder der Unterseite landen. (Denn das Gewicht und die Seitengrößen sind unterschiedlich verteilt.)
Die einzelnen Seiten sind also nicht gleich wahrscheinlich. Deshalb ist das Werfen mit dem Anspitzer kein Laplace-Experiment.

4 vierseitiger Würfel: $P(4) = \frac{1}{4} = 0,25 = 25\,\%$
Kugelbox: $P(\text{blaue Kugel}) = \frac{1}{4} = 0,25 = 25\,\%$
Die Wahrscheinlichkeit für eine 4 und die Wahrscheinlichkeit für eine blaue Kugel sind gleich groß.

5 a) $P(5) = \frac{2}{10} = 0,2 = 20\,\%$
$P(\text{gerade Zahl}) = \frac{4}{10} = 0,4 = 40\,\%$
$P(< 2) = \frac{2}{10} = 0,2 = 20\,\%$

b) Zum Beispiel: $P(\text{ungerade Zahl}) = \frac{3}{5}$, weil auf 6 von den 10 Feldern eine ungerade Zahl steht.

▶ Seite 163 Abschlusstest

1 Bei einem Zufallsexperiment kann ich das Ergebnis nicht vorhersehen oder beeinflussen.
Die möglichen Ergebnisse sind alle bekannt. Ich kann das Experiment beliebig oft wiederholen.
Wenn das Experiment kein Zufallsexperiment ist, dann kann es sein, dass das Ergebnis vorhersagbar ist (zum Beispiel, weil es immer dasselbe Ergebnis ist). Oder es kann sein, dass ich nicht alle möglichen Ergebnisse kenne (zum Beispiel, wenn ich jemanden frage, was er von einem bestimmten Film hält). Es kann auch sein, dass ich das Experiment nicht wiederholen kann, weil etwas kaputt gegangen ist.

2 a)

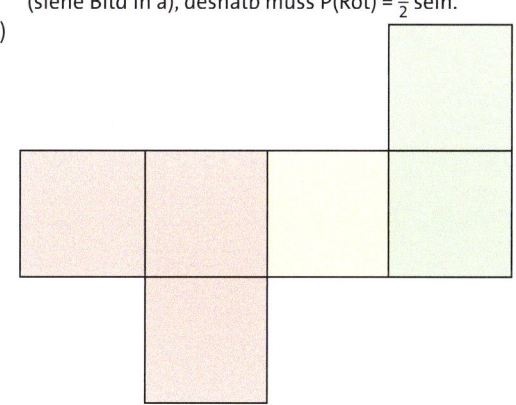

b) Grün und Gelb nehmen die Hälfte des Streifens ein (siehe Bild in a), deshalb muss $P(\text{Rot}) = \frac{1}{2}$ sein.

c)

3

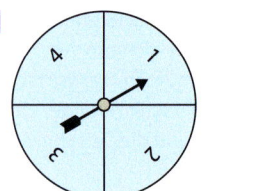 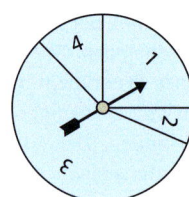

Mit dem linken Glücksrad kann ein Laplace-Experiment durchgeführt werden, weil alle Felder gleich groß und damit alle Ergebnisse gleich wahrscheinlich sind. Beim rechten Glücksrad sind die Felder unterschiedlich groß und damit nicht gleich wahrscheinlich.

4 Zum Beispiel:

a) Von 8 unterschiedlichen Spielkarten wird eine bestimmte Spielkarte mit einer Wahrscheinlichkeit von $\frac{1}{8}$ gezogen.

b) Auf einem Glücksrad mit gleich großen Feldern stehen die Zahlen 1 bis 5, also ist:
$P(1 \text{ oder } 2) = \frac{2}{5}$

5 a) 8 von 32 Karten sind Pik-Karten, also ist:

$P(\text{Pik}) = \frac{8}{32} = \frac{1}{4} = 0,25 = 25\%$

$P(\text{eine } 7) = \frac{4}{32} = \frac{1}{8}$

$P(\text{rote Zahl}) = \frac{8}{32} = \frac{1}{4}$

b) zum Beispiel: $P(\text{Herz}) = \frac{8}{32} = \frac{1}{4}$

$P(\text{Dame oder König}) = \frac{8}{32} = \frac{1}{4}$

6 Terme und Gleichungen

▶ **Seite 166/167 Wiederholung**

1 a)

15	+	23	=	38
1. Summand		2. Summand		Wert der Summe

b)

121	−	29	=	92
Minuend		Subtrahend		Wert der Differenz

2 a) 28 b) 36 c) 64
d) 120 e) 35 f) 35
g) 33 h) 46 i) 170

3 a)

25	·	5	=	125
1. Faktor		2. Faktor		Wert des Produkts

b)

24	:	6	=	4
Dividend		Divisor		Wert des Quotienten

4 a) 15 b) 40 c) 18
d) 49 e) 54 f) 72
g) 5 h) 7 i) 6

5 a) 65 b) 78 c) 190
d) 105 e) 12 f) 52
g) 13 h) 24 i) 24

6 a) Du musst ② beachten:
$4 \cdot 5 + 31 = 20 + 31 = 51$
b) Du musst ① beachten:
$90 - (16 + 14) = 90 - 30 = 60$
c) Du musst ② beachten:
$20 + 18 : 9 = 20 + 2 = 22$
d) Du musst ② beachten:
$75 - 25 : 5 = 75 - 5 = 70$
e) Du musst ① beachten:
$2 \cdot (44 - 36) = 2 \cdot 8 = 16$
f) Du musst ① beachten:
$(1000 - 800) : 20 = 200 : 20 = 10$

7 a) $\frac{3}{5}$ b) $\frac{4}{7}$ c) $\frac{8}{9}$ d) $\frac{2}{15}$

8 a) $\frac{12}{35}$ b) $\frac{45}{56}$ c) $\frac{55}{270} = \frac{11}{54}$ d) $\frac{243}{640}$

9 a) 4,7 b) 1,5 c) 7,6
d) 4,7 e) 9,5 f) 2,4
g) 3,4 h) 11 i) 0,49

10 a) 1,2 b) 0,42 c) 0,7
d) 0,4 e) 0,09 f) 0,05
g) 0,4 h) 2,5 i) 0,2

11 a) −4 b) −13 c) −4
d) −8 e) 11 f) −4
g) −21 h) 24 i) −5

12 a) $u = 4 \cdot 6 \text{ cm} = \mathbf{24 \text{ cm}}$
b) $u = 2 \cdot 5 \text{ cm} + 2 \cdot 7 \text{ cm} = 10 \text{ cm} + 14 \text{ cm} = \mathbf{24 \text{ cm}}$
c) $u = 3 \text{ cm} + 11 \text{ cm} + 8 \text{ cm} = \mathbf{22 \text{ cm}}$

13 a) $A = 10 \text{ cm} \cdot 6 \text{ cm} = \mathbf{60 \text{ cm}^2}$
b) $A = 12 \text{ cm} \cdot 12 \text{ cm} = \mathbf{144 \text{ cm}^2}$

▶ Seite 186 Zwischentest

1 a) x = 2: 4 · 2 + 3 = 8 + 3 = **11**
   b) x = 2: 6 − 2 · 2 = 6 − 4 = **2**
   c) x = 2: 10 · 2 : 5 = 20 : 5 = **4**

2 a) Variable festlegen:
      Anzahl der Stifte in einer Box ist x
      Term: Anzahl der Stifte ist 15x
   b) Variable festlegen: Alter von Marta ist x
      Term: Alter von Tanja ist x + 2

3 a) 7a
   b) 4a + 5b
   c) 3a + 4b

4 a) 6a + 5 − 2b
   b) 12a − 4b − 6
   c) 15a − 9b + 17c

5 a)

x	5x + 3	Ist das Ergebnis 23?
1	8	nein
2	13	nein
3	18	nein
4	23	ja

   b)

x	6x − 4	Ist das Ergebnis 20?
1	2	nein
2	8	nein
3	14	nein
4	20	ja

6 a) x + 3 = 7 | −3
       x = 4
   b) 5x = 35 | : 5
       x = 7
   c) 2x + 8 = 12 | −8
       2x = 4 | : 2
       x = 2

7

① Variable festlegen:	Anzahl der Karten von … Mila: x
② Die Terme aufstellen:	Max: x + 4 Dorotea: x + 1
③ Die Gleichung aufstellen:	x + x + 4 + x + 1 = 26
④ Die Gleichung lösen:	3x + 5 = 26	−5 3x = 21	: 3 x = 7

⑤ Die Lösung überprüfen:	Anzahl der Karten von …
	Mila: 7
	Max: 7 + 4 = 11
	Dorotea: 7 + 1 = 8
	Zusammen:
	7 + 7 + 4 + 7 + 1 = 26
	              26 = 26
	              Stimmt!

⑥ Die Antwort formulieren:	Mila hat 7, Max hat 11 und Dorotea hat 8 Karten.

▶ Seite 187 Zwischentest

1 a) a = 2: 5 + 8 · 2 − 3 = 5 + 16 − 3 = **18**
   b) b = 4: 22 − 5 · 4 + 9 = 22 − 20 + 9 = **11**
   c) c = 3: 18 : (2 · 3) + 16 = 3 + 16 = **19**

2 a) Variable festlegen:
      Anzahl der Sammelkarten von Lisa ist x
      Term: Gesamtzahl der Sammelkarten ist 10x − 9
   b) Variable festlegen: Alter von Ben ist x
      Term: Alter von Opa Jörg ist x + 55

3 a) 9a + 6b
   b) 5a + 14b + 16
   c) 16a + b + 3c

4 a) 25a + 9b − 3b − 16a = 9a + 6b
   b) 25b + 5c − 22b + 8c = 3b + 13c
   c) 17c − 5b − 11c + 9b = 4b + 6c

5 a)

x	5x + 33	Ist das Ergebnis 53?
1	38	nein
2	43	nein
3	48	nein
4	53	ja

   b)

x	8x − 4	Ist das Ergebnis 36?
1	4	nein
2	12	nein
3	20	nein
4	28	nein
5	36	ja

6 a) 3x + 5 = 17 | − 5
       3x = 12 | : 3
        x = 4
   b) 5x − 4 = 51 | + 4
       5x = 55 | : 5
        x = 11
   c) 17 + 4x = 65 | −17
       4x = 48 | : 4
        x = 12

7

① Variable festlegen:	Anzahl der Einladungen … von Max: x
② Die Terme aufstellen:	von Leo: 3x von Susanne: x + 3
③ Die Gleichung aufstellen:	x + 3x + x + 3 = 83

④ Die Gleichung lösen:	5x + 3 = 83 | − 3
	  5x = 80 | : 5
	   x = 16

⑤ Die Lösung überprüfen:	Anzahl der Einladungen von …
	Max: 16
	Leo: 3 · 16 = 48
	Susanne: 16 + 3 = 19
	16 + 3 · 16 + 16 + 3 = 83
	        83 = 83
	        Stimmt!

⑥ Die Antwort formulieren:	Max hat 16, Leo hat 48 und Susanne hat 19 Einladungen verschickt.

▶ Seite 187 Zwischentest ☒

1
a) a = 9: 72 − 7 · 9 − 8 = **1**
b) b = 3: 29 + 99 : (11 · 3) = **32**
c) c = 5; d = 2: 4 · 5 − 6 · 2 + 5 = 20 − 12 + 5 = **13**

2
a) Term: 30 € + x · 3,50 € + y · 1,20 €
Bedeutung: Mit dem Term lässt sich der Preis für einen Ausflug zum Erlebnispark mit x Erwachsenen und y Kindern berechnen.
b) Term: x + 200 g
Bedeutung: Der Term steht für das Gewicht der Schokoladentafel, wenn die Packung mit Erdnüssen das Gewicht x hat.
c) Term: x − 25
Bedeutung: Der Term steht für Timos Alter, wenn sein Onkel x Jahre alt ist.

3
a) −2x + 19y + 16
b) 9a + 2b + 24c
c) 19u − 2v − 15w + 4

4
a) 30a − 13b + 2a + 40b = 32a + 27b
b) 15 + 6x − 18y − 5x − 10y = x − 28y + 15
c) 24u + 32v − 60w + 10u − 11u − 22v + 18w
  = 23u + 10v − 42w

5
a) x = **6**. Es gibt mehrere Möglichkeiten, um die Lösung durch Probieren herauszufinden. Du kannst wie auf Seite 176 (oben) eine Tabelle erstellen.
b) x = **8**. Es gibt wieder mehrere Möglichkeiten, auf die Lösung zu kommen.

6
a) 4x + 8 = 104   \| −8
   4x = 96   \| : 4
    x = **24**
b) 18 + 3x = 72   \| −18
    3x = 54   \| : 3
     x = **18**
c) 6x + 43 = 31   \| −43
   6x = −12   \| : 6
    x = **−2**

7 Beispiellösung:

① Variable festlegen:	Anzahl der Punkte von … Serafina: x
② Die Terme aufstellen:	Adrian: x − 20 Milan: 2 · (x − 20)
③ Die Gleichung aufstellen:	x + x − 20 + 2 · (x − 20) = 280 x + x − 20 + 2x − 40 = 280 4x − 60 = 280

④ Die Gleichung lösen:	4x − 60 = 280 | + 60
	   4x = 340 | : 4
	    x = 85

⑤ Die Lösung überprüfen:	Anzahl der Punkte von …
	Serafina: 85
	Adrian: 65
	Milan: 2 · 65 = 130
	85 + (85 − 20) + 2 · 85 − 40 = 280
	         280 = 280
	         Stimmt!

⑥ Die Antwort formulieren:	Serafina hat 85, Adrian 65 und Milan 130 Punkte.

▶ Seite 193 Abschlusstest ⌐

1
a) x = 3: 5 · 3 − 2 · 3 + 2 = **11**
b) x = 2: 2 + (5 · 2 − 3) = 2 + 7 = **9**
c) x = 2; y = 4: 4 · 2 + 3 · 4 + 8 = **28**

2
a) 10x
b) 12x − 12
c) 2y + 11x
d) x + 17y

3
a) Variable festlegen:
Anzahl ist Pralinen in einer Packung ist x
Term: 7x
b) x = 5, also hat Rebecca insgesamt 7 · 5 = 35 Pralinen

4 Es gibt mehrere Möglichkeiten, die Gleichungen zu lösen. Du kannst sie durch Probieren oder durch Äquivalenzumformungen lösen.

a) x = **15**; Probe: 15 + 3 = 18
        18 = 18   Stimmt!
b) x = **4**; Probe: 2 · 4 + 3 = 11
        11 = 11   Stimmt!
c) x = **2**; Probe: 5 · 2 − 3 = 7
        7 = 7   Stimmt!
d) x = **5**; Probe: 15 + 4 · 5 = 35
        35 = 35   Stimmt!

5

① Variable festlegen:	Alter in Jahren von … Katarina: x
② Die Terme aufstellen:	Joy: x − 2 Helena: x + 2
③ Die Gleichung aufstellen:	x + x − 2 + x + 2 = 42 3x = 42
④ Die Gleichung lösen:	3x = 42 | : 3 x = 14
⑤ Die Lösung überprüfen:	Alter in Jahren von … Katarina: 14 Joy: 14 − 2 = 12 Helena: 14 + 2 = 16 14 + 14 − 2 + 14 + 2 = 42 42 = 42 Stimmt!
⑥ Die Antwort formulieren:	Katarina ist 14 Jahre alt. Joy ist 12 Jahre alt. Helena ist 16 Jahre alt.

▶ Seite 193 Abschlusstest ☒

1
a) 6 · 3 + (4 · 3 − 5) = 18 + 7 = **25**
b) 3 · 3 − 5 + 18 = **22**
c) 5 · 4 − (4 · 6 + 2) = 20 − 26 = **−6**

2
a) 12x
b) 9x + 5y + 2
c) 2x + 2y
d) 6 + 14x − 17y

3
a) Variable festlegen: Anzahl der Sticker in einer Packung ist x.
   Term: 30 + 10 · x
b) x = 10, also hat Regina 30 + 10 · 10 = 130 Sticker.

4 Es gibt mehrere Möglichkeiten, die Gleichungen zu lösen. Du kannst sie durch Probieren oder durch Äquivalenzumformungen lösen.

a) x = **6**; Probe: 6 · 6 + 15 = 51
                           51 = 51   Stimmt!
b) x = **16**; Probe: 3 · 16 − 16 = 32
                           32 = 32   Stimmt!
c) x = **2**; Probe: 19 + 7 · 2 = 33
                           33 = 33   Stimmt!
d) x = **5**; Probe: 5 · 5 − 16 = 9
                           9 = 9   Stimmt!

5

① Variable festlegen:	Alter in Jahren von … Annika: x
② Die Terme aufstellen:	Lars: x − 2 Opa: 5x
③ Die Gleichung aufstellen:	x + x − 2 + 5x = 82 7x − 2 = 82
④ Die Gleichung lösen:	7x − 2 = 82 | + 2 7x = 84 | : 7 x = 12

⑤ Die Lösung überprüfen:	Alter in Jahren von … Annika: 12 Lars: 12 − 2 = 10 Opa: 5 · 12 = 60 12 + 12 − 2 + 5 · 12 = 82 82 = 82 Stimmt!
⑥ Die Antwort formulieren:	Annika ist 12 Jahre alt. Lars ist 10 Jahre alt. Ihr Opa ist 60 Jahre alt!

▶ Seite 193 Abschlusstest ☒

1
a) 10 · 5 − (3 · 7 − 2) = **31**
b) 4 · 4 + (5 · 2 − 4) − 3 · 2 = **16**
c) 8 · 3 − (3 + 2 · 8) − 4 · 3 = **−7**

2
a) 30x − y
b) 8x + 21
c) 9x − 16y + 15
d) 4y

3
a) Variable festlegen: Anzahl der Hunde ist x
   Term: 5000 g − x · 400 g
b) x = 6, also sind noch 5000 g − 6 · 400 g = 2600 g
   Futter übrig.

4 Es gibt mehrere Möglichkeiten, die Gleichungen zu lösen. Du kannst sie durch Probieren oder durch Äquivalenzumformungen lösen.

a) x = **4**; Probe: 5 · 4 + 3 = 23
                           23 = 23   Stimmt!
b) x = **3**; Probe: 12 · 3 − 49 = −13
                           −13 = −13
c) x = **4**; Probe: 60 = 4 · 4 + 44
                           60 = 60   Stimmt!
d) x = $\frac{5}{2}$; Probe: 4 · $\frac{5}{2}$ + 55 = 65
                           10 + 55 = 65
                           65 = 65   Stimmt!

5

① Variable festlegen:	Alter in Jahren von … Mattheo: x
② Die Terme aufstellen:	Opa Heinz: 10x Bernd: 10x − 26
③ Die Gleichung aufstellen:	x + 10x + 10x − 26 = 100 21x − 26 = 100
④ Die Gleichung lösen:	21x − 26 = 100 | + 26 21x = 126 | : 21 x = 6
⑤ Die Lösung überprüfen:	Alter in Jahren von … Mattheo: 6 Opa Heinz: 10 · 6 = 60 Bernd: 60 − 26 = 34 Zusammen: 6 + 10 · 6 + 10 · 6 − 26 = 100 100 = 100 Stimmt!
⑥ Die Antwort formulieren:	Mattheo ist 6 Jahre alt. Opa Heinz ist 60 Jahre alt. Bernd ist 34 Jahre alt.

Lösungen

Grundwissen

▶ Seite 195

1 a) 40; 80; 95; 115   b) 0,5; 0,9; 1,3; 2,25

2 a)

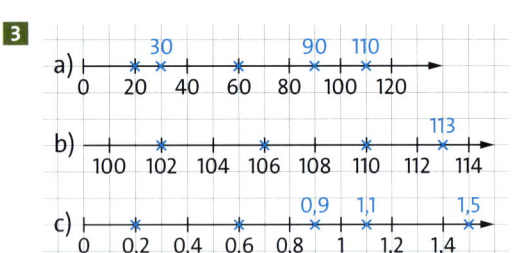

b)

3

a)

b)

c)

▶ Seite 196

4 a) 67 < 76   b) 132 > 123   c) 3546 < 3564
    d) 2,34 < 2,43   e) 1,2 < 1,23   f) 1,2 = 1,200

5 Zum Beispiel
    a) 28; 29; 30   b) 1; 10; 50   c) 0,5; 1; 2
    d) 0; 0,8; 0,9   e) 0; 1; 2   f) 1,05; 1,1; 1,15

6 a) 1 < 3 < 13 < 31
    b) 24 < 245 < 254 < 452
    c) 119 < 191 < 911 < 1091 < 1109
    d) 40 < 44 < 400 < 404 < 440 < 444
    e) 1,23 < 1,32 < 2,13 < 2,31 < 3,21
    f) 0,8 < 0,89 < 0,9 < 0,98 < 8,09 < 8,9

7 a) und b) zum Beispiel:
      1230 < 1302 < 2130 < 2310 < 3102 < 3210
    c) und d) zum Beispiel:
      10,32 < 12,30 < 23,01 < 23,10 < 30,21 < 31,20

▶ Seite 197

8 a) Höchsttemperatur   b) 10
    c) 13   d) Sonntag

9

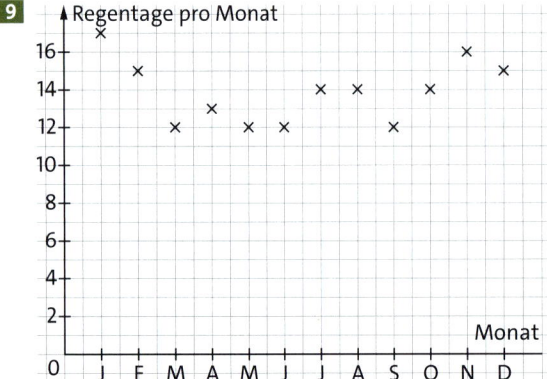

▶ Seite 198

10 a) $\frac{3}{5}$; $\frac{1}{5}$; $\frac{2}{5}$ b) $\frac{5}{7}$; $\frac{5}{8}$; $\frac{5}{9}$ c) $\frac{4}{7}$; $\frac{2}{5}$

11 a) $\frac{1}{3}$ b) $\frac{2}{5}$ c) $\frac{1}{4}$ d) $\frac{1}{6}$ e) $\frac{4}{5}$

12

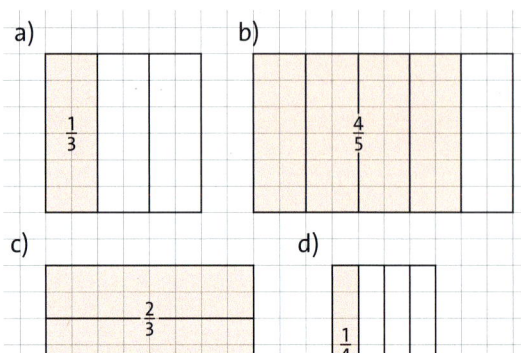

a)   b)

$\frac{1}{3}$ $\frac{4}{5}$

c)   d)

$\frac{2}{3}$ $\frac{1}{4}$

▶ Seite 199

13 Individuelle Lösung, Beispiel:
    a) bis c) Es müssen 5 Kästchen grün, 25 Kästchen blau und 30 Kästchen grau sein.
    b) Es bleiben
      100 − 30 − 25 − 5 = 40 Kästchen frei. Das sind 40 %.

5   25

30

40 Kästchen sind nicht gefärbt.

14 Individuelle Lösung, Beispiel:

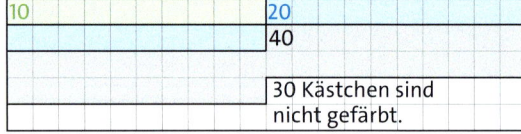

10   20

40

30 Kästchen sind nicht gefärbt.

    a) bis c) Es müssen 10 Kästchen grün, 20 Kästchen blau und 40 Kästchen grau sein.
    d) Es bleiben 100 − 10 − 20 − 40 = 30 Kästchen frei. Das sind 30 %.

15 a) 20 % von 10 cm sind 2 cm. Das sind 4 Kästchen.

    b) 55 % von 10 cm sind 5,5 cm. Das sind 11 Kästchen.

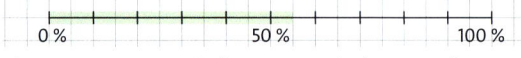

    c) 90 % von 10 cm sind 9 cm. Das sind 18 Kästchen.

d) 32 % von 10 cm sind 3,2 cm.
Das sind etwas mehr als 6 Kästchen.

e) 97 % von 10 cm sind 9,7 cm.
Das sind etwas mehr als 19 Kästchen.

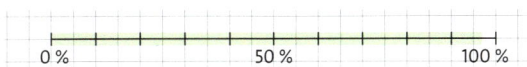

f) 12 % von 10 cm sind 1,2 cm.
Das sind etwas mehr als 2 Kästchen.

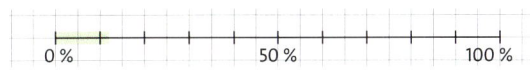

g) 63 % von 10 cm sind 6,3 cm.
Das sind etwas mehr als 12 Kästchen.

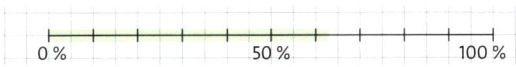

h) 5 % von 10 cm sind 0,5 cm. Das ist 1 Kästchen.

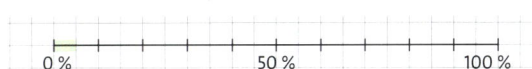

i) 86 % von 10 cm sind 8,6 cm.
Das sind etwas mehr als 17 Kästchen.

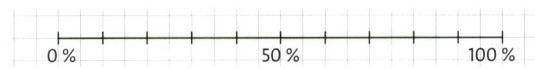

j) 74 % von 10 cm sind 7,4 cm.
Das sind etwas mehr als 14 Kästchen.

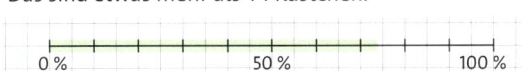

▶ Seite 200

16 a) 15 Murmeln b) 18 Schüler
c) 30 Autos d) 63 Busse

17 a) 1 kg = 1000 g;
$\frac{1}{2}$ von 1000 g = 500 g

b) 3 cm = 3 · 10 mm = 30 mm;
$\frac{2}{5}$ von 30 mm = 12 mm

c) 2 min = 2 · 60 s = 120 s;
$\frac{3}{4}$ von 120 s = 90 s

d) 2 € = 2 · 100 ct = 200 ct;
$\frac{7}{10}$ von 200 ct = 140 ct

18 a) $1\frac{1}{2} = \frac{3}{2}$ b) $1\frac{2}{3} = \frac{5}{3}$ c) $2\frac{3}{5} = \frac{13}{5}$ d) $2\frac{3}{4} = \frac{11}{4}$

19 a) $\frac{7}{2}$ b) $\frac{7}{3}$ c) $\frac{11}{8}$ d) $\frac{14}{5}$

e) $\frac{29}{6}$ f) $\frac{23}{3}$ g) $\frac{47}{10}$ h) $\frac{53}{12}$

▶ Seite 201

20

kleiner als 1	gleich 1	größer als 1
$\frac{1}{2}, \frac{2}{5}, \frac{5}{8}, \frac{13}{17}$	$\frac{4}{4}, \frac{6}{6}, \frac{19}{19}$	$\frac{5}{3}, \frac{9}{4}, \frac{10}{7}, \frac{16}{13}$

21 a) 1 b) $1\frac{2}{3}$ c) $1\frac{3}{4}$ d) 2

e) $4\frac{1}{2}$ f) $3\frac{3}{5}$ g) $5\frac{1}{6}$ h) $7\frac{3}{10}$

22 a) Gesamtzahl: 10; absolute Häufigkeit: 7;
relative Häufigkeit: 70 %

b) Gesamtzahl: 20; absolute Häufigkeit: 16;
relative Häufigkeit: 80 %

c) Gesamtzahl: fehlt; absolute Häufigkeit: fehlt;
relative Häufigkeit: $\frac{2}{3}$

d) Gesamtzahl: 40; absolute Häufigkeit: 34;
relative Häufigkeit: 80 %

e) Gesamtzahl: 16; absolute Häufigkeit: fehlt;
relative Häufigkeit: $\frac{1}{4}$

▶ Seite 202

23 a) $\frac{7}{25}$ b) $\frac{17}{30}$

c) $\frac{23}{500}$ d) $\frac{8}{25}$

e) $\frac{3}{10}$ f) $\frac{1}{20}$

24 a) $\frac{6}{9}$ b) $\frac{9}{15}$ c) $\frac{18}{21}$ d) $\frac{3}{6}$ e) $\frac{12}{27}$ f) $\frac{30}{39}$

25 a) erweitert mit 2
b) erweitert mit 4
c) erweitert mit 10
d) erweitert mit 7
e) erweitert mit 6

26

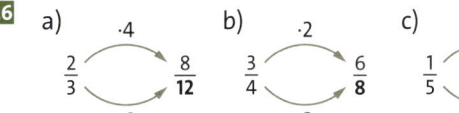

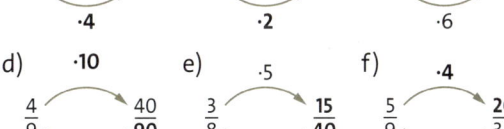

27 a) $\frac{14}{100}$ b) $\frac{30}{100}$ c) $\frac{5}{100}$ d) $\frac{44}{100}$ e) $\frac{40}{100}$

28 a) $\frac{5}{10}$ und $\frac{4}{10}$ b) $\frac{8}{12}$ und $\frac{9}{12}$ c) $\frac{5}{15}$ und $\frac{12}{15}$

d) $\frac{6}{10}$ und $\frac{3}{10}$ e) $\frac{15}{20}$ und $\frac{14}{20}$

▶ Seite 203

29 a) $\frac{2}{3}$ b) $\frac{4}{7}$ c) $\frac{1}{10}$ d) $\frac{3}{8}$ e) $\frac{5}{6}$ f) $\frac{9}{13}$

30 a) gekürzt mit 2
b) gekürzt mit 4
c) gekürzt mit 5
d) gekürzt mit 11
e) gekürzt mit 3

Lösungen

31 a)

:3 ... $\frac{3}{12}$ → $\frac{1}{4}$:3

b) :5 ... $\frac{15}{20}$ → $\frac{3}{4}$:5

c) :2 ... $\frac{4}{10}$ → $\frac{2}{5}$:2

d) :4 ... $\frac{28}{36}$ → $\frac{7}{9}$:4

e) :10 ... $\frac{30}{80}$ → $\frac{3}{8}$:10

f) :9 ... $\frac{45}{54}$ → $\frac{5}{6}$:9

32 a) $\frac{2}{3}$ b) $\frac{3}{5}$ c) $\frac{5}{8}$ d) $\frac{1}{2}$ e) $\frac{3}{10}$ f) $\frac{2}{5}$

g) $\frac{1}{2}$ h) $\frac{4}{5}$ i) $\frac{1}{4}$ j) $\frac{1}{6}$ k) $\frac{1}{7}$ l) $\frac{3}{50}$

33 a) $\frac{25}{100}$ b) $\frac{3}{100}$ c) $\frac{30}{100}$ d) $\frac{7}{100}$ e) $\frac{40}{100}$

34 a) $\frac{1}{3} = \frac{3:3}{9:3}$; Es wurde mit 3 gekürzt.

b) $\frac{4}{10} = \frac{2 \cdot 2}{5 \cdot 2}$; Es wurde mit 2 erweitert.

c) $\frac{12}{18} = \frac{4 \cdot 3}{6 \cdot 3}$; Es wurde mit 3 erweitert.

d) $\frac{3}{5} = \frac{6:2}{10:2}$; Es wurde mit 2 gekürzt

e) $\frac{1}{9} = \frac{7:7}{63:7}$; Es wurde mit 7 gekürzt.

f) $\frac{12}{132} = \frac{3 \cdot 4}{33 \cdot 4}$; Es wurde mit 4 erweitert.

g) $\frac{19}{32} = \frac{38:2}{64:2}$; Es wurde mit 2 gekürzt.

h) $\frac{6}{15} = \frac{48:8}{120:8}$; Es wurde mit 8 gekürzt.

i) $\frac{52}{64} = \frac{13 \cdot 4}{16 \cdot 4}$; Es wurde mit 4 erweitert.

j) $\frac{5}{11} = \frac{45:9}{99:9}$; Es wurde mit 9 gekürzt.

k) $\frac{1}{4} = \frac{125:125}{500:125}$; Es wurde mit 125 gekürzt.

l) $\frac{63}{84} = \frac{3 \cdot 21}{4 \cdot 21}$; Es wurde mit 21 erweitert.

▶ Seite 204

35 a) $\frac{2}{5} < \frac{4}{5}$ b) $\frac{5}{7} > \frac{3}{7}$

c) $\frac{1}{2} = \frac{2}{4}$; $\frac{1}{2} > \frac{1}{4}$ d) $\frac{2}{3} = \frac{4}{6}$; $\frac{5}{6} > \frac{2}{3}$

36 a) $\frac{3}{4} > \frac{1}{4}$ b) $\frac{2}{5} < \frac{4}{5}$ c) $\frac{3}{8} > \frac{1}{8}$

d) $\frac{5}{9} > \frac{4}{9}$ e) $\frac{7}{10} < 1$ f) $\frac{13}{10} > 1$

37 a) $\frac{1}{2} = \frac{4}{8}$ (Erweitern mit 4); $\frac{1}{2} > \frac{3}{8}$

b) $\frac{3}{4} = \frac{6}{8}$ (Erweitern mit 2); $\frac{3}{4} > \frac{5}{8}$

c) $\frac{2}{3} = \frac{4}{6}$ (Erweitern mit 2); $\frac{2}{3} < \frac{5}{6}$

d) $\frac{1}{3} = \frac{4}{12}$ (Erweitern mit 4); $\frac{1}{3} < \frac{5}{12}$

e) $\frac{2}{5} = \frac{8}{20}$ (Erweitern mit 4); $\frac{2}{5} > \frac{7}{20}$

f) $\frac{3}{10} = \frac{15}{50}$ (Erweitern mit 5); $\frac{3}{10} < \frac{19}{50}$

38 a) $\frac{2}{5} = \frac{14}{35}$ (Erweitern mit 7);

$\frac{3}{7} = \frac{15}{35}$ (Erweitern mit 5); $\frac{2}{5} < \frac{3}{7}$

b) $\frac{1}{2} = \frac{3}{6}$ (Erweitern mit 3);

$\frac{2}{3} = \frac{4}{6}$ (Erweitern mit 2); $\frac{1}{2} < \frac{2}{3}$

c) $\frac{7}{10} = \frac{21}{30}$ (Erweitern mit 3);

$\frac{2}{3} = \frac{20}{30}$ (Erweitern mit 10); $\frac{7}{10} > \frac{2}{3}$

d) $\frac{3}{4} = \frac{21}{28}$ (Erweitern mit 7);

$\frac{5}{7} = \frac{20}{28}$ (Erweitern mit 4); $\frac{3}{4} > \frac{5}{7}$

e) $\frac{5}{6} = \frac{15}{18}$ (Erweitern mit 3);

$\frac{7}{9} = \frac{14}{18}$ (Erweitern mit 2); $\frac{5}{6} > \frac{7}{9}$

f) $\frac{3}{4} = \frac{15}{20}$ (Erweitern mit 5);

$\frac{7}{10} = \frac{14}{20}$ (Erweitern mit 2); $\frac{3}{4} > \frac{7}{10}$

39 a) $\frac{3}{10}$ b) $2\frac{9}{10}$ c) $\frac{47}{100}$ d) $1\frac{29}{100}$

e) $\frac{123}{1000}$ f) $7\frac{567}{1000}$ g) $\frac{3}{100}$ h) $2\frac{1}{1000}$

▶ Seite 205

40 a) $\frac{1}{2} = \frac{5}{10} = 0,5$ b) $\frac{2}{5} = \frac{4}{10} = 0,4$ c) $\frac{3}{5} = \frac{6}{10} = 0,6$

d) $\frac{31}{50} = \frac{62}{100} = 0,62$ e) $\frac{7}{20} = \frac{35}{100} = 0,35$ f) $\frac{11}{25} = \frac{44}{100} = 0,44$

41 a) $\frac{14}{20} = \frac{7}{10} = 0,7$ b) $\frac{12}{30} = \frac{4}{10} = 0,4$

c) $\frac{7}{70} = \frac{1}{10} = 0,1$ d) $\frac{68}{200} = \frac{34}{100} = 0,34$

e) $\frac{50}{200} = \frac{25}{100} = 0,25$ f) $\frac{21}{300} = \frac{7}{100} = 0,07$

42 a) 0,25 b) 0,8 c) 0,375 d) 1,4 e) 2,25 f) 1,375

43 a) $0,37 = \frac{37}{100}$ b) $0,49 = \frac{49}{100}$ c) $0,73 = \frac{73}{100}$

d) $0,01 = \frac{1}{100}$ e) $0,09 = \frac{9}{100}$ f) $2,07 = \frac{207}{100}$

44 a) 25 % b) 4 % c) 165 % d) 78 % e) 83 % f) 145 %

▶ Seite 206

45 a) 50 mm b) 30 dm c) 280 cm d) 5000 m
e) 17 000 m f) 28 cm g) 4100 m h) 56 dm

46 a) 7 cm b) 5 m c) 2 km d) 90 dm
e) 0,4 km f) 2,1 cm g) 0,5 cm h) 5,6 m

47 a) 100 cm b) 3 dm c) 3400 m
d) 150 mm e) 7500 mm f) 1010 m

48 a) 900 dm² b) 500 mm² c) 2000 cm² d) 3500 dm²
e) 20 mm² f) 180 cm² g) 340 cm² h) 302 dm²

49 a) 5 dm² b) 9 cm² c) 30 m² d) 0,7 dm²
e) 2,5 cm² f) 12,3 m² g) 5,1 dm² h) 4,05 m²

50 a) 20 000 cm² b) 6 dm² c) 30 dm²
d) 8000 mm² e) 50 700 cm²

▶ Seite 207

51 a) 8000 mg b) 2000 kg c) 25 000 g d) 15 000 kg
e) 100 kg f) 7500 mg g) 1500 g h) 4050 kg

52 a) 7 t b) 3 g c) 2 kg d) 0,9 t
e) 0,8 g f) 6,5 kg g) 1,2 g h) 2,075 kg

53 a) 7000 g b) 10 g c) 120 t
d) 500 000 g e) 2034 kg

54 a) 24 Monate b) 72 h c) 180 min d) 240 s
e) 6 Monate f) 12 h g) 75 min h) 150 s

55 a) 4 Jahre b) 5 d c) 6 h d) 5 min
e) 0,5 d f) 10 min g) 2,5 h h) 1,5 d

▶ Seite 208

56 a)

16	+	25	=	41
1. Summand		2. Summand		Wert der Summe

b)

40	+	10	=	50
1. Summand		2. Summand		Wert der Summe

c)

37	–	10	=	27
Minuend		Subtrahend		Wert der Differenz

d)

30	=	50	–	20
Wert der Differenz		Minuend		Subtrahend

57 a) 27 b) 77 c) 40 d) 71 e) 91 f) 94
g) 157 h) 110 i) 141 j) 166 k) 155 l) 345

58 a) 75 b) 69 c) 81 d) 178
e) 90 f) 120 g) 160 h) 200

59 a) 31 b) 49 c) 33 d) 30 e) 39 f) 38
g) 38 h) 37 i) 58 j) 111 k) 153 l) 218

▶ Seite 209

60

a)
	H	Z	E
	1	3	5
+	3	1	4
	4	4	9

b)
	H	Z	E
		8	3
+	5	0	6
	5	8	9

c)
	H	Z	E
	1	6	7
+		2	9
		1	
	1	9	6

d)
	T	H	Z	E
	1	4	6	0
+		3	8	4
		1		
	1	8	4	4

e)
	T	H	Z	E
	3	5	8	4
+	2	8	0	8
	1		1	
	6	3	9	2

61

a)
	H	Z	E
	1	4	6
+	2	3	1
	3	7	7

b)
	H	Z	E
	2	6	4
		3	8
	1	1	
	3	0	2

c)
	H	Z	E
	5	4	2
+	2	7	5
	1		
	8	1	7

d)
	H	Z	E
	7	8	9
+	1	7	4
	1	1	
	9	6	3

e)
	T	H	Z	E
	1	0	8	4
		3	6	2
+		2	7	3
		2		
	1	7	1	9

62

a)
	H	Z	E
	3	6	5
–		4	1
	3	2	4

b)
	H	Z	E
	4	4	4
–		2	9
		1	
	4	1	5

c)
	H	Z	E
	6	5	4
–		9	4
	1		
	5	6	0

d)
	T	H	Z	E
	1	6	7	0
–		3	5	5
		1		
	1	3	1	5

e)
	T	H	Z	E
	4	1	3	8
–	2	4	6	6
	1	1		
	1	6	7	2

63

a)
	H	Z	E
	3	8	3
–		6	1
	3	2	2

b)
	H	Z	E
	3	6	5
–		4	7
		1	
	3	1	8

c)
	H	Z	E
	7	0	8
–	2	5	3
		1	
	4	5	5

d)
	T	H	Z	E
	1	0	2	6
–		5	1	9
	1		1	
		5	0	7

e)
	T	H	Z	E
	5	3	8	4
–	2	7	4	6
	1		1	
	2	6	3	8

Lösungen

▶ **Seite 210**

64 a)

6	·	5	=	30
1. Faktor		2. Faktor		Wert des Produkts

b)

48	=	12	·	4
Wert des Produkts		1. Faktor		2. Faktor

c)

4	=	20	:	5
Wert des Quotienten		Dividend		Divisor

d)

9	:	1	=	9
	Dividend		Divisor	Wert des Quotienten

65 a) 20   b) 48   c) 18   d) 49   e) 72   f) 0

66 a) 4   b) 7   c) 9   d) 7   e) 8   f) 3

67 a) 3; 6; 9; **12**; **15**; **18**; **21**
   b) 8; 16; **24**; **32**; 40; **48**; **56**
   c) **7**; **14**; 21; 28; 35; **42**; **49**
   d) **4**; **8**; 12; **16**; 20; **24**; 28
   e) 30; 40; 50; **60**; **70**; **80**; **90**
   f) **5**; 10; **15**; 20; **25**; **30**; 35

68 a) 35 = 1 · 35 = 7 · 5
   b) 28 = 1 · 28 = 2 · 14 = 4 · 7
   c) 20 = 1 · 20 = 2 · 10 = 4 · 5
   d) 56 = 1 · 56 = 2 · 28 = 4 · 14 = 8 · 7
   e) 36 = 1 · 36 = 2 · 18 = 4 · 9 = 6 · 6
   f) 72 = 1 · 72 = 2 · 36 = 4 · 18 = 8 · 9 = 12 · 6 = 3 · 24

▶ **Seite 211**

69 46; 80; 628; 70; 56; 150; 134; 418

70 14; 31; 230; 35; 29; 60; 76; 57

71 a) 92   b) 51   c) 108   d) 130   e) 336   f) 522

72 a) 21   b) 23   c) 32   d) 13   e) 15   f) 22

73 a) $T_{15} = \{1; 3; \mathbf{5}; \mathbf{15}\}$
   b) $T_{16} = \{1; 2; \mathbf{4}; \mathbf{8}; \mathbf{16}\}$
   c) $T_{20} = \{\mathbf{1}; \mathbf{2}; 4; \mathbf{5}; 10; \mathbf{20}\}$
   d) $T_{25} = \{\mathbf{1}; \mathbf{5}; \mathbf{25}\}$

74 a) $T_9 = \{1; 3; 9\}$
   b) $T_{14} = \{1; 2; 7; 14\}$
   c) $T_{28} = \{1; 2; 4; 7; 14; 28\}$
   d) $T_{49} = \{1; 7; 49\}$
   e) $T_{56} = \{1; 2; 4; 7; 8; 14; 28; 56\}$
   f) $T_{23} = \{1; 23\}$
   g) $T_{100} = \{1; 2; 4; 5; 10; 20; 25; 50; 100\}$

▶ **Seite 212**

75

a)
```
5 2 4 · 3
  1 5 7 2
```
b)
```
4 1 2 · 4
  1 6 4 8
```

c)
```
6 3 2 · 2 4
  1 2 6 4
+   2 5 2 8
      1
  1 5 1 6 8
```

d)
```
3 0 8 · 4 5
  1 2 3 2
+   1 5 4 0
  1 3 8 6 0
```

76

a)
```
5 1 3 · 2
  1 0 2 6
```
b)
```
6 2 1 · 8
  4 9 6 8
```

c)
```
5 7 6 · 3 0
  1 7 2 8
+   0 0 0 0
  1 7 2 8 0
```

d)
```
7 9 0 · 8 4
  6 3 2 0
+   3 1 6 0
  6 6 3 6 0
```

e)
```
4 0 7 · 1 7 3
    4 0 7
    2 8 4 9
+     1 2 2 1
    1 1 1
    7 0 4 1 1
```

77

a)
```
7 9 2 : 3 = 2 6 4
- 6
  1 9
- 1 8
    1 2
  - 1 2
      0
```

b)
```
2 1 8 0 : 5 = 4 3 6
- 2 0
    1 8
  - 1 5
      3 0
    - 3 0
        0
```

c) $2688 : 7 = 384$
$$
\begin{array}{r}
- 21 \\
\hline
58 \\
- 56 \\
\hline
28 \\
- 28 \\
\hline
0
\end{array}
$$

78 a) $2540 : 10 = 254$
$$
\begin{array}{r}
- 20 \\
\hline
54 \\
- 50 \\
\hline
40 \\
- 40 \\
\hline
0
\end{array}
$$

b) $2540 : 4 = 635$
$$
\begin{array}{r}
- 24 \\
\hline
14 \\
- 12 \\
\hline
20 \\
- 20 \\
\hline
0
\end{array}
$$

c) $2292 : 6 = 382$
$$
\begin{array}{r}
- 18 \\
\hline
49 \\
- 48 \\
\hline
12 \\
- 12 \\
\hline
0
\end{array}
$$

d) $5648 : 8 = 706$
$$
\begin{array}{r}
- 56 \\
\hline
04 \\
- 0 \\
\hline
48 \\
- 48 \\
\hline
0
\end{array}
$$

e) $16506 : 9 = 1834$
$$
\begin{array}{r}
- 9 \\
\hline
75 \\
- 72 \\
\hline
30 \\
- 27 \\
\hline
36 \\
- 36 \\
\hline
0
\end{array}
$$

► Seite 213

79 a) 33, Punkt vor Strich
b) 26, Klammern zuerst
c) 38, Punkt vor Strich
d) 8, Klammern zuerst
e) 55, beide Regeln
f) 20, Punkt vor Strich
g) 34, beide Regeln
h) 27, Klammern zuerst

80 a) $\frac{5}{7}$ b) $\frac{2}{7}$ c) $\frac{7}{9}$ d) $\frac{3}{9} = \frac{1}{3}$ e) $\frac{4}{8} = \frac{1}{2}$ f) $\frac{6}{8} = \frac{3}{4}$
g) $\frac{4}{10} = \frac{2}{5}$ h) $\frac{4}{11}$ i) $\frac{8}{12} = \frac{2}{3}$ j) $\frac{4}{12} = \frac{1}{3}$ k) $\frac{21}{23}$ l) $\frac{3}{15} = \frac{1}{5}$

81 a) $\frac{8}{10} + \frac{1}{10} = \frac{9}{10}$ b) $\frac{4}{10} - \frac{3}{10} = \frac{1}{10}$
c) $\frac{2}{9} + \frac{6}{9} = \frac{8}{9}$ d) $\frac{4}{8} - \frac{1}{8} = \frac{3}{8}$
e) $\frac{14}{20} + \frac{3}{20} = \frac{17}{20}$ f) $\frac{17}{18} - \frac{6}{18} = \frac{11}{18}$

82 a) $\frac{8}{20} + \frac{5}{20} = \frac{13}{20}$ b) $\frac{3}{6} + \frac{2}{6} = \frac{5}{6}$
c) $\frac{9}{12} - \frac{8}{12} = \frac{1}{12}$ d) $\frac{16}{20} - \frac{5}{20} = \frac{11}{20}$
e) $\frac{15}{20} + \frac{2}{20} = \frac{17}{20}$ f) $\frac{3}{12} - \frac{2}{12} = \frac{1}{12}$

83 a) $\frac{1}{2}$ b) $\frac{2}{3}$ c) $\frac{1}{6}$ d) $\frac{11}{12}$ e) $\frac{5}{18}$ f) $\frac{23}{24}$

► Seite 214

84 a) $\frac{40}{6} = \frac{20}{3} = 6\frac{2}{3}$ b) $\frac{12}{5} = 2\frac{2}{5}$ c) $\frac{14}{3} = 4\frac{2}{3}$
d) $\frac{10}{8} = \frac{5}{4} = 1\frac{1}{4}$ e) $\frac{15}{6} = \frac{5}{2} = 2\frac{1}{2}$

85 a) $\frac{20}{42} = \frac{10}{21}$ b) $\frac{6}{35}$ c) 1
d) $\frac{10}{9} = 1\frac{1}{9}$ e) $\frac{1}{13}$

86 a) 20 b) $\frac{21}{2} = 10\frac{1}{2}$ c) $\frac{2}{12} = \frac{1}{6}$
d) $\frac{1}{14}$ e) $\frac{56}{2} = 28$

87 a) $\frac{7}{10}$ b) $\frac{32}{27}$ c) $\frac{4}{26} = \frac{1}{6}$
d) $\frac{60}{35} = \frac{12}{7} = 1\frac{5}{7}$ e) $\frac{20}{18} = \frac{10}{9} = 1\frac{1}{9}$

► Seite 215

88 a) 0,7 b) 1,4 c) 1,1 d) 0,2 e) 2,5 f) 0,49

89

a)
$$
\begin{array}{r}
7,5 \\
+ \ 15,9 \\
1\ 1 \\
\hline
23,4
\end{array}
$$

b)
$$
\begin{array}{r}
24,3 \\
+ \ 39,84 \\
1\ 1 \\
\hline
64,14
\end{array}
$$

c)
$$
\begin{array}{r}
9,402 \\
+ \ 16,83 \\
1\ 1 \\
\hline
26,232
\end{array}
$$

d)
$$
\begin{array}{r}
4,85 \\
+ \ 13 \\
+ \ 45,7 \\
1\ 1 \\
\hline
63,55
\end{array}
$$

e)
$$
\begin{array}{r}
9,074 \\
+ \ 5,8 \\
+ \ 34,18 \\
1\ 1\ 1 \\
\hline
49,054
\end{array}
$$

90

a)
```
  1 5, 7 6
–     8, 4 3
       1
      7, 3 3
```

b)
```
  3 7, 5 9
–     9, 3
       1
  2 8, 2 9
```

c)
```
  5 6, 4 0
– 2 7, 2 6
    1   1
  2 9, 1 4
```

d)
```
  2 0, 0 0
– 1 4, 3 9
    1 1 1
  0 5, 6 1
```

e)
```
  4 5, 8
– 2 9, 0 9
    1   1
  1 6, 7 1
```

91 a) 3,38   b) 23,2   c) 1,995   d) 36,7608

92 a) 2,4   b) 3,5   c) 8   d) 0,66   e) 0,49   f) 9,6

93

a)
```
6, 9 · 4
2 7, 6
```

b)
```
2, 0 8 · 7
1 4, 5 6
```

c)
```
4, 7 · 1, 6
    4 7
+ 2 8 2
    1
  7, 5 2
```

d)
```
2, 3 5 · 7, 1
  1 6 4 5
+     2 3 5
1 6, 6 8 5
```

e)
```
0, 8 4 · 4, 8
  3 3 6
+   6 7 2
  1 1
  4, 0 3 2
```

f)
```
1 4 3, 6 · 2, 6
  2 8 7 2
    8 6 1 6
  1 1
3 7 3, 3 6
```

▶ Seite 216

94 a) 0,7   b) 0,9   c) 0,9
   d) 0,3   e) 0,8   f) 1,2
   g) 0,06   h) 0,04   i) 0,12
   j) 0,14   k) 0,16   l) 0,012

95

a)
```
  7, 0 2 : 3 = 2, 3 4
– 6
  1 0
–   9
    1 2
–   1 2
      0
```

b)
```
  6, 4 8 : 4 = 1, 6 2
– 4
  2 4
– 2 4
    0 8
–     8
      0
```

c)
```
  6 2, 5 : 5 = 1 2, 5
– 5
  1 2
– 1 0
    2 5
–   2 5
      0
```

d)
```
  3, 4 8 : 6 = 0, 5 8
– 0
  3 4
– 3 0
    4 8
–   4 8
      0
```

e)
```
  2 2, 2 7 4 : 7 = 3, 1 8 2
– 2 1
    1 2
–     7
      5 7
–     5 6
        1 4
–       1 4
          0
```

f)
```
  1 7, 2 : 8 = 2, 1 5
– 1 6
    1 2
–     8
      4 0
–     4 0
        0
```

96 a) 3 b) 4 c) 7 d) 3
e) 8 f) 3 g) 40 h) 20
i) 50 j) 4 k) 12 l) 2

97 a)

```
  5, 4  :  3  =  1, 8
- 3
  2 4
- 2 4
      0
```

b)

```
  2 0, 5 2  :  4  =  5, 1 3
- 2 0
    0 5
-     4
      1 2
-     1 2
          0
```

c)

```
  4, 6 5  :  5  =  0, 9 3
- 0
  4 6
- 4 5
    1 5
-   1 5
        0
```

d)

```
  1, 0 4 3  :  7  =  0, 1 4 9
- 0
  1 0
-   7
    3 4
-   2 8
      6 3
-     6 3
          0
```

e)

```
  1 2, 9  :  6  =  2, 1 5
- 1 2
    0 9
-     6
      3 0
-     3 0
          0
```

f)

```
  5 8, 8  :  8  =  7, 3 5
- 5 6
    2 8
-   2 4
      4 0
-     4 0
          0
```

▶ Seite 217

98 *gegeben:* Preis Spielekonsole: 500 €
Preissenkung: 25 €
Geld auf Sparbuch: 380 €
gesucht: noch benötigtes Geld
Rechnung: neuer Preis = 500 € − 25 € = 475 €
benötigtes Geld = 475 € − 380 € = **95 €**
Antwort: Jakob muss noch 95 € sparen.

99 *gegeben:* Gesamtweg = 40 km
erste Etappe = 12 km
zweite Etappe = 16 km
gesucht: restlicher Weg
Rechnung: gelaufener Weg = 12 km + 16 km = 28 km
restlicher Weg = 40 km − 28 km = **12 km**
Antwort: Nadja muss nach der zweiten Pause noch
12 km laufen.

100 *gegeben:* Preis Blumenstrauß: 13,50 €
Preis Tasse: 12,90 €
Anzahl der Kinder: 3
gesucht: Preis pro Kind
Rechnung: Gesamtpreis = 13,50 € + 12,90 €
= 26,40 €
Preis pro Kind = 26,40 € : 3 = **8,80 €**
Antwort: Jedes Kind muss 8,80 € für das
Geschenk bezahlen.

▶ Seite 218

101 a) 3 cm b) 7 cm c) 4,5 cm
d) 6,5 cm e) 5,3 cm f) 2,8 cm

102 $\overline{AB}$ = 10 cm; $\overline{CD}$ = 8,5 cm; $\overline{EF}$ = 11,8 cm

103 Als Beispiele siehst du hier a) – c) abgebildet.

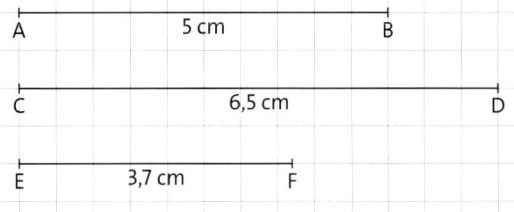

► **Seite 219**

104 Abstand des Punkts A zur Geraden g: **1,4 cm**
Abstand des Punkts B zur Geraden g: **2,6 cm**
Abstand des Punkts C zur Geraden g: **3,7 cm**

105 Lösungen zu d) und e):

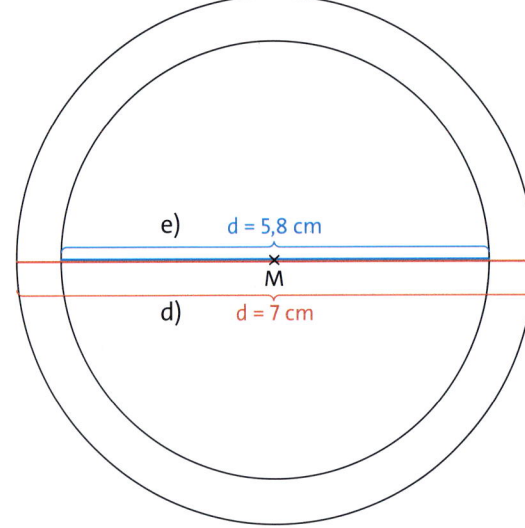

Die Kreise zu a) bis c) und f) sind alle so groß, dass sie hier nicht in Originalgröße abgebildet werden können.

► **Seite 220**

106 a) b ∥ c und a ∥ e   b) a ⊥ d und e ⊥ d

107 A(1|1); B(2|0); C(4|0); D(5|1); E(4|3);
F(6|3); G(3|4); H(0|3); I(2|3)

108

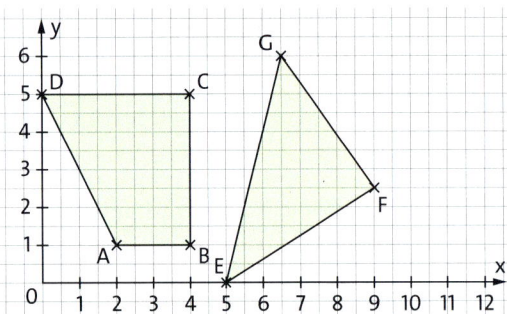

► **Seite 221**

109 Rechtecke: A, C, D, E; weil sie vier rechte Winkel
haben und die gegenüberliegenden
Seiten gleich lang sind.
Quadrate: A und D; weil es Rechtecke sind und alle
Seiten gleich lang sind.

110 a) u = 12 cm   b) u = 22 cm
c) u = 30 cm   d) u = 46 dm
e) u = 38 mm   f) u = 22 km
g) u = 100 cm = 10 dm   h) u = 10 km = 10 000 m

111 a) u = 12 cm   b) u = 28 cm
c) u = 48 m   d) u = 52 dm
e) u = 84 mm   f) u = 76 km
g) u = 140 cm   h) u = 172 dm

► **Seite 222**

112 a) A = 12 cm²   b) A = 56 cm²
c) A = 66 m²   d) A = 180 dm²

113 a) A = 16 cm²   b) A = 64 cm²
c) A = 100 m²   d) A = 400 m²

114 a) Es ist ein spitzer Winkel, weil er größer als 0° und kleiner als 90° ist.
b) Es ist ein spitzer Winkel, weil er größer als 0° und kleiner als 90° ist.
c) Es ist ein überstumpfer Winkel, weil er größer als 180° ist.
d) Es ist ein gestreckter Winkel, weil eine gerade Linie entsteht (Größe des Winkels 180°).
e) Es ist ein rechter Winkel, weil er genau 90° groß ist.
f) Es ist ein stumpfer Winkel, weil er größer als 90° und kleiner als 180° ist.
g) Es ist ein Vollwinkel, weil die Schenkel genau aufeinander liegen (Größe des Winkels 360°).

115 a) rechter Winkel   b) stumpfer Winkel
c) spitzer Winkel   d) überstumpfer Winkel
e) gestreckter Winkel

► **Seite 223**

116 α = 10°   β = 15°   γ = 88°   δ = 115°

117

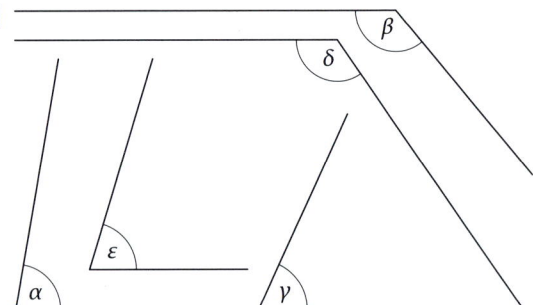

▶ Seite 224

118 a)

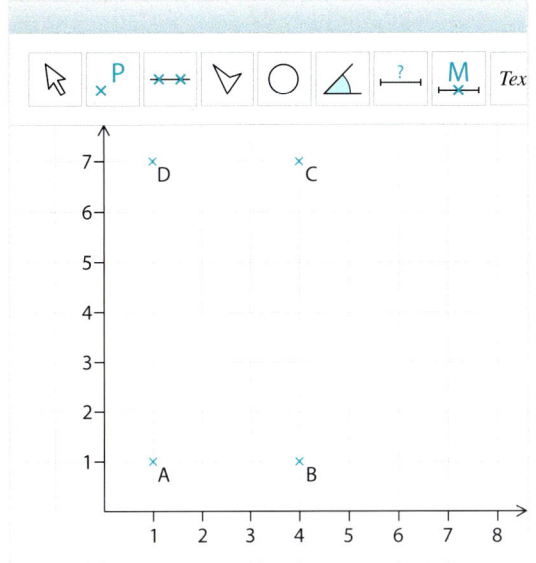

b) Es ist ein Rechteck entstanden.
c) Es ist ein Quadrat entstanden.

119

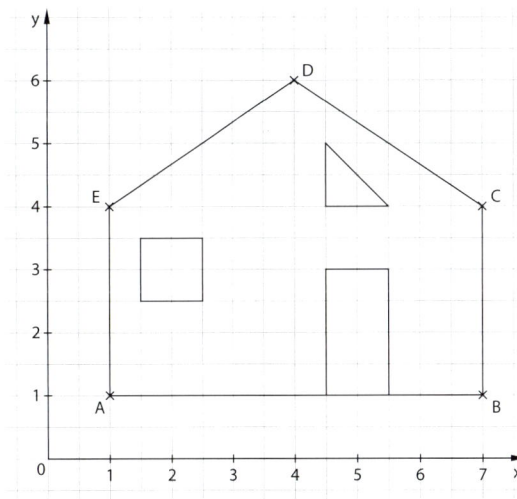

120

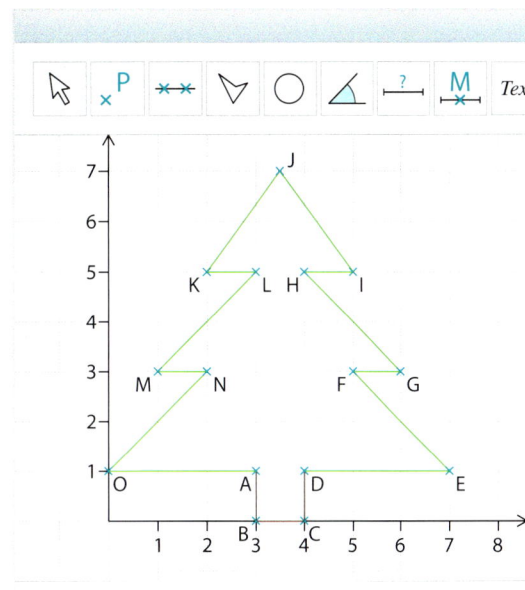

▶ Seite 225

121 a) **A3**
b) u
c) **C6**
d) = **C3 · C4**
e) u = 140 cm; A = 1081 cm²

122 a) **A9**
b) Limonade
c) **B11;** Sie berechnet die Anzahl der Wasserflaschen, die getrunken wurden.
d) **D7;** Sie berechnet, wie viel Geld Vanessa bezahlen muss.
e) = **C6 + C7 + C8 + C9**   Sie berechnet, wie viele Flaschen Limonade getrunken wurden.
f) = **B6 * C2 + C6 * C3**   Sie berechnet, wie viel Geld Kimberly bezahlen muss.

▶ Seite 226

123 ① Ⓖ; ② Ⓗ; ③ Ⓘ;
④ Ⓕ; ⑤ Ⓔ; ⑥ Ⓐ;
⑦ Ⓚ; ⑧ Ⓙ; ⑨ Ⓑ;
⑩ Ⓒ; ⑪ Ⓓ

124 a) [⇧] + [% / 5]
b) [⇧] + [(/ 8 (]
c) [⇧] + [= / 0 }]

Sachregister

Bildquellenverzeichnis

Technische Zeichnungen
Cornelsen/Christian Böhning

Illustrationen
Cornelsen/Tobias Dahmen, Utrecht/www.tobidahmen.de:
S. 17/6, S. 22/8, S. 23/9, S. 25/11, S. 45/5, S. 46/o., S. 50/o.,
S. 53/7, S. 54/o., S. 64/2, S. 67/6b, S. 67/6c, S. 76/4, S. 83/5,
S. 83/8, S. 84/5, S. 89/5, S. 90/6, S. 95/3, S. 101/6, S. 102/10,
S. 103/15, S. 104/25, S. 114/o., S. 116/6, S. 121/5, S. 121/8,
S. 127/7, S. 128/4, S. 128/10, S. 132/o., S. 133/1, S. 133/2 ,
S. 134/o.r., S. 135/o.r., S. 136/5, S. 136/6, S. 136/8, S. 137/8,
S. 138/9, S. 147/6, S. 148/6, S. 152/o.r., S. 159/6, S. 161/3,
S. 162/o., S. 168/o., S. 169/10, S. 169/11, S. 170/6, S. 171/9,
S. 172/o.r., S. 173/9, S. 174/10, S. 175/11, S. 176/o.r., S. 180/o.r.,
S. 181/1, S. 181/2, S. 182/2, S. 182/5, S. 182/6, S. 182/8,
S. 183/1, S. 183/5, S. 183/7, S. 189/9, S. 190/8, S. 192/o.l.

Cover
Cornelsen/Rosendahl Berlin

Abbildungen
1/Cornelsen/Inhouse/Anne Weingarten
2/Cornelsen/Compuscript Ltd.
2/Cornelsen/Inhouse/Anne Weingarten
3/1/Shutterstock.com/GaViAl
3/2/stock.adobe.com/lev dolgachov/Syda Productions
3/3/Shutterstock.com/Marc Venema
3/4/Shutterstock.com/Daisy Daisy
3/5/stock.adobe.com/andre
4/Shutterstock.com/Yuganov Konstantin
5/Shutterstock.com/GaViAl
18/8/stock.adobe.com/© Edgar Bullon/edb3_16
26/12/Shutterstock.com/Africa Studio
32/o.r./Shutterstock.com/melnyk mariya
36/o.l./Shutterstock.com/Egor Baliasov
36/o.r./Shutterstock.com/DVY
39/o.r./Shutterstock.com/Mike Flippo
39/m./Shutterstock.com/Hong Vo
39/u./stock.adobe.com/lev dolgachov/Syda Productions
42/o.r./stock.adobe.com/pio3
44/8/Shutterstock.com/New Africa
47/6/Shutterstock.com/Mironmax Studio
48/6/Shutterstock.com/sportpoint
49/2/Shutterstock.com/Pixel-Shot
51/6/stock.adobe.com/© 2008 Michael Möller, all rights reserved/
    Michael Möller
52/5/Shutterstock.com/Rob Wilson
55/6/Shutterstock.com/Pamela Au
56/7/stock.adobe.com/Katarzyna Bialasiewicz photographee.eu/
    Photographee.eu
57/4/Shutterstock.com/Michael Thaler
59/o.r./Shutterstock.com/Svetlanistaya
61/5/Shutterstock.com/Volodymyr Goinyk
65/4/stock.adobe.com/M. Schuppich
66/4/Shutterstock.com/haveseen
68/o.l./stock.adobe.com/Monkey Business
69/2/stock.adobe.com/Pixelspieler
71/Shutterstock.com/Marc Venema
85/4/stock.adobe.com/ThKatz
93/3/Shutterstock.com/foto-select
94/2o./stock.adobe.com/Otto Durst
94/2u./stock.adobe.com/Jürgen Fälchle
111/Shutterstock.com/Daisy Daisy
118/o.r./Claudia Herweg
119/3/Shutterstock.com/Slatan
122/Shutterstock.com/BalanceFormCreative
123/8/Shutterstock.com/Hobby Stock Works

124/8/Shutterstock.com/Elina Manninen
126/Shutterstock.com/Lucky Business
128/8/Shutterstock.com/Brocreative
129/7/Shutterstock.com/RLS Photo
143/stock.adobe.com/andre
146/o./Shutterstock.com/Luis Carlos Torres
147/1a/l./Deutsche Bundesbank/Luc Luycx aus Belgien
147/1a/r./Deutsche Bundesbank/Heinz Hoyer und Sneschana
    Russewa-Hoyer
147/1c/stock.adobe.com/taddle
147/2/Shutterstock.com/luchschenF
147/3/stock.adobe.com/Christoph Hähnel
148/2a/stock.adobe.com/taddle
148/2d/stock.adobe.com/Manuela Manay
149/4/Shutterstock.com/Africa Studio
149/6Ⓑ/stock.adobe.com/taddle
150/1/Ariane Simon
150/2/l./Deutsche Bundesbank/Luc Luycx aus Belgien
150/2/r./Deutsche Bundesbank/Heinz Hoyer und Sneschana
    Russewa-Hoyer
150/3/l.Ariane Simon
150/3/r.Ariane Simon
153/1b/Shutterstock.com/Mega Pixel
153/1d/Shutterstock.com/NiglayNik
153/2b/Shutterstock.com/Luis Carlos Torres
153/2c/stock.adobe.com/Manuela Manay
153/5/Shutterstock.com/andRiU92
153/7/stock.adobe.com/fotobeu
154/1/l.o./stock.adobe.com/WoGi
154/1/r.u./Shutterstock.com/timquo
154/2Ⓐ/stock.adobe.com/taddle
154/4Ⓐ/Shutterstock.com/andRiU92
154/4Ⓑ/Shutterstock.com/Undorik
154/4Ⓒ/Shutterstock.com/timquo
155/9/Shutterstock.com/IfH
156/4a/Deutsche Bundesbank/Luc Luycx aus Belgien
156/4b/Shutterstock.com/Nenov Brothers Images
156/4c/stock.adobe.com/taddle
157/l.2/l./Shutterstock.com/timquo
157/l.4/l./Shutterstock.com/andRiU92
157/l.4/r./stock.adobe.com/taddle
159/2Ⓒ/stock.adobe.com/taddle
163/l.1/l./ Shutterstock.com/andRiU92
163/l.1/m./stock.adobe.com/nono
163/l.1/r./stock.adobe.com/taddle
163/l.3/r./stock.adobe.com/Natika
163/m.3/l./Shutterstock.com/SofiaV
163/m.3/r./Shutterstock.com/Mega Pixel
163/m.4/Shutterstock.com/timquo
164/o.r./stock.adobe.com/taddle
164/m.r./stock.adobe.com/taddle
165/Shutterstock.com/Yuganov Konstantin
181/8/Shutterstock.com/Kjuuurs
188/Screenshots/Benutzeroberfläche aus Microsoft Excel
190/4/Shutterstock.com/OHishiapply
190/9/dpa Picture-Alliance/Phil Bird/Zoonar.com/Zoonar
191/Shutterstock.com/LiliGraphie
192/o.r./stock.adobe.com/galina_kovalenko
225/Screenshots/Benutzeroberfläche aus Microsoft Excel
226/Shutterstock.com/Mari C
258/zu 124/Shutterstock.com/Mari C.
hinteres Vorsatz/1 (Uhr)/stock.adobe.com/300dpi
hinteres Vorsatz/2 (Waage)/stock.adobe.com/by-studio
hinteres Vorsatz/3 (Lineal)/Shutterstock.com/Dragance137
hinteres Vorsatz/4 (Spielfeld)/ Shutterstock.com/Jenniki
hinteres Vorsatz/5 (Krug)/Cornelsen Inhouse

Größen und ihre Einheiten

die **Zeit**		
die Einheit	**das** Zeichen	**die** Umrechnung
der Tag	d	1 d = 24 h Ein Tag hat 24 Stunden.
die Stunde	h	1 h = 60 min Eine Stunde hat 60 Minuten.
die Minute	min	1 min = 60 s Eine Minute hat 60 Sekunden.
die Sekunde	s	

das **Gewicht**		
die Einheit	**das** Zeichen	**die** Umrechnung (mit 1000)
die Tonne	t	1 t = 1000 kg Eine Tonne sind 1000 Kilogramm.
das Kilogramm	kg	1 kg = 1000 g Ein Kilogramm sind 1000 Gramm.
das Gramm	g	1 g = 1000 mg Ein Gramm sind 1000 Milligramm.
das Milligramm	mg	

die **Länge**		
die Einheit	**das** Zeichen	**die** Umrechnung (mit 10)
der Kilometer	km	1 km = 1000 m Achtung: 1000!
der Meter	m	1 m = 10 dm = 100 cm = 1000 mm
der Dezimeter	dm	1 dm = 10 cm = 100 mm
der Zentimeter	cm	1 cm = 10 mm
der Millimeter	mm	

der **Flächeninhalt**		
die Einheit	**das** Zeichen	**die** Umrechnung (mit 100)
der Quadratkilometer	km²	1 km = 100 ha
der Hektar	ha	1 ha = 100 a
das Ar	a	1 a = 100 m²
der Quadratmeter	m²	1 m² = 100 dm²
der Quadratdezimeter	dm²	1 dm² = 100 cm²
der Quadratzentimeter	cm²	1 cm² = 100 mm²
der Quadratmillimeter	mm²	

das **Volumen**		
die Einheit	**das** Zeichen	**die** Umrechnung (mit 1000)
der Kubikmeter	m³	1 m³ = 1000 dm³
der Kubikdezimeter	dm³	1 dm³ = 1000 cm³
der Kubikzentimeter	cm³	1 cm³ = 1000 mm³
der Kubikmillimeter	mm³	
der Liter	ℓ	1 ℓ = 1000 mℓ 1 ℓ = 1 dm³
der Milliliter	mℓ	1 mℓ = 1 cm³